Alfred Bergmann

Detmold und die Lippische Landesbibliothek um 1945

Chronik und Briefe

Herausgegeben und kommentiert
von Joachim Eberhardt
(unter Verwendung von Vorarbeiten von Maria Kock)

Digitale Edition LLB Band 1

(2. Auflage)

Lippische Landesbibliothek
Detmold 2021

Abbildung auf dem Buchdeckel unter Verwendung
eines Fotos von Alfred Bergmann (Slg 12, Nr. 940)
und eines Fotos der LLB um 1960 (BA DT 26-9).

(Fassung 19.1.2021)

Gesetzt aus der Gentium Plus https://software.sil.org/gentium/
und der **Letter Gothic**.

ISBN 978-3-9806297-7-5

Impressum:
Lippische Landesbibliothek
Hornsche Str. 41
32756 Detmold

Vorwort

Gibt es Näherliegendes für eine Bibliothek mit Sonderbeständen, als interessante Stücke online sichtbarer zu machen? Über eigene Bestände zu veröffentlichen ist Tradition, die sich früher in der gedruckten Form niedergeschlagen hat. Auch wir haben Bücher gemacht und sind stolz auf das Produzierte. Dessen wird jetzt sicher kein Ende sein, aber eine zuerst online erscheinende Veröffentlichung ist, scheint mir, ein zukunftsweisenderes Modell – nicht bloß, weil sie uns der Notwendigkeit enthebt, einen Sponsor für die Druckkosten zu suchen. Die Online-Veröffentlichung verwirklicht in der bestmöglichen Weise den freien Zugang zur Information – nach meinem Dafürhalten der vornehmste Auftrag einer von der öffentlichen Hand getragenen Gedächtnisinstitution wie der Lippischen Landesbibliothek.

Dieser erste Band ist ein Experiment, ein „Proof of concept", der zugleich demonstriert, wie diese (mögliche) Reihe sich gestalten ließe. Das Dateiformat PDF orientiert sich am gedruckten Buch, und dasselbe gilt für die gewählte Form: als „klassische" Textedition mit Kontextualisierung und Kommentar. Dahinter steht schon die Vorstellung, dass man das Gesamtwerk in eine Print-on-demand-Maschine werfen kann und ein gedrucktes Buch zurückerhält. Was also unser Tipp wäre für Menschen, die lieber etwas anderes in den Händen halten als ein Lesegerät.

Die Entscheidung für das PDF ist eine bewusste Entscheidung gegen „maschinenlesbare" Kodierung wie XML. Sie hat mehrere Gründe, deren größter vielleicht ist, dass es uns nicht darauf ankam, die Edition von einer Maschine lesen zu lassen, sondern von Menschen. Die anderen sind im wesentlichen technischer und finanzieller Natur: noch sind die Werkzeuge, die zur Erzeugung und zur Nutzung von XML-Dateien zur Verfügung stehen, nicht so komfortabel und ihre Einrichtung nicht so günstig, dass sie für uns in Frage kommen. Das PDF-Format hat Einschränkungen, derer wir uns bewusst sind. Wir haben z.B. auf Silbentrennung verzichtet, um die Suchbarkeit von Begriffen nicht zu stören.

Für die Texterfassung und die Kommentierung hat Maria Kock Vorarbeiten geleistet. Sie war im Jahr 2012 im Rahmen ihres literaturwissenschaftlichen Studiums an der Universität Paderborn für vier Monate als Praktikantin des höheren Dienstes in der Lippischen Landesbibliothek. Einen Teil der Zeit brachte sie mit Bergmanns Chronik als Projekt zu: Sie hat die OCR-erzeugte Textfassung der Bergmann-Chronik Korrektur gelesen sowie eine erste Kommentierung erarbeitet; insbesondere hat Frau Kock sich um die Identifizierung einiger erwähnter Personen verdient gemacht.

Viele Kolleg*innen aus den Archiven haben mit Auskünften die Kommentierung unterstützt: Dr. Johannes Burkardt, Dr. Andreas Ruppert, Dr. Bärbel Sunderbrink. Aus unserem Hause hat Dr. Christine Rühling für Textgestalt und Kommentierung unschätzbare Hilfe geleistet.

Detmold, im August 2020 J. Eberhardt

Zur zweiten Auflage.

Nach der Online-Veröffentlichung im August 2020 erreichten mich einige Hinweise auf Druck- und Redaktionsfehler sowie inhaltliche Ergänzungen, für die ich dankbar bin: Klaudia Wolf, Almut und Hermann Eberhardt, Joachim Kleinmanns, Detlev Hellfaier. – Diese zweite Auflage verdankt sich dem Wunsch, eine Version zu veröffentlichen, die zugleich für Interessierte als gedrucktes Buch zu bekommen ist.

Januar 2021

Inhaltsverzeichnis

Einführung

1961 erschien, privat in 25 Exemplaren vervielfältigt und nicht für die Öffentlichkeit bestimmt, ein Bericht über „Die Lippische Landesbibliothek im Jahre 1945". Alfred Bergmann war 1945 nach Kriegsende für ein halbes Jahr kommissarischer Direktor der Lippischen Landesbibliothek gewesen und damit ein Zeitzeuge ersten Ranges. Er hatte diese „Chronik" auf Bitten Erich Kittels aus seinen tagebuchartigen Aufzeichnungen der Zeit zusammengeschrieben.[1]

Die Chronik ist eine spannende Quelle – nicht nur für die Bibliothekshistoriker*innen –, da sie ein lebendiges Licht auf die Zeit vor und nach Kriegsende in Detmold wirft. Das war Bergmann bewusst; wie er in seinem Vorwort mit gewissem Understatement bemerkt, würden es seine Leser*innen „gewiss nicht für einen Fehler halten", dass er „auch Angaben über Ereignisse übernommen habe, die unmittelbar nichts mit dem Schicksal der Landesbibliothek zu tun haben, wohl aber geeignet sind, ein Schlaglicht auf Begebenheiten zu werfen, die den Hintergrund bilden, vor dem sich dieses Schicksal abgespielt hat". Daher ist die Chronik in der einschlägigen Literatur auch verwendet worden (z.B. Eisenhardt 1994). Zwar hatte Bergmann auf dem Titelblatt notiert, eine öffentliche Nutzung habe nicht ohne seine Erlaubnis zu geschehen. Aber diese Einschränkung verdankt sich vermutlich der Rücksichtnahme auf erwähnte und zum Zeitpunkt der Abfassung 1961 noch lebende Personen wie z.B. Eduard Wiegand – seinen Vorgänger im Amt des Bibliotheksleiters, der überzeugter Nationalsozialist gewesen war und dessen berufliche Karierre mit der Entfernung aus diesem Amt geendet hatte. Dass die Chronik nun unbeschränkt veröffentlicht wird, dürfte durchaus in Bergmanns Sinne sein.

Der erste Teil dieser Edition präsentiert den Text der Chronik. Der zweite Teil ergänzt den Chronik-Text um Dokumente und vor allem Briefe Bergmanns, die eine persönlichere Sicht auf die Zeitereignisse zeigen und

[1] 1970 stellte er das Geschehen noch einmal gestrafft in einem Aufsatz dar (Bergmann 1970).

zugleich seinen Alltag deutlicher werden lassen. Dabei tritt auch seine Person schärfer hervor – als Bibliothekar, Philologe, Sammler und Grabbe-Enthusiast.

Alfred Bergmann (1887-1975)

Alfred Bergmann wurde am 23.7.1887 in Waldheim in Sachsen geboren als Sohn des Kaufmann und Fabrikbesitzers Heinrich Richard Bergmann (1842-1916) und seiner Frau Jerta Liutgart geb. Wilhelm (†1921).[2] Er hatte zwei Geschwister: eine ältere Schwester Lotte (1880-1930) und einen Zwillingsbruder Richard (†1968). Von 1898-1906 besuchte er das Annenrealgymnasium in Dresden, wo ihn sein Englischlehrer Otto Erler erstmals mit Grabbes Werk bekanntmachte. In seinen Erinnerungen hat Bergmann die Schulstunde lebendig geschildert, die für ihn „zur Schicksalsstunde" wurde. Mit dem Reclamheft von Grabbes *Herzog Theodor von Gothland* für 40 Pfennige begann er anschließend seine Grabbe-Sammlung.

Eigentlich hätte der Fabrikantensohn gemäß dem elterlichen Willen in der *Waldheimer Parfümerie- und Toilettenseifenfabrik* arbeiten sollen, aber weil er keinen Geruchssinn besaß, stand einem Philologiestudium nichts im Wege. Nach dem Militärdienst als einjährig Freiwilliger (1906-1907) studierte Bergmann Germanistik, Anglistik und Geschichte in Freiburg im Breisgau, München und Berlin, ab 1909-1914 in Leipzig, u.a. bei Alfred Köster. In Kösters Oberseminar trat Bergmann das erste Mal als Grabbe-Forscher auf, indem er die der Öffentlichkeit bis dahin unbekannte erste Textfassung von *Scherz, Satire, Ironie ...* nach dem in seinem Besitz befindlichen Werkmanuskript präsentierte.

Zum Ausbruch des 1. Weltkrieges wurde Bergmann wieder Soldat und zum Leutnant der Reserve befördert, doch aus gesundheitlichen Gründen im Frühjahr 1917 entlassen. Als die Inflation Bergmanns ererbtes und erspartes Kapital verzehrte, war er gezwungen, sich einen Brotberuf zu suchen und seine Arbeit an einer Dissertation über Grabbe zu unterbrechen. 1923-1924 war er Volontär bei der Dresdener Bank. In der zweiten Jahreshälfte 1924 arbeitete er als Privatbibliothekar eines Dresdener Kaufmanns. Danach hatte Bergmann Glück, indem er weitere Tätigkeiten fand, die seinen Neigungen entsprachen. Ab dem 1.1.1925 durfte Bergmann in der Sammlung Kippenberg arbeiten –

---

2 Zu Bergmanns Biographie siehe ausführlicher Hellfaier 1977, Hellfaier 1986 sowie seine Sammler-Erinnerungen (Bergmann 1942); zum Zeitraum 1935-38 außerdem Nellner 1998. Die folgende Darstellung benutzt zudem in einigen Details den Nachlass. – Zu seinem Werk siehe die Bergmann-Bibliographie von Fleischhack 1967 und deren Fortsetzung 2011, zum Nachlass das Findbuch http://www.llb-detmold.de/fileadmin/user_upload/redaktion/dokumente/findbuecher/Slg_12_Alfred_Bergmann.pdf.

Anton Kippenberg war der Inhaber des Insel-Verlags und enthusiastischer Goethe-Sammler. Von 1928-1933 arbeitete er für die Thüringer Historische Kommission, zugleich wirkte er bis 1937 als Bibliothekar im Goethe- und Schillerarchiv in Weimar; seit 1933 war er zudem ehrenamtlich Schriftführer der Goethe-Gesellschaft. Im Jahre 1930 wurde er an der Universität Leipzig mit seiner Arbeit *Die Glaubwürdigkeit der Zeugnisse für den Lebensgang und Charakter Christian Dietrich Grabbes* zum Dr. phil. promoviert.

Währenddessen wuchs seine Grabbe-Sammlung stetig, so dass er sich 1936 mit einer umfangreichen Ausstellung an den Grabbe-Tagen in Detmold beteiligen konnte. 1937-38 arbeitete Bergmann wieder als Kurator für Kippenberg. Dabei verfolgte er weiter eine Lösung für sein großes Problem, nämlich private Sammeltätigkeit und Forschung am Werk Grabbes mit den Erfordernissen eines geregelten Lebensunterhalts unter einen Hut zu bringen. Als Lebensaufgabe erschien ihm die Erstellung einer historisch-kritischen Werkausgabe Grabbes.

Schließlich wirkte ein privater Umstand katalysierend: 1930 hatte Bergmann Maria Margarete Ernestine Werner geheiratet. Bereits 1935 wurde die Ehe wieder geschieden. Zwar war Bergmann Alleineigentümer seiner Sammlung, deren herausragender Wert ihm auch gern von dritter Seite bescheinigt wird, aber als Teil seines Vermögens war sie keineswegs vor der Pfändung zugunsten etwa der Unterhaltsansprüche seiner Exfrau geschützt. Entsprechend suchte Bergmann einen Modus der Veräußerung seiner Sammlung, die ihm zugleich die Möglichkeit der dauernden Arbeit darin erhielt. Das Interesse aus Lippe kam ihm gerade recht. Bergmann verband daher mit dem Verkauf seiner Sammlung an den Freistaat Lippe die Forderung nach einer bibliothekarischen Anstellung in der Landesbibliothek. Zwar konnte die gewünschte Verbeamtung nicht gewährt werden, aber als Angestellter trat er in lippische Dienste ein. Am 15.10.1938 wurde das „Grabbe-Archiv Alfred Bergmann" in der Lippischen Landesbibliothek eingeweiht. 1939 heiratete Bergmann ein zweites Mal; seine Frau Emma geb. Reichle ist „Keramikerin", wie es in einem Brief Bergmanns heißt. 1941 bekamen sie einen Sohn, der jedoch nach der Geburt starb.

Im November 1939 trat Bergmann in die NSDAP ein, ohne innere Beteiligung, jedoch im Gefühl, dass andernfalls seine Arbeit für Grabbe Nachteile haben könnte. Inhaltliche Zugeständnisse suchte er zu vermeiden. Die völkisch-nationale Ideologisierung Grabbes etwa eines Heinrich Hollo (Geschäftsführer der Grabbe-Gesellschaft) irritierte ihn. Während des Krieges arbeitete er an verschiedenen Publikationsprojekten, insbesondere auch an einer „Großen Ausgabe" der Werke Grabbes, die mit staatlicher Förderung im Verlag Meyer in Detmold erscheinen sollte, und an einer kleineren

Studienausgabe bei Reclam in Leipzig. Beide Pläne gerieten durch den Krieg ins Stocken; die Manuskripte zur Studienausgabe wurden in Leipzig vernichtet.[3]

Nach Kriegsende wurde Bergmann – wie erwähnt – vorübergehend kommissarischer Leiter der Lippischen Landesbibliothek, nachdem deren offizieller Chef Eduard Wiegand als überzeugter Nationalsozialist verhaftet worden war. Bergmann oblag neben der Rückführung der 1944 zu ihrem Schutz in ein Bergwerk ausgelagerten Bestände – darunter auch die Pretiosen des Grabbe-Archivs – vor allem die Vorbereitung der Wiederöffnung der Bibliothek, die im Januar 1946 erfolgte. Dazu musste er die Bestände von nationalsozialistischem und militaristischem Schriftgut „säubern". Bergmann wertete die Übertragung der Aufgabe sicher zutreffend als Bestätigung dafür, dass ihn die britische Militärregierung für politisch unbescholten hielt.

Bergmann blieb im Dienst der Lippischen Landesbibliothek bis zu seiner Pensionierung 1952. Mit dem Kurs der Bibliothek nach dem Beitritt Lippes zu NRW war er nicht glücklich – zu wenig wissenschaftlich, zu sehr am breiten Publikumsinteresse orientiert.

Für die finanzielle Förderung einer historisch-kritischen Grabbe-Ausgabe gewann er schließlich die Göttinger Akademie der Wissenschaften, in deren Auftrag er – ganz allein arbeitend – 1960 den ersten von sechs Bänden erscheinen lassen konnte. Die weiteren Bände folgten 1961, 1963, 1966, 1970 und 1973; im gleichen Jahr erschien auch seine „Grabbe-Bibliographie". Dem unermüdlichen Grabbe-Forscher war schon 1963 das Bundesverdienstkreuz 1. Klasse verliehen worden. 1968 wurde er durch das nordrhein-westfälische Kultusministerium zum Professor ehrenhalber ernannt, eine Ehrung, die der bescheidene Wissenschaftler zunächst für einen Scherz hielt.

Als Bergmann kurz vor Vollendung seines achtundachtzigsten Lebensjahrs am 19.7.1975 in Detmold starb, hatte er seine wesentlichen Ziele erreicht: Die „Große Ausgabe" der Werke und Briefe Grabbes war erschienen, seine Grabbe-Bibliographie wies den Stand der Grabbe-Forschung nach.

Korrespondenzen

Bergmanns schriftlicher Nachlass ging an die Lippische Landesbibliothek. Das zugehörige Findbuch verzeichnet auf rund 300 Seiten über 1.200 Einheiten, neben Vorarbeiten zu eigenen Werken und Lebensdokumenten eine Fülle von Briefen und Briefwechseln. Da Bergmann den Korrespondenzpartnern seine Handschrift nicht zumuten wollte, schrieb er meistens mit der Maschine und

---

[3] Beide Ausgaben sind in Bergmanns Briefen (Teil II unten) ein wiederkehrendes Thema.

fertigte seit den zwanziger Jahren dabei gewissenhaft Durchschläge an. Darum enthält der Nachlass so viele eigene Briefe Bergmanns. Unter diesen ragen in Umgang und thematischer Breite die Korrespondenzen mit seinem „ältesten Freund" *Alfred Kloß* hervor.[4] Der Briefwechsel mit dem ein Jahr jüngeren Studienfreund begann bereits 1912 und reicht bis zum Jahr 1972. Kloß war Bibliothekar und Lehrer und wohnte bis 1945 in Breslau. Bergmanns Briefe an ihn bilden das Gerüst des zweiten Teils dieser Edition.

Bergmanns Zwillingsbruder *Richard* war vor Kriegsende der Geschäftsführer der ererbten Firma in Waldheim.[5] Was dann nach der sowjetischen Besetzung aus dem Geschäft wurde, in dem Alfred Kapital liegen hatte, erfährt man in einigen der Briefe im zweiten Teil: die Fabrik wurde beschlagnahmt, das Kapital war verloren.

Sieht man sich in Bergmanns Nachlass um, dann haben viele Korrespondenzpartner als Wissenschaftler, Sammler oder Bibliothekare mit Büchern zu tun. Das gilt beispielsweise für Bergmanns Freund *Robert Warnecke* (1890-1963), der Journalist und Theaterkritiker für die *Altonaer Nachrichten* war und Bergmann mit Nachricht aus Hamburg versorgte.[6]

Der Briefwechsel mit *Rudi Göhre* begann erst 1940 mit einer Informationsanfrage des Mittelschullehrers und Mitglieds der Grabbe-Gesellschaft an den Grabbe-Fachmann, er währte bis 1972.[7]

Jan Pepino (1898-1975) schließlich war ein Bibliothekar,[8] dessen herausragendes Verdienst „in seiner Aufbauleistung als Direktor der Städtischen Büchereien Dresden nach dem Ende des Zweiten Weltkriegs" besteht, wie die Sächsische Biographie rühmend vermerkt. Pepino hatte wegen seines jüdischen Vaters während der NS-Zeit Sanktionen zu gewärtigen und war vorübergehend untergetaucht. Nach Kriegsende meldete er sich sofort in Dresden, um beim Wiederaufbau zu helfen.

Zweifelsfrei sind die Korrespondenzpartner auch für sich betrachtet interessante Persönlichkeiten, deren Lebensumstände durch die Wiedergabe *ihrer* Briefe zu beleuchten durchaus spannend wäre. Das ist der Lockruf jeder

---

[4] Slg 12, Nr 112: Briefdurchschläge Bergmanns an Alfred Kloß 1924-1972. Slg 12, Nr 113: Briefe Alfred Kloß' an Bergmann 1912-1972.

[5] Slg 12 Nr 912: Briefwechsel zwischen Richard und Alfred Bergmann 1903-1972.

[6] Slg 12 Nr 7: Warneckes Briefe an Alfred Bergmann 1931-1962; Slg 12 Nr 8: Bergmanns Briefe an Warnecke 1931-1963.

[7] Slg 12 Nr 42: Bergmanns Briefdurchschläge an Rudi Göhre 1940-1972; Slg 12 Nr 43: Göhres Briefe und Karten an Bergmann 1940-1972.

[8] Slg 12 Nr 300: Briefwechsel zwischen Jan Pepino und Alfred Bergmann 1925-1949 und 1967-1969.

historischen Quelle: dass sie ihre Leser*innen auf weitere Wege in anderes Gelände führt. Wer also neugierig geworden sein sollte, möge dem Impuls folgen, denn die Briefe sind alle in Bergmanns Nachlass einzusehen.

Zum Kommentar

Für die Kommentierung von Chronik und Briefen sah sich diese Edition zwei gewöhnlichen Schwierigkeiten gegenüber: Erstens galt es, die Balance zu halten zwischen der ausführlichen Erläuterung interessanter Details und der unnötigen Darstellung allgemein bekannter historischer Sachverhalte; eine Balance, die nicht jeder Leserin, jedem Leser gleich gelungen erscheinen wird, zumal der Kommentar lieber zuviel als zuwenig erläutert.

Zweitens ließ sich nicht zu jedem Begriff oder jedem Namen, der kommentierungswürdig erschien, mit vertretbarem Aufwand Informatives auffinden.

Als Kommentator bin ich der Meinung, dass ein Kommentar die Lektüre erleichtern und bereichern soll. Das ist nur möglich, wenn die gebotene Information nicht erst durch Blättern aufgesucht werden muss. Daher begleitet die Kommentierung den Haupttext in den Fußnoten.

Angaben zu Personen aus Detmold, sofern ohne Quellennachweis, stammen aus dem Einwohnerbuch der Stadt Detmold von 1941, aus dem Adressbuch von 1949, aus den Akten des Stadtarchivs oder aus den Akten der LLB, wenn es sich um Beschäftigte der Bibliothek handelt. Angaben, die aus Wikipedia stammen, sind mit dem Link auf die aktuelle Version des Artikels versehen, d.h. der Kommentar ignoriert die von Wikipedia angebotene Artikelversions-Permalink-Mechanik zugunsten einer Referenz auf die hoffentlich beste weil aktuellste Version des jeweiligen Artikels. Ich denke, dass die direkte Verlinkung einen Mehrwert darstellt, auch dann, wenn für den kundigen Leser oder die kundige Leserin das eigene Aufsuchen des Artikels keine Herausforderung darstellt. Dabei ziehe ich eine Online-Quelle der gedruckten Information vor.[9] Beispielsweise ist der „Westwall“ (siehe Teil I, Fn. 22) durch eine kurze Bemerkung und den Link auf den Wikipedia-Artikel erläutert, nicht durch die gleiche Bemerkung und einen Hinweis auf den Ausstellungskatalog mit dem Titel „Wir bauen des Reiches Sicherheit“; Martin Bormann wird ebenfalls durch Wikipedia und nicht durch Ernst Klees „Personenlexikon zum Dritten Reich“ erklärt.

[9] Alle Links (in den Fußnoten, im Literaturverzeichnis) wurden geprüft am 23.7.2020.

Personennamen lassen sich leicht über die Suchfunktion des jeweiligen Readers finden. Entsprechend werden wiederkehrende Personennamen, Ortsnamen, Namen von Veröffentlichungen und ähnliche Details bei ihrer ersten Nennung erläutert, auf ein Register wurde verzichtet. Hin und wieder wurde im Kommentar auf ein früheres Auftreten eines Begriffs verwiesen. Da die Fußnoten in beiden Teilen separat gezählt sind, sind Querverweise auf die Fußnoten des jeweils anderen Teils entsprechend markiert.

Editorische Prinzipien

Zu Teil I: Das originale Tagebuch Bergmanns liegt nicht vor, so dass sich nicht durch Vergleich feststellen lässt, wie stark Bergmann in den Text seiner Aufzeichnungen von 1945 für die Veröffentlichung 1961 eingegriffen hat. Doch deutet beispielsweise die minutiöse Kennzeichnung von späteren erklärenden Ergänzungen mit eckigen Klammern und von Auslassungen darauf hin, dass der gelernte Philologe sein Tagebuch wie eine historische Quelle behandelt und weitgehend unredigiert wiedergegeben hat.

Zu Teil II: Die Briefe sind teilweise gekürzt. Gestrichen habe ich vor allem private Mitteilungen ohne näheren Bezug zu Bergmanns eigenem Leben sowie inhaltliche Doppelungen zu anderen wiedergegebenen Briefen. Begrüßungs- und Schlussformeln habe ich beibehalten, um den brieflichen Charakter der Texte zu verdeutlichen. An einigen Stellen habe ich inhaltliche Redundanzen bewusst geduldet, weil die Themen – Bergmanns „Schipperei", die „Ernährungslage in Detmold" o.ä. auf unterschiedliche Weise wiedergegeben werden oder weil ihre Häufung die Dringlichkeit des Themas für Bergmann verdeutlicht.

Herausgeberzusätze sind mit <Spitzklammern> gekennzeichnet. [Eckige Klammern] markieren eigene Zusätze Bergmanns; einfache Auslassungspunkte „..." sind Auslassungen Bergmanns aus seiner benutzten Quelle, seinen Tagebuchaufzeichnungen des Jahres 1945.

Im Teil I sind die Datumsbezeichnungen von Bergmanns Form „Sonnabend, den 2. Juni." der Übersichtlichkeit halber zu „2. Juni (Samstag)" geändert; außerdem wurden ohne besondere Kennzeichnung lange zusammenhängende Textabschnitte in Absätze geteilt, um die Lesbarkeit zu verbessern. Bergmanns eigene Anmerkungen werden durch hochgestellte Großbuchstaben[A] markiert und am Ende des jeweiligen Eintrags wiedergegeben. Alle Fußnotenzeichen in arabischen Ziffern sind entsprechend

Herausgeberzusätze und dienen dem Kommentar. Da Bergmann mit Schreibmaschine schrieb, erscheinen seine Hervorhebungen im Original als Sperrungen oder Unterstreichungen. Sie sind hier ausnahmslos als S p e r r u n g e n wiedergegeben.

Hin und wieder erscheinende Tippfehler wurden in Chronik und Briefen stillschweigend korrigiert.

Abkürzungen wurden i<n> S<pitzklammern> aufgelöst, sofern die Auflösung heute unüblich ist. Die Abkürzung „LLB“ im Kommentar bedeutet „Lippische Landesbibliothek“.

I

Die Lippische Landesbibliothek im Jahre 1945

eine Chronik

Erschienen Hiddesen, im Selbstverlag des Verfassers, 1961.
<Edition nach dem Exemplar L 897.4°>

Von diesen Aufzeichnungen sind, dank einem freundlichen Entgegenkommen der Stadtverwaltung Detmold, fünfundzwanzig Abzüge hergestellt worden. Eine für die Öffentlichkeit bestimmte Benutzung ist nur mit Erlaubnis des Verfassers gestattet.

<Diese Benutzungseinschränkung gilt nicht mehr.>

Vorwort

Die folgenden Aufzeichnungen sind von Herrn Staatsarchivdirektor Dr. Kittel angeregt worden und dazu bestimmt, anderen Berichten von Augenzeugen über die denkwürdigen Ereignisse in Detmold und dessen Umgebung während des letzten Kriegsjahres hinzugefügt zu werden, welche das Staatsarchiv in Detmold verwahrt. Es sind im wesentlichen Auszüge aus meinem damals geführten Tagebuche. Zu dessen Kontrolle und Ergänzung ist mir gestattet worden, das die Lippische Landesbibliothek betreffende Aktenstück des Staatsarchivs (Regierungs-Akten. Registratur I. Abteilung J. X 3 No. 1. Bd. XVIII.)[1] einzusehen und ihm einige meiner Berichte aus jedem Jahre zu entnehmen.

Die Tagebücher sind begreiflicherweise in großer Eile und ohne die Möglichkeit nachheriger Feile geführt worden. Ich habe die übernommenen Partien, um ihnen nichts von ihrer Unmittelbarkeit zu nehmen, im wesentlichen in ihrem ursprünglichen Zustande belassen, nur hier und da eine kleine stilistische Retouche vorgenommen und einiges aus der Erinnerung ergänzt.

Daß ich bei der Wahl der Auszüge nicht pedantisch verfahren bin, vielmehr auch Angaben über Ereignisse übernommen habe, die unmittelbar nichts mit dem Schicksal der Landesbibliothek zu tun haben, wohl aber geeignet sind, ein Schlaglicht auf Begebenheiten zu werfen, die den Hintergrund bilden, vor dem sich dieses Schicksal abgespielt hat, wird man gewiß nicht für einen Fehler halten.

Hiddesen, im September 1961
Alfred Bergmann

1 Heute: Landesarchiv NRW, Abt. OWL, L 80 Nr. 798.

<Einleitung>

Der Schilderung der Ereignisse des Jahres 1945 wird eine Skizze dessen vorausgeschickt, was sich in den vorhergegangenen Monaten begeben hatte.

Bekanntlich war höheren Orts die Losung ausgegeben worden, wir dürften uns das Gesetz des Handelns[2] nicht vom Feinde vorschreiben lassen. Dies bestimmte auch die öffentlichen Bibliotheken zu dem Ehrgeiz, ihre Arbeit weiterzuführen, als lebe man im tiefsten Frieden. Kaum daß man da und dort wagte, durch rechtzeitige Maßnahmen zur Sicherung der Bestände gegen die drohenden Kriegsgefahren sich gegen jene Parole aufzulehnen. Zu welchen Verlusten an Gütern der Kultur dies Verhalten geführt hat, weiß man zur Genüge.

Man muß es der Detmolder Bibliothek nachsagen, daß man dort im Angesichte der immer bedrohlicher werdenden Luftgefahr nicht untätig blieb. Mag sein, daß der Geist der Respektlosigkeit[3] gegen manches Tabu, der dort hin und wieder spukte, das seine dazu beigetragen hat.

Jedoch mußten wir bei unseren Bemühungen noch durch ein Erlebnis besonderer Art ermutigt werden. Auf einer meiner Fahrten nach Berlin, die zumeist irgend einen Ankauf für die Grabbe-Sammlung zum Zwecke hatten, war ich mit einem Dr. Körner bekannt geworden, der in dem Hause Uhland-Straße 30 wohnte.[4] Von Haus aus Jurist, war er doch bereits seit Jahrzehnten nicht mehr beruflich tätig, sondern widmete sich ausschließlich der Vermehrung seiner Büchersammlung, die, hintereinander in seiner Privatwohnung in drei oder auch vier Reihen aufgestellt, auf etwa 40.-45.000 Bände geschätzt wurde.

---

2 Nach der Niederlage von Stalingrad plante die deutsche Heeresleitung durch eine Offensive am „Kursker Bogen" eine militärische Entlastung herbeizuführen und dem Gegner „wenigstens an einem Frontabschnitt das Gesetz des Handelns vorzuschreiben" (zitiert nach Seewald 2013). Die Formulierung der Führeranweisung vom 13. März fand augenscheinlich Eingang in die NS-Propaganda.

3 Dies bezieht sich auf Bibliotheksdirektor Eduard Wiegand, vergleiche den Brief an Alfred Kloß vom 12.1.1946.

4 Dr. jur. Paul Körner, genannt in den Adressbüchern der Stadt Berlin mit Wohnung in der Uhlandstr. 30 im Stadtteil Charlottenburg. Die Adressbücher liegen digital vor: https://digital.zlb.de/viewer/metadata/34115495/1/LOG_0000/.

Er war dabei, einen Katalog dieser Büchersammlung herzustellen, plante aber auch Register, die nach den verschiedensten Gesichtspunkten angelegt waren.

Ich hatte mir über diese Bibliothek nur einen ungefähren Überblick verschaffen können. Sie war ungemein reich an Werken der deutschen Romantik und an Reihen von Zeitschriften. Ich sah darunter die seltensten Stücke, wie z.B. der Steinmann'schen „Unterhaltungsblätter“[5], die ich niemals für meine Sammlung hatte auftreiben können; Magdeburger von Geburt, hatte er diese gewaltige Sammlung der Vaterstadt letztwillig zugedacht.

Im Herbst 1943 war Dr. Körner, wie alljährlich, zur Erholung im Harz gewesen und hatte bei seiner Rückkehr nach Berlin gefunden, daß die Situation recht bedenklich geworden sei. Wohl dachte er nun daran, seine Schätze auszulagern, jedoch hatte er bei seinen Versuchen, dafür Packmaterial zu bekommen, keinen Erfolg. Schließlich glückte es ihm, mit Hilfe polnischer Kriegsgefangener einen Lastwagen voll Bücher nach Magdeburg zu bringen. Dabei aber blieb es.

Ich sprach zuerst mit ihm, dann mit Dr. Wiegand.[6] Dieser fand sich sofort zur Hilfe bereit. Wir boten Dr. Körner an, seine Bücher mit Lastzügen abzuholen, wie wir es vorher mit Erfolg mit dem Kruseschen Nachlasse[7] getan hatten, und im Schwalenberger Schlosse[8] zu verstauen. Dafür sollten wir uns

---

5 Die Zeitschrift *Allgemeine Unterhaltungs-Blätter für Leser aus allen Ständen* https://ld.zdb-services.de/resource/974955-X erschien in Münster 1827-1836 im Verlag Wundermann, redigiert von einem Jugendfreund Heinrich Heines, dem Regierungssekretär Steinmann (Heinemann 1974, 69). Die Zeitschrift ist selten; im Literaturarchiv der LLB ist heute nur der Jahrgang 1828.

6 Dr. phil. Eduard Wiegand (1893-1979), war Direktor der LLB, zugleich Direktor des Landesmuseums und Landesarchivs von 1933-1945. Wiegand war Mitglied der NSDAP seit 1923, hatte über Wilhelm Raabe promoviert und besaß keine spezielle bibliothekarische oder archivarische Ausbildung. – Wiegands wohnten Weinbergstr. 23. – Zu seinem späteren Schicksal siehe unten Eintrag vom 30.5.1945. – Zu Wiegand siehe auch Pilzer 1998, 503ff.; Nellner 1998, 123ff.; Gahde 2006, 43ff.; Habermann u.a. 1985, 383 und https://de.wikipedia.org/wiki/Eduard_Wiegand_(Germanist).

7 Georg Richard Kruse (1856-1944), war Musikschriftsteller und Kapellmeister sowie Lortzing-Forscher aus Passion; 1941 wurde seine Lortzing-Sammlung von der LLB erworben; der Nachlass ging nach Kruses Tod ebenfalls nach Detmold https://de.wikipedia.org/wiki/Georg_Richard_Kruse.

8 In die Burg Schwalenberg war im Juni 1937 die Nationalsozialistische Volkswohlfahrt (NSV) eingezogen, um dort ein Müttererholungsheim einzurichten, das Bestand hatte bis November 1944. Vorübergehend befand sich bis Januar 1945 die Gauamtsleitung der NSDAP in der Burg, bevor das in Gelsenkirchen ausgebombte Volkspflegerinnen-Seminar bis Kriegseinde einzog (Gerking 2018, 298-299). Von einer Zwischenlagerung von Bibliotheks- oder Archivgut scheint nichts bekannt zu sein.

nach beendeter Einlagerung alles das heraussuchen dürfen, was uns im Grabbe-Archiv noch fehlte.

Eine lebensgefährliche Operation, vor der Dr. Körner damals stand, lähmte seine Entschlußkraft. Die Angriffe auf Berlin nahmen zu; die Situation wurde immer bedrohlicher. Voller Ungeduld warteten wir auf Bescheid. Da keiner kam, machte Dr. Wiegand den seiner resoluten Art gemäßen Vorschlag, ohne die Autorisation des Eigentümers mit Lastwagen nach Berlin zu fahren, mit einer Handgranate die mit Eisenblech beschlagene Wohnungstür zu zertrümmern und den gesamten, noch vorhandenen Bestand an Büchern abzufahren. Es ist keine Frage, daß dieser dadurch vor dem Untergange bewahrt worden wäre.

Während wir noch darüber berieten, kam Dr. Becker, erster Direktor der Preußischen Staatsbibliothek.[9] Mit ihm stand Dr. Wiegand auf vertrautem Fuße. Es war der 2. Februar [1944]. Wir unterrichteten ihn von unserem Vorhaben. Der Rundfunk meldete einen besonders schweren Luftangriff auf Berlin.[10] Andern Tages reiste Dr. Becker zurück. Sein erster Gang führte ihn nach der Uhland-Straße. Das Haus Nr. 30 lag in Trümmern. Ein paar angeschwärzte Papierfetzen, vom Winde umhergewirbelt, waren das einzige, was darauf hindeutete, daß dort einmal eine Bibliothek gestanden hatte.

Man begann damit, die wertvollsten Bestände, darunter die Handschriften und Wiegendrucke, aus den Magazinen und den anderen, über der Erde gelegenen Räumen in die Keller zu schaffen. Später dachte man auch an eine Auslagerung. Außerhalb Detmolds auf lippischem Gebiete geeignete Räume zu finden, war sehr schwierig. Vorerst blieb das Jagdschloß in Lopshorn[11] die einzige sich bietende Möglichkeit, und so wurden in dessen

---

9 Dr. phil. Joseph Becker (1883-1949), Paulsborner Str. 24, Berlin. Erster Direktor der Preußischen Staatsbibliothek Berlin von 1935-1945. Vgl. Habermann u.a. 1985, 14 und https://de.wikipedia.org/wiki/Josef_Becker_(Bibliothekar).

10 In der *Lippischen Staatszeitung* vom 2. Februar 1944 widmet sich ein kleiner Artikel auf S. 2 „den letzten Nachtangriffen auf Berlin", Titel: „Bombenabwürfe ohne Zielsicht". Am 3. Februar berichtet die Staatszeitung von Bombenangriffen auf Berlin auch nur indirekt, indem sie in dem Artikel „Frontstadt Berlin" die „Höchste Anerkennung schwedischer Blätter für die vorbildliche Haltung der Berliner" berichtet.

11 In seiner Lopshorn-Chronik schreibt Armin Prinz zur Lippe, dass bereits die Familie zur Lippe Archivalien aus dem Residenzschloss im ungenutzten Jagdschloss zur Sicherung unterbrachte (zur Lippe 2004, 75). Im Januar 1944 seien dort „Möbel, Akten und Dokumente des Gauleiters Alfred Meyer aus Sicherheitsgründen untergestellt" worden. Als im März 1945 die Schlossanlage samt Park von der SS beschlagnahmt wurde, waren „3 Räume im Souterrain des Schlosses, in denen Gauleiter Dr. Meyer, die Landesbibliothek und das Landesarchiv Sachen ausgelagert hatten", ausdrücklich von der Beschlagnahme ausgenommen (ebd. S. 76).

Kellerräumen wesentliche Teile der Musikabteilung und die Bibliothek der Fürstin Pauline untergebracht.

Voraussetzungen der Auslagerung waren die Beschaffung von Verpackungsmaterial, wie Kisten, Wellpappe, Bindfaden und Seidenpapier, und die von Helfern zur Verstärkung des Personals. Hierbei erwies sich Dr. Wiegand als ein wahrer Zauberkünstler. Freilich mußte man Inhaber des goldenen Parteiabzeichens[12] sein, wenn es einem gelingen sollte, 400 eigens zu diesem Zwecke angefertigte, feste Kisten und das Packmaterial für über 3000 Wellpapp-Pakete herbeizuschaffen und jederzeit, wenn es notwendig war, einen Trupp Soldaten aus der Genesenen-Kompanie für das Schreiben der Listen und Aufladen der Kisten und Pakete sich abkommandieren zu lassen.

Über das ausgelagerte Material wurden Listen geführt und von einer jeden drei Exemplare angefertigt. Das erste kam in die betr. Kiste oder das betr. Paket, das zweite wurde in der Bibliothek verwahrt, das dritte in der Wohnung des Bibliotheksdirektors. Später wurde der Bibliothek von Berlin ein mitteldeutsches Salzbergwerk zur Auslagerung nachgewiesen, und zwar die Gewerkschaft Braunschweig-Lüneburg in Grasleben bei Helmstedt. [13] Zur Stapelung unserer Bestände war ein Abbau in der 430 m-Sohle bestimmt.

Naturgemäß standen den nun notwendigen Transporten erhebliche Schwierigkeiten entgegen. Es gelang Dr. Wiegand, ihrer Herr zu werden. Für die Fahrten wurde die Firma Paul Lobeck[14] in Detmold gewonnen; nach einer Unmenge von Telefongesprächen war auch die notwendige Menge an Holz beschafft, da ja die Lastzüge mit Holzgas[15] arbeiten mußten.

---

12 Das goldene Parteiabzeichen der NSDAP war die dritthöchste Parteiauszeichnung und wurde vergeben entweder für „besondere Verdienste“ oder für eine Mitgliedschaft, die vor dem 1. Oktober 1928 (Ausgabe der Mitgliedsnummer 100.000) begonnen hatte. https://de.wikipedia.org/w/index.php?title=Goldenes_Parteiabzeichen_der_NSDAP. Wiegand war – nach eigener Auskunft im Lebenslauf seiner 1933 veröffentlichten Münsteraner Dissertation *Die Weltanschauung des reifen Raabe* bereits seit 1922 Parteimitglied.

13 Das Salzbergwerk Grasleben bei Helmstedt diente vielen Gedächtniseinrichtungen in den Jahren 1944-45 als Lagerungsort für gefährdete Bestände, so neben der LLB u.a. dem Reichsfilmarchiv, der Preußischen Staatsbibliothek zu Berlin oder der SUB Hamburg, vgl. http://www.lostart.de/Webs/DE/Provenienz/Auslagerungsorte/Index.html?cms_lv2=95294&cms_param=AUSLORT_ID%3D14861%26ORT_ID%3D317#lvl2. – Zur Auslagerung von Kulturgut während des zweiten Weltkriegs insgesamt vgl. Hartmann 2007.

14 Marienstr. 1 / Paulinenstr. 57, Detmold. Güterverkehr.

15 „Holzgas ist ein brennbares Gas, das sich aus Holz gewinnen lässt; es wird in Holzvergasern erzeugt“; die Generatoren können außen an die Karosserie angebaut oder als Anhänger mitgeführt werden. „Ende des Zweiten Weltkriegs gab es in Deutschland

Der erste Transport ist in der Nacht vom 4. auf den 5. Mai <1944> erfolgt. Wir benutzten ihn, auch die in Lopshorn stehenden Kisten mitzuführen. Mir hatte nämlich diese Lagerungsstätte ihrer Feuchtigkeit wegen von vornherein Bedenken erregt. Ich hatte sie nur für einen Notbehelf gehalten. Da sich nun die Möglichkeit bot, unsere Bestände an einem, wie wir glaubten, weit sichereren Orte einzulagern, so beredete ich Dr. Wiegand, einen Umweg über Lopshorn zu machen und die Kisten mitzunehmen. Anfangs scheute er die Mühe und zeigte sich deshalb meinem Rate abgeneigt. Schließlich ist es mir doch gelungen, ihn zu überzeugen. Bedenkt man, welches Schicksal die im Jagdschlosse zu Lopshorn eingelagerten Aktenbestände des Landesarchivs erfahren haben, daß dieses Schloß im Frühjahr 1945 von den in mehreren Militär-Barackenlagern zu Augustdorf untergebrachten Fremdarbeitern, zumeist Russen und Polen, zuerst völlig verwüstet und geplündert worden ist und zuletzt sämtliche Gebäude in Brand gesteckt worden sind, so kann man ermessen, wie groß die Gefahr der Vernichtung gewesen wäre, wenn man die beiden Abteilungen in Lopshorn belassen hätte.[16] Wir hatten Farbe und einen Pinsel mitgenommen, und unter Tage habe ich dann auch auf die Lopshorner Kisten unser „L B D“ gemalt.

Dem ersten Transport sind drei weitere gefolgt, ein jeder aus einem dreiteiligen Lastzuge bestehend. Der zweite ist am 27. Juli erfolgt, der dritte am 21. August, der letzte am 13./14. Oktober. Zuerst waren das oberste Stockwerk entleert worden, nachher auch das darunterliegende. Im ganzen sind evakuiert worden:

1. Das Grabbe-Archiv.
2. Das Lortzing-Archiv.
3. Wesentliche Bestände der Musik-Abteilung.
4. Die Lippiaca.
5. Die Inkunabeln und andere alte Drucke.
6. Die Handschriften-Abteilung.

---

etwa 500.000 Generatorgaswagen oder Holzgaswagen“ https://de.wikipedia.org/w/index.php?title=Holzgas.

[16] Über die Plünderungen berichten, wiedergegeben im Anhang der Lopshorner Chronik, ein Erinnerungsbericht von Klara Gössing und das Tagebuch von Julie Marie Immink. Ebenda (zur Lippe 2005, 115) wird aus dem Tagebuch von Leopold IV. zur Lippe der Eintrag vom 11. Juni zitiert: „Erhielt die Nachricht, dass die verfluchten Russen Lopshorn angesteckt haben und dort sowohl mein Jagdschloss wie alle Meiereigebäude abgebrannt sind. Es ist erbärmlich. Hilfe findet man nicht.“

7. Die Zeitgeschichtliche Sammlung.[17]
8. Die wertvollsten und unersetzlichen Werke, insbesondere aus den oberen Stockwerken des Magazins, u.a. die gesamte Abteilung „Rechtswissenschaft“, ferner Zeitschriften-Reihen, die *Monumenta Germaniae Historica* u. dgl. mehr.

Bei der unter 7. aufgeführten Zeitgeschichtlichen Sammlung befand sich auch das Tempelgerät, das ihr nach der Brandstiftung der Detmolder Synagoge[18] einverleibt worden war.

Die Mittel, mit denen diese Maßnahmen zur Sicherung der Bibliotheksbestände ermöglicht wurden, waren durch die Zeit bedingt, in der sich diese Ereignisse abgespielt haben. Einen ethischen Maßstab darf man an sie nicht anlegen. Die Aktion selbst aber kann nur als mustergültig bezeichnet werden, gleich verdienstlich für Bibliothek wie für Gewerkschaft.

In einen Teil der freigewordenen Räume zog die Firma Dr. C. Otto & Co.[19] als Mieterin ein. Im November wurde auch das Bauamt in die Bibliothek verlegt.

In der Folge kam die Arbeit an der Bibliothek mehr und mehr zum Erliegen. Die Fliegeralarme folgten einander in immer kürzeren Zwischenräumen und trieben uns in den Luftschutzkeller. Eine Brandwache mußte eingerichtet werden, zu der außer der Belegschaft der Bibliothek auch die Angestellten der Firma Otto und die beiden Frauen in der Familie des Hausmeisters herangezogen wurden.

Immer häufiger fiel der elektrische Strom aus und verkürzte Arbeitszeit und -ertrag.

Im Personal gab es Ausfälle; vorübergehende oder dauernde. Die Sekretärin,[20] deren patriotischer Sinn in der Erfüllung der kleinen Pflichten kein Genüge mehr fand, ließ sich zum Dienste beim Roten Kreuz berufen. Der Regierungssekretär[21] gab nicht Ruhe, bis er seine militärische Verwendung

---

[17] Zu den hier genannten Sammlungen der Bibliothek vgl. die Darstellungen in Eberhardt, Hellfaier 2014.

[18] Die 1907 in der Lortzingstraße errichtete Detmolder Synagoge wurde durch einen Brandanschlag in der Reichspogromnacht vom 9. auf den 10. November 1938 zerstört. Siehe auch Eintrag zum 30. Mai. Zum Synagogenbrand vgl. Hartmann 1998 A.

[19] Firma Dr. C. Otto & Co: Chemischer Anlagebau; aus Bochum nach Detmold ausgelagert.

[20] Fräulein Annemarie Priester, Bibliothekssekretärin, wohnte Paulinenstr. 6a.

[21] Nicht ermittelt. In den Akten der LLB, beispielsweise im Urlaubsverzeichnis 1944, sind neben Wiegand und Bergmann als männliche Beschäftigte nur Buchbinder Gallaun, Magazinverwalter Lesemann und Hausmeister Fritzemeier genannt.

erreicht hatte. Der Magazinverwalter[22] wurde als Führer einer Kolonne weggeholt. Ich habe im Herbst fünf Wochen lang am Westwall[23] geschippt, und während ich noch an den Folgen krank zu Bette lag, erhielt Dr. Wiegand seine Einberufung zum Heere.

So konnte von einem geregelten und gedeihlichen Dienstbetriebe am Ende keine Rede mehr sein.

---

22 Karl Lesemann (*1888), Magazinverwalter, wohnte in der Braunaustr. 13 in Detmold.

23 Befestigungsanlagen an der Westgrenze des Deutschen Reiches, die 1938-1940 errichtet wurde. Wegen der im Juni 1944 in der Normandie gelandeten Alliierten sollten die zwischenzeitlich entwaffneten Anlagen des Westwalls wieder verteidigungsfähig gemacht werden. Die Bevölkerung wurde auch zum Bau von Gräben zur Panzerabwehr herangezogen https://de.wikipedia.org/wiki/Westwall. – Bergmanns lange gesundheitliche Beeinträchtigung in der Folge dieses Einsatzes ist ein Dauerthema sowohl in der Chronik als auch in seinen Briefen nach November 1944 (siehe Teil II).

<Tagesberichte>

2. Januar 1945 (Dienstag)

Der Tag begann in der Landesbibliothek mit allerhand tiefpessimistischen Gesprächen. Der Strom war schon viertel acht weggeblieben; so war man bei seinen Arbeiten ohnedies lahmgelegt.

Abends Besprechung mit Dr. Wiegand, der sehr nervös ist und mir Einzelheiten von seiner fast einstündigen Besprechung mit dem Gauleiter[24] und von den Zerstörungen im Archiv erzählt. An einen Transport scheint man jetzt nicht zu denken. Wedderwille[25] hat in der Besprechung behauptet, daß man Dr. Wiegand doch bei seinem Transport-Vorhaben in jeder Art unterstützt habe, wogegen Dr. Wiegand vorgebracht hat, daß das Gegenteil wahr sei. Man habe ihn nicht unterstützt, ja ihm sogar Schwierigkeiten gemacht. Um Wiegand in Schutz zu nehmen, hat der Gauleiter darauf hingewiesen, daß man doch staatliche Mittel für diese Transporte zur Verfügung gestellt habe, überdies aber bemerkt: was er erreicht habe, das habe er nur dadurch erreicht, daß er alle Verordnungen der Fachminister ignoriert habe. Praktisch hätten diese also, so kommentiert Dr. Wiegand, gar nichts mehr zu sagen. Das ist genau der Zustand, den [der Ortsgruppenleiter] Schmidtmeyer[26] vor längerer Zeit als wünschenswert bezeichnet hat.

---

[24] Dr. rer. pol. Alfred Meyer (1891-1945), war von 1931 bis 1945 Gauleiter des Gaus Westfalen-Nord und von 1933-1945 Reichsstatthalter in Lippe und Schaumburg Lippe. Zur Biographie vgl. Priamus 2011 und https://de.wikipedia.org/wiki/Alfred_Meyer_(Gauleiter).

[25] Adolf Wedderwille (1895-1947), wohnte in der Bülowstr. 12 in Detmold. Er trat 1929 der NSDAP bei und wurde 1932 Kreisleiter des Kreises Demold. Nach Stelbrink (2003, 208) als „Vertreter des Chefs der Landesregierung" „unter Alfred Meyer faktisch Leiter der Lippischen Regierungsgeschäfte bis 1945". Vgl. auch Ruppert 2011 A und https://de.wikipedia.org/wiki/Adolf_Wedderwille.

[26] Wilhelm Schmidtmeier (sic) (*1895 Bad Meinberg), Hornsche Str. 48, Detmold. Ab 1943 stellvertr. Ortsgruppenleiter Detmold-Süd und 1944 Hundertschaftsführer der Einsatzbereitschaft Detmold, Hausmeister des Gymnasiums Leopoldinum in Detmold (Hartmann 1998 B, 665).

Am späteren Nachmittage, bis um 8, im Luftschutzkeller wegen Fliegeralarm. ... Wie ich höre, ist Wesertal ziemlich kaputt.[27] Darum die Stromlosigkeit, die auch noch einige Zeit anhalten soll.

3. Januar (Mittwoch)

Früh kein Licht. Deshalb mußte ich notgedrungen im Bette bleiben, bis es draußen so hell war, daß ich mich bei Tageslicht anziehen konnte. Das war aber erst gegen 8, so daß ich erst kurz vor 9 in der Landesbibliothek war. Warum teilt man keine Kerzen aus, deren es doch welche gibt? Dieser fortwährende Arbeitsausfall ist sehr deprimierend! Bei einem Gange in die Stadt die Zerstörungen der beiden Häuser auf der Paulinen- und der Hermannstraße angesehen. Ob man das Regierungsgebäude gemeint hat? Verrat, daß die Gauleitung dort einzieht? Die Verwüstungen im Gebäude selbst langen auch zu. Wenn das schon leichte Bomben bewirken! – In der Bibliothek eine ernsthafte Arbeit zu beginnen lohnt sich nicht. Wir hatten kein Licht und waren aus diesem Grunde halb 5 lahmgelegt. Es sollen 80 Bomben auf Wesertal in Hameln gefallen sein.

4. Januar (Donnerstag)

Heute wieder eine Zeitung. (Gestern keine.) Überschrift: Starker Widerhall der Neujahrsrede des Führers. Tiefer Eindruck in den befreundeten und neutralen Ländern. – Auch der Feind von der Logik der Darlegungen betroffen.[28] – Ich kann, wie die andern, erst mit dem Hellwerden in die Bibliothek kommen, da man vorher doch nicht arbeiten kann. Dem Vernehmen nach soll der Zustand der Stromlosigkeit noch acht bis vierzehn Tage dauern. ... Nachmittags nur

---

[27] Die 1912 gegründete *Elektrizitätswerk Wesertal GmbH* war ein Energieversorgungsunternehmen mit Hauptsitz in Hameln, das Teilbereiche Südniedersachsens und von Ostwestfalen-Lippe versorgte. Die Gesellschaft wurde 2002 durch E.ON übernommen. https://de.wikipedia.org/w/index.php?title=Elektrizit%C3%A4tswerk_Wesertal. – In der *Lippischen Staatszeitung* findet sich kein Hinweis auf den Schaden.

[28] *Lippische Staatszeitung*, Nr. 2/3, 3./4. Januar 1945. – Wie die Nummerierung zeigt, erschien die Ausgabe tatsächlich als Doppelnummer für zwei Tage. Der Artikel – Bergmann gibt Titel und Untertitel korrekt wieder – ist der Aufmacher auf der Titelseite.

wenig fertig gebracht, da man halb 5 spätestens die Sachen in den Keller räumen muß.

8. Januar (Montag)

Abends hatten wir überraschend wieder Licht.

10. Januar (Mittwoch)

Viel Alarm den ganzen Tag, wie immer, wenn einen Tag Ruhe war. – Vormittags die aus der Gymnasial-Bibliothek (Lemgo) stammenden Werke[29] geordnet, die ich aufnehmen soll. Nachmittags nicht zu weiterer Kollationierung gekommen... Also im ganzen wieder ein recht unergiebiger Tag. Zuletzt noch Alarm.

11. Januar (Donnerstag)

Dieser Tag war noch viel unergiebiger. Denn ich hatte kein Licht im Keller und fand meine Materialien nicht. Petroleum, um eine Notlampe damit zu speisen, haben wir auch nicht. ... Nachmittags lange kein Licht in der Bibliothek.

12. Januar (Freitag)

Für halb 3 nach der Bibliothek bestellt. Dr. [Hans] Krüger [ein im Hause Sauerländer[30] wohnender Antiquar] will eine Reihe unserer Doppelstücke ankaufen, und ich sollte sie schätzen. Dr. Krüger hat aber – war mir lieber – selbst geboten, und recht angemessen. Er hat ferner Handzeichnungen und

---

29 Das heutige Engelbert-Kaempfer-Gymnasium in Lemgo ist die älteste Schule in Lippe. Seine Bibliothek entstand im 19. Jahrhundert aus der Zusammenführung älterer Sammlungen (vgl. den Eintrag zur Bibliothek des Stadtarchivs Lemgo im Handbuch der historischen Buchbestände http://fabian.sub.uni-goettingen.de/fabian?Stadtarchiv_(Lemgo). Siehe außerdem Bergmanns Eintrag vom 6. Juni.

30 Das „Haus Sauerländer", Heidentalstr. 54 im Ortsteil Hiddesen in Detmold, ist heute eine Wohnstätte des Lebenshilfe e.V. Krüger unterhielt dort ein „Buch- und Kunstantiquariat".

Gemälde angesehen, die [angeblich] von der SS aus zerstörten französischen Wohnungen herausgeholt worden sind,[31] zusammen mit Möbeln, und die bestimmt waren, in die Zimmer Evakuierter und Totalgeschädigter zu kommen. Oberbaurat Vollpracht[32] hat aber Sachen von Kunstwert herausgezogen.

22. Januar (Montag)

Heute der längste und der kürzeste Alarm. Der längste von 10 bis halb 3, der kürzeste halb 11.

23. Januar (Dienstag)

Nachdem kürzlich die Eil- und Schnellzüge ausgefallen, folgen die einschneidensten Einschränkungen des Postverkehrs,[33] die sich denken lassen, oder die wenigstens, soweit ich denken kann, eingetreten sind. Wie soll auf die Dauer ein wirtschaftliches oder wissenschaftliches, ja selbst ein privates Leben noch weitergeführt werden? ... Hört ein Kulturstaat nicht auf, einer zu sein, der sich auf einen so primitiven Stand des Lebens zurücksetzt? Bedeutet dies alles nicht schon einen Zusammenbruch? Dazu lese man dann in der heutigen „Staatszeitung" den Kommentar zum Heeresbericht![34] Ist er nicht wie für kleine Kinder geschrieben?

---

31 Vgl. zu den „Handzeichnungen" die Einträge vom 3. Juli und folgende.

32 Karl Vollpracht (1876-1957), wohnt Gartenstr. 14 in Detmold. Er war Oberbaurat der lippischen Landesregierung und Landeskonservator.

33 „Einschneidende Einschränkungen der Postbeförderung. Nur noch die gewähnliche Postkarte auf weite Entfernungen". Lippische Staatszeitung Nr. 19, 23. Januar 1945, S. 1. Der Artikel erläutert, die Einschränkungen seien dem „Wegfall der D- und Eilzüge" geschuldet; der Briefverkehr sei nur noch zu verkehrsgünstig gelegenen Nachbarorten und innerhalb eines Ortes möglich.

34 Die zweiseitige Ausgabe enthält keinen „Kommentar zum Heeresbericht", wohl aber einen von einem Prof. W. Weber der „Universität Berlin" namentlich gezeichneten Artikel auf der Titelseite: „Europa gegen Attila", in dem der Verfasser an die Zeit der Völkerwanderung erinnert, ohne eine Parallele zur Gegenwart zu ziehen. Dies dürfte freilich der Leserin, dem Leser von Zeilen wie den folgenden selbst nicht schwerfallen: „Die Germanen haben auf dem mauriazensischen Feld in Strömen von Blut die Macht des Finsteren über die Menschen und die Räume ertränkt". — Mit „Heeresbericht" meint Bergmann wohl die zweispaltige Meldung „OKW: Eindrucksvolle Abwehrerfolge in Oberschlesien".

Nachmittags ... Hr. Engel [vom Hamburger Rundfunk]. ... Wir hatten ein längeres Gespräch über alles das, was einen heute bedrückt. – Später zu Dr. Wiegand, der sein Abenteuer im Zuge von Schötmar erzählte, wo er mit Fräulein Dr. Schladebach[35] zur Einweihung einer Volksbüchereistelle gewesen war.[36] Unterwegs waren sie von Tieffliegern mit MG's heftig beschossen worden, und konnten von Glück sagen, daß sie mit dem Leben davongekommen sind. Nur die Lokomotive ist getroffen worden.

... Von dem, was Hr. Engel bemerkte, will ich noch notieren, daß er hier kaum arbeiten kann, da es in der Luft überraschend lebhaft und unruhig sei. In Berlin, wo er jetzt einige Zeit gewesen, und wohin höchstens alle acht Tage mal Flieger kämen, sei es im Vergleiche zu hier „paradiesisch".

24. Januar (Mittwoch)

Kurz nach dreiviertel 10 – es war nur Voralarm gegeben worden - hörte ich mit einem Male heftige Detonationen, offenbar von Bombenabwürfen herrührend, und gleich darauf Flakschüsse. Ich sah vom Magazinfenster aus zwei Flugzeuge in rascher Fahrt nach dem Königsberge zu wegfliegen. Sollten sie wieder unsern Flugplatz belegt haben?

27. Januar (Samstag)

Dr. Wiegand will gestern Abend aus nichtiger Ursache einen Nervenzusammenbruch erlitten und seine Frau darauf Herzkrämpfe bekommen haben.

---

35 Dr. phil. Betty Schladebach war Oberbibliothekarin in der Landesbibliothek und betreute die Wanderbücherei. Sie wohnte Wallgraben 34, Detmold. Vgl. Pilzer 1998, 505.

36 Die *Lippische Staatszeitung* meldet in der Ausgabe Nr. 20 vom 24. Januar: „Schötmar. Wiedereröffnung der Stadtbücherei": „In einer schlichten Feierstunde im Rathaus sprach <...> der Leiter der staatlichen Büchereistelle, Dr. Wiegand, über den unerschöpflichen Reichtum und die umfassende Aufgabe des deutschen Buches, das im Kriege an der Front und in der Heimat seinen Wert tausendfach bewiesen hat; das darum auch von Reichsminister Dr. Goebbels als dem Reichsbeauftragten für den totalen Kriegseinsatz in seiner Bedeutung für die seelische Rüstung des deutschen Volkes ausdrücklich herausgehoben ist, als er verordnete, trotz aller notwendig gewordenen Einschränkungen auf dem kulturellen Gebiet die Büchereien unter allen Umständen offenzuhalten und ihren Einsatz noch zu verstärken". — Zum Rückweg vgl. auch Bergmanns Brief an seinen Bruder Richard vom 16. Februar 1945.

28. Januar (Sonntag)

Abends 9 Uhr habe ich die Nachtwache[37] bezogen. ... Zuerst habe ich im Bette gelesen, dann, da die Flugzeuge zu sehr schwirrten, unten im Keller.

29. Januar (Montag)

[Magazinverwalter] Lesemann ist zurück, hat mir viel erzählt.[38] Wäre gern seine sechs Wochen draußen geblieben, aber Dr. Wiegand hat ja nicht gewollt, obgleich es auch die vierzehn Tage noch ohne ihn gegangen wäre. Er hat nur weibliche Schipper unter sich gehabt. Die Arbeitsbedingungen scheinen günstiger gewesen zu sein [als dort, wohin ich im Herbst vorigen Jahres kommandiert war], offenbar hat man allerhand gelernt. Er hat auch V 2 abfliegen sehen.[39]

30. Januar (Dienstag)

Abends ging wieder einmal das Licht aus. Ich kam mit Mühe fort.

2. Februar (Freitag)

Der Gegner ist in der Luft nach wie vor sehr aktiv. Heute Vormittag wechselten Warnung und Entwarnung immer wieder. Er geht darauf aus, mit Tieffliegern Lokomotiven und Brücken zu zerstören.

---

37 Es handelt sich um Luftschutz-Nachtwachen. – Im Bibliotheksarchiv der LLB (Kasten 62) ist das Dienstbuch für die Wachdienste (29.5.1944 -29.3.1945) erhalten geblieben, obwohl Bergmann nach Kriegsende die „Luftschutzakten ausgemerzt“ hat (siehe Eintrag vom 2. Mai 1945). Der Eintrag vom 28.1.1945 stammt von der Hand Bergmanns: „20^{55}-7^{00} Dr. Bergmann kein Alarm“.

38 Vgl. Bergmanns <Einleitung>: Lesemann sei „als Führer einer Kolonne weggeholt“ worden.

39 Die „V2“ genannte Rakete, in Peenemünde entwickelt, wurde auch im Münsterland gestartet.

3. Februar (Samstag)

Früh hat die Nachricht von der Verkürzung der Lebensmittelportionen[40] in der Zeitung gestanden. Ich habe das schon seit dem Verluste der Ostprovinzen befürchtet und nehme an, daß dies der Anfang zu Schlimmerem ist.

4. Februar (Sonntag)

Um 9 mußte ich trotz meines [infolge der Unterschenkel-Geschwüre, die während des Westwall-Kommandos im vergangenen Herbst aufgetreten waren] heftig schmerzenden und doch geschwollenen Beines bei der Parteistelle[41] sein. ... Herr Brand[42] hatte meiner Frau gesagt, ich brauche nur meinen Namen einzutragen und könne dann wieder gehen. Diese Angabe erwies sich aber als falsch. Nachdem wir eine halbe Stunde totgeschlagen hatten, wurden wir wieder zum Sammeln[43] weggeschickt. Ich hatte sieben Häuser des unteren Alten Postweges. Die meisten Leute waren nicht da oder machten gar nicht auf. Zwei erbaten meinen erneuten Besuch. Ich war erst nach 10 in der Bibliothek. ... Nach dem Schlagen zu Supans.[44] Dort 12 kg Spinnstoffe bekommen und nach der Bibliothek getragen. Der Koks war angekommen.

---

40 *Lippische Staatszeitung* Nr. 29 vom 3./4.2.1945, S. 3: „72. und 73. Zustellungsperiode um eine Woche verlängert". Dort heißt es: „Dies bedeutet, daß die Verbraucher mit den Rationen der 72. und 73. Zuteilungsperiode eine Woche länger reichen müssen, also insgesamt 9 Wochen statt 8 Wochen".

41 Die Kreisleitung der NSDAP hatte ihre Geschäftsstelle im Regierungsgebäude (heutiges Amtsgericht Detmold) am Kaiser-Wilhelm-Platz.

42 Vermutlich: Hermann Brand, Regierungs-Oberinspektor, wohnt in der Moltkestr. 21. In der Chronik wird ein Herr Brand auch am 31.3., 7.4., 26.4. etc. erwähnt. Nach dem Eintrag vom 26.4. ist Herr Brand im Landesbauamt beschäftigt und wird dort lt. Eintrag vom 12.10. Nachfolger von Herrn Hüls.

43 Vermutlich von der NSDAP koordinierte Sammlung von Ausrüstung und Textilien im Rahmen der von Anfang Januar bis zum 11. Februar 1945 laufenden Aktion „Volksopfer für Wehrmacht und Volkssturm", dazu siehe https://de.wikipedia.org/wiki/Volksopfer_f%C3%BCr_Wehrmacht_und_Volkssturm.

44 Ernst Supan (*1884 Tzernowitz), wohnte mit seiner Tochter Wilma im Alten Postweg 30, Detmold. Städtischer Baurat a.D.

5. Februar (Montag)

Vormittags zu Herrn [Hermann] Gehring, Alter Postweg [29],[45] wo ich ein schwarzseidenes Kleid bekam. Nach der Wiesenstraße,[46] es abgeliefert und Abholung der Supan'schen Sachen bestellt. In der Bibliothek Quittung vorbereitet ... Nachmittags zu Haus geblieben, da die gestrigen Anstrengungen mein Bein verschlimmert haben und ich die unerträglichsten Schmerzen habe, wenn ich es nicht hochlege.

6. Februar (Dienstag)

Früh zu Dr. Nacke.[47] Ich kam schon halb 10 dran. ... Dr. Nacke fand mein linkes Bein arg entzündet und verordnete mir Ruhe und Hochlegen des Beins bis Ende der Woche.

10. Februar (Samstag)

Früh bei Nacke. Ich soll weiter liegen.

14. Februar (Mittwoch)

Im Laufe des Vormittags zu Dr. Nacke, der die Wunde in guter Verfassung fand, mich aber noch bis Ende der Woche krank schrieb. Mit Mühe nach der Bibliothek, da wiederholt Alarm. Dort Dr. Wiegand bleich und nach seiner eigenen Erklärung am Ende seiner Kräfte vorgefunden.

19. Februar (Montag)

Wieder zum Dienst. Unterhaltung mit Dr. Wiegand und Dr. Krüger. Man hat mittlerweile allerhand Geschäfte zu Stande gebracht.[A]

---

45 Im Adressverzeichnis 1941 nicht genannt.

46 Vermutlich zum Schneidermeister Christian Niedermeier, Wiesenstr. 6, oder Schneidermeister Ferdinand Schröder, Wiesenstr. 1.

47 Dr. med. Theodor Nacke (1875-1952), Bismarckstr. 19, Detmold. Praktischer Arzt.

[A] Es handelte sich vornehmlich um 14 Musikalien (8 von Robert Schumann, eine von Joseph Lanner, 4 von Johann Strauß Vater und eine von Johann Strauß Sohn), die lt. Kaufvertrag vom 23. Febr. durch die Landesbibliothek von der Firma H. Bouvier & Co.[48] in Bonn angekauft worden, aber erst am 24. Nov. geliefert worden sind, da sie ausgelagert waren.

20. Februar (Dienstag)

Nach einer Entscheidung Dr. Rodewalds [49] habe ich versuchsweise die Ausbildung im Volkssturm[50] mitzumachen.

21. Februar (Mittwoch)

Um 3 in der Bibliothek, wo Dr. Krüger mit Büchern erwartet wurde. Es war Alarm. Wir haben bis gegen 4 im Keller gesessen. Dann wurde Dr. Krüger später erwartet, sagte aber wieder ab. ... Ich hörte von Dr. Wiegand und dessen Frau, daß die feindlichen Flieger heute in Lage gewesen seien, wo eine Straße brenne, ferner in Lemgo, Oeynhausen, Löhne, Herford, wo die Bahnlinie nach

---

48 Universitätsbuchhandlung H. Bouvier & Co, Bonn a. Rhein.

49 Dr. med. Fritz Rodewald. Wiesenstr. 14, Detmold. Arzt. Fritz Rodewald taucht nicht in der Liste der Ärzte am Anfang des Adressbuchs auf – vielleicht Amtsarzt?

50 Der „Volkssturm“ war eine „militärische Formation“, gebildet per Erlass am 25.9.1944 und bestehend aus allen waffenfähigen Männern im Alter von 16-60 Jahren „außerhalb der vorherigen Wehrpflicht“ zur Verteidigung des „Heimatbodens“. https://de.wikipedia.org/w/index.php?title=Volkssturm. Es wurden vier Aufgebote unterschieden. „Das erste Aufgebot umfasste alle kampffähigen Männer ab 20 Jahren, die nicht aus kriegswichtigen Gründen unabkömmlich waren; und auch nur dieses erste Aufgebot sollte außerhalb der engeren eigenen Region überhaupt eingesetzt werden. Das zweite Aufgebot sind die Männer gleichen Alters, die aber unabkömmlich sind, also zum Beispiel als Rüstungsarbeiter in der Industrie eingesetzt waren. Das dritte Aufgebot waren die Jugendlichen zwischen 16 und 20 Jahren, und das 4. Aufgebot umfasste schließlich noch all diejenigen, die nicht mehr als tauglich für den Kampfeinsatz galten“ https://www.deutschlandfunk.de/volkssturm-im-zweiten-weltkrieg-hitlers-letztes-aufgebot.724.de.html?dram:article_id=461321. Bergmann wurde dem zweiten Aufgebot zugeteilt.— Vgl. die Briefe vom 28. November 1944 und 23. Februar 1945 in Teil II.

Altenbeken getroffen, und Vlotho, wo sie die Weserbrücke zerstört hätten. Ein bißchen viel für einen Nachmittag. Heute Abend, als ich auf dem Nachhausewege war, schon wieder Alarm.

22. Februar (Donnerstag)

Heute bin ich nur zu ein paar Titelaufnahmen gekommen. Halb 10 Uhr kam Dr. Krüger. Wir haben, Dr. Wiegand, [die pensionierte Oberbibliothekarin] Frl. [Margarete] Stahl[51] und ich, bis Mittag mit ihm verhandelt. Er hatte zwei alte Drucke, moderne Städte-Ansichten und eine fast 200 Blätter umfassende Bildnis-Sammlung mit, ausgezeichnet durch einige sehr seltene Stücke und z.T. hervorragende Qualität. ... Ich legte mich nach Tische hin. Es war jedoch ein solches Surren in der Luft und in der Ferne ein solches Geknalle, daß ich es vorzog, doch wieder aufzustehen. Meine Frau war im Trainingsanzuge. Sie wollte auf dem Königsberge Holz suchen. Ich zog es vor, da zu bleiben, um die Wohnung nicht allein zu lassen. Ich habe mich aufs Sofa gelegt, später wieder ins Bett, nachdem es ruhiger geworden war.

Ich stand dreiviertel 4 auf. Es gab sofort wieder Alarm. Auf der Rosen-Straße kamen mir Massen von Menschen mit Koffern entgegen. Vor der Bibliothek Lesemann, Dr. Wiegand und andere. Es heißt, daß sie wieder in Lage gewesen seien. Ich habe etwas geschrieben und später, nachdem es im Keller Licht gab, die Bildnisse durchgezählt und geschätzt. Sie sollen uns 6000 RM kosten. Ich bin bei überschläglicher Schätzung nach Gefühl ohne das Kleinzeug auf über 9000 gekommen, so daß ich nach 7 Dr. Wiegand diesen günstigen und erfreulichen Bericht geben konnte. Als ich wieder nach oben ging, wieder Voralarm, und gleich hinterher wieder Vollalarm. ...

Dr. Krüger sagte uns heute, man schätze das, was im Osten an Berliner Buch- und Kunstbesitz verloren gegangen sei, auf den vierten Teil. Deutschland würde nach dem Kriege ein an seltenen Werken sehr armes Land sein. Frl. Grewel [von der in der Bibliothek eingemieteten Firma Dr. C. Otto & Co.] erzählte abends, die Firma hätte die Filme der unersetzlichen Zeichnungen in Oppeln und Breslau sichergestellt gehabt. Noch vor der Besetzung der Stadt Oppeln durch die Russen seien drei ihrer Herren nochmals dort gewesen, um zu versuchen, die Filme herauszubekommen, es sei aber schon alles geplündert und zerstört gewesen.

---

[51] Margarete Stahl, Gartenstr. 5, Detmold. Oberbibliothekarin der LLB von 1908-1938; wirkte bei der Erstellung des Zettelkataloges maßgeblich mit.

23. Februar (Freitag)

Korrespondenz. Titelaufnahmen. Mittags Alarm. Ein furchtbarer Krach, so daß das Haus in seinen Grundfesten erbebte und der Kalk von den Decken bröckelte.

24. Februar (Samstag)

Ich bin gestern abend gleich in der Bibliothek geblieben, da ich Wache[52] hatte.

25. Februar (Sonntag)

Ich hatte Bereitschaftsdienst. ... Kaum hatte ich mich zum Kaffee niedergesetzt, da kam Voralarm, ein heftiger Bombenabwurf, wohl wieder in Lage, und dann erst Alarm. Ehe ich in der Bibliothek war, bereits Entwarnung. Später noch zweimal Alarm, so daß ich spät zum Essen kam. ... Dreiviertel 8 nochmals Alarm. Nach der Bibliothek. Dort im Keller ... Entwarnung und gleich darauf nochmals Alarm, so daß ich bis nach 9 in der Bibliothek bleiben mußte.

26. Februar (Montag)

Nachmittags überraschte mich Dr. Wiegand mit der Nachricht, daß ich von Donnerstag bis Sonnabend einen dreitägigen Volkssturm-Kursus mitmachen müsse.[53]

5. März. (Montag)

Nachdem gestern kein Alarm war, war heute fast den ganzen Vormittag hindurch solcher. Dazu Kälte draußen und im Bau.

---

52 Siehe Fn. 37: „23.2. 19^{00}-7^{00} Dr. Bergmann Alarm 20^{56}-21^{34}".

53 Siehe Brief an Annemarie und Richard Bergmann vom 24. März 1945 in Teil II.

7. März. (Mittwoch)

Titelaufnahmen teils gemacht, teils vorbereitet. ... Gegen Abend bei Dr. Wiegand. Gerücht von Führerrede und Einberufung des Reichstages. Dr. Wiegand spricht von sehr schlechten Nachrichten von beiden Fronten. Die Marschkompagnie des Volkssturms ist binnen einer Stunde alarmiert worden. Dr. Wiegand bemerkt, daß der Volkssturm die Lage auch nicht mehr retten wolle. ...

Heute wieder Alarme am laufenden Bande. Ich habe nach allem das Vorgefühl entscheidender Tage.

8. März. (Donnerstag)

Dr. Wiegand nachmittags mit Frl. Dr. Schladebach in Großenmarpe zur Einweihung einer Volksbibliothek.[54]

10. März. (Samstag)

Gas gibt es jetzt nur noch von 10-13 und von 19-20 Uhr. Also kann man früh weder Tee kochen noch Suppe. ...

Köln nun auch in feindlicher Hand. In den Trümmern Bonns wird gekämpft. Wie lange wird Wesel sich noch halten?[55] Ein grauer, häßlicher Tag. – Titelaufnahmen vorbereitet. ...

Nach Dienstschluß wieder Koks gelesen auf der Schlackenhalde hinter der Bibliothek, wo viele unverbrannte Stücke zu finden sind.

---

[54] *Lippische Staatszeitung* Nr. 59, 10./11.3.1945, S. 3: „Dr. Wiegand, der tatkräftige Förderer aller lippischen Volksbüchereien, eröffnete die Bücherei und übergab sie ihrer Bestimmung. <...> Fräulein Schladebach von der Landesbibliothek gab eine kurze Einführung in den Bücherschrank."

[55] *Lippische Staatszeitung* Nr. 58 vom 9.3.1945, S. 1: „Die große Westschlacht in neuer Entwicklungsphase". Darin wird berichtet, dass bis auf „Brückenköpfe" am linken Rheinufer, z.B. in Köln und Bonn, die Front am rechten Rheinufer verlaufe. „Neben den deutschen Positionen in Wesel ist insbesondere der Brückenkopf um Bonn einem starke Druck des Gegners ausgesetzt".

12. März (Montag)

Viele Alarme mit heftigen Detonationen in der Ferne.

13. März (Dienstag)

Alarme und Detonationen nicht weniger heftig als gestern.

14. März (Mittwoch)

Gestern Abend war mein Bein schon so schlimm gewesen, daß mir erhebliche Zweifel daran gekommen waren, ob ich heute Kartoffeln würde mitholen können. Heute früh hatte ich so heftige Schmerzen, daß ich gar nicht auftreten, und einen so geschwollenen Fuß, daß ich gar nicht in einen Schuh kommen konnte. So mußte ich liegen bleiben und meine Frau zu Dr. Nacke schicken, der denn auch am Nachmittage kam, entsetzt war über den Unfug, mich als Rekonvaleszenten zum Volkssturm-Dienst zu kommandieren, und mir strenge Bettruhe anempfahl.

31. März (Ostersamstag)

Nach 11 sind wir zu Bett gegangen. Kaum war ich eingeschlafen, da erschien Hr. Brand, der mich schon im Laufe des Nachmittags für morgen früh 8 Uhr bestellt, dabei aber erfahren hatte, daß ich krank sei und liegen müsse, an der Schlafzimmertür und beklagte sich darüber, daß er eine Viertelstunde habe klingeln müssen, ehe er hereingekonnt habe. Wenn er bei allen so lange warten müsse...! Es sei höchste Alarmbereitschaft, ich solle nach der Bibliothek kommen. Ich erwiderte, daß es nicht meine Schuld sei, wenn er meine Krankmeldung nicht erhalten habe. Darauf er: er müsse nach den Pinneichen und könne in der Bibliothek keinen Bescheid sagen. Seine letzten Worte waren: „Feindliche Panzerspitzen stehen bei Bielefeld, daß Sie's nur wissen!“[56] Ich bin erst nach geraumer Zeit eingeschlafen, dachte mir aber gleich, daß es bei Morgengrauen wohl etwas lebhaft zugehen werde.

---

[56] Zur Chronologie des militärischen Fortschritts vgl. Becker 1985, 330ff. und Becker 1995; zum Geschehen auch die Überblicke von Kittel 1978, 320ff. und Ruppert 2019, 246-247.

1. April (Ostersonntag)

In der Tat war ein viertel 7 Uhr Kanonendonner in der Ferne zu hören.[57] Später wurde es wieder still. Dafür erschien ein Flugzeug, und es gab Kleinalarm. Der Geschützdonner aus Richtung Bielefeld wiederholte sich im Laufe des Vormittags. Gas gab es nicht. Ich habe meinen Verband erneuert. Das Bein sieht übel aus. ...

Nachmittags wurde es unruhiger. Der Geschützdonner verstärkte sich. Meine Frau hörte, daß die feindlichen Panzerspitzen bereits bis Oerlinghausen gelangt seien. Am späteren Nachmittage hörte sie von Hrn. Pohlmann [unserem Nachbarn],[58] daß mit einer Beschießung Detmolds zu rechnen sei. In diesem Falle würden wir veranlaßt werden, die Stadt binnen 24 (?) Stunden zu verlassen. Da aber meine Frau von einem Soldaten dringend gewarnt worden ist, dies zu tun, da auf den Landstraßen ein unbeschreibliches Chaos herrsche, so sind wir kaum geneigt, den Gedanken des Weggangs zu erwägen. ...

Wir haben Abendbrot gegessen. Nachher kam Hr. Stecker [unser Hauswirt][59] und sagte, wir sollten die Fenster aufmachen, daß sie spielen könnten. Es würden Sprengungen vorgenommen. Wir hörten, daß der Fliegerhorst[60] und alle Brücken gesprengt werden würden. Nachher ist meine Frau weggegangen, um meine Krankmeldung in die Bibliothek zu bringen. ...

Die Detonationen nahmen nun mehr und mehr an Heftigkeit zu. Ich habe die Nachrichten gehört, die von weiteren Fortschritten der Gegner, besonders im Osten, im österreichischen Raume, berichten. Danach ist Wien sehr stark bedroht. Aber auch die Annäherung in der Gegend Hersfeld und Kassel ist sehr bedenklich. Was wird die Nacht bringen?

2. April (Ostermontag)

Ein trüber, kühler, regnerischer Tag. Mittags heftigere Güsse. ...

---

57 Zum Zeitraum 1. April-22. April vgl. auch das Tagebuch von Heinrich Drake (Drake 1981).

58 Das Adressbuch nennt für den Alten Postweg 37 einen Kurt Pohlmann, Stukkateur, und einen Simon Pohlmann, Betriebsleiter.

59 Heinrich Stecker, Alter Postweg 43, Bauunternehmer.

60 Der „Fliegerhorst“ in Hohenloh wurde 1934 gebaut und bald militärisch genutzt. https://de.wikipedia.org/wiki/Flugplatz_Detmold. Vgl. Eintrag vom 2. April: „Schließlich wurde die Parole ausgegeben, um 8 würde der Fliegerhorst gesprengt werden“ und Eintrag vom 4. April: „Gegen 9 hieß es wieder, der Fliegerhorst werde gesprengt“.

Meine Frau war fort, als Frl. Priester [die Sekretärin der Landesbibliothek] kam. Sie wollte wissen, ob sie ihre Kiste aus der Bibliothek fortholen solle. Ich habe ihr zugeredet. Meine Frau kam hinzu ...

Die ganze Zeit war der Donner der Schlacht zu hören. Offenbar kommt der Gegner von Paderborn und von Münster her. Frl. Priester wollte wissen, daß Augustdorf zerschossen sei, der Gegner aber in der Dörenschlucht ungefähr 60 Panzer verloren habe und es nun über Lage versuche. ... Nach den umlaufenden Gerüchten drohen uns drei Gefahren: 1. daß Detmold Kampfgebiet wird und man es beschießt, 2. daß Detmold besetzt wird, 3. daß wir evakuiert werden. Es heißt nämlich, daß jetzt die neue Waffe[61] im Ruhrgebiet angewendet werden solle, welches zu diesem Zwecke evakuiert sei, und Detmold werde hinzugenommen werden. Aus Paderborn soll der Feind wieder hinausgeworfen worden sein und zurück bis Soest. Eine Dame, die in der Sitzung anwesend gewesen sein will, hatte erzählt, in ihr sei Dr. Meyer [der Gauleiter] dafür eingetreten, Detmold zur offenen Stadt[62] zu erklären, da wir zu viele Lazarette hier hätten. Jemand anders wollte gehört haben, es solle verteidigt werden.

Nach 3 machte meine Frau sich an ihren Spülkram und ich legte mich zu Bette. Meine Frau brachte mir noch Passiorin[63] hinaus. Kaum hatte ich mich auf die Seite gelegt, so waren die Detonationen so laut und scharf, daß ich das deutliche Gefühl hatte, der Kampf komme näher. Ich stand nach einer Weile auf und trat an das Fenster. Es kam mir sogar vor, als werde nach Detmold hineingeschossen. Deutlich waren der Abschuß und die Detonation des Geschosses zu unterscheiden. Ich zog es vor, wieder hinunter zu gehen. Meine Frau ließ sich nicht aus der Ruhe bringen und setzte ihre Arbeit fort. Schließlich wurde es uns zur Gewißheit, daß Detmold von feindlicher Artillerie beschossen wurde. Meine Frau und ich gingen hinüber zu Frau Nickler, die uns ihren Luftschutzkeller angeboten hatte. Dort haben wir eine Weile gesessen. ...

Schließlich wurde die Parole ausgegeben, um 8 würde der Fliegerhorst gesprengt werden. Fünf Sirenenzeichen würden den Termin bekannt geben. Meine Frau und ich gingen wieder nach der Wohnung, öffneten und sicherten alle Fenster, machten auch die Innen- und Schranktüren auf, nahmen die Büsten und Glassachen von ihren erhöhten Standpunkten herunter, schafften Koffer usw. in den Keller. Dann ging ich wieder hinüber. Die Frauen machten

---

61 Vermutlich die V2.

62 „Im Kriegsrecht bezeichnet „offene Stadt" eine Stadt oder Ortschaft, die nicht verteidigt wird und daher nicht angegriffen oder bombardiert werden darf. Grundlage ist Artikel 25 der *Haager Landkriegsordnung*" https://de.wikipedia.org/w/index.php?title=Offene_Stadt.

63 Medikament, wurde gegen nervöse Erschöpfungszustände, neurovegetative Dystonien, Erregungszustände und Schlaflosigkeit verabreicht.

den Versuch, ein Abendbrot zu bereiten, kamen aber immer wieder in den Keller hinunter, weil die Beschießung fortgesetzt wurde. Meine Frau war des Abendbrots wegen zu Haus. Es kam die Nachricht, daß ein Schuß in das Strack'sche Haus[64] unten am Alten Postwege gegangen sei, ein anderer in die lutherische Kirche, andere in die Berufsschule. ...

Die Beschießung ging unterdessen fort und nahm immer unheimlichere Formen an. ... Es waren zwei Arten von Schüssen zu unterscheiden. Bei der einen Gruppe wurden mindestens vier Schüsse abgegeben. Die Detonationen erfolgten in weiterer Ferne. Die andere Gruppe kam von zwei Geschützen. Die Geschosse zogen sausend und pfeifend über uns hin und detonierten an drei verschieden weit entfernten Stellen. Offenbar wurde ein bestimmter Geländeabschnitt planmäßig in drei verschiedenen Richtungen belegt. Wenn die Detonation an der uns zunächst gelegenen Stelle erfolgte, dann klirrten die Fensterscheiben so sehr, daß wir Angst haben mußten, sie möchten zerspringen, und die Detonation war ziemlich ungeheuerlich. ...

Am späteren Abend, als wir noch im Schlafzimmer gewesen waren, hatten wir zwei Einschlagstellen beobachtet, die eine in Richtung Fliegerhorst, die andere in Richtung Palais. Dort entstand ein gewaltiger Brand, und meine Frau meinte, es könne das Palais sein. Wir fragten uns vergeblich, was das Ganze zu bedeuten habe, wozu diese Beschießung dienen solle... Klar war uns nur das eine, daß man es abgelehnt hatte, Detmold zur offenen Stadt zu erklären, es vielmehr, getreu dem Aufrufe des Leiters der Reichskanzlei Bormann,[65] verteidigen wolle.

3. April (Dienstag)

Die Kanonade mag bis etwa halb 7 gedauert haben. Dann hörte sie mit einem Male auf. Meine Frau stand als erste auf, da es klingelte. Sie kam wieder herauf mit dem Bemerken, feindliche Soldaten stünden unten. Eine große Gruppe stand auf der Straße. Ich erkannte, daß es deutsche waren, alle mit Panzerfaust bewaffnet. Einer fragte mich später, ob wir große Keller hätten, sie blieben hier. Ich mußte natürlich verneinen. Es kamen immer und immer Soldaten den Alten Postweg herunter. Wir haben Tee getrunken, dann hat sich meine Frau auf den

---

64 Mathilde Strack wohnte am Alten Postweg 22.

65 Martin Bormann (1900-1945), Leiter der Partei-Kanzlei https://de.wikipedia.org/wiki/Martin_Bormann. Welchen „Aufruf" Bergmann meint, ist nicht ermittelt.

Weg zur Stadt gemacht, um zu sehen, was es noch zu kaufen gibt. ... Kurz nach 10 war nur in der Ferne etwas Kanonendonner zu hören. ...

Meine Frau kam nach Stunden erschöpft und verstört zurück. Sie war mit Frau Nickler von Laden zu Laden gelaufen, ohne Brot zu bekommen. Beim Gange durch die Friedrichstraße hatte sie einen fürchterlich verstümmelten menschlichen Körper liegen gesehen, ein Anblick, der sie mit Entsetzen erfüllt hatte. Meine Frau hat sich auf das Sopha gelegt und mir von ihren abenteuerlichen Einkäufen erzählt. Es ist in der Stadt viel zerstört. Z.B. das Diekmann'sche Geschäft [auf der Hornschen Straße].[66] Bei Hartenauers [Ecke Leopold- und Exterstraße][67] ist die Wohnung kaputt. Brüggemanns [Bäcker auf der Langen Straße][68] hatten geschlossen, bei Rössings [Krumme Straße][69] war das Brot verschüttet und mußte erst ausgegraben werden. Wo noch welches vorrätig gewesen war, hatte man es nur in kleinen Portionen ausgegeben. Am schlimmsten soll die Elisabethstraße zugerichtet sein, aber auch die Krumme. Auf der Langen Straße ist nur Schürmanns Haus[70] abgebrannt. Dieser [zu jener Zeit Bürgermeister] ist nicht aufzufinden. Die Leute sind sehr erbittert, da er die Bewohnerschaft völlig im Unklaren über die Lage und das Daß und Warum der Beschießung gelassen hat. Im Bunker habe alles voll brauner Uniformen gesessen, und den paar Volkssturm-Leuten sei die Verteidigung der Stadt überlassen gewesen.

Meine Frau ist auch in der Bibliothek gewesen. Frl. Dr. Schladebach hat keine Fenster in ihrer Wohnung mehr. ... Dr. Wiegand kreidebleich, dito seine Frau. Fest steht das eine, daß Detmold verteidigt werden soll. Als meine Frau weit nach 1 das Essen so weit vorbereitet hatte, daß sie es zum Kochen zu Frau Nickler bringen konnte, brach auch in der Tat eine wilde Kanonade los, aber glücklicherweise nicht nach Detmold. Es kam von Schaefers Hause [am oberen Papenbergwege] [71] her, ich meine aus dem Westen. Oberhalb des Alten Postweges soll eine Panzersperre gebaut werden. Dies verheißt keine gute

---

66 Ernst Diekmann, Hornsche Str. 24, Kolonialwarenhandlung.

67 Emil Hartenauer, Leopoldstr. 14, Detmold, Lebensmittel-Kleinhandel.

68 Simon Brüggemann, Lange Straße 4, Detmold, Bäckerei.

69 Friedrich Rössing, Krumme Str. 12, Detmold, Bäcker.

70 Wilhelm Schürmann (*1898 Herford), Leiter der Außenstelle Lippe des SD; stellvertr. bzw. kommissarischer Bürgermeister von Detmold. In der Langen Straße 28: Wilhelm Schürmann: Herrenmodengeschäft. – Schürmann ist „Parteimitglied mit offenbar bis zuletzt strammer nationalsozialistischer Haltung" (Eisenhardt 1994, 44).

71 August Schäfer, Landwirt a.D., wohnte Papenbergweg 33 bzw. Hermann Schaefer, ebenda, der im Vorstand der Grabbe-Gesellschaft war.

Zukunft! Es wird sich wohl so ziemlich jeder Bewohner der Stadt die bange Frage vorlegen, ob dies wirklich sein muß.

Ich habe in Abwesenheit meiner Frau die Nachrichten gehört. Danach sind feindliche Angriffe im Teutoburger Walde im zusammengefaßten Feuer unserer Höhenstellungen liegen geblieben. Dagegen ist den Amerikanern ein tieferer Einbruch in Richtung Herford gelungen. Am Nachmittage ging es einmal sehr lebhaft zu. Ein viertel 6 Uhr schienen Tiefflieger anzugreifen. Maschinengewehrfeuer, offenbar um sie zu bekämpfen. Abends sind wir zu Nicklers gegangen, um das Abendbrot zu bereiten und uns in der behaglichen Küche etwas aufzuwärmen. ... Es wurde erzählt, daß Schürmann verschwunden und daß sein Haus, welches als einziges [auf dieser Straße] in Flammen aufgegangen ist, einer Brandstiftung zum Opfer gefallen sei. Es handle sich um einen Sabotageakt. Er sei nicht beliebt gewesen. Er habe gegen die Erklärung Detmolds zur offenen Stadt gestimmt, während Meyer und selbst Wedderwille dafür gewesen seien.

Kaum daß wir wieder zu Haus waren und uns zur Ruhe gelegt hatten, da fielen die ersten Schüsse auf Detmold, und wir mussten doch wieder in den Keller gehen. ... Die Nacht war sehr lebhaft. Es sind auch Geschosse auf Detmold gefallen. Jedoch kein Vergleich mit der vergangenen.

4. April (Mittwoch)

Gegen 9 hieß es wieder, der Fliegerhorst werde gesprengt. Wieder alle möglichen Vorbereitungen und Sicherheitsmaßnahmen. Aber bis 11 war noch nichts erfolgt. Nur eine dicke Rauchwolke sah man zu dieser Zeit dort aufsteigen. Der Geschützdonner vom Teutoburger Walde her ertönte fast ununterbrochen den ganzen Vormittag. ...

Mittags ist meine Frau vergeblich in der Stadt gewesen. Hartenauer hatte zu; Brot gab es nicht. Sie erzählte mir von den Zerstörungen in der Stadt: obere Lange Straße, Detmolder Hof usw. ...

Um 2 hörten wir den Wehrmachtsbericht. Den Amerikanern ist es gelungen, sich einen Ausgang nach Osten und Norden durch den Teutoburger Wald vermöge verschiedener Panzerangriffe zu bahnen. Der Einbruch in Richtung Herford ist darüber hinaus in Richtung Oeynhausen vorgedrungen. Später ist meine Frau nochmals zur Stadt gegangen, um zu versuchen, Brot zu bekommen. Hr. Stecker kam und sagte mir, er habe von einem Hauptmann erfahren, daß das Feuer gedreht werden würde. Wir sollten in den Keller gehen, aber in den richtigen Luftschutzkeller. ...

Bis halb 7 ist aber nichts dergleichen geschehen, so wie wir auch immer noch auf die berühmte Sprengung des Fliegerhorstes warten. Es kamen vom späteren Vormittage an immer wieder Soldaten den Alten Postweg herunter, einzeln oder in kleineren Gruppen. Müde, abgekämpft, verstaubt, der eine hinkend, ein anderer verbunden und von einem Kameraden mit der Rote-Kreuz-Binde geführt. ...

Ich wollte etwas Zuverlässigeres erfahren, fragte die Schwester von Frau Vorwerk gegenüber.[72] Sie sagte, man erwarte die feindlichen Panzer heute noch. Wenn der Gegner Detmold noch beschösse, dann mit Gasgranaten. Man solle sich ein feuchtes Tuch vor den Mund halten. Wiederholt hat meine Frau erfahren, daß die kämpfende Truppe ordentlich sei, unserer Bevölkerung nichts tue und sogar den Kindern Schokolade schenke. Was die nachher Kommenden tun werden, wissen sie natürlich nicht. Am späteren Nachmittage kam meine Frau zurück, puterrot im Gesichte und ohne ihre hübsche Kappe, die ihr die Leute vom Kopfe gerissen haben. Sie hat bei Hartenauers statt Öl nur Butterschmalz bekommen und deswegen sehr lange stehen müssen. ...

Kurz vor halb 7 war eine sehr starke Detonation. Ich sah links Flammen und sehr viel Rauch über den Gebäuden. Der Fliegerhorst kann es also nicht gewesen sein. Das Feuern der Kanonen und Maschinengewehre hat den ganzen Nachmittag in wechselnder Stärke angehalten. Später kamen Tieflieger. ...

Es gibt kein Wasser und keinen Strom. Jetzt ist es dreiviertel 7. Lange Reihen von Soldaten ziehen müde den Alten Postweg im Gänsemarsch hinaus. Kurz vorher hat mir Hr. Stecker gesagt, daß der Fliegerhorst schon heute früh gesprengt worden sei und wir deshalb die Fenster zumachen könnten. Die Detonation rühre von den Fliegern her, die Phosphor abgeworfen hätten. Es sei bereits die weiße Fahne oben gewesen, aber die SS habe sie wieder heruntergeholt. Dies sei die Rache dafür. Wenn er recht hat, so ist damit eine Katastrophe über Detmold gekommen. Denn wenn ich aus dem oberen Fenster nach links sehe, so steht eine große Fläche in Brand, und eine dichte Rauchwolke steht über diesem Stadtteile. Ein großer Teil Detmolds wird dadurch zerstört sein. –

Es hat sich herausgestellt, daß der Brand viel schlimmer aussah, als er in Wirklichkeit war. Nur der Fuchsbau[73] und Café Stieve[74] sind abgebrannt. Man konnte nach Eintritt der Dunkelheit deutlich diese beiden Feuerstellen sehen. –

---

72 Hans Vorwerk, Alter Postweg 38, Detmold, Polsterer.

73 Hornsche Str. 44, Detmold, Kneipe.

74 Theatercafé.

Von ihrem dritten Gange in die Stadt kam meine Frau unterrichteter Sache zurück. Beim [Fruchtwerk] Balke[75] sind regelrechte Plünderungen gewesen. Meine Frau hat nur etwas Nüsse und Zucker mitgebracht, die sie dort von der Erde aufgelesen hat. Sie erzählte mir ferner, daß amerikanische Truppen die Stadt besetzt haben und in Kaserne III[76] einquartiert sind.

5. April (Donnerstag)

Detmolds erster Tag unter feindlicher Besetzung.[77] Wir sind nun von aller Welt abgeschnitten, müssen das Rundfunkgerät abgeben, nachdem schon gestern nichts mehr zu hören war. Post und Bahn gehen nicht. Der Strom ist weggeblieben und die Stadt ohne Wasser, vermutlich wegen Beschädigung des Wasserwerks in Berlebeck. Meine Frau kommt ohne Brot aus der Stadt zurück. Die Bäcker haben weder Holz noch Wasser und können nicht backen. Sie hat erfahren, daß das Magazin in Johannettental[78] auch geöffnet oder geplündert worden ist und daß man bei Siekmanns[79] die Würste und Speckseiten armvoll hat wegtragen können. Also auch hier ein völliges Versagen der Organisation bis zum letzten Augenblicke. Anstatt diese Vorräte rechtzeitig auszugeben, wo sie noch gerecht verteilt werden konnten, wartet man, bis man keine Gewalt über die Menge mehr hat und alles dem Zufall oder der Brutalität überlassen bleibt. In der Oberen Mühle sind 20 Pf. Mehl an die Person ausgegeben worden. Meine Frau kam auch hier zu spät. Sie ist in der Stadt nicht mehr bis Hartenauers durchgekommen, da auf der Hornschen Straße Maschinengewehre aufgestellt wurden für den Durchmarsch der Truppen. .....

Hr. Pohlmann meint, das Bombardement der Stadt sei erfolgt, weil wir die weiße Fahne aufgezogen und nachher an der Turbine[80] auf die nun einrückenden feindlichen Panzer geschossen hätten. ... Ausgehen darf man nur in der Zeit von 9–12.

---

75 Am Gelskamp 3, Detmold, Lebensmittelgeschäft.

76 Emilienkaserne, Emilienstr. 37, Detmold. Heute: Detmolder Campus der TH Ostwestfalen-Lippe.

77 Zu den Geschehnissen in Detmold vgl. auch die Darstellung mit Auswertung der britischen Militärakten in Stark 2003, 200ff.

78 Vermutlich ein Lagerhaus des Guts Johannettental.

79 Heinrich Siekmann, Lange Str. 27, Filiale, Fleisch- und Wurstwaren.

80 Das denkmalgeschützte achteckige Pumpen- bzw. Turbinenhaus steht in der Neustadt https://de.wikipedia.org/wiki/Turbinenhaus_(Detmold).

6. April (Freitag)

Ich war vergeblich in der Stadt. Kein Brot, bei Freytags[81] die Schlange zu lang, die Fleischereien geschlossen. Ich traf Frau Wiegand, die mich aufforderte, ihren Mann zu besuchen. Dies tat ich. Dr. Wiegand erzählte mir u.a., daß die Stabskompagnie die einzige Kompagnie gewesen sei, die überhaupt zusammengetreten ist. Alle anderen hatten sich vor den entscheidenden Ereignissen aufgelöst. Oberst Linke[82] habe sich aber so benommen, wie sich vielleicht ein Offizier vor dem ersten Weltkriege habe benehmen dürfen. Seine Befehle und Anordnungen sollen geradezu lächerlich gewesen sein. Dr. Wiegand sei mehrfach mit ihm zusammengeraten und habe ihm ins Gesicht gesagt, daß alles, was er tue, Krampf sei. In ernsthafte Aktion ist aber auch die Stabskompagnie nicht getreten.

Dr. Wiegand bat mich, nach der Bibliothek zu gehen und dort nach dem rechten zu sehen. Diesem Wunsche genügte ich. Ich ging durch die Räume, fand aber alles in Ordnung. Von meinen Eindrücken berichtete ich Hrn. Oberbaurat Vollpracht.[83] Dieser war der Meinung, daß ich mich auch weiterhin um die Bibliothek kümmern solle. Wie es heißt, wird in einiger Zeit eine Regierung kommen mit neuen Gesetzen und einer neuen Währung, wobei die Mark wahrscheinlich auf 25 Pf. heruntergesetzt werde. Die Beamten und Angestellten gelten im Augenblick als beurlaubt. Wer von ihnen später übernommen werden wird, kann heute keiner wissen.

7. April (Samstag)

In die Stadt, aber beim Brotkaufe gar nichts ausgerichtet. Brüggemanns und Rössings fallen nach wie vor aus, Fahrenkamp[84] und Hansmann[85] backen je 200 Stück. Was ist das für so unendlich lange Schlangen. Ich habe dann meine niedliche kleine Browning[86] auf dem Rathause abgegeben und mit Hrn. [Lehrer Ernst] Siekmann gesprochen, der zwei Volltreffer ins Haus [Richthofen-Straße

---

81 Lebensmittelgeschäft Ernst Freitag <sic>, Bruchstr. 4.

82 Das Adressbuch 1941 kennt nur einen Unteroffizier Leberecht Linke, Schorenstr. 30, der hier nicht gemeint sein kann.

83 Karl Vollpracht (1876-1957), Gartenstr. 14, Detmold. Oberbaurat der lippischen Landesregierung, Landeskonservator.

84 Wilhelm Fahrenkamp, Krumme Str. 5, Detmold, Bäcker.

85 Otto Hansmann, Krumme Str. 46, Detmold, Bäcker.

86 Browning: Handfeuerwaffe. Woher Bergmann diese hat, wird nicht erwähnt.

26] bekommen hat. Beim Nachhausekommen von Hrn. Brand erfahren, daß Oberregierungsrat Petri[87] Staatspräsident geworden sei und Rechtsanwalt Schnittger[88] Landrat!

8. April (Sonntag)

In der Nacht soll eine Luftschlacht bei Detmold gewesen sein. Die Frauen nebenan waren im Keller.

17. April (Dienstag)

Bei Alex Hofmann,[89] dem stellvertretenden Bürgermeister, wegen der Bibliothek. Frl. Annemarie Nebel[90] soll deren kommissarische Leitung übernehmen. In den nächsten Tagen soll eine neue Regierung da sein, die auch einen neuen Bibliotheksdirektor ernennen wird.

18. April (Mittwoch)

Frl. Nebel Bescheid gesagt. ... Es gehen die tollsten Gerüchte um. ... Es wird hohe Zeit, daß wir ein authentisches Nachrichtenblatt erhalten. ... Übrigens soll [Heinrich] Drake[91] nun mit der Regierungsbildung beauftragt sein.

---

87 Dr. Konrad Petri (1885-1963), Palaisstr. 21, Detmold. Vgl. zu Petris Rolle in der Nachkriegszeit auch Drakes Erinnerung in Wehrmann 1981, 274.

88 Wilhelm Schnitger (1886-1972), Moltkestr. 6, Detmold.

89 Alex Hofmann (1879-1959), Rosenstr. 4a, Detmold. Fabrikant; zusammen mit seinem Bruder Willi Inhaber der Firma Gebr. Klingenberg. – Hofmann wurde von der amerikanischen Besatzung eher zufällig zum Bürgermeister ernannt am 5.4.1945 und blieb es bis zur Ernennung von Richard Moes am 15.6.1945. Dazu siehe Respondek 1998, 377 und Kuhlmann 1994, 68-72.

90 Annemarie Nebel, Bibliothekarin (* 1908), lt. Beschäftigtenverzeichnis 1950 seit dem 1.4.40 bis 1945 und dann wieder seit 1948 an der Landesbibliothek beschäftigt.

91 Heinrich Drake (1881-1970), SPD, war 1925-1933 und dann wieder nach Kriegsende 1945 Landespräsident von Lippe bis zu dessen Eingliederung in Nordrhein-Westfalen 1947, dann erster Regierungspräsident des neuen Regierungsbezirks Detmold; außerdem erster Vorsteher des Landesverbandes Lippe 1949-1952 und 1956-1966. Zur Ernennung am 17. bzw. 18.4. vgl. Wehrmann 1981, 252; Drake 1965; Drake 1981.

21. April (Samstag)

Zu Frl. Schladebach, bei der ich erfuhr, daß es einen großen Fragebogen[92] gibt und daß die Regierung wieder eröffnet ist. Drake ist alleiniger Landespräsident. Ich ging nach der Regierung, wo mich Oberbaurat Vollpracht gleich mit Beschlag belegte, mich mit zu [Regierungsrat] Heine[93] nahm und feststellte, daß [der stellvertretende Bürgermeister] Hofmann in der Bibliothek nichts anzuordnen gehabt hätte und daß ich kommissarischer Leiter werden würde. Dann wollte mich [Regierungsdirektor Bruno] Kirchhof[94] mit zu Drake nehmen, dieser war aber nicht da. Ich sollte warten. ... halb 12 wieder in der Regierung, wartete weiter. Kirchhof kam, nahm mich mit zu Drake hinein, kam aber wieder: er habe heute noch keine Zeit. Ich soll einen Bericht machen.

23. April (Montag)

Unterm 18. April ist eine Bekanntmachung Drakes angeschlagen, in der es heißt, daß die bisherigen Regierungsbeamten ihren Posten verlassen hatten.[A] Die Allee und die Neustadt bekommen ihren alten Namen[95] wieder. ... Ich war auf der Regierung und auf dem Rathause wegen der Anschläge für die Bibliothek. ...

Nachmittags wieder dorthin; Besprechung mit den Damen. ... Die Ausgehzeit ist verlängert worden. ...

Meine erste Amtshandlung als kommissarischer Leiter der Bibliothek sollte übrigens die Beseitigung der [im Ausbau des Treppenhauses stehenden] Büste Adolf Hitlers sein. Ich habe sie aber heute bereits entfernt gefunden, weiß nicht, durch wen. Nur die Sprüche und das Hoheitszeichen sind noch vorhanden, dieses in Glas.

---

[92] Heinrich Drake musste vor seiner Ernennung „bekennen und 25 Fragen beantworten" beim „Secret Service", wie er notiert (Wehrmann 1981, 252). Zum Vorgehen bei der Entnazifizierung vgl. Lange 1976 und, für Detmold, Respondek 1998; siehe auch unten Teil II, Fn. 154.

[93] Karl Heine (1908-1967), Klusstr. 7. Regierungsrat bei der Landesregierung Lippe.

[94] Bruno Kirchhof (1890-1976), Benekestr. 12. Oberregierungsrat und Regierungsdirektor der Lippischen Regierung in Detmold; 1952-1964 Bürgermeister in Detmold. Ab 1945 FDP-Mitglied <https://de.wikipedia.org/wiki/Bruno_Kirchhof_(Politiker,_1890)>.

[95] Die Neustadt hieß vorübergehend „Hitlerdamm", die Allee „Hindenburgdamm" (vgl. Stadtplan im Adressbuch 1941).

[A] Diese Bekanntmachung ist in Nr. 9 des „Staatsanzeigers für das Land Lippe“ vom 14. Juni, S. 1, abgedruckt. Sie lautet: „Seit nahezu 14 Tagen ruht die Landesverwaltung. Die verantwortlich gewesenen Leiter der Landesregierung haben ihre Posten verlassen. Dieser Zustand ist unerträglich. Ich habe auf allgemeinen Wunsch die Leitung der Landesverwaltung als Landespräsident bis auf weiteres übernommen zu dem Zweck, sie auf neuem Grunde wieder einzurichten. Die Landesleitung untersteht der Kontrolle und Aufsicht der Alliierten Militärregierung und ist im besonderen an die Weisungen des obersten Offiziers der Militärverwaltung in Detmold gebunden. Ich werde meine Pflicht tun und erwarte Pflichterfüllung von jedem Landesbewohner.“[96]

24. April (Dienstag)

Auf der Regierung. Diese ordnet Wiederaufnahme des internen Betriebes an. Ich gehe zu Frl. Dr. Schladebach, Frl. Priester, zu Frau Jacob,[97] Hrn. [Emil] Gallaun,[98] Frl. Stahl. In die Bibliothek. Dort mit [dem Hausmeister] Fritzemeier[99] gesprochen, der um seine Entlassung eingekommen ist, aber bis 1. Oktober wohnen bleiben möchte.[100] ...

Frl. Priester erzählte mir, daß als Bibliotheksdirektor der Studienrat a.D. Julius Raab[101] in Aussicht genommen sei. ...

Nachmittags Frl. Hillebrand[102] in Hiddesen von der Wiederaufnahme des Dienstes unterrichtet.

---

96 Die Bekanntmachung ist abgebildet in Wehrmann 1981, 253.

97 Nicht ermittelt.

98 Emil Gallaun (*1875), Exterstr. 11, Detmold. Lesesaalaufsicht in der Landesbibliothek, lt. Urlaubsverzeichnis 1944 „Buchbindermeister“.

99 Friedrich Fritzemeier, Hornsche Str. 41; Hausmeister der Landesbibliothek.

100 Die Hausmeisterwohnung befand sich im Nebengebäude der Landesbibliothek, auch mit der Adresse Hornsche Str. 41.

101 Julius Raab, Weinbergweg 12, Detmold.

102 Margret Hillebrand, Bibliothekarin, geb. 20.2.1915.

25. April (Mittwoch)

Früh auf der Regierung, um mit Frau Jacob wegen Gallaun [Buchbinder in der Bibliothek] zu sprechen. Er gilt in der Tat als entlassen, und seine Frau bekommt nur Wohlfahrtsunterstützung. Darauf nach der Bibliothek. Frl. Krome,[103] gestern von Hrn. Lesemann benachrichtigt, erschien später in Begleitung ihres Vaters, und beide erklärten mir, daß sie wegen der Lebensgefahr, die mit der Reise nach und von Detmold verbunden sei, ihren Dienst nicht fortsetzen könne. Sie arbeitete das Nötigste auf und verabschiedete sich am Nachmittage.

Es erschienen drei englische Offiziere und Unteroffiziere (ein Major, ein Hauptmann und ein Sergeant) und sahen sich den ganzen Bau genau an, auch mit Bezug auf die Waschgelegenheiten. Sie sahen in der zu geringen Zahl der Möglichkeiten eine gewisse Schwierigkeit, berieten sich noch draußen, offensichtlich etwas unschlüssig, und gingen ohne Gruß, wie sie gekommen waren. Überhaupt unterscheiden sich die englischen Offiziere in p<unc>to Höflichkeit sehr zu ihren Ungunsten von den amerikanischen, die viel höflicher und verbindlicher waren. Ich hörte auch, daß Frl. Nebelsiek,[104] die als Dolmetscherin im Vorzimmer des Bürgermeisters sitzt, den gleichen Eindruck hat und die englischen Offiziere arrogant findet.

Als ich am Nachmittage auf dem Wege zur Bibliothek war, kam mir Frl. Ridder[105] von der Staatlichen Volksbüchereistelle schon entgegen, Oberbaurat Vollpracht wartete auf mich, die Bibliothek solle geschlossen werden. In der Tat hörte ich, daß die Bibliothek in eine Kaserne für die Royal Air Force umgewandelt und deshalb bis Freitag Abend von Möbeln und Büchern völlig geräumt werden solle, auch im Keller, was besonders hart ist. Die Damen im Erdgeschosse und ersten Stock waren schon dabei, die Bücher nach dem Magazin zu schaffen. Ich besprach mit Hrn. Vollpracht die Möglichkeiten der Unterbringung und machte mich dann an den zweiten Stock. ...

Ich bin natürlich entsetzt über den Befehl der alliierten Militärregierung, gerade die Bibliothek ihren militärischen Plänen zu opfern. Oberbaurat Bruno,[106] der zufällig dorthin kam, fand es auch vom baulichen Standpunkte aus ganz verfehlt. Es sollen zwanzig Badewannen, 80 Waschbecken

---

103 Frl. Krome ist zwar in das Nachtwachenverzeichnis (siehe Fn. 37) eingetragen, findet sich aber in keiner Personalübersicht der LLB in den Akten.

104 Vermutlich Tochter von Leo Nebelsiek (1886-1974), Alter Postweg 30, der Nachbar Bergmanns ist, Museumsinspektor und Abteilungsleiter im Landesmuseum.

105 Martha Ridder (*1905 Hannover), Kissingerstr. 20, Detmold, Büroangestellte.

106 Wilhelm Bruno (1894-1968), Bachstr. 29, Detmold. Oberregierungs- und Baurat der Lippischen Landesregierung.

und im Keller eine Küche eingebaut werden. Der Befehl bedeutet den Tod fast des gesamten kulturellen Lebens in Lippe. ...

Aber auch im Sinne der Alliierten kann es nicht sein, da gerade die Bibliothek unter einer geeigneten Leitung ein wesentliches Hilfsmittel beim Wiederaufbau der Gesinnung werden könnte.

26. April (Donnerstag)

Habe damit begonnen, oben ins Magazin zu räumen. ... Korrespondenz von der Firma Otto abgeholt, die auch zu räumen begann. Das Bauamt war schon im Laufe des Vormittags ganz ausgeräumt. Gegen Mittag hatte ich meine Schränke und Regale mit Ausnahme meines Zimmers leer, da kam die Nachricht, daß die Räumung vorläufig nicht nötig sei; zuerst unverbürgt, dann verbürgt. Ich gab die Anweisung, nichts mehr vorwärts, aber auch nichts wieder rückgängig zu machen. Diese Anweisung kam Nachmittags auch von Hrn. Vollpracht. Ich habe bis 1 Uhr weitergearbeit, hatte nun einmal den Handwagen mit und habe einiges persönliche Gut nach Hause gefahren. Unterwegs ließ ich den Wagen auf der Straße stehen, um ein Exemplar des „Kölnischen Kurier“ [107] zu bekommen. In diesem Augenblicke kam eine Unmenge von Lastwagen mit Slaven vorbeigebraust; alle mußten eine Bogen um meinen Wagen machen, aber es hat keiner der vielen anwesenden Soldaten geschimpft.

Wie ich höre, haben die 30.000 Russen und Polen die ganze Gegend um Lopshorn durch Plünderungen unsicher gemacht, so daß alles geflüchtet ist, bis auf Frau Immink.[108] Gestern nun sollen mehrere Amerikaner erschossen worden und darauf amerikanisches Militär gegen die Russen u.s.w. mit Panzern usw. vorgegangen sein. In der Tat hat man abends schießen hören. Hr. Sievert[109] war auch in großer Sorge um seine Aktenbestände. Er war unter Lebensgefahr nach Lopshorn[110] gekommen, wo die Akten bereits von der SS zum Feueranmachen verwendet worden waren. Er war am selben Abend mit Drake beim militärischen Befehlshaber gewesen und hatte um militärische Hilfe gebeten.

---

[107] Der *Kölnische Kurier* war eine von der Britischen Besatzungsbehörde herausgegebene Wochenzeitung, die in Köln erschien vom 2. April 1945 bis zum 26. Februar 1946 https://ld.zdb-services.de/resource/987451-3.

[108] Julie Marie Immink, niederländische Pferdezüchterin beim Jagdschloss Lopshorn. Siehe auch Fn. 15.

[109] Möglicherweise Wilhelm Sievert, Doktorweg 6. Rb.-Beamter.

[110] Gemeint ist: Jagdschloss Lopshorn, wohin Akten des Staatsarchivs und andere Dokumente ausgelagert waren, um sie vor Luftangriffen zu schützen, siehe <Einleitung> und Fn. 15.

Der aber hatte erklärt, er könne auch nichts tun. Es sei unsere Schuld; warum hätten wir so viele Russen und Polen ins Land geholt! ...

Beim Mittagessen den „Kölnischen Kurier" gelesen, seit beinahe vier Wochen die erste Zeitung! Viele Nachrichten über das Ende nationalsozialistischer Persönlichkeiten. ...

Nachmittags wieder in der Bibliothek. Ich sitze wieder auf meinem alten Platze. Wie lange noch? Noch traue ich dem Landfrieden nicht, es kann eines Tages sehr gut der erneute Befehl zur Räumung kommen. Das Bauamt kommt nicht wieder zu uns zurück, wenn auch Hr. Brand mir sagte, sie wären lieber hier geblieben. Es wäre vielleicht auch besser für uns gewesen.

27. April (Freitag)

Zweimal waren amerikanische Soldaten da, die einen Besen haben wollten. Die ersten ließen sich dazu bereden, statt des unersetzlichen Haarbesens, einen geringeren zu nehmen, die zweiten nach der Blindenwerkstatt schicken. So lange ich sie begleitete, waren sie sehr brav, gutmütige Jungens. ...

Nach dem Dienst bei Hermann L. Schaefer, der mir erzählte, daß bereits vier Bewerbungen um den Posten des Bibliotheksdirektors vorlagen und die Stellenjägerei fabelhaft im Schwange sei.

30. April (Montag)

Morgen wird mir die betrübliche Pflicht zufallen, ... die blauen Briefe[111] auszuhändigen. Allen ist das fernere Betreten der Bibliothek verboten. Es ist sehr hart. ...

---

[111] Kündigungsschreiben. „Die Bezeichnung stammt aus dem 18. Jahrhundert, als königliche Anordnungen blickdicht verpackt werden musste." Die Blaufärbung des Umschlags rührte möglicherweise von den blauen (Uniform-)Lumpen, die zur Papierherstellung verwendet wurden. https://de.wikipedia.org/wiki/Blauer_Brief. – Auf Anordnung der britischen Militärregierung sollten „keine Nazis ... in irgend einer Eigenschaft ... beschäftigt werden" dürfen (Wehrmann 1981, 256), auch wenn „öffentliche Werke und Einrichtungen ... so schnell wie möglich wiederhergestellt werden" sollten (ebd., 257).

2. Mai (Mittwoch)

Mit Hrn. Vollpracht verschiedenes besprochen. Er sagte mir, daß die Regierung schon aus finanziellen Gründen gar nicht daran denken könne, einen neuen Bibliotheksdirektor zu ernennen, so wenig wie einen für das Archiv. Ich würde wohl fürs erste kommissarischer Leiter bleiben. Er klagte sehr darüber, daß der Druck der Besatzung sich in wachsendem Grade bemerkbar mache. In Detmold säßen die Engländer, im Lande die Amerikaner. Beide seien ohne Fühlung miteinander und arbeiteten nicht zusammen, was zu chaotischen Verhältnissen führe. ...

Laufende Arbeiten. ...

Mit Wollust die Luftschutz-Akten ausgemerzt.[112]

3. Mai (Donnerstag)

Auf die Regierung. Mit Hrn. Vollpracht wegen der Bekanntmachung gesprochen. In beschränktem Maße können Ausleihungen vorgenommen werden. Dann nach der Bibliothek. Dort erschienen zwei Amerikaner, gingen durch alle Räume und erklärten die Bibliothek für beschlagnahmt. Einer sprach deutsch. Es war ein [städtischer] Hilfspolizist dabei. Mein Einwand, daß es sich bei der Bibliothek nicht um eine städtische, sondern um eine Landeseinrichtung handle, und daß der Befehl zur Räumung deshalb nur vom Lande ausgehen könne, machte keinen Eindruck. Vielmehr erklärte der Soldat, daß der Befehl vom militärischen Befehlshaber ausgehe und niemand dreinzureden habe. Bald nachher kam ein langer Soldat, ging wieder durch die Räume und schrieb überall die Bestimmung an die Tür. Er war so rücksichtsvoll, mir zu erklären, es sei keine Farbe, und die Schrift werde wieder entfernt werden können. ...

Wir bekamen die Anweisung, daß der Bau bis 6 Uhr abends von allen Zivilpersonen geräumt sein müsse. Ich bat den anwesenden Hrn. Schramm,[113] in der Regierung Bescheid zu sagen. Nach einiger Zeit kam er wieder: Hr. Vollpracht sei zwar sehr entsetzt gewesen, habe aber erklärt, daß wir nichts

---

[112] Zur Erklärung der „Wollust" vgl. Bergmanns Ärger mit der Aufgabe des Luftschutzwarts in Teil II, Brief vom 17. Januar 1944.

[113] Willi Schramm (1884-1953), Lessingstr. 8, Detmold, Studienrat, Detmolder Kirchenmusikdirektor und Musikhistoriker; als Freimaurer 1933 aus seinen Ämtern entfernt, baute als „Bibliothekar ehrenhalber" die Heimatmusiksammlung in der Landesbibliothek Detmold auf und sorgte für die Überführung der „Fürstlichen Hofmusiksammlung" in die LLB sowie den Erwerb der Kruseschen Lortzing-Sammlung. Siehe http://www2.llb-detmold.de/Autoren/Schr_W.pdf.

gegen den Befehl machen könnten. Hr. Schramm war auch noch bei Dr. Schmitz[114] auf dem Arbeitsamte[115] gewesen, wo er aber nur erfahren konnte, daß wir von dort keinerlei Hilfskräfte zu erwarten hätten. Ich bin sehr froh darüber, daß wir die Räumungsarbeiten nicht abgebrochen haben. Gegen Mittag erschien Hr. Dr. Stuhlmann von der Firma Dr. Otto und sagte, er habe soeben mit den Amerikanern gesprochen, wir brauchten demnach beide nicht zu räumen. Ich konnte mich unmöglich auf diese Nachricht verlassen, begab mich vielmehr nach der Regierung, um sie mir dort bestätigen zu lassen, fand jedoch niemanden mehr vor. Deshalb ging ich zu Hrn. Vollpracht in die Wohnung.[116] Unterwegs traf ich Hrn. Hofmann, der es durchaus in Abrede stellte, daß der Befehl zur Räumung zurückgenommen sei. Dasselbe tat Hr. Vollpracht. Dieser klagte sehr darüber, daß diese ewig hin und hergehenden Nachrichten so viele Unruhe und Verwirrung schüfen. Die Alliierten seien verärgert darüber, daß Dönitz den Kampf fortsetzen wolle.[117] Hier säßen die Engländer, im Lande die Amerikaner, denen sie sich nichts zu sagen getrauten. Die Amerikaner unternehmen nichts gegen die plündernden polnischen Banden, dulden sie womöglich stillschweigend. Die Landleute lassen ihre Höfe im Stiche und flüchten in die Städte. So bleiben die Felder unbestellt. Die Russen sollen auch die in die Erde gelegten Saatkartoffeln stehlen. So würden wir schikaniert, wo es gehe, und die Zustände würden immer chaotischer. ...

Halb 3 Uhr wurde ich in der Bibliothek von den Direktoren Bonwetsch[118] und Schmeißer[119] erwartet. Nun galt eine andere Parole: Wir bekommen deutsche Familien, die aus den Häusern an der Wienke-Straße und an den Pinneichen evakuiert wurden. Wir gingen durch das ganze Gebäude. Hr. Vollpracht fand die Räumung sehr weit vorangeschritten. Ich erhielt genaue

---

114 Nicht ermittelt.

115 Rosental 13 (lt. Branchen-Adreßbuch 1948; dort als Leiter genannt ist Oberregierungsrat Mittwich).

116 Gartenstr. 14.

117 Karl Dönitz war nach Hitlers Selbstmord am 30.4. sein Nachfolger in den Ämtern des Reichspräsidenten und des Oberbefehlshabers der Wehrmacht. Dönitz autorisierte die bedingungslose Kapitulation der Wehrmacht erst am 7. Mai. Er hatte sich zuvor um Teilkapitulation gegenüber den Westmächten bemüht, um weiter gegen die Rote Armee kämpfen zu können. „Nach dem Krieg begründete Dönitz die Forsetzung des Krieges auch damit, dass möglichst viele deutsche Soldaten in westalliierte Gefangenschaft gebracht werden sollten, um sie so vor sowjetischer Gefangenschaft zu bewahren" https://de.wikipedia.org/w/index.php?title=Karl_D%C3%B6nitz.

118 Dr. Gerhard Bonwetsch (1885-1956), Gartenstr. 14, Detmold. Schulleiter am Stadtgymnasium Detmold; später Abgeordneter im Lippischen Landtag.

119 Paul Schmeißer, Hitlerdamm bzw. Allee 12, Detmold. Gewerbeschuldirektor.

Anweisungen für die Unterbringung der Familien. Ein Verwaltungsraum und einer für die Ausleihe verbleiben uns. Ich habe dann die sämtlichen Schränke in der alten Buchbinderei fast ohne fremde Hilfe geleert und den Inhalt ins Magazin gebracht. Am Nachmittage halfen mir bei der Entleerung der Papierschränke und des Mappenschrankes Frl. Priester und meine Frau. Den Mappenschrank haben wir gemeinsam ins Erdgeschoß getragen. Zum Schlusse habe ich in aller Eile mein oben gelegenes Zimmer ausgeräumt. ...

8 Uhr Nachrichten: Das Dritte Reich kurz vor der völligen Auflösung. Massenkapitulation der deutschen Wehrmacht, mehrere Generalfeldmarschälle und viele Generale gefangen. ...

4. Mai (Freitag)

Um 8 Uhr in der Bibliothek, wo keine der gestern mit der größten Bestimmtheit angekündigten Familien eingezogen war. ...

Hr. Wolf [von der Schul-Abteilung][120] kam und bestellte mich zwischen 11 und 12 zu dem Nachfolger [des Oberschulrats] Wollenhaupt,[121] Dr. Kühn.[122] Dieser ist auch sein Vorgänger gewesen und war zwölf Jahre außer Dienst. ...

Er war ziemlich entsetzt über die gestrigen Vorgänge, will sehen, daß er die Bibliothek frei erhält. Im übrigen werde aber die Schule seine Aufmerksamkeit so gut wie ganz in Anspruch nehmen. Ich ging nach der Bibliothek, um Frl. Dr. Schladebach Bescheid zu sagen.

5. Mai (Samstag)

2 Uhr Nachrichten: Bedingungslose Kapitulation der deutschen Armeen in Norddeutschland.[123]

---

[120] Martin Wolf (1884-1972), Hermannstr. 41, Detmold. Volksschullehrer und Schulrat.

[121] Ludwig Wollenhaupt (1882-1961), Paulinenstr. 25, Detmold. Oberschulrat bei der Lippischen Landesregierung in Detmold. Zu Wollenhaupt vgl. auch Eisenhardt 1994, 47.

[122] Dr. phil. Dr. jur. Walter Kühn (1889-1976), 55er-Str. 38, Detmold. Oberschulrat in Detmold, 1933 aus dem Dienst geschieden, dann 1945 wieder berufen bis 1946, dann in Hessischen Diensten. – Zu Kühn vgl. auch Drakes Erinnerungen in Wehrmann 1981, 274 und Drake 1965, 94.

[123] Teilkapitulation in Nordwestdeutschland, den Niederlanden und Dänemark wurde am 4. Mai unterzeichnet und trat am 5. Mai in Kraft. Siehe Fn. 117.

7. Mai (Montag)

Auf die Regierung wegen der Einquartierung und wegen Fritzemeier, der nun auch fristlos entlassen ist. ... Dann nach der Bibliothek. Dort verhandelt, auch mit Lesemann, der ev. bereit ist, den Posten des Hausmeisters mit zu übernehmen. ...

Als ich in der Stadt war, kamen mehrere Gruppen englischer Soldaten vorüber. Es hieß, dies sei die neue englische Besatzung. Nachmittags vergeblich im Standortlazarett und an anderen Orten wegen der dort noch liegenden Bücher der Bibliothek. Nichts ausgerichtet. Später in der Bibliothek Besuch des Hrn. Sprenger,[124] der das Schulbuchwesen neu begründen soll.

9. Mai (Mittwoch)

Oeynhausen muß wegen Eisenhower[125] fast ganz geräumt werden, Bad Salzuflen desgleichen wegen Montgomery.[126] Man weiß nicht, was mit Detmold wird. Wir müssen deshalb weiter räumen. ... Am Nachmittage hatte ich den Besuch einer Mitarbeiterin von [Josef] Bergenthal [einem Schriftsteller in Münster i.Westf.],[127] die von Böhlau[128] gekommen ist. Sie bat um Arbeit. Es wird nicht die letzte sein, die mit einem solchen Wunsche bei mir erscheint.

15. Mai (Dienstag)

An zwei Litfaßsäulen auf der Paulinenstraße unsere [offenbar die Wiederbenutzung betreffende] Bekanntmachung angeklebt. Lange auf der Regierung, wo es mit den Herren Heine, Hüls[129] und Vollpracht allerhand zu

---

124 Nicht ermittelt.

125 Dwight D. Eisenhower (1890-1969), US-amerikanischer Soldat und Politiker, war seit Dezember 1943 Oberbefehlshaber der allierten Streitkräfte in Nordwesteuropa https://de.wikipedia.org/wiki/Dwight_D._Eisenhower.

126 Bernard Law Montgomery (1887-1976), britischer Soldat, seit 1944 Field Marshal der britischen Streitkräfte https://de.wikipedia.org/wiki/Bernard_Montgomery.

127 Joseph Bergenthal (* 1900 Oberschledorn, † 1982 Münster). Deutscher Schriftsteller und Unterstützer des NS-Regimes; Landesleiter der Reichsschrifttumkammer für Westfalen https://de.wikipedia.org/w/index.php?title=Josef_Bergenthal_(Schriftsteller).

128 Böhlau: Verlag und Buchhandlung.

129 Gustav Hüls, Regierungs-Oberinspektor, wohnte Lützowstr. 9.

besprechen gab: fehlende Vitrinen, Bibliothek Dr. Meyer,[130] aus der ich die Grabbeana zu erben gehofft hatte, Schicksal des Grabbe'schen Geburtshauses[131] und der Grabbe-Gesellschaft.[132] Die Meyerschen Sachen scheinen alle entweder schon beim Brande der Wohnung in Münster oder bei der Beraubung in Lopshorn zu Grunde gegangen zu sein, so daß keine Aussicht besteht, für unsere Bibliothek etwas zu bekommen. ...

Auf dem Katasteramte festgestellt, daß das Geburtshaus Grabbes in der Tat 1942 in das Eigentum der Grabbe-Gesellschaft übergegangen ist. Lange wegen der fehlenden Vitrinen und der Hausmeister-Frage bei Hrn. Nebelsiek.

16. Mai (Mittwoch)

Nachmittag halb 6 nach Heidenoldendorf, um die Bekanntmachung der Bibliothek anzukleben, was mir jedoch nicht möglich war.

17. Mai (Donnerstag)

Regierung wegen des Dr. Meyer'schen Eigentums und Besprechung verschiedener Angelegenheiten. Hoffentlich kommt bald Telefon, daß diese ewige Lauferei wegen jeder Kleinigkeit aufhört. Arbeitsamt: wenig Aussicht auf Putzfrauen. –

Die Bekanntmachung gelesen, daß die Verdunkelungsvorschriften aufgehoben sind und die Ausgehzeit zwischen 5 und 21 Uhr liegt.

18. Mai (Freitag)

Früh nach Heiligenkirchen, auf dem Bürgermeister-Amte die Bekanntmachung der Bibliothek abgegeben, mit der Bitte, sie anzuschlagen. ...

In diesen Tagen ist außer der ehemaligen Mitarbeiterin Bergenthals auch ein Fräulein Schnitger[133] aus Detmold wegen Anstellung an der Bibliothek, natürlich vergeblich, bei mir gewesen.

---

130 Zur Bibliothek des Gauleiters Alfred Meyer vgl. die <Einleitung>.

131 Grabbes Geburtshaus ist das frühere Strafwerkshaus in der Bruchstr. 27.

132 Zur Grabbe-Gesellschaft während der NS-Zeit vgl. Kathe 2006, Broer 1998.

133 Nicht ermittelt.

23. Mai (Mittwoch)

Mit Hrn. Lesemann die im Katharinenhofe in Hiddesen ausgelagerten Büromöbel und Materialien nach der Bibliothek zurückgeholt. Die Instruktion für den Hausmeister zu entwerfen begonnen. Nachmittags damit zu Ende gekommen. Hrn. Lesemann dabei zu Rate gezogen, auch um über die früheren Verhältnisse unterrichtet zu werden, zumal aus den Akten keinerlei Auskünfte darüber zu erlangen sind.

24. Mai (Donnerstag)

Früh in Hausmeisters- und anderen Angelegenheiten auf der Regierung. Nachmittags Besuch eines Hrn. Schneider aus Lüneburg, der sich um den erledigten Posten bewirbt. Er hat wenig Aussicht, da ein Kriegsbeschädigter bevorzugt werden soll.

26. Mai (Samstag)

Auf dem Standortlazarett[134] wegen der dort verbliebenen Bücher. Einen Teil vorgefunden. Besuche, u.a. von Hrn. Winter,[135] Bewerber um den Posten des Hausmeisters.

28. Mai (Montag)

Zuerst zu Hrn. Katzenberger,[136] der sich um den Posten des Hausmeisters bewirbt. Dann im Landeskrankenhause [137] ergebnislos nach dorthin ausgeliehenen Büchern gefahndet, über Regierung und Rathaus nach der Bibliothek. Dort erschien gleich nachher Hr. Winter, später zwei Herren vom Arbeitsamte. Sie bekommen für vier Tage zwei Räume, um die Aufnahmen der männlichen Bevölkerung durchzuführen.

---

[134] Georg-Weerth-Straße, Detmold: 1936-1938 Standortlazarett für die Wehrmacht, während des Zweiten Weltkrieges Reservelazarett.

[135] Wilhelm Winter (*24.9.1909), wird zum 1.8.1945 als Hausmeister eingestellt.

[136] Alois Katzenberger, Lange Str. 89, Werkarbeiter.

[137] Landeskrankenhaus, Lagesche Str. 44.

29. Mai (Dienstag)

Den halben Vormittag unterwegs wegen des Hrn. Winter. Auskünfte durch L<andes>P<olizei>Dir<ektor> Linne[138] und die Vereinigten Möbelwerke.[139] Dann wegen der Bücherverluste beim Town Major. Es wird nichts zu retten sein. ...

Nachmittags Besuch des Hrn. Alois Katzenberger, Bewerber um den Posten des Hausmeisters.

30. Mai (Mittwoch)

Auf der Regierung wegen des Hausmeisters. ...

In der Bibliothek Besuch einer stellensuchenden Frau von Katte. Dann zwei englische Soldaten mit Dr. Wiegand. Sie wollten wissen, was von dem beim Synagogenbrande gestohlenen Sachen[140] noch in der Bibliothek und was nach dem Bergwerk gebracht worden ist. Gestern Abend haben sie in dieser Sache schon Fritzemeier vernommen, der sie zu Dr. Wiegand geschickt hat, weil er wirklich damit nichts zu tun gehabt hat. Seine Frau erzählte es mir heute und bemerkte, die Soldaten hätten gesagt, Detmold sei zwar ein schönes Städtchen, aber eine Angeberei herrsche darin, die nicht mehr schön sei. Daraufhin hatte mich Hr. Lesemann darüber unterrichtet, daß der Schrank im Museum stehe und auch das Schächtmesser sowie die Maske für die geschächteten Tiere sich dort befänden. Dies habe ich ausgesagt und wegen der Listen an die Regierung verwiesen. ...

Von den beiden Soldaten sprach der eine Deutsch. Sie waren beide sehr höflich und gaben mir beim Abschiede dankend die Hand. ...

Nachmittags bei Böhmers,[141] Palaisstraße 47, wegen anzukaufender Bücher. Nur kurz in der Bibliothek. Dort erfahren, daß Dr. Wiegand verhaftet worden sei. Diese Synagogen-Affaire ist eine sehr anrüchige Sache gewesen, und Dr. Wiegand hätte besser getan, seine Finger davon zu lassen. Dies konnte er aber nicht, weil er sich dabei in seinem wahren Elemente fühlte und es ihm

---

138 August Linne (1895-1964), Sachsenstr. 25; SPD-Mitglied und vor 1933 Geschäftsführer des Verbandes der Fabrikarbeiter. Seit 1936 Angestellter bei den „Vereinigten Möbelfabriken", danach Landespolizeidirektor (LPDir.) und Polizeichef des Regierungsbezirks Detmold (Angaben teilweise nach Hufschmidt 1998, 765). Linne habe sich „in der schwierigsten Zeit gut bewährt", erinnert sich Drake später (1965, 92).

139 Vereinigte Möbelfabrik GmbH, Orbker Str. 47.

140 Siehe <Einleitung> und Fn. 18.

141 August und Martha Böhmer, Oberregierungsrat i. R. und Stiftsdame.

die größte Befriedigung gewährte, diese Dinge in seine Sammlung zu nehmen. Wenn es sich um die Vermehrung des Zeitgeschichtlichen Archivs handelte, dann kannte er keine Bedenken, und so hat er mir seinerzeit auch zugemutet, diese armen Menschen bei ihrem Abtransport [in strömendem Regen auf offenen Lastwagen] zu photographieren, was ich natürlich abgelehnt habe. Diese Sache kann ihn teuer zu stehen kommen.

31. Mai. (Donnerstag)

Früh einige Feststellungen zum Böhmer'schen Ankaufe. Dann auf die Regierung. Mit Hrn. Sievert und dem Herrn von der Regierungs-Bibliothek verhandelt. ...

Später nach Eichholz zu Hrn. Winter. Das Ehepaar nicht angetroffen. Mit den beiden Kindern ihnen entgegen. Ihnen Bescheid gesagt.[142] Er war sehr erfreut. Auch die Frau, die älter wirkt als er, macht einen schlichten, guten Eindruck.

1. Juni (Freitag)

Früh dreiviertel 8 Besuch des Volksschullehrers Wolf[143] mit Tochter Ilse-Charlotte, die gern bei uns beschäftigt sein möchte. ...

Später Hr. Nebelsiek. Um 10 zu Major Warren,[144] wo sich auch Hr. Sievert einfand. Es handelt sich um die Rückführung unserer ausgelagerten Bestände aus dem Bergwerk. Er betonte, daß er kein Interesse an den Sachen habe, die Eigentum des Landes seien, uns dabei nur helfen wolle, daß sie aber Interesse hätten an dem Eigentum der Synagoge, von dem dies nicht gelte. Das Wesen, welches er uns zeigte, war so eisig, wie ich es bis dahin noch nie erfahren habe. Gleich zur Regierung, um die Fahrmöglichkeit zu besprechen. Später zur Fahrbereitschaft. Lauter negative Auskünfte.

---

142 Bergmann überbringt die Nachricht über die Anstellung Winters als Hausmeister in der Bibliothek, vgl. Eintrag vom 26. Mai und 19. Juli.

143 Martin Wolf, siehe Fn. 120.

144 Nicht ermittelt.

In der Bibliothek Frl. Priester diktiert, Aufträge zum Boehmer'schen Ankaufe. Später wieder auf die Regierung, um mit den Herren Regierungsrat Heine und Beerensmeier[145] wegen dieser Bibliothek zu sprechen. ...

Habe auch wegen des Autos mit [Landespräsident] Drake gesprochen und diesen bei der Gelegenheit kennen gelernt. [NB. Von hinten kannte ich ihn schon vom Schippen[146] her, da er beim Antreten in einer der Reihen vor mir stand] ...

2. Juni (Samstag)

Vormittags der übliche Gang zur Regierung.

4. Juni (Montag)

In der Bibliothek einige Erledigungen, dann in die Stadt, Town Major, Dr. Prensing[147] wegen des Autos [nach Grasleben],[148] zu Hrn. Kraft,[149] aus demselben Grunde, dann zu Major Warren. Dieser fragte mich nach meinem Reiseplane, und als ich erwiderte, daß es mir nicht möglich gewesen sei, ein Auto aufzutreiben, sagte er, die Militärregierung müsse es ablehnen, auch noch dafür zu sorgen. Dies sei Sache der Regierung, und wenn der Landespräsident so wenig Interesse an der Sache habe - - - der Satz blieb unvollendet. Ich wies darauf hin, daß ich ja nicht wissen könne, wie lange ich in Grasleben zu tun habe, ob ich sogleich einfahren könne, u.s.w. Er bemerkte, daß ich nur die Kisten zu zählen, aber nicht zu öffnen brauche.

Dann zu Drake, den ich aber erst kurz vor 1 Uhr bekam. Er war ein wenig aufgelockerter als das erste Mal, sagte mir aber auch heute nicht, aus welchem Grunde ich kein Auto bekommen könne, weil keines frei sei oder aus

---

145 Wilhelm Beerensmeier (1885-1957), Hans-Hinrichs-Str. 5, Regierungsobersekretär.

146 Heinrich Drake war ebenso wie Alfred Bergmann zur „Schanzarbeit" am Westwall eingeteilt und kam von dort im Winter 1944/45 zurück, „nicht ohne gesundheitlich schwer angeschlagen zu sein" (zitiert nach Wehrmann 1981, 246).

147 Möglicherweise Otto Prenzing, Handelsvertreter „Hermes"-Kurier-Transportdienst mit Geschäftsraum in der Gartenstr. 16.

148 Vgl. <Einleitung> und Fn. 13.

149 Nicht ermittelt.

Mangel an Treibstoff. Ich finde in diesen Dingen so wenig Unterstützung bei der Regierung wie Dr. Wiegand. ...

Nachmittags in der Bibliothek mit den Unterlagen für die Transporte beschäftigt. Von den beiden, die ich begleitet habe,[150] sind exakte Unterlagen vorhanden, von den beiden späteren nicht mehr. Besonders ist in den Listen für das Zeitgeschichtliche Archiv ein wildes Durcheinander.

Um 6 Winters, die sich die Dienstwohnung ansehen. Bis viertel 8 mit ihnen verhandelt.

5. Juni (Dienstag)

Ich bin wieder auf der Regierung gewesen und dort vorstellig geworden wegen des Autos [nach Grasleben], und daß ich seinetwegen zu viele Zeit vergeude. In der Bibliothek noch Arbeit mit der Feststellung, wie viele Sachen eigentlich nach dem Bergwerk gekommen sind.

6. Juni (Mittwoch)

Zur Fahrbereitschaft, dann nach der Bibliothek, wo Herr Friedrich Schütte[151] von der Stadtverwaltung in Lemgo mich aufsuchen wollte. [Mit diesem Besuche hatte es folgende Bewandtnis: Da keine Bahnverbindung nach Grasleben bestand, so konnte ich nur mit einem Auto dorthin fahren. Da ein solches in Detmold nicht aufzutreiben war, so drohte die von der englischen Militärregierung mir anbefohlene Fahrt an diesem Umstande zu scheitern. Sie hätte fürs erste unterbleiben müssen, wenn mir nicht von Lemgo unterwartete Hilfe gekommen wäre.

Unter den Sachen, die wir nach dem Salzbergwerk gebracht hatten, hatten sich nicht nur Bestände unserer Bibliothek befunden, sondern auch die der Lemgoer Gymnasialbibliothek,[152] die reich an alten, wertvollen Drucken war; Werke, die schon längst, bei der bekannten Rivalität der beiden Städte, ein Gegenstand unverhohlenen Neides der Detmolder gewesen waren. So hatte sich denn der Direktor der Landesbibliothek am 6. Juni 1944 nach Lemgo begeben,

---

150 Vgl. <Einleitung>: die Transporte erfolgten am 4./5. Mai, am 27. Juli, am 21. August und am 13./14. Oktober 1944.

151 Friedrich Schütte, Mittelstr. 103, 1949 als „Beamter a.D." im Adressbuch geführt.

152 Siehe Fn. 29.

hatte den dortigen Behörden die Anerbieten gemacht, die Gelegenheit unserer Transporte zur sicheren Auslagerung der fraglichen Bestände zu benutzen, und dank seiner Überredungskünste war man darauf eingegangen. Er hat jedoch im Kreise unserer Bibliothek nie ein Hehl daraus gemacht, daß es keineswegs Uneigennützigkeit oder nachbarliche Hilfsbereitschaft gewesen sei, die ihn zu diesem Schritte veranlaßt hatte, vielmehr die Absicht, diese seltenen Drucke nach ihrer Rückführung seiner eigenen Bibliothek einzuverleiben und damit diesem Institute, dem sein unverkennbarer Sammeleifer galt, ein neues Ruhmesblatt hinzuzufügen. Natürlich gab es auch in Lemgo Leute, die ihn nicht für so treuherzig hielten, wie er sich vielfach zu geben liebte, ihn vielmehr durchschauten und ihm deshalb mißtrauten. So war es nicht zu verwundern, daß sofort nach Beendigung der Kriegshandlungen die Lemgoer auf dem Plane erschienen und ihr Interesse an der Rückführung der nach Grasleben ausgelagerten Bestände anmeldeten. Diese Umstände kamen mir jetzt in meiner Verlegenheit auf eine willkommene Weise zu Hilfe.]

Hr. Schütte sprach sich sehr ungünstig über Dr. Wiegand aus. Man habe in Lemgo allgemein erkannt, daß er die Absicht gehabt habe, die im Bergwerk befindlichen Drucke der dortigen Gymnasialbibliothek für die seinen einzusacken. Aus diesem Grunde habe er sich auch stets darum gedrückt, eine Empfangsbescheinigung darüber auszustellen. Ich berichtete von meinen Mißerfolgen bei meinen Bemühungen um eine Fahrgelegenheit. Hr. Schütte will versuchen, ein Auto aufzutreiben und Anfang der nächsten Woche wiederkommen. Im übrigen bestätigte er mir das schauerliche Ende des Lemgoer Bürgermeisters, der sein Leben für die Bewahrung der Stadt zum Opfer gebracht hat.[153] ...

Nachmittags auf die Regierung, zu Böhmers Erben und bis gegen 7 Besprechungen mit Hrn. Nebelsiek. ... Die amerikanischen Truppen ziehen nun ab. Die Bevölkerung trauert ihnen hie und da nach. Sie waren großzügiger als die Engländer und nicht so voller Haß gegen Deutschland wie diese. Freilich werden die Engländer mehr im Stande sein, für Ordnung zu sorgen, woran den Amerikanern weniger gelegen war. Eine Frau hat für amerikanische Soldaten zwei Hosen gewaschen und dafür Kaffee und andere Kostbarkeiten bekommen. Die Spannung zwischen Engländern und Amerikanern war z.T. erheblich, so daß

[153] Der Lemgoer Bürgermeister Wilhelm Gräfer wurde 1945 hingerichtet, da er die Stadt Lemgo kampflos den Alliierten übergeben wollte. Das führte in der Nachkriegszeit zur Einschätzung als „Wiederständler", die auch Bergmanns Formulierung spiegelt. Allerdings wurde diese Wertung mit Blick auf das Verhalten Gräfers während der NS-Zeit in den 80er Jahren zunehmend in Frage gestellt. Vgl. Junker, Leimbach, Schmelter 2011 und Oeben 2017.

die einen es ablehnten, in derselben Wäscherei für sich arbeiten zu lassen wie die anderen.

7. Juni (Donnerstag)

Ich bin wieder des Autos wegen viel unterwegs gewesen. ...

Ich höre, daß Dr. Wiegand gestern oder vorgestern mit einem Lastwagen zusammen mit anderen weggebracht worden ist.[154]

8. Juni (Freitag)

Wegen des Autos unterwegs, auch im Standortlazarett und der Gewerbeschule,[155] um Bücher zu retten. Die Gewerbeschule sah toll aus. Ich kann unserem Bau nur wünschen, daß er auch künftig mit Einquartierung verschont bleibt.

9. Juni (Samstag)

Ich mußte wieder in die Stadt, wegen der Plakate[A] und der verlorenen Bücher.

> [A] Ich war damals bemüht, von den Bekanntmachungen der Militärregierung und den Anschlägen anderer Stellen ein Exemplar für die Bibliothek zu bekommen, an der die Sammlung zeitgeschichtlicher Dokumente fortgesetzt werden sollte.

---

[154] Wiegand wurde aufgrund einer Anweisung der Militärregierung am 27. April 1945 aus dem Dienst entlassen, weil er bereits vor dem 1. April 1933 NSDAP-Mitglied geworden war. „Am 28. Mai 1945 wurde er verhaftet und blieb bis zum 14. Oktober 1947 im Lager Staumühle interniert. Für ihn bedeutete die Entlassung das endgültige Ende seiner beruflichen Karierre“, so Gahde 2006, 69.

[155] Die Städtische Gewerbeschule befand sich seit 1899/1900 im Neubau in der Woldemarstr. 23 (heute: Johannes-Brahms-Musikschule). „1944/45 gab es eine Unterbrechung des Schulbetriebs, die Schule diente als Reservelazarett“ https://de.wikipedia.org/w/index.php?title=St%C3%A4dtische_Gewerbeschule_Detmold.

11. Juni (Montag)

Plakate eingesammelt. ...

In der Bibliothek Frl. Grewel,[156] die auf der Landstraße hierher zurückgekommen ist und ihre Kündigung vorgefunden hat. Sie will sich nun um eine neue Stelle an der Bibliothek bewerben. Während ich noch mit ihr sprach, erschien Frau Präsident Lamertz,[157] um für ihre Tochter zu bitten. Sie erzählte mir gleich viel von ihren persönlichen Schicksalen. Die Tochter Renate würde ehrenamtlich arbeiten. Nachdem sie weg war, hörte ich, daß Oberlehrer Franzmeier[158] da war und für seine Tochter gebeten hatte. Während Renate Lamertz Germanistik hat studieren wollen, will Frl. Franzmeier Mathematik studieren. Diese jungen Menschen sitzen nun da und wissen nicht, was sie anfangen sollen. Es ist eine furchtbare Tragik, und man möchte gern helfen. Ich kann hier aber keinen Harem aufmachen.

13. Juni (Mittwoch)

Frl. Hillebrand ist [vom Urlaub] zurückgekommen, hat viele Beschwerlichkeiten auf der Reise gehabt und 50 km mit dem Rade fahren müssen. Osnabrück ist böse zugerichtet. ....

15. Juni (Freitag)

Am Nachmittage kamen die Herren Schütte und Lesemann [in meine Wohnung, wo ich mit Grippe und Fieber zu Bette lag], jener mit sehr alarmierenden Nachrichten wegen Hineinfallens Graslebens in die russische Besatzungszone. Eingehende Beratungen über eine Fahrt nach diesem Orte.

---

[156] Nicht ermittelt.

[157] Der Name „Lamertz“ ist in den Adressbüchern nicht enthalten. – Es gab einen Maximilian Lamertz als Präsidenten der Reichsbahndirektion in Essen, dort im Amt 1936-1945 http://www.bahnstatistik.de/Direktionen/Rbd_Erfurt.htm.

[158] Otto Franzmeier (1885-1980), Richthofenstr. 54, Detmold. Lehrer an der Bürgerschule in Detmold, nach Kriegsende 1945 von Dienst suspendiert.

19. Juni (Dienstag)

10 Uhr beim militärischen Befehlshaber um die Papiere für den Wagen zu bekommen. Kurz vor 1 Uhr an die Reihe und richtete nichts aus, da ich die Adressen und Kennkarten(nummern) der mitfahrenden Herrschaften brauche. ...

Es ist erstaunlich, mit welcher Schar mondäner Mädchen diese Leute dort arbeiten.

20. Juni (Mittwoch)

Vormittags Regierung: Bescheid wegen des Autos. Vergebliche Versuche, einen Vorschuß [für die Fahrt] zu erhalten.

21. Juni (Donnerstag)

Vormittags mit Hrn. Schütte zum militärischen Befehlshaber. Eine Dame stellte unsere Pässe aus. Es schien eine Belgierin oder so etwas ähnliches zu sein. Sie war weniger unliebenswürdig, als sie hätte sein können. Hr. Schütte ... ist der Mann, der diese Fahrt überhaupt rettet. Sie wird sich noch um einige Tage verschieben.

Nach der Erledigung in die Regierung, wegen Reisegenehmigung und -vorschuß. –

Am Abend sind die Leute vom Arbeitsamte mit ihrer Arbeit (Meldung der Frauen) fertig geworden.[159]

23. Juni (Samstag)

Frl. Ridder [von der Staatlichen Volksbücherei] hat sich gestern Nachmittag Urlaub geben lassen, da sie Evakuierung befürchtet. Der Luftmarschall[160] kommt hierher mit 600 Offizieren und Unteroffizieren. Diese bringen ihre Familien mit;

---

[159] Bedeutung nicht ermittelt.

[160] Sir Arthur Travers Harris, genannt Bomber-Harris, war ab Februar 1942 Oberbefehlshaber des RAF Bomber Command https://de.wikipedia.org/wiki/Arthur_Harris.

das ganze Viertel ist in Mitleidenschaft gezogen. Es soll gewesen sein wie in einem aufgestörten Ameisenhaufen, überall Leute mit Sachen, Kinder- und Handwagen, Frauen mit verweinten Gesichern. Ich war heute vergeblich beim Town Major und sah dergleichen, nur in abgeschwächterem Grade. ...

Während der Mittagsruhe hörte ich Klingeln und eine Männerstimme. Es war Hr. Schramm, der auf der Straße liegt und uns seine Misère erzählte. Ich besprach mit ihm seine Aufnahme in der Bibliothek. Dann zu Dr. Flemming wegen der Akten der Clostermeier-Stiftung,[161] traf ihn aber nicht an. [Diese Akten sind nachher von Hrn. Dr. Flemming der Landesbibliothek als Leihgabe überlassen worden, jedoch im Jahre 1961 von dort wieder weg und an das Staatsarchiv gekommen.]

26. Juni (Dienstag)

Vormittags Besuch des Hrn. Schmidt,[162] mit dem ich geschippt habe. Er ist Lithograph bei Gebr. Klingenberg,[163] möchte aber aus gesundheitlichen Gründen nicht wieder hin. Jetzt ist er Hilfspolizist. Frl. Dr. Schladebach [die mit ihm im selben Hause wohnt] schildert ihn als einen etwas bequemen Mann, und das fand ich insofern bestätigt, als er sich in endlosen politischen Debatten verlor und gar nicht wieder ging. [Er hat sich später um den Posten des Hausmeisters an der Bibliothek beworben] ...

Am Nachmittage erschien Hr. Schütte. Wir müssen noch einmal zum militärischen Befehlshaber, da der Fahrer erkrankt ist und der Eigentümer der Firma selbst fährt. Er heißt Herbert Hahn[164] und hat eine Stahldrahtzieherei, die jetzt wieder in Gang kommt.

---

161 Karl Flemming war der letzte Geschäftsführer der Clostermeister-Stiftung. Zur Stiftung vgl. Flemming, Fink 1991, 1992.

162 Wilhelm Schmidt, Steindrucker, Wallgraben 34.

163 Gebrüder Klingenberg, als Buchhandlung 1867 gegründet, war eine Detmolder Druckerei, deren Firmengelände seit dem Ende des 19. Jahrhunderts sich an der Hornschen Straße 40-44 befand https://de.wikipedia.org/wiki/Gebr._Klingenberg.

164 Herbert Hahn, Waterfohr 24, Lemgo (Lippische Drahtwaren GmbH).

27. Juni (Mittwoch)

Gegen Mittag kam Hr. Schramm mit einer Fuhre Sachen. Gestern ist der Bezirk bekannt gegeben worden, der nach und nach geräumt werden muß. Davon ist Hr. Schramm auch betroffen, sein holländischer Offizier läßt ihn aber alles herausschaffen, was angeht.

28. Juni (Donnerstag)

10 Minuten vor 5 aufgestanden und 10 Minuten vor 6 nach der Bibliothek, wo kurz nach meiner Ankunft der Wagen vorfuhr. Hr. Hahn, der Eigentümer des mit Holzgas[165] fahrenden Wagens, fuhr selbst. Wir sind nicht auf der Autobahn gefahren, weil diese Hrn. Hahn einen zu großen Umweg zu machen scheint, sondern über Hildesheim–Braunschweig. Beide Städte sind stark zerstört, insb<esondere> Braunschweig. Auf dem Lande dagegen ist kaum etwas vom Kriege zu sehen, es sei denn, daß man gelegentlich an einem lahmgeschossenen Panzer oder an einem Auto-Gerippe vorüberkommt. Die Landschaft war sehr reizvoll und das Wetter günstig, nicht zu warm und kein Regen. Gegen halb 12 kamen wir in Grasleben an und fuhren gleich bei der Gewerkschaft vor. Der Förderkorb war nicht in Tätigkeit. Ich ging zur Pförtnerloge und fand sie von englischen Soldaten besetzt. Es waren solche von The King's Regiment, das in Liverpool steht.[166] Sie haben das hannöversche springende Pferd an der braunen, keck auf einem Ohre sitzenden Mütze. Der Schachtkommandant war nicht da; ich mußte also warten. Mittlerweile fuhren die beiden Herren nach Weverlingen, um festzustellen, ob ein Transport mit der Bahn möglich sei.

Die Soldaten waren verhältnismäßig nett. Einer machte sogleich ein Gestell frei, damit ich mich setzen könne, ein anderer stellte ein paar Fragen an mich, u.a. ob ich Professor sei. Da sie einen für mich sehr schwer verständlichen Dialekt sprachen, so fragte ich, ob sie einen Dolmetscher hätten. „Yes, a German jew", war die Antwort. Ich sollte ihn noch kennen lernen. Mich fror, ich holte also meinen Pullover und zog ihn an. Dann hungerte mich, und ich schnitt mir ein paar Stücke von dem Kuchen ab, den meine Frau für diese Reise gebacken hatte. Dann hieß es, der Kommandant werde erst nach dem dinner kommen. So ging ich zum [Gruben-]Inspektor Krüger, der zum so und so vielsten Male seine

---

165 Holzgas: Siehe Erläuterung in Fn. 14.

166 The King's Regiment war ein Infanterieregiment der Britischen Armee, ins Leben gerufen bereits 1685 und aktiv bis 1958 https://en.wikipedia.org/w/index.php?title=King%27s_Regiment_(Liverpool).

Wohnung räumen muß und sehr verbittert war. ... Er ist wegen Krankheit nicht im Dienst und möchte ihn auch am liebsten gar nicht wieder aufnehmen. Er erzählte mir, daß sechs Wochen lang keiner von der Belegschaft in den Schacht gekonnt habe und daß sich während dieser Zeit Russen, Polen und Italiener unten mausig hätten machen können. Sie haben viel geplündert, insbesondere Kleiderstoffe und Hausrat, sind aber auch über unsern Sachen gewesen, haben Kisten erbrochen, Pakete aufgemacht und den Inhalt umhergestreut. Hr. Krüger sagte, daß wir mit einem Verlust von etwa 10 Prozent rechnen müßten. Es sind jetzt noch viele tausend Fremdarbeiter dort, weswegen auch die Besatzung von Grasleben verstärkt wird.

Dann zurück nach der Pförtnerloge, wo mir ein Soldat die „Illustrated Post“[167] vom 16. Juni zu lesen gab. Sie war sehr interessant. Ich sah eine Menge Momentbilder von Winston Churchill,[168] einen Artikel über das Ersetzen ausgeschossener Geschütze auf einem Schlachtschiffe, einen Artikel zum Wahlkampfe von einem Mitglieds der Arbeiterpartei und einen zweiten aus dem Lager der Konservativen. Am bemerkenswertesten aber war ein Beitrag Bertrand Russells über die deutschen Konzentrationslager.[169] Sehr wissenschaftlich, sehr objektiv, sehr maßvoll, einsichtig und verstehend. Er unterschied sich sehr vorteilhaft von dem gouvernantenhaften Tone des englischen Rundfunks, er stellte fest, daß es mit der Bestrafung der Schuldigen und der Verachtung des ganzen übrigen deutschen Volkes als Mitschuldigen nicht getan sei, man vielmehr den Ursachen solcher Grausamkeiten nachspüren müsse und das deutsche Volk für den Verein der Nationen nur mit Verstehen und Humanität zu gewinnen sei.

Nun erschien der Dolmetscher, ein kleiner Mann jüdischer Rasse, der sehr kurz angebunden fragte, was ich wünsche. Er sah sich den Brief an, [den ich von der englischen Militärregierung mitbekommen hatte,] und erklärte mir, daß dieser gar nichts besage und ich von einer anderen Stelle autorisiert werden müsse. Diese hat er mir aufgeschrieben. Wegen der Erlaubnis, in den Schacht einzufahren, verwies er mich an den Bürgermeister, bzw. an den Ortskommandanten. Dieser selbst war nicht da, er war erst am anderen Tage

---

[167] Die *Picture Post* erschien wöchentlich seit 1938 bis 1957 https://ld.zdb-services.de/resource/715570-0.

[168] Sir Winston Churchill (1874-1965) war 1940 bis 1945 Premierminister Großbritanniens https://de.wikipedia.org/wiki/Winston_Churchill.

[169] Bertrand Russell: Whose Guilt? The Problem of Cruelity, in: *Picture Post* 16. Juni 1945, 10-13. – Bertrand Russell (1872-1970), britischer Mathematiker, Philosoph und Pazifist, erhielt 1950 den Nobelpreis für Literatur in Anerkennung seiner „zahlreichen bedeutenden Schriften, die menschliche Ideale und Gedankenfreiheit vertreten“ https://en.wikipedia.org/wiki/Bertrand_Russell.

von halb 11 an zu sprechen. Der Bürgermeister erklärte sich für unzuständig. Dies sagte ich dem Dolmetscher. Der Schachtkommandant kam hinzu. Ich berichtete von meinen Erlebnissen, und in Gegenwart des Hrn. Schütte sagte mir der Dolmetscher, wir könnten in den Schacht einfahren und sollten am anderen Tage, etwa 9 Uhr des Morgens, zur Stelle sein.

Sodann haben wir unsere Sachen nach dem „Gambrinus" gefahren, wo wir aber nur übernachten können. Es sind sehr nette Wirtsleute dort. Nachdem wir in der mir wohlbekannten „Deutschen Eiche" bei der trefflichen Wilhelmine Germer Kaffee getrunken und uns zum Abendbrot angemeldet hatten, sind Hr. Schütte und ich zu dem Fahrsteiger Wecke auf der Ernst August-Straße gegangen, der Hrn. Krüger vertritt, fanden aber die Gartenpforte verschlossen. Das tun hier alle, der Polen wegen. Übrigens ist hier im ganzen Dorfe kein Hund und keine Ente mehr zu sehen. Alles ist den Leuten weggenommen. Ich bin übergestiegen und wir wurden von Frau und Tochter sehr freundlich aufgenommen. Wir haben den Abend bei Hrn. Wecke verbracht, der uns über die Lage im Werke und an unserem Einlagerungsplatze informierte.

29. Juni (Freitag)

Wir hatten gestern mit Hrn. Wecke ausgemacht, daß wir heute früh halb 8 auf der Zeche sein wollten. Hr. Hahn drängt sehr auf frühe Rückfahrt, und so wollten wir den Morgen ausnutzen. ...

Wir waren bereits mit Hrn. Wecke im Schachthause, als ein englischer Soldat erschien und uns sagte, wir müßten warten, bis der Offizier käme, der uns begleite. Indes wir auf ihn warteten, kam der kleine Dolmetscher angestürzt und stellte mich mit heftigen Worten zur Rede: Für wann er mich bestellt habe? – Gegen 9 erwiderte ich. Wir seien aber eher gekommen, weil es keine Kleinigkeit sei, die vielen Kisten und tausende von Paketen durchzuzählen. – Das sei ihm gleich! Wenn er (er!) befehle: um 9, dann hätten wir uns danach zu richten und seinem Befehle zu folgen. Ich scheine nicht zu wissen, wo ich mich befinde. Auch meinen Einwand, es sei mir nicht gesagt worden, daß wir eine militärische Begleitung haben würden, ließ er nicht gelten: Das sei doch selbstverständlich; ob ich mir einbilde, da unten spazieren gehen zu können. Ich wurde dann nochmals wegen einer schriftlichen Erlaubnis, in den Schacht einzufahren, an den Kommandanten verwiesen, der ja erst von halb 11 an zu sprechen war, am Ende aber erwies sich dieser ganze Wortwechsel als unnötig, denn es stellte sich heraus, daß der Schacht von giftigen Schwaden erfüllt und deshalb eine Einfahrt völlig unmöglich ist. [Es hat jemand eine Karbidlampe in sichergestellte Filme fallen lassen und dadurch einen Brand verursacht.] So mußte ich mich mit der Auskunft begnügen, die ich vom Fahrsteiger Wecke erhalten hatte.

Um 11 fuhren wir vom „Gambrinus" ab und waren in vier Stunden in Lemgo. Unterwegs viele Autos der verschiedensten Nationen auf der Fahrt nach dem Westen, wohl mit Fremdarbeitern, und englische Truppen, wohl auf der Fahrt nach Berlin, in östlicher Richtung, viele Flüchtlinge mit den unmöglichsten Gefährten, um den Russen zu entkommen. Die Autobahn stark beschädigt, aber schon in großem Umfange geflickt, später wegen Sprengung verschiedener Brücken Umleitung. In Lemgo kurze Kaffeepause, dann weiter nach Detmold. Bericht an Frl. Dr. Schladebach.

30. Juni (Samstag)

Ich habe den (gestern Abend nach 10 noch entworfenen) Bericht in englischer Fassung geschrieben und beide gegen Mittag nach der Regierung gebracht. Ich begleitete Dr. Kühn und machte ihn auf die Dringlichkeit der Rückführung aufmerksam. ...

Besuch Dr. Krügers[170] in der Bibliothek. Ich habe mit ihm einen Büchertausch für die Bibliothek abgeschlossen.

2. Juli (Montag)

Hr. Schmidt war da, der sich um diesen Posten bewirbt.[171] Er verspricht zu viel und rühmt sich zu sehr. Das gefällt mir nicht.

3. Juli (Dienstag)

Vormittags auf die Regierung bestellt, um meinen englischen Bericht zu unterschreiben. Drake bat mich zu sich. Ihn interessiert vor allem, daß die hiesige Vollmacht nicht genügt habe. Er verabschiedete sich sehr förmlich mit „verbindlichstem Danke". Weiteres in der Regierung erledigt, u.a. bei

---

[170] Hiddeser Antiquar, siehe Eintrag vom 12. Januar u.ö.

[171] Siehe Eintrag vom 26. Juni.

Oberbaurat Vollpracht wegen der französischen Blätter, Graphik und Handzeichnungen.[172] ...

Halb 12 kam er nach der Bibliothek, um sie sich anzusehen. Sie sind offenbar während des Krieges aus einem französischen Museum oder auch einer Privat-Sammlung gestohlen worden. Gegen ehemaligen Museumsbesitz spricht, daß sie ziemlich verwahrlost erscheinen und keinen Museumsstempel tragen. Hr. Vollpracht trat meiner Ansicht bei, daß wir diese Blätter unter keinen Umständen aus der Hand geben dürfen, da sie eines Tages von uns zurückgefordert werden können. Zunächst soll Hr. Dr. Wiegand, der demnächst zurückkomme, über die Herkunft befragt werden.[A] ...

Im Rundfunk die Nachricht, von der Besetzung Leipzigs, Weimars, Erfurts [durch sowjetische Truppen]. ...

Welches werden die Folgen für das Buch- und Bibliothekswesen sein? Kein „Börsenblatt" mehr, kein „Literarisches Zentralblatt", keine „National-Bibliographie"! Wir werden darauf hinauskommen müssen, in Westdeutschland eine völlig neue Buch-Zentrale zu begründen.

[A] Nach meiner Erinnerung war damals ein Befehl der englischen Militärregierung ergangen, daß alle Gegenstände, die auf unrechtmäßige oder dubiose Weise an öffentliche Institute gekommen seien, angemeldet werden müßten. Die fraglichen Blätter waren keineswegs ersten Ranges und schon deshalb von minderem Werte, weil sie sämtlich unsigniert und bloße Zuschreibungen ohne Expertise waren. Der verstorbene Antiquar Dr. Krüger hat ihren Wert damals auf etwa RM 15.000,- geschätzt und die Meinung geäußert, nach der durchschnittlichen Qualität könnten sie aus der Pariser Sammlung Rothschild stammen, von der ihm bekannt war, daß sie von Deutschen geplündert worden war.

4. Juli (Mittwoch)

Nachmittags wegen drei Mahnungen [zur Rückgabe entliehener Bücher] in ganz Friedrichshöhe herumgelaufen. Nur eine angebracht, die Empfänger der beiden anderen verzogen, unbekannt wohin. ...

In Heiligenkirchen traf ich eine Fuhre, die [der Spediteur] Herbst[173] machte. Kaum waren die Möbel abgefahren, so kullerten auch schon Koffer und

[172] Siehe auch Einträge vom 12. Januar und 19. Juli.

Polstermöbel auf der Straße umher. Die nebenhergehende Dame sagte mir, daß sie zum fünften oder sechsten Male umzögen. Jetzt aber dürften sie wieder in ihre alte Wohnung, die ihnen glücklich freigegeben sei. Die Engländer hatten gesagt: wenn erst jeder ein halb dutzendmal aus seiner Wohnung herausgemußt hätte, dann würden wir genug gestraft sein!

5. Juli (Donnerstag)

In der Bibliothek ein Besuch nach dem andern: erst eine Jüdin, die aus dem Konzentrationslager kommt, dann Hr. Schütte, dann ... Die kleine Jüdin will für eine private Arbeitsgemeinschaft allerhand Lektüre. Ihr möchte man vorzüglich helfen, weil man sich ihr gegenüber in besonderem Maße schuldig und zur Wiedergutmachung verpflichtet fühlt.

6. Juli (Freitag)

Früh gleich auf die Regierung. Mit Oberbaurat Vollpracht und Oberschulrat Kühn wegen der französischen Handzeichnungen.[174] Dr. Kühn bestellte mich in dieser Angelegenheit auf morgen. Es ist die böseste Affaire, die mir Dr. Wiegand zurückgelassen hat. –

Als ich heute früh bei Frl. Dr. Schladebach saß, wurde ich ungewollt Zeuge einer rührenden Familienszene, indem mit einem Male ein junges Mädchen mit frischem, braungebranntem Gesicht hereintrat, Frl. Doktor „Renate!" ausrief und die beiden einander in die Arme sanken. Die Nichte ist in Süddeutschland entlassen worden und auf abenteuerliche Weise hierhergekommen, ohne Ausweispapiere, mit zerrissenen Schuhen und nur dem, was sie auf dem Leibe hat.

7. Juli (Samstag)

Halb 10 bei Dr. Kühn, um ihm den heiklen Fall der Handzeichnungen vorzutragen. Er war nicht für den Weg, den wir in den anderen Fällen gegangen

---

173 Firma Hermann Herbst, Witwe, Bahnspedition und Möbeltransport, Woldemarstr. 5, oder Firma H. E. Herbst, Unter der Wehme 5.

174 Siehe Eintrag vom 3. Juli.

sind, sondern für den, den mir mein Gefühl von vorn herein vorgeschrieben hatte. So bin ich gleich nachher zu Major Warren gegangen, um den Fund zu Protokoll zu geben. Ich mußte eine ganze Weile auf ihn warten, und zwar stehend. Dann wurde ich in der üblichen Art von ihm empfangen. Dann nach der Bibliothek. Ferngespräch mit dem Bürgermeister von Schwalenberg in Sachen der Dolmetscher-Bibliothek.[A]

[A] Siehe Anlage III.

8. Juli (Sonntag)

In der Bibliothek das Verzeichnis der französischen Blätter in englischer Sprache begonnen.

9. Juli (Montag)

Ich habe früh die Liste der französischen Blätter zu Ende geführt und bin dreiviertel 10 zur Besprechung über die Volksbibliotheken mit Dr. Kühn zur Regierung gegangen. Frl. Dr. Schladebach und Hr. Sprenger[175] wohnten der Beratung bei. Es kamen auch die Angelegenheiten der Landesbibliothek zur Sprache. Dabei war es erfreulich, daß Dr. Kühn den Gedanken einer Schließung der Bibliothek energisch von sich wies.

Der Kreis dessen, was ausgeschieden werden soll, ist sehr weit zu ziehen. Es soll aber ein Antrag gestellt werden, daß für bestimmte Kategorien von Beständen die Öffnung wieder zulässig sein soll.[A] ...

Major Warren hatte mich für halb 3 bestellt. Vorher hatte ich Gelegenheit, mit Captain Barnes zu sprechen einem sehr jugendlich wirkenden Manne, der nicht von so eherner Unnahbarkeit und Undurchsichtigkeit ist, wie Major Warren. Ich brachte die Angelegenheit des Hrn. Hans Dreßler zur Sprache. Man bedauerte, daß ich damit so spät komme. Augenblicklich sei nichts zu machen. Man will mich benachrichtigen, wenn der Wunsch des Hrn. Dreßler zu erfüllen sei, was durchaus im Bereiche der Möglichkeit liege.[B]

Dann zu Major Warren, der mit seinem Dolmetscher und mir nach der Bibliothek fuhr, um sich die Blätter anzusehen. Ich bekam genaue

[175] Siehe Eintrag vom 7. Mai.

Anweisungen, wie damit zu verfahren sei. ... Er verabschiedete sich mit einer kurzen Verbeugung, und man wird auch nicht mehr verlangen können.

[A] Offensichtlich war damals eine Anordnung ergangen, die Säuberung der Buchbestände in öffentlichen Bibliotheken von nunmehr unerwünschtem Schrifttum betreffend. Siehe auch Anlage II.

[B] Hr. Hans Dreßler, der mit einer aus Detmold stammenden, in Thüringen praktizierenden Ärztin verheiratet war, besaß eine umfassende Sammlung von Reproduktionen (Faksimiledrucke) repräsentativer Zeugnisse der Buchmalerei. Diese hatte er, zum Gedächtnis der Familie seiner Frau, der Lippischen Landesbibliothek als Vermächtnis zugedacht. Die Besetzung Thüringens durch sowjetische Truppen mußte ihn mit Sorge um das Schicksal seiner Sammlung erfüllen, die er mir bei einem Besuche am 4. Juli mitteilte. Er war darauf bedacht, sie nach dem Westen zu bringen und erhoffte dabei offensichtlich die Hilfe der englischen Militärregierung. Durch bestimmte Erlebnisse verbittert, hat er später dieses Vermächtnis rückgängig gemacht.

10. Juli (Dienstag)

Mit Frl. Dr. Schladebach über die Möglichkeit der Einstellung ihrer Nichte Renate in der Bibliothek gesprochen. ...

In der Regierung, wo mir Hr. Vollpracht sagte, die Bibliothek sei schon wieder von der Belegung durch evakuierte Familien bedroht. Das Lazarett nach Johannettental zu werde russisch, und die Krohnstraße solle geräumt werden. ...

Viele Besprechungen in der Bibliothek wegen Säuberung der Bestände und Verwendung des Zeitgeschichtlichen Archivs.

11. Juli (Mittwoch)

Ich habe heute mit der Säuberung der Buchbestände begonnen. War Vormittags auf dem Standortlazarett, wo ich wieder verschiedene dorthin entliehene Bücher „retten“ konnte. Nachmittags ist das Zeitgeschichtliche Archiv wieder nach alter Art eingerichtet worden.[176] Auch war Frl. Renate Schladebach da, um mit mir die Möglichkeit einer Anstellung als Hilfskraft zu besprechen.

12. Juli (Donnerstag)

Vormittags mit einem großen Merkzettel zur Regierung. Dann nach der Bibliothek. Hr. Lesemann erwartete mich schon auf der Hornschen Straße: Herr Schütte sei da. Dieser sagte mir, daß der erste Rück-Transport am Montag stattfinden könne, worauf ich ihm erwidern mußte, daß die Vollmacht noch nicht da sei. Wir machten uns gleich zum militärischen Befehlshaber auf, vorher aber mußte ich noch den aus Schwalenberg eintreffenden Transport der Bücherei des Dolmetscher-Korps des 6ten Wehrkreiskommandos abfertigen.[177] Wir sind zur Kommandantur gegangen, um dort zu erfahren, daß die Vollmacht noch nicht vorliegt, und Major Warren auch keinen Einfluß auf das Tempo hat, mit dem sie geschickt wird. Nachmittags die reichen Schätze der [Dolmetscher-] Bibliothek angesehen.

14. Juli (Samstag)

Besuch des Bankrats Vogt,[178] der seine Tochter auch an die Bibliothek bringen möchte.

17. Juli (Dienstag)

Besuche des ehemaligen Presseattachés Dr. Schulze[179] und des Buchbinders Brinkmann.[180] Diesen würde ich gern für einen halben Tag einstellen.

---

176 „Die Zeitgeschichtliche Sammlung wurde 1937 im Erdgeschoß bzw. Hochparterre der Lippischen Landesbibliothek eingerichtet [...]. Die Unterbringung im Hochparterre, wo sich auch das Direktorzimmer befand, sicherte zugleich die in den genannten Erlassen enthaltene Beschränkung des persönlichen Zugangs zu verbotenem Schrifttum“, so Pilzer 1998, 510.

177 Zur „Dolmetscher-Bibliothek“ siehe unten Anlage III und Kommentar dort.

178 Erich Vogt, Bankrat, Fürstengartenstr. 22, Detmold.

179 Nicht ermittelt.

180 Paul Brinkmann, Exterstr. 9, Detmold.

18. Juli (Mittwoch)

Früh war Harry Lundberg da, um dessen Anstellung sich gestern (oder vorgestern?) schon Frau Heymens bemühte, außerdem ein ausgebombter Ordinarius der Naturwissenschaften aus Berlin, mit dem ich gleich in ein fesselndes Gespräch geriet. Der Professor, dessen Namen ich nicht weiß,[181] hat an Versuchen über Düngung mit Kunstdünger und biologische Düngung teilgenommen, die durchaus zu Gunsten der ersteren ausgefallen sein sollen. Dr. Schulze holte wieder Bücher. Er hat interessante Reisen gemacht. So findet sich hier eine immer größer werdende Gruppe von Wissenschaftlern ein, angezogen von dem Rufe, daß sich hier eine intakte Bibliothek befindet, die deren Niveau wieder heben können.

19. Juli (Donnerstag)

Auf die Regierung, auf das Landratsamt und zum neuen Straßenverkehrsamt[182] wegen des Transports der Dolmetscher-Bibliothek aus Schwalenberg. Mit Frl. Priester (den Riesenstapel) weiter geordnet. Besuch von Frau Dr. Charlotte Engelsmeier, die mit ihrem Töchterchen in Hohenhausen sitzt und vergeblich auf ihren Mann wartet, nichts mehr zu leben hat und an der Bibliothek angestellt sein möchte. Sie ist Germanistin und hat an einer Universitätsbibliothek und im Deutschen Seminar von Breslau gearbeitet. Ich konnte ihr natürlich so wenig Hoffnung machen wie den andern Bewerbern und Bewerberinnen, und ihr nur sagen, daß mir im Grunde nur mit jemandem gedient ist, der die Preußische Instruktion[183] beherrscht. Sie zog sehr betrübt ab. In meiner Abwesenheit war ein Herr aus Schwalenberg dagewesen und hatte angekündigt, daß der Rest der Bücher morgen mit Bauernwagen eintreffen werde. ...

Nachmittags meldete sich Hr. Winter zum Dienst. Später Telefongespräch von Schwalenberg, daß die Engländer den Rest der Bücher

---

181 Nicht ermittelt.

182 Nach dem Branchen-Adressbuch 1948 gibt es das Straßenverkehrshauptamt Detmold in der Hermannstr. 57 und das Straßenverkehrsamt des Kreises Detmold, Ecke Paulinen- und Grabbestr.

183 Die „Preußischen Instruktionen" (PI) sind ein an der Berliner Königlichen Bibliothek (heute: Staatsbibliothek Berlin Preußischer Kulturbesitz) entwickeltes Bibliothekarisches Regelwerk, das 1899 eingeführt und bis in die 70er Jahre in fast allen deutschen wissenschaftlichen Bibliotheken zur Katalogisierung verwendet wurde https://de.wikipedia.org/wiki/Preu%C3%9Fische_Instruktionen.

abgeholt hätten und unsere Bestände auch holen würden. Damit ist meine Hoffnung, daß wir eine schöne, natürlich legale Erwerbung machen könnten, zu Schanden geworden. ...

Am späteren Vormittage waren drei Engländer da, Major Warren und zwei Kunsthistoriker. Der eine, eine seltsame Erscheinung, ganz wie ein Zivilist gekleidet, nur mit einem mächtigen Revolver am Gürtel und sich beim Gehen mit einem winzigen Käppi bedeckend, sprach einigermaßen deutsch. Sie sahen sich im Stehen die Blätter an, ich wurde noch einmal kurz zur Vorgeschichte befragt, dann verschwanden sie wieder. ...

Ein winzig kleiner Fortschritt war es, daß Major Warren sich beim Fortgehen noch einmal umdrehte und „Thank you" sagte. Auch darf ich jetzt die Kistenschlüssel behalten.[A]

[A] Nach meiner Erinnerung haben die beiden Kunsthistoriker den Blättern nur einen mäßigen Wert zugeschrieben. Deswegen hat sich die Militärregierung nicht veranlaßt gesehen, in dieser Sache selbst etwas zu unternehmen, sie vielmehr mit dem Bescheide abgeschlossen, die Blätter sollten von der Bibliothek weiterhin verwahrt werden, bis sich der Eigentümer melden werde. Daß dies je geschen werde, war nach Lage der Dinge von vorn herein sehr unwahrscheinlich, und so befinden sich die Handzeichnungen, so viel ich weiß, auch heute noch im Besitze der Bibliothek.

20. Juli (Freitag)

Verabredungsgemäß war ich um 9 an der Kommandantur. Der Wagen mit dem Rest der Bücher aus Schwalenberg stand da. Er fuhr mit mir nach der Bibliothek. Dort haben wir den ganzen Vormittag ausgeladen und vier Mann hoch nebst Frl. Priester und Frl. Ridder mit dem Ordnen angefangen. Nachmittags Fortsetzung. Die vier Männer stehen uns für einige Tage zur Verfügung.

21. Juli (Samstag)

Den ganzen Vormittag die Bibliothek geordnet. Es waren drei Mann von der Stadt dabei, die aber leider am Montag nicht wiederkommen können. Besuch eines jungen Mannes aus Lemgo, eigentlich Essen, der bei der SS gewesen ist und wegen illegaler politischer Betätigung zwei Jahre Gefängnis gehabt hat. Er wollte bei der Bibliothek ankommen. Es wäre jetzt eine solche Auswahl an Intelligenz zu haben, und alle muß ich mit bitterer Enttäuschung im Herzen abziehen lassen. Es ist der undankbarste Teil meiner jetzigen Tätigkeit.

23. Juli (Montag)

Nach der Regierung, da kein Ferngesprächanschluß zu bekommen war. ...

Bei Dr. Kühn, dem ich die Angelegenheit der Dolmetscher-Bibliothek ans Herz hatte legen wollen, kam ich sehr ungelegen. Er soll über die vielen Entlassungen von Lehrern sehr deprimiert sein. Jeder, der in der NSV[184] auch nur ein Pöstchen innegehabt hat, werde fristlos entlassen. Hr. Wolf riet mir, daß wir ja mit dem Wiedereinräumen des Lesesaals warten möchten, bis über unser Gesuch entschieden sei, was wohl einige Zeit dauern werde. –

Besucher über Besucher, die ich alle abfertigen muß, da sonst niemand Zeit dafür hat. Dies werde ich doch einschränken müssen.

24. Juli (Dienstag)

Besuche: einer der Dolmetscher des Befehlshabers, Major a.D., der ausleihen möchte; ein entlassener Kriegsgefangener, der stellenlos ist und sich weiterbilden möchte.

25. Juli (Mittwoch)

Ein Vormittag der Überlaufs: Es waren da ein Balte, von Dr. Kühn geschickt, der den Gedanken einer Wanderbücherei propagierte. Ein feiner Kopf, ursprünglich Rechtsanwalt, später Lehrauftrag an der Berliner Universität für russische Geschichte u.s.w. Nun in Detmold ansässig, wo sich offenbar allerhand kluge Leute einfinden. Später ein anderer Balte, Ingenieur aus dem Rheinlande. Er verwandte sich für den Leiter eines baltischen Familienarchivs, den ich aber nicht gebrauchen kann. Endlich ein Kaufmann, der Bücher über Chemie entleihen wollte.

---

[184] Die Abkürzung steht für „Nationalsozialistische Volkswohlfahrt".

Die übrige Zeit habe ich darauf verwandt, den Haufen der Makulatur durchzusehen. Ich habe allerhand gefunden, was wir noch einstellen können, und allerhand, was anderen lippischen Bibliotheken widerrechtlich weggenommen worden ist und was ich diesen wieder zur Verfügung stellen will.

27. Juli (Freitag)

Frl. Hillebrand mit der Verlustliste.[185] Sie ist erschreckend lang.

28. Juli (Samstag)

Beim Stadtkommandanten. Das Fräulein, welches sich der von den Amerikanern entführten Bücher angenommen hatte, sagte mir zu meinem Schrecken, daß die Original-Quittungen, die ich ihr gegeben hatte, verschütt gegangen seien. Das sei amerikanische Art. Sie seien sehr gutmütig, aber von bürokratischer Exaktheit hätten sie keine Ahnung. Es waren auch Besucher da, u.a. der baltische Rechtsanwalt, dem ich leider die gewünschten geschichtlichen Werke nicht ausleihen konnte, und ein blonder Lipper, der zehn Jahre Flugzeugführer gewesen ist und dabei seine Nerven zum Opfer gebracht hat. Er hat, da aus der Segelfliegerei hervorgegangen, Aufstieg und Niedergang unseres Flugwesens miterlebt und mir manches Aufschlußreiche darüber erzählt.

1. August (Mittwoch)

Der neue Hausmeister <namens Winter> trat seine Stellung an. In einem doppelten Sinne Winters Anfang. Denn auch Frl. Gisela Winter[186] von der Staatlichen Volksbüchereistelle trat wieder ein.

---

[185] Nicht ermittelt, auf welche Verluste bzw. welche Liste sich Bergmann bezieht.

[186] Gisela Winter, ist im Urlaubsverzeichnis 1944 mit dem Alter 24 aufgeführt; keine eigene Adresse in Detmold 1941.

2. August (Donnerstag)

Gegen Mittag Oberregierungsrat Dr. Kerlen[187] aus einem Kriegsgefangenenlager, um mit mir die Möglichkeit eines Leihverkehrs mit dem von ihm geleiteten Kursus zu besprechen. Ich schickte ihn zu Dr. Kühn, von dem er nachmittags mit dessen Vorschlägen zurückkam. Zwei Werke habe ich ihm daraufhin mitgegeben.

3. August (Freitag)

Den ganzen Tag in der Regierung, um das für die Papiermühle bestimmte nationalsozialistische Schrifttum durchzusieben. Hr. Sievert war auch beteiligt.

4. August (Samstag)

Ich bin fast den ganzen Vormittag in der Regierung gewesen und habe noch einen Korb voll Material herausgesucht.

5. August (Sonntag)

Halb 10 drei englische Offiziere zum Besuche der Bibliothek. Sie ... gehören einer Kommission zur Kontrolle unserer Luftfahrt an. Waren recht höflich und nicht nur korrekt, gar nicht steif. Wollten unsere Bücher sehen und einiges ausleihen. Zwei Bücher habe ich ihnen mitgegeben. Zwei waren „bookworms“, während der dritte, der älteste, kein Literat sei, wie er bemerkte. Dafür war er Briefmarkensammler und nahm sich alle Dienstmarken von den zur Wiederverwendung dastehenden Umschlägen. Eine Sammlung, die er in einem Zeitraume von 47 Jahren zusammengetragen hat, ist ihm gestohlen worden. Sie sprachen alle drei recht gut deutsch. Einer, mit einem schwarzen Schnurrbart, ist Lehrer des Deutschen. Der Jüngste war für Staatswissenschaften interessiert und nahm ein Buch mit dem sehr aktuellen Thema über die Rolle des Geldes in der Politik. Der Älteste erzählte mir, daß die Bibliothek der Londoner Universität durch deutsche Fliegerbomben zerstört worden sei. Er beklagte es, daß man sich jetzt sechs Jahre lang nur mit dem Kriege habe abgeben müssen

[187] Nicht ermittelt.

und zu keiner anderen Arbeit gekommen sei. Sie sind bis gegen Mittag geblieben und wollen wiederkommen.

7. August (Dienstag)

Besuch eines Bibliotheksrats aus Straßburg. Das wäre nun mal ein brauchbarer Mitarbeiter gewesen, aber dieser Unglücksmensch ist vor dem 1. April 1933 in die Partei eingetreten und kommt deswegen natürlich gar nicht in Betracht. Darauf Besuch des Dolmetschers der Militärregierung, der mir zusagte, mich nach Möglichkeit bei unseren Unternehmungen unterstützen zu wollen.

9. August (Donnerstag)

Nach Berlebeck. Straßenbahn ging nur bis Heiligenkirchen. ... In strömendem Regen bis zur Papiermühle.[188] Dort rasch fertig. In strömendem Regen nach dem Bürgermeisteramte. Dort mit Frau Tischendorf[189] über die Volksbibliothek gesprochen. Sie ist Thüringerin, also lebendig. Sagte auch, die Auswahl der Bücher sei tendenziös und einseitig gewesen. Verlangt würden u.a. Reisebeschreibungen und Biographien. ...

In strömendem Regen nach der Haltestelle, dort eine halbe Stunde auf die Bahn gewartet. Meine Hosen waren bis oben naß, meine Schuhe voller Wasser, meine Strümpfe zum Auswringen.

10. August (Freitag)

Vormittags Besuch des Majors Warren mit seinem Dolmetscher wegen der Dolmetscher-Bibliothek. Major Warren kann auch lachen; das habe ich noch nicht gewußt.

---

188 Die Papiermühle in Berlebeck wurde 1607 eingerichtet. Das historische Gebäudeensemble, heute „Haus des Gastes“, steht an der Paderborner Str. 165 https://de.wikipedia.org/wiki/Papierm%C3%BChle_(Detmold-Berlebeck).

189 Nicht ermittelt.

11. August (Samstag)

Eine Bewerberin. Doktorandin von Greifswald. Kann ihr leider so wenig helfen wie den Vorgängerinnen.

13. August (Montag)

Über die Regierung, wo ich mit Hrn. Rulle[190] verschiedenes zu besprechen hatte und sich mir, was die Beheizung der Bibliothek im kommenden Winter betrifft, sehr ungünstige Perspektiven eröffneten, nach der Bibliothek. Dort Besuch des Dolmetschers des Majors Warren, der übrigens, wie fast alle Offiziere der Kommandantur, kein Berufsoffizier, vielmehr ein Bankbeamter aus der Nähe Londons ist. Er sei ruhig und korrekt und scheine ihm recht klug zu sein. ...

Nachmittags bei Dr. Krüger in Hiddesen, um die aus Bonn eingetroffenen Zugänge zu besichtigen.

14. August (Dienstag)

Viel Besuch: ein Berliner Professor, der seine Instituts-Bibliothek hier unterbringen und auch selbst hier arbeiten will, ... zuletzt auch noch Hr. Schütte, der sich nicht mit Geduld wappnen kann.

15. August (Mittwoch)

Auf dem Meldeamte wegen einiger Leser, die entliehene Bücher nicht zurückgegeben haben. Später Bewerbung des Buchbinders Hans Wöllmer.

---

190 Das Detmolder Adressbuch von 1941 kennt einen Wilhelm Rulle, Baumeister, Klüter Str. 43.

16. August (Donnerstag)

Auf die Regierung, um mit Oberbaurat Vollpracht wegen der Unterbringung der Dahlener <sic> Instituts-Bibliothek[191] zu sprechen. Man hatte sich bereits für das geeignetere Biesterfeld[192] entschieden.

22. August (Mittwoch)

Ein Dr. Nithack war bei mir, Verwandter Nithack-Stahns,[193] Flüchtling aus Ostpreußen, Historiker. Er sucht eine Stellung. Ich habe ihn über die Lage im Lippischen orientiert. ...

Aus der Mittagsruhe durch meine Frau geweckt, da Captain Blake mit Dolmetscher erschienen war. Er fordert mich auf, morgen mit ihm nach Hannover zu fahren, um dort die Graslebener Angelegenheit in Ordnung zu bringen. Zum Schlusse fragte er mich, ob ich in Hannover jemanden wüßte, bei dem ich essen könnte. Ich verneinte, bemerkte aber, ich würde mir von meiner Frau etwas mitgeben lassen. Darauf sagte er, das solle ich lassen; er werde dafür sorgen, daß ich etwas bekäme. Weißbrot, setzte er hinzu. Er war alles andere als steif. Ich bin darauf den ganzen Nachmittag unterwegs gewesen, um die Autos zu bekommen, bei Dr. Kühn, den Herren Wolf, Bollhöfer[194] und Kraft und der Fahrbereitschaft. Der erste Lastzug ist mir für den 3. September zugesagt.

---

191 Siehe Eintrag vom 14.8. In Dahlem unterhielt die *Kaiser-Wilhelm-Gesellschaft zur Förderung der Wissenschaften* mehrere Forschungsinstitute https://www.mpg.de/945458/8_event5-1912. Zur Gesellschaft https://de.wikipedia.org/wiki/Kaiser-Wilhelm-Gesellschaft_zur_F%C3%B6rderung_der_Wissenschaften.

192 Nicht ermittelt. Biesterfeld ist ein Flecken bei Rischenau, heute Teil von Lügde in Lippe; war Stammsitz der Linie zur Lippe-Biesterfeld. Das Schloss wurde um 1820 abgerissen. Zur Unterbringung könnte das ehemalige Forsthaus / Wohnhaus gemeint sein, das auf dem älteren Keller des Schlosses errichtet wurde, siehe https://de.wikipedia.org/wiki/Biesterfeld. Dank an J. Kleinmanns für diesen Hinweis!

193 Walther Nithack-Stahn (Pseudonym Ulrich Walther; 1866–1942), deutscher evangelischer Geistlicher, Theologe, Friedenspfarrer und Schriftsteller https://www.berlin.de/ba-charlottenburg-wilmersdorf/ueber-den-bezirk/sonstiges/personen/artikel.225122.php.

194 Vermutlich Fritz Bolhöfer (!), Regierungs-Oberinspektor, Palaisstr. 16.

23. August (Donnerstag)

Früh halb 10 war ich zum Kommandeur bestellt, wegen der Fahrt nach Hannover. Captain Blake erschien etwas verspätet und entschuldigte sich deswegen. Er ist, wie mir die Dolmetscherin sagte, aus Yorkshire und wohl ein Bergwerksdirektor. Er sei sehr gütig, aber was er wolle, das setze er durch. Beides fand ich bestätigt; dieses erkennt man schon an seinem Schritte. Er war der liebenswürdigste von allen [fremden] Offizieren, mit denen ich es bis jetzt [in meiner Eigenschaft als kommissarischer Leiter] zu tun gehabt habe, und seine Liebenswürdigkeit ist nicht förmlich oder äußerlich, sondern scheint in der Tat aus dem Herzen zu kommen. Er bot mir immer Zigaretten an, wenn er selbst sich eine nahm, und ich konnte wieder bemerken, daß eine Absage nicht gern gesehen wird. Nachdem wir in Hannover beim 229. Department angelangt waren, entschuldigte sich Captain Blake, daß wohl seine Dolmetscherin mit ihm [in der Offiziersmesse] essen dürfe, nicht aber ich; sie arbeite ja mit ihnen. Ich hatte selbstverständlich nichts anderes erwartet. Er überreichte mir eine mit Sandwiches gefüllte Tasche. Auch beim Abschiede entschuldigte er sich nochmals, daß ich auf ihn habe warten müssen. Man hatte bei ihm so gar nicht den Eindruck, daß man der absichtlich Zurückgesetzte ist, wenn auch der verbotene Händedruck noch unterblieb. Es war aber nicht jene eisige Atmosphäre, wie bei Major Warren, der vielleicht nicht mehr allzu lange hier bleibt. –

Ein Kapitel für sich war die Dolmetscherin. Sie ist Düsseldorferin, also Rheinländerin mit den leicht erregbaren Sinnen, aber seit langem in Münster zu Hause und jetzt in Stadthagen ansässig. Dort hat sie Blake kennen gelernt und monatelang mit ihm zusammengearbeitet. Sie ist ihm hierher nachgefolgt, und er arbeitet nur mit ihr. Zuerst saß sie neben mir, sowie wir aber aus der Stadt heraus waren, kletterte sie auf den Sitz neben ihm, vertauschte ihn auch gelegentlich mit dem am Steuer. D.h. sie fuhr selbst, und dies sehr gut. Saß sie neben ihm, so umspielte ein leichtes, verträumtes Lächeln ihren nur leicht gefärbten Mund, und ihre Blicke waren mit sichtlicher Verliebtheit auf ihn gerichtet. Sie rückte ihm dann so nahe wie möglich, ihre Hand an oder sogar auf seiner Schulter. Sie verkehrte auf einem durchaus vertrautem Fuße mit ihm, fragte ihn z.B., wann er gestern zu Bette gegangen sei, holte Zigaretten aus seinem Etui, steckte sich eine an und gab sie ihm dann in den Mund, hielt ihm das belegte Brot zum Abbeißen hin und zeigte ihm ungeniert ihre nackten Beine bis weit über die Kniee. Dabei wirkte ihr Wesen nicht etwa ordinär. Sie war weder kokett noch aufdringlich. Ich zog Vergleiche zwischen den jungen Mädchen zu meiner Zeit und diesen, die mit vollendeter Sicherheit auftreten und sich einen Grad innerer Freiheit errungen haben, der nicht abstoßend wirkt. Nur ein Pedant oder ein Spießer hätte an diesem, übrigens sehr hübschen

Mädchen, das an jedem Geldfinger einen geschmackvollen und zugleich diskreten Ring trug, Anstoß nehmen können, das mit einer süßen Versunkenheit dasaß und ihren verehrten Captain mit einer stillen und ein wenig verträumten Verliebtheit ansah. Natürlich hat er sich auch um sie bemüht. So hat er ihr unterwegs ein Paar Strümpfe gekauft und – wenn auch vergeblich, versucht, Eis zu bekommen. –

Wir waren erst nach 1 Uhr in Hannover. Halb 3 sind wir zu dem betreffenden Offizier gegangen. Die Unterredung war sehr kurz. Sie fand ohne Beisein der Dolmetscherin statt, und es ging ganz gut. Freilich mußte einmal der hannoversche Offizier das, was er in seiner Muttersprache gesagt hatte, zu besserem Verständnis deutsch wiederholen. Als ich bemerkte, daß ich den ersten Transport nicht würde begleiten können, weil ich umzöge, lächelte er, und wir verschoben den Termin um eine Woche, wofür aber auch andere Gründe sprachen.

24. August (Freitag)

Sehr viele laufende Arbeiten. Ich war auf dem Ernährungsamte wegen eines Paars neuer Schuhe, ... auf der Regierung und der Fahrbereitschaft, um Berichte abzugeben. Mit Hrn. Wolf habe ich verschiedenes besprochen, u.a. die Rückgabe der seinerzeit aus anderen Bibliotheken entnommenen Bestände, Freimaurer und so. Ich habe lange auf Hrn. Kraft gewartet; vergeblich. Wieder zu Hrn. Wolf, der mir riet, mit etwaigen Anstellungen bis zum Frühjahr zu warten. Denn die Bibliothek würde während des Winters wegen der Unmöglichkeit, sie zu heizen, fraglos geschlossen werden. Als ich auf dem Rückwege zur Bibliothek war, kam mir Frl. Priester mit der Nachricht entgegen, daß Engländer darin seien, um Sachen aus der Dolmetscher-Bibliothek abzuholen. ... Als ich in die Bibliothek kam, waren sie an Fritzemeiers Birnbaum.[195]

Später kam der Korporal hinzu, oder was er war. Er ist als Austauschstudent in Leipzig gewesen und sprach recht gut deutsch. Er erzählte mir erfreut, daß er nach sechs Jahren Krieg in sechs Wochen nach der Heimat werde entlassen werden. Die Engländer kamen mit einem Lastauto von Iserlohn und haben die Dolmetscher-Bibliothek sehr reduziert. Wollten auch unentbehrliche Nachschlagewerke haben, wie z.B. den Kürschner.[196] Ich wies sie

---

195 Fritzemeier wohnt in der Hausmeisterwohnung der LLB; der Birnbaum stand demnach auf dem Grundstück der Landesbibliothek.

196 Gemeint ist *Kürschners Deutscher Literatur-Kalender*, ein bekanntes biographisches Nachschlagewerk, das nach einem der ersten Herausgeber Joseph Kürschner genannt ist

jedoch darauf hin, daß wir ohne sie die Säuberungsarbeiten unmöglich durchführen können, und so wurden sie uns gelassen.

25. August (Samstag)

Früh gleich Besprechung mit Frl. Dr. Schladebach wegen der Nichte Renate, bei deren Anstellung sich Schwierigkeiten ergeben.

3. September (Montag)

Früh 7 Uhr war ich am Alten Postweg 19, wo mich bereits der Regierungswagen erwartete. Regierungsrat Schütz[197] vom Katasteramte, der mit seinem kleinen Sohne mitfahren wollte, war nicht ganz pünktlich. Das Wetter war sehr schön. Wir fuhren bis Lehrte, wo ein Sohn Schützens im Lazarett liegt. Dies bedeutete einen nicht unbeträchtlichen Umweg. Immerhin kam ich rechtzeitig in Braunschweig an, wo wir vor dem Herzog Anton Ulrich-Museum[198] vorfuhren. Ich meldete mich bei Captain Marches, der sich als ein ungemein liebenswürdiger Herr zeigte. Es war eine große, schlanke Erscheinung mit einem jener auffallend schmalen Gesichter, wie man sie oft bei diesen englischen Offizieren bemerkt, und mit einem dicken blonden Haarschopfe. Er hatte auch sehr schöne schmale Finger, die auf künstlerische Begabung deuteten. Er begrüßte mich mit Handschlag, was mir bis dahin noch nicht vorgekommen war, und sagte, er freue sich, mich kennen zu lernen. Eine Dolmetscherin war nicht zugegen; die ganze Unterhaltung fand englisch statt. ...

Capt. Marches setzte einen Brief auf, der dann von der Sekretärin abgeschrieben wurde; also kein Diktat, wie bei uns! Die Zeit, während der wir auf die Abschrift warteten, füllte er mit einer etwas banalen Bemerkung über

---

und alle zwei Jahre erscheint https://de.wikipedia.org/wiki/K%C3%BCrschners_Deutscher_Literatur-Kalender.

197 Das *Branchen-Adressbuch* von 1948 nennt Regierungs-Rat (Wolfgang) Schütz als Leiter der Nebenstelle Lippe der Hauptvermessungsabteilung Münster des Regierungsbezirks; im *Einwohnerbuch der Stadt Detmold und der Gemeinden Hiddesen und Heiligenkirchen* von 1936 ist er mit der Adresse „Schanze, Nr. 364“ angeführt (heute: Amselweg 6).

198 Das Herzog Anton-Ulrich-Museum in Braunschweig, Museumsstr. 1, eröffnet 1754, ist eines der ältesten Kunstmuseen in Deutschland https://de.wikipedia.org/wiki/Herzog_Anton_Ulrich-Museum.

das Wetter aus. Ich sagte: er sei gewiß kein Berufsoffizier, vielmehr schienen mir seine langen, schlanken Finger auf eine künstlerische Betätigung zu schließen, vielleicht die eines Musikers. Dies bemerkte ich, weil er auf ein Papier, das auf seinem Tische lag, Noten gemalt hatte. Er erwiderte: er habe nicht die Hand eines Musikers; die sei länger. Wenn er so gekonnt hätte, wie er wollte, so wäre er ein Kunsthistoriker geworden. Dieses Thema brach er aber ab. Ob deshalb, weil ihm unser Gespräch bereits zu vertraulich vorkam, oder weil ich mit meiner Bemerkung an eine schmerzende Stelle gerührt hatte, weiß ich nicht. Wir sprachen dann noch von Detmold. Er fragte, ob unsere Bibliothek unversehrt sei. Ich erwiderte, wenn sein Weg einmal über Detmold führe, dann würde es mir eine Freude sein, ihn in unserer Bibliothek zu begrüßen, was er mit einer Verbeugung quittierte. Das nun fertige Schreiben überreichte er mir mit den Worten, es werde mir Tür und Tor öffnen.

Die Fahrt ging nun weiter nach Grasleben, wo wir gegen 1 eintrafen. In der „Deutschen Eiche" konnte ich kein Quartier finden. Wir sind deshalb zum „Gambrinus" gefahren, wo es klappte. Zum Essen muß ich aber wieder nach der „Deutschen Eiche" gehen, wo die alte Frau Germer das Regiment nun völlig an die junge abgetreten hat. Ich mußte mich, da zwei englische Offiziere im Lokal essen sollten, in den großen Saal setzen, wo eine Unmenge von Flüchtlingen war. Es gab dort Bons gegen 5 gr. Fett und dafür einen Napf dünner Suppe. Grasleben ist Durchgangsstation für die vom Osten nach dem Westen und die vom Westen nach dem Osten flutenden Ströme von Flüchtlingen geworden, und alle werden gegen Eßmarken, die in der Schule ausgegeben werden, in der „Deutschen Eiche" verpflegt. Sie versuchen, auf irgend eine Weise über die Demarkationslinie zu kommen, bald mit, bald auch ohne Erfolg. Es gibt dazu Führer, die zehn, aber auch 100 Mark dafür nehmen, daß sie den Betreffenden an einer sicheren Stelle hinüberbringen. Vielfach gelingt dies nicht, und vielfach werden ihnen dann auch noch die letzten Habseligkeiten von den Russen abgenommen. Es herrscht ein unbeschreibliches Elend unter diesen armen Menschen. Mit allen möglichen Dingen bepackt, ziehen sie auf der Landstraße dahin, liegen am Strassenrande oder lassen sich von irgend einem unverbürgten Gerüchte, die Grenze sei offen, zwecklos hin- und herjagen.

Nach dem Mittagessen ... die Vollmacht beim Kommandanten übergeben und einen Einlaßschein für den Schacht bekommen. Capt. Marches hatte also nicht zuviel gesagt. Der kleine Dolmetscher war auch noch da. Er fuhr mich an, was ich wolle, sagte mir aber am Ende: Wenn ich irgendwelche Schwierigkeiten hätte, so solle ich wiederkommen. Zu Inspektor Krüger, der wieder im Dienst ist, sehr unzugänglich sich zeigte, wenn ich nicht zwölf Mann mithätte, so könne die Auslagerung gar nicht vor sich gehen, da die Lage der Gewerkschaft sich gewaltig verändert habe, und mich schließlich zu Direktor Kisler schickte. Dieser war nun vollends verbittert. Die Engländer hatten ihn aus seiner Villa herausgesetzt. Er hause, wie er sagte, im Schweinestalle. Er ist von seinem Konzern abgeschnitten und hat mit großen finanziellen Schwierigkeiten zu kämpfen. Er wiederholte mir die ungünstige Schilderung Krügers und war im übrigen recht taktlos, indem er mir ankündigte, von unseren Sachen würden wir nicht übermäßig viel mehr vorfinden, und von den persönlichen gleich gar nichts.

Schließlich kam aber doch so viel bei dem Gespräche heraus, daß sie ihr möglichstes tun wollten. Die Sache der Einlagerung hat eben jetzt für die Herren ein anderes Gesicht bekommen. Man hat eine Unmenge Last damit gehabt. Vielfach bezahlen die Institute ihre Schulden nicht, und man ist der Geschichte leid. Er wollte es mir überlassen, diese Schwierigkeiten dem Kommandanten zu melden, fügte aber hinzu: dies würde auf seine Leute nur verbitternd wirken. Der kleine Dolmetscher faßte mich, als ich ging, ab und sagte mir: ich solle mir von Krüger nicht zu viel vorreden lassen. Er behaupte, er habe nicht Leute genug. Er habe aber genug, und wenn ich Schwierigkeiten hätte, so solle ich zum Kommandanten kommen. Ich dankte ihm und empfahl mich. –

Übrigens müssen wir uns sehr dazu halten, wenn wir unsere Sachen noch heraufbekommen wollen. Denn das Werk hat Schwierigkeiten beim Absatze und muß deshalb womöglich gänzlich geschlossen werden. – Nur durch Fürsprache der alten Frau Germer kam ich in der „Deutschen Eiche" beim Abonnententische an. Sonst ist keine Möglichkeit, hier etwas zu essen zu bekommen.

4. September (Dienstag)

Gegen 8 zur Grube, wo Inspektor Krüger mich schon erwartete. Wir sind gleich eingefahren, und Hr. Krüger hat mich zu Abbau 7 gebracht, wo unsere Sachen liegen. Ich fand im Gange einen wilden Trümmerhaufen. Mein Fuß trat auf Glassplitter, zerbrochene Bilderrahmen, Papier von eröffneten Paketen, Bücher und Sammlungskästen. Alles vom Rauche geschwärzt. Eine ganze Reihe von Kisten waren erbrochen, und der Inhalt quoll heraus.

Hr. Krüger ließ mich allein, und ich machte mich sofort daran, den Gang freizumachen. Papierfetzchen für Papierfetzchen habe ich geprüft und dann auf einen Haufen gelegt, alles genau durchgesehen, die Kisten nach Möglichkeit wieder eingepackt, die Bücher gesäubert, die Kästen geschlossen. Mitten unter den Trümmern, unter Splittern von Glas und Kistendeckeln fand ich in einem völlig verkohlten, mit Salz überzogenen Umschlage das Original-

Manuskript[199] von Grabbes Abhandlung über die „Shakspearo-Manie“, die erste Werk-Handschrift, welche ich als junger Student für meine Sammlung hatte erwerben können, selbst auch durch Hitze, Rauch und das von der Decke herabgetropfte Salzwasser beschädigt. Ich fand ferner, glücklicherweise großenteils unausgepackt, die wertvollen Figurinen, ich fand, umgestürzt, die drei großen Kästen mit den schönen Porträts.

Fast das gesamte silberne Tempelgerät der Synagoge [200] war ausgepackt, z.T. beschädigt, und hinein in dieses Chaos mischten sich Sachen vom Nebenstapel der Hamburger Staats- und Universitäts-Bibliothek. [Das offenbar eigenhändige Manuskript von Richard Dehmels Dichtung „Zwei Menschen“[201] konnte ich in eine der aufgebrochenen Kisten zurücklegen.] Eine unserer Kisten war völlig leer. Es sind Zeitungen darin gewesen, [Aufsätze über Grabbe und Berichte von Aufführungen seiner Stücke enthaltend]. Ich fand nur noch einige zertretene oder zerfetzte Ausschnitte, was der ganze Rest zu sein schien. Damit wäre eine empfindliche Lücke in diesem Teile des Grabbe-Archivs entstanden. Alles war vom Rauche schwärzlich überzogen.

Später wurde mir gesagt, daß es im Abbau unerträglich stinke. Bis 11 Uhr habe ich aufgeräumt; dann wurde ich abgeholt. Die Arbeit hatte mich sehr erschöpft; die Augen waren vom Salze gebeizt. Der Arbeiter, der mich nach vorn und oben brachte, erzählte mir, daß auf dem Fliegerhorste noch Polen lägen, welche die Gegend mit ihrem Rauben und Plündern unsicher machten, und er erzählte mir ferner von dem unbeschreiblichen Flüchtlingselend. ...

Am Nachmittage erschien für kurze Zeit der braunschweigische Offizier, um nach dem Rechten zu sehen.

5. September (Mittwoch)

Am Vormittage bin ich nochmals, für zwei Stunden, eingefahren. Nach dem Mittagessen zur Gewerkschaft, wo soeben der Lastzug eingetroffen war. Ich

---

199 Bergmann erzählt die Erwerbung des Manuskripts in seinen Sammler-Erinnerungen (Bergmann 1942, 23ff. – Kap. 4: „Meine erste Handschrift“). Die Handschrift hat heute im LLB-Bestand die Signatur GA Ms 19.

200 Vgl. <Einleitung> und Eintrag vom 30. Mai.

201 Seit 1926 besitzt die SUB Hamburg das Dehmel-Archiv mit den Nachlässen von Ida und Richard Dehmel https://www.sub.uni-hamburg.de/sammlungen/nachlass-und-autographensammlung/dehmel-archiv.html. – Im auf der Webseite verlinkten Katalog des Dehmel-Archivs sind unter Ms 15 mehrere Manuskriptfassungen von „Zwei Menschen“ nachgewiesen.

mußte allerhand Formalitäten erledigen, ehe er die Genehmigung zur Einfahrt [in die Einfriedigung] bekam. Um 3 war der Lastzug beladen; dann waren wieder Formaltäten zu erledigen, bis er wieder heraus durfte. ...

Gegen 10 Uhr abends kamen wir in Sylbach an. Hr. Bobe dirigierte den unbeplanten Wagen in einen Schuppen. Ich hatte während der Fahrt entweder im Motorwagen dicht hinter dem Ofen gesessen, wo ich vor Hitze fast umkam, oder auf dem offenen Anhänger, wo mich in meinem durchgeschwitzten Hemde nun wieder fror, und deshalb ein begreifliches Bedürfnis, die Nacht in einem Bette zu verbringen. Dergleichen stand mir aber bei dem Spediteur nicht zur Verfügung. Das nächste Gasthaus war eine Viertelstunde Weges entfernt, und da die Sirene bereits ertönt war, so mußte ich befürchten, einer Patrouille in die Hände zu fallen. Deshalb habe ich mit ein paar im Büro der Spedition nebeneinandergestellten Stühlen als Lagerstätte mich begnügen müssen.

6. September (Donnerstag)

Wir sind halb 9 in Sylbach abgefahren und gegen halb 10 in Detmold eingetroffen, wo denn das Abladen des Lastzuges in Gang gebracht wurde. Den ganzen Nachmittag Vorbereitungen der künftigen Transporte.

7. September (Freitag)

Der Vormittag ist mit Besprechungen auf der Regierung (Sievert, Kraft, Becker, Bollhöfer usw.) hingegangen. Am Nachmittage der Besuch eines interessanten Hrn. Liebknecht.

9. September (Sonntag)

7.30 Abfahrt mit dem Regierungswagen nach Grasleben. Mich fuhr wieder Hr. Herke, dessen soeben aus Norwegen zurückgekehrter Enkel ihn begleitete. Es war ein herrlicher Tag. ...

10. September (Montag)

Heute vor einem Jahre zu der unseligen Schipperei. Wohl heilt mein Bein jetzt allmählich ab, aber was für Zeit habe ich sinnlos diesem Wahnsinn geopfert. ...

Um 11 traf der Lastzug ein, mit Hrn. Lesemann und zwei Helfern vom Archiv. Um 1 war er beladen, wobei ich mitgeholfen habe. ...

Zu Hrn. Krüger, das morgige Programm mit ihm besprochen.

14. September (Freitag)

Es trafen zwei Lastzüge ein. Die Begleitmannschaften hatten den Fehler gemacht, beim letzten Male die Hilfe der Gewerkschaft abzulehnen. Heute wollten sie eine solche haben; es war aber schon fast zu spät. ...

Das Beladen von zwei Lastzügen mit insgesamt 279 Kisten war für die Leute eine übermäßige Anstrengung. Ich habe mit zugegriffen, wo ich konnte. Ich riet, den einen Lastzug, der mir nicht voll ausgenutzt schien, warten zu lassen, bis wir gesehen hätten, ob wir alles auf dem zweiten unterbringen könnten: Die Chauffeure sind aber eine rauhbeinige Gesellschaft. Sie wollten nichts davon wissen, und so fuhr der erste los. Es gab dann eine furchtbare Knobelei, bis wir den Rest der Kisten auf dem zweiten verstaut hatten. Es hing an einem Haare, daß wir 10-15 Kisten zurücklassen mußten, am Ende gelang es aber. ...

6 Uhr waren wir zur Abfahrt bereit. Ich atmete auf, als sich die Torflügel der Einfriedigung zum letzten Male vor uns öffneten. Der junge Offizier aus Braunschweig war gekommen, um Zeuge dieses Ereignisses zu sein. Er trat zu mir und beglückwünschte mich, indem er mir die Hand gab, zu meinem Erfolge. Sie sind, sagte er, der erste, dem es gelungen ist, die eingelagerten Bestände herauszubekommen. Eine andere Bibliothek hat es vergeblich versucht und mehrmals mit leeren Lastzügen wieder zurückfahren müssen. ...

Wir sind bis Gelldorf im Schaumburgischen gekommen und dort um 10 Uhr in einem Gasthofe eingekehrt. Nachdem wir noch ein paar Glas Bier getrunken hatten, haben wir uns auf Strohschütten schlafen gelegt.

15. September (Samstag)

Wir sind ein viertel vor 7 weitergefahren, gegen 10 in Detmold eingetroffen, und haben nun wie die Wahnsinnigen geschuftet, um alle Kisten unter Dach zu bekommen. Die Leute waren nahe am Meutern. Ich versuchte vergeblich, bei Klughardt[202] Bier zu bekommen. Die Regierung ließ mich mit Hilfsmannschaften im Stiche, das Arbeitsamt natürlich auch.

17. September (Montag)

Ich habe die Berichte an die Regierung[A] diktiert und war dann selbst dort, um Bericht zu erstatten und vor allem noch einmal mit Nachdruck darauf hinzuweisen, daß wir zunächst die Erlaubnis erhalten müssen, die Evakuierungsmaßnahmen rückgängig zu machen, ehe wir mit den Ordnungsarbeiten beginnen können. Denn sonst gibt es nur Pfuscherei und Leerlauf.

[A] Siehe Anlage V.

18. September (Dienstag)

Am Nachmittage hat Hr. Schütte einen Teil der Lemgoer Kisten[203] abgeholt.

20. September (Donnerstag)

Der Vormittag ist im wesentlichen damit hingegangen, daß Hr. Schütte den Rest der Lemgoer Kisten abgeholt hat, mit Ausnahme von L 14, die wir im Stapel nicht haben finden können.

26. September (Mittwoch)

Nachmittags halb 4 hatte sich Oberschulrat Kühn angesagt. Ich fand ihn in der Bibliothek schon vor und im Gespräche mit Frl. Dr. Schladebach. Ich hatte nämlich den Dolmetscher Major Warrens getroffen und ihn verschiedenes

---

[202] Friedrich Klughardt, Gastwirt, Hornsche Str. 27.

[203] Es handelt sich um den mit dem LLB-Bestand zusammen ausgelagerten Bestand der Gymnasialbibliothek Lemgo, siehe vor allem Eintrag vom 6. Juni.

gefragt. Major Warren ist aus dem Heeresdienste entlassen. Hr. Hillen[204] rühmte ihn sehr. Er habe nicht viel gesprochen, aber eine große Initiative gezeigt und das erreicht, was er habe erreichen wollen. Dr. Kühn sprach sich sehr bitter über die Tätigkeit der Engländer auf dem Gebiete der Schulbücher aus. Sie müssen darin geradezu kindlich sein. So dürfen z.B. in den Lesebüchern keine Süßigkeiten erwähnt werden, weil dadurch die Kinder zur Begehrlichkeit erzogen würden. Wenn ein Junge sein Taschenmesser aufklappt, so muß diese Stelle durch eine andere ersetzt werden, weil dieses Mordwerkzeug zu Grausamkeit und Lust am Kriege verleiten könnte. Der originale Text muß also an zahlreichen Stellen verderbt werden. Man fragt sich, welche Art von Büchern dann überhaupt noch vor ihren Augen Gnade finden werden. Wir haben dieses Problem getrennt für Bibliothek und Staatliche Volksbüchereistelle durchgesprochen.

Dann sind wir auf die Wiedereinordnung der Bestände gekommen. Dr. Kühn will hier Schritte unternehmen. Er begann dann einen Rundgang durch die Bibliothek, brach ihn aber rasch ab, da er halb 5 schon in der Regierung erwartet wurde.

1. Oktober (Montag)

Auf der Regierung habe ich u.a. mit Hrn. Wolf wegen des Etats gesprochen. Er ist unverändert, so daß wir Anschaffungen machen können.

4. Oktober (Donnerstag)

Dr. Kühn teilt mir mit, daß wir die Bibliothek wieder einräumen können.

9. Oktober (Dienstag)

Die Wiedereinräumungsarbeiten schreiten voran. Die Ausleihe ist wieder oben, auch Schränke in den zweiten Stock geschafft.

---

[204] Nicht ermittelt.

10. Oktober (Mittwoch)

Das Auspacken der Kisten geht im warmen Sonnenscheine auf dem Hofe vor sich.

11. Oktober (Donnerstag)

Dr. Kühn kündigte mir den Besuch eines Herrn von der englischen Kontrollkommission an. [Es war Major G. E. Halliday vom Information Services Control Branch C.C.G. (<B>E.)[205] in Bünde.] Er erschien nach 5 und erwies sich als ein Mann von hoher Bildung, ja von Kultur. Die deutsche Sprache schien er völlig zu beherrschen; er sprach sie ohne ausländischen Akzent. Auf den Gebieten der englischen, französischen und deutschen Literatur verfügte er über eine staunenswerte Belesenheit. Die Zusammenarbeit mit ihm war in keiner Weise bedrückend oder gar demütigend. Denn er kehrte nie den „Sieger" heraus, war vielmehr der wohlwollende Helfer bei unseren Versuchen eines neuen Anfangs und dabei von weltmännischer Höflichkeit. So konnte kein Gefühl der Fremdheit zwischen ihm und uns aufkommen.

Er erwähnte, daß unsere Bibliothek zu den geschützten Instituten gehört, und versicherte, wie er sein möglichstes tun wolle, um die Vernichtung der auszuscheidenden Bücher zu verhindern. Er bestätigte mir, daß wir großes Glück gehabt hätten, unsere Bücher schon wieder aus Grasleben herauszubekommen. Der Kernpunkt unserer Besprechung, der auch Frl. Dr. Schladebach beiwohnte, waren die berühmten Richtlinien zur Säuberung.[206] Diese soll sehr beschleunigt werden, da die Engländer den größten Wert darauf legen, die Bibliothek wieder eröffnen zu können. Ich bemerkte, daß ich mir zugetraut hätte, die Säuberung auch ohne diese Richtlinien durchzuführen, daß es nur einige kniffliche Punkte gebe, vor allem bei der Literatur über Rußland. Es ergab sich, daß die pro-bolschewistische Literatur unangetastet bleiben kann.

---

[205] Die Abkürzung CCG (BE) steht für „Control Commission for Germany (British Element)" und bezeichnet die britische Militärregierung im besetzten Deutschland (Benz 1999, 239-243). Mitte August 1945 hatte die „Public Relations / Information Services Control Group" (PR/ISC) in Bünde ihre Tätigkeit als „medienpolitische Schaltzentrale der britischen Militärregierung" aufgenommen.

[206] In der britischen Zone begannen diese „Säuberungen" im Sommer 1945. Vgl. Thies 1988. – Die Order No. 4 „Confiscation of Literature and Material of a Nazi and Militarist Nature" wurde allerdings erst am 13.5.1946 erlassen. Siehe *Enactments* III, 131-132.

Major Halliday sah ein, daß ich diese Aktion nicht allein durchführen könne; darum solle ich Hilfskräfte anfordern. Dazu wird es jedoch zu spät sein. Im ganzen war ich von der, bis 6 Uhr 25 dauernden Unterredung sehr befriedigt.

12. Oktober (Freitag)

Regierung. Dort vor allem mit Hrn. Brand, Nachfolger des fristlos entlassenen Hrn. Hüls, den Etat der Bibliothek aufgestellt. Als Anschaffungsetat sind rd. 20.000 RM angesetzt. Damit läßt sich schon allerhand machen.

15. Oktober (Montag)

Nachmittags Besuch der beiden englischen Offiziere, die wieder Bücher entleihen wollten. Es ist hundekalt in der Bibliothek.

18. Oktober (Donnerstag)

Fahrt nach Bielefeld. ... Da kein Strom, also keine Straßenbahn, zu Fuße nach der Wallenbrücker Straße 2, wo Studienrat Klocke wohnt, der Schwager des verstorbenen Schriftstellers Paul Burre.[207] Er hat ein durch Bombenabwurf beschädigtes Einfamilienhaus, ist Zeichenlehrer und sehr begabter Ölmaler und Aquarellist. Die Wohnräume und das Atelier bargen viele sehr anziehende Kunstwerke in verschiedenen Techniken, darunter Motive aus dem Norden Lippes (Hillentrup) und der Oldenburger Schweiz. ...

Das Manuskript der „Wilden Jäger" ist leider schon an die Bibliothek der Stadt Hannover gefallen, die Burre seinerzeit den Löns-Preis verliehen hat. Vom Grabbe-Drama bekommen wir den Text. Was das Manuskript angeht, so weiß Hr. Klocke nicht, wo es sich befindet und ob es überhaupt noch vorhanden ist. ...

---

[207] Paul Burre (1886-1945), Verfasser von zwei im Verlag Eugen Diederichs erschienenen Romanen *Es reiten die wilden Jäger* (1941) und *Der Goldhelm* (1945). – Burre ist in Bergmanns Grabbe-Bibliographie nicht genannt, ein Grabbe-Drama von ihm nicht ermittelt.

Dann nach der Stapenhorster Straße in die Buchhandlungen von Fischer und Pfeffer.[208] Dort festgestellt, daß die Detmolder Buchhandlungen weit mehr bieten. Denn es gab z.B. nur die kleinen Hefte von Bertelsmann in Gütersloh, aber keine theologischen Reihen, keine Antiquaria. Sie sind ja alle völlig ausgebombt und müssen ganz klein wieder anfangen. Richtlinien haben sie nicht, so daß in einer der Buchhandlungen noch eine kleine Schrift Schupps aus dem Verlage Eher[209] zu haben war! –

Von da nach der Städtischen Bücherei. ... Im Dienstzimmer der neue Leiter, Studienrat Dr. Müller, mit drei ehrwürdigen, grauhaarigen Damen bei der Etatberatung. ... Auf dem Gebiete des Bibliothekswesens ein Neuling, mit den Geheimnissen des Etats völlig unbewandert, was er aber mit Humor trug und keineswegs leugnete. Ich erfuhr, daß die Bibliothek 60 v<on> H<undert> ihres Bestandes eingebüßt hat, darunter infolge unglücklicher Auslagerung die gesamte Literatur zur bildenden Kunst. Sie haben jedoch mit Erfolg an die Gebefreudigkeit der Bielefelder Bevölkerung appelliert. Gelegenheit zu Erwerbungen am Orte haben sie so gut wie gar nicht; freilich auch einen wesentlich bescheideneren Etat als die Lippische Landesbibliothek. Ein besonderes Interesse zeigte man an unserer Säuberungsaktion, über die ich Auskunft geben mußte. Verbindung zu auswärtigen Bibliotheken haben sie noch nicht, auch noch keine Zeitschrift bekommen.

Zweierlei wurde mir durch diesen Besuch deutlich: 1. was es für unsere Bibliothek bedeutet, die Verbindung zu Dr. Krüger gewonnen zu haben; 2. daß sie, auf weit und breit die einzige intakt gebliebene, dazu berufen scheint, im kulturellen Leben des Westens künftig eine bedeutsame Rolle zu spielen.

Zu Fuße nach der Bahn. Der Waggon war noch verwahrloster als der auf der Hinfahrt.

---

[208] Fischer, Bielefeld, Buch- und Kunsthandlung; Pfeffer, Alter Markt 7, Bielefeld, Buchhandlung.

[209] Johannes Martin Schupp (1883-1947) war Schrifststeller, seit 1937 Mitglied der NSDAP https://de.wikipedia.org/wiki/Johannes_Martin_Schupp. Bei der „kleinen Schrift" handelt es sich möglicherweise um die „heitere Erzählung" *Der wackelnde Turm*, die 1944 in 7. Auflage bei Eher in München erschien und 87 Druckseiten hat http://d-nb.info/985894385. Bergmann erwartet die Aussonderung der Verlagsproduktion, da der Franz-Eher-Verlag „Zentralverlag der NSDAP" war und folgerichtig von den Alliierten als Organisation der NSDAP am 29.10.1945 verboten wurde https://de.wikipedia.org/wiki/Franz-Eher-Verlag.

19. Oktober (Freitag)

Es bestätigt sich, daß wir demnnächst einen neuen Bibliotheksdirektor bekommen werden, und zwar auf der Grundlage der bisherigen Kombination von Landesbibliothek und Archiv. Es handelt sich um einen Archivar Dr. Kittel aus Berlin.[210] [Damals am Staatsarchiv Osnabrück.] Wenn damit der im Kürschner erscheinende Dr. Erich Kittel gemeint ist, geb. 30.12.1902 in Budweis in Böhmen, so würden wir mit ihm einen Gelehrten von Rang hierher bekommen. Der Hauptakzent würde, wie bei Kiewning,[211] damit wieder auf der archivalischen Tätigkeit liegen, und die Bibliothek würde, wie Oberbaurat Vollpracht bemerkte, nur pro forma von ihm verwaltet werden. Ich würde, wie Hr. Vollpracht mir versicherte, bleiben. Dr. Kittel ist Staatsarchivrat und Dozent am Institut für Archivwissenschaft und geschichtswissenschaftliche Fortbildung am Geh. Staatsarchiv in Berlin-Zehlendorf gewesen und hat eine reiche publizistische Tätigkeit aufzuweisen.[212] ...

Besuch des Dr. Raupach, eines Sachsen, der hierher verschlagen ist und mir sein schweres Schicksal anvertraute. ...

Um 6 kam ein Feldwebel, um die „Kunst im Dritten Reich"[213] durchzusehen. Ich bin seinetwegen bis ein viertel 9 Uhr in der Bibliothek geblieben.

21. Oktober (Montag)

Ein Tag mit so vielen Besuchen, daß ich nicht eine Minute zur Säuberung gekommen bin. ...

Vormittags war u.a. ein Studienrat Schäfer[214] da, aus Berlin, jetzt Bad Salzuflen, der mir manches Interessante erzählte. Er hat eine Bibliothek von

---

210 Dr. Erich Kittel (1902-1974), Archivar, war ab 1931 Staatsarchivrat am Preußischen Geheimen Staatsarchiv in Berlin. 1939 zum Militärdienst einberufen, kam er nach kurzer Gefangenschaft 1945 an das Staatsarchiv Osnabrück und wurde zum 1.1.1946 als Direktor des Staatsarchivs Detmold (und in Personalunion, bis zur Gründung des Landesverbandes Lippe 1949, an die LLB) berufen, wo er bis zu seiner Pensionierung 1967 blieb (Patze 1975).

211 Prof. Dr. Hans Kiewning (1864-1939), Archivar. 1899 nach Detmold als Leiter des Fürstlichen Archivs berufen, wurde er nach der Revolution 1918 Direktor des Landesarchivs und übernahm 1924 in Personalunion auch die Direktion der LLB. Er wurde 1933 (regulär) pensioniert http://www2.llb-detmold.de/Autoren/Kiew_H.pdf.

212 Vgl. die Personalbibliographie (Engelbert 1972).

213 Aufwändig gedruckte Kunstzeitschrift, die von 1937-1944 in zwei verschiedenen „Ausgaben" erschien https://de.wikipedia.org/wiki/Die_Kunst_im_Deutschen_Reich.

15.000 Bänden verloren. Noch am Nachmittage hat er mit einem seiner Freunde, gleichfalls Eigentümer einer Büchersammlung, über die Möglichkeiten der Sicherstellung gesprochen, und abends halb 9 Uhr ist von beiden Bibliotheken nichts mehr vorhanden gewesen. Er arbeitet an Homer, ist aber auch an moderner Literatur interessiert. Rudolf Borchardt[215] hat eine der Novellen, die seinerzeit so großen Eindruck auf mich gemacht hat, bei ihm geschrieben. Ferner Frau von Baligand [Verwandte Ernst von Bandels[216] und Besitzerin eines Teils von dessen Nachlaß]. Nachmittags Dr. Krüger, mit dem ich lange gesprochen habe. Er bietet allerhand Kostbarkeiten an, und ich hoffe, daß wir sie kaufen können. Unsere Bibliothek hat wesentliche Vorteile von ihm. ...

Unter den Besuchern wäre noch eine Rezitatorin aus Bad Salzuflen zu melden, die kurz vor 1 Uhr da war und Jens Peter Jacobsen sowie Selma Lagerlöf verlangte. Sie will am 15. November sprechen und war mir von Dr. Moes[217] geschickt.

29. Oktober (Montag)

Dr. Kittel kam und blieb bis Mittag, um sich die Bibliothek anzusehen und sich über Personal und Aufgaben einen Überblick zu verschaffen.

7. November (Mittwoch)

Major Halliday sprach am Vormittage wegen der Wiedereröffnung der Bibliothek vor und sagte sich für halb 2 Uhr erneut an. Er ging durch Magazin II, um das Ergebnis meiner Säuberungsaktion zu überprüfen. Sein Blick fiel auf die siebzehnbändige Reihe der im Jahre 1942 erschienenen Ausgabe von Gerhart Hauptmanns Werken.[218] Er drückte sein Erstaunen darüber aus; denn er hatte es nicht für möglich gehalten, daß während jener Zeit von einem Dichter der

---

214 Das *Adressbuch* 1951 von Bad Salzuflen nennt einen Hugo Schaefer, Studienrat, Freiligrathstr. 4.

215 Rudolf Borchardt (1877-1945), deutscher Schriftsteller jüdischer Herkunft.

216 Joseph Ernst von Bandel (18ßß-1876), Erbauer des Hermannsdenkmals.

217 Dr. Richard Moes (1887-1968), Bülowstr. 18, Detmold. Verwaltungsbeamter; war Bürgermeister von Detmold seit Juni 1945-1946, dann wieder 1949-1952 für die CDU (Respondek 1998; Kuhlmann 1994).

218 Siehe unten Teil II, Brief an Alfred Kloß vom 24. Juni 1946.

Wesensart Hauptmanns eine so repräsentative Ausgabe habe erscheinen können.

Dagegen mißbilligte er etwas anderes, worüber nun wieder ich erstaunt war. Es war Archibald Gordon Macdonells „Selbstbildnis eines Gentleman".[219] Dies ist aber doch das Werk eines Engländers, wandte ich ein. Das schon, erwiderte er, doch ist das Bild, welches er von diesem entwirft, verzeichnet. So nahm ich das Buch aus dem Regale heraus. Es war das einzige, welches er beanstandete.

8. November (Donnerstag)

Auf die Regierung und mit Hrn. Siebert Bücher [aus den Beständen der früheren Regierung] herausgesucht. ...

Änderung der Dienstzeit: Montag bis Freitag 8–12.30 und 13.30–16.30; Sonnabends 8–13 Uhr.

10. November (Samstag)

Gestern den Besuch eines Hrn. Rudnick, angeblich Neffe [Georg Richard] Kruses,[220] der völlig abgerissen und mittellos von Berlin eintraf, heute den eines Genealogen Schaeffer aus Hiddesen, der sich sehr ausführlich über Echtheit und Unechtheit von Familienwappen verbreitete.

13. November (Dienstag)

Die Kälte [in der Bibliothek] ist beinahe unerträglich. Wir werden alle noch krank werden. Sie frißt sich durch die dicksten Kleider. Wie soll man sich [bei der Säuberungsaktion] auf ein Buch konzentrieren?

---

219 Archibald Gordon MacDonell (1895-1941) war ein schottischer satirischer Schriftsteller. *Selbstbildnis ...* ist der Titel der 1940 erschienenen deutschen Übersetzung des Romans *Autobiography of a cad* (1939). – Im Bestand der LLB ist die Auflage 12.-15. Tsd. von 1941 (Signatur H 1708).

220 Zu Kruse siehe <Einleitung> und Fn. 7.

14. November (Mittwoch)

Nachmittags auf dem Landesarchiv. Anschließend die Tournée bei den Buchhändlern. Bei Hammann[221] neue Käufe. Das fortwährende Stillsitzen in der ...kälte ist ja auch nicht zum Aushalten.

15. November (Donnerstag)

Ein bedeutungsvoller Tag, da die Öfen gesetzt und ausprobiert worden sind. Wir sind immer mal hingelaufen, um uns die Hände zu wärmen.[A]

> [A] Unterm 9. November hat sich die Landesregierung, im Anschluß an eine Besprechung mit Captain Halliday, mit der Bitte an die englische Militärregierung gewandt, die Belieferung der Landesbibliothek mit Heizmaterial (55 t Koks) als dringend anzuerkennen. Darauf unterm 15. November der von CP Hamilton Capt. (SO 3 ER) unterzeichnete Bescheid: „I regret I am unable to procure coke for above library at present."

16. November (Freitag)

Das eine der beiden Zimmer des Hrn. Schramm[222] wird nach oben verlegt, so daß wir den Katalograum wieder einrichten können. ...

Am Nachmittage ... kam [der nachmalige Regierungsdirektor] Hr. Sünkel [223] und sprach lange mit mir wegen eines Katalogs unserer pädagogischen Literatur.

---

[221] E. Hamann, Bruchstr. 40, Detmold. Kunst-, Musikalien- und Papierhandel, Bürobedarf.

[222] Zu Schramm siehe Eintrag vom 3. Mai und Kommentar. Die beiden Zimmer dürften die Musiksammlung enthalten.

[223] Wilhelm Sünkel (1894-1977), Regierungsdirektor und Oberschulrat; 1946 Bürgermeister von Detmold für die SPD (vgl. Kuhlmann 1994).

22. November (Donnerstag)

Nachmittags Besuch Professor [Herbert] Schöfflers[224] aus Göttingen, zusammen mit [Hans] Tintelnot [Privatdozent für Kunstgeschichte] aus Breslau.[225] Schöffler kenne ich von Leipzig her. Er ist ein Schüler Max Försters und war 15 Jahre lang in Köln. Er kommt wegen einer großen Ausgabe der Werke Engelbert Kämpfers,[226] für welche er die Manuskripte des Britischen Museums verwerten will. Er meint, daß das Ansehen der deutschen Wissenschaft durch eine international anerkannte Leistung wiederhergestellt werden müsse, nachdem wir es dahin gebracht hätten, in der Welt nicht mehr ernst genommen zu werden. Er erzählte, daß in der Leibniz-Ausgabe der Akademie der Text verfälscht worden sei,[227] wenn es sich um für Deutschland ungünstige

---

[224] Prof. Herbert Schöffler (1888-1946). Anglist, Kultur- und Religionssoziologe https://de.wikipedia.org/wiki/Herbert_Sch%C3%B6ffler.

[225] Hans Tintelnot (1909-1970). Schüler von Dagobert Frey, Assistent am kunsthistorischen Institut in Breslau, war zum Kriegsende mit seiner Familie nach Lemgo zurückgegangen. Während Tintelnot 1946 an die Uni Göttingen ging, blieb seine Frau in Lemgo und baute die VHS auf https://de.wikipedia.org/wiki/Hans_Tintelnot.

[226] Engelbert Kaempfer (1651-1716), Lemgoer Arzt, dessen Forschungsreisen ihn von 1683-1692 nach Russland, Persien, Ostindien bis nach Japan führten. Zu Lebzeiten gelang ihm nur die Veröffentlichung eines einzigen Werkes. Aus dem umfangreichen Nachlass erschien 1727 in zwei Bänden die epochemachende *History of Japan*. Kaempfers Nachlass liegt heute zum allergrößten Teil in der *British Library* in London https://de.wikipedia.org/wiki/Engelbert_Kaempfer. Die LLB besitzt ein auf seinen Reisen mitgeführtes Stammbuch Kaempfers (Mscr 124).

[227] Thiel 2013, 70 kommt in seiner Geschichte der Leibniz-Ausgabe während der NS-Zeit zu dem Schluss, dass „bei der eigentlichen Arbeit an den Dokumenten [...]kaum inhaltliche Zugeständnisse gemacht wurden." In der NS-Zeit habe sich der Schwerpunkt der Editionsarbeit von den historisch-philologischen auf die mathematisch-naturwissenschaftlichen Schriften verschoben, durchaus mit wissenschaftspolitischem Interesse, nämlich zur Stärkung einer „deutschen Mathematik" und zur günstigen Klärung des „Prioritätenstreits" über die Erfindung der Infinitesimalrechnung zwischen den Anhängern von Newton und Leibniz. Die 1939 beschlossene Änderung der Editionsrichtlinien kam bis zum Kriegsende nicht mehr zum Tragen, da kein weiterer Band der Ausgabe erschien. – Bergmanns Bemerkung bezieht sich vermutlich auf den 1938 in einer „kurzen Meldung" veröffentlichten Vorwurf von Francis L. Carsten, der leitende Herausgeber der Akademie-Ausgabe Paul Ritter habe „aus politischen Gründen Streichungen in Leibniz-Texten vorgenommen [...], um die Politik des Großen Kurfürsten in einem günstigeren Licht erscheinen zu lassen. Diese Rezension hatte in der Akademie für großes Aufsehen gesorgt und mündeste in einer offiziellen [...] Gegendarstellung" (Thiel 2013, 59). Die kaum halbseitige Meldung ist online in der *Tijdschrift voor Geschiedenis* 53 (1938), 440: „Leibniz onder censuur" http://resources.huygens.knaw.nl/retroboeken/tvg/.

Bemerkungen gehandelt habe. Professor Schöffler fährt nach Bünde, um mit den Engländern zu verhandeln.

26. November (Montag)

Wir sind alle in den Katalograum gezogen, da in der Ausleihe wegen der Kälte nicht zu arbeiten ist.

29. November (Donnerstag)

Früh 8 Uhr waren wir zum Landespräsidenten zur Vorstellung bestellt, nachdem dieser Termin immer wieder geändert worden war. Ich hatte gedacht, ich würde meine Mitarbeiter und Mitarbeiterinnen vorstellen, die Sache war aber weit formloser. Wir nahmen alle um den Tisch Platz, und dann hielt der Präsident eine Ansprache, die sehr persönlich gehalten und auf einen tiefpessimistischen Ton gestimmt war. Als Unterton schwang ein spezieller Groll gegen die Landesbibliothek mit, wegen der Angriffe, die Dr. Wiegand im fünften Nationalsozialistischen Heimat-Kalender für Lippe vom Jahre 1938 gegen ihn gerichtet hat.[A] Er sagte: wer daran mitschuldig sei, möge an seine Brust schlagen. Nun – von uns Anwesenden bestimmt niemand.

Ferner sagte er: wir wüßten ja alle, wie tief Deutschland gesunken sei; wir sollten aber nicht wähnen, daß daran nur die anderen schuld seien. Wir sollten uns dessen bewußt sein, daß wir an einem Abgrunde entlang gingen und es noch keineswegs gewiß sei, ob der schmale Silberstreifen am Horizonte, über den früher so viel gespottet sei, trüge oder nicht. Wir müßten uns darauf gefaßt machen, daß drakonische Maßnahmen erfolgten, und diese ertragen. – Was damit gemeint ist, ob Gehaltskürzungen oder Entlassungen, blieb im Dunkel. ...

Er warnte ferner vor Quertreibereien innerhalb der Landesbibliothek und ermahnte uns zu vermehrter Pflichterfüllung. – In diesem Punkte kann er unbesorgt sein: wir tun alle unser Redliches. Er betonte, und zwar gleich zu Anfangs: jeder könne und solle auf dem Boden seines Deutschtums stehen bleiben. Dies fordere er für sich selbst, und dies habe er auch den Engländern bei Übertragung seines Amtes gesagt und zur Bedingung gemacht. Wir müßten uns aber auch auf die veränderten Forderungen der Zeit, die aus einer veränderten Geisteshaltung resultierten, umstellen.

Auch bemerkte er, daß es eine innere Angelegenheit sei, wie lange er seinen Posten beibehalten werde. Er behalte ihn jetzt, weil er wisse, daß es keiner besser machen könne oder vielmehr keiner zu finden sei, der es besser mache. –

Hinterher bei Hrn. Wolf, der mir sagte, daß man die Verordnung wegen des Lichtbrennens nicht allzu strenge nehmen dürfe. Gut, daß ich das weiß!

[A] In dem Aufsatze: „Die Entwicklung der lippischen Landesbibliothek und des Lippischen Landesarchivs im Dritten Reich“ von Dr. Eduard Wiegand, der sich auf den S. 97-109 findet, heißt es auf S. 97: „Unter allen Behörden und Instituten unserer Heimat haben die Lippische Landesbibliothek und das Lippische Landesarchiv mit am härtesten unter der Unfähigkeit der demokratischen und marxistischen Machthaber seit den Tagen der Novemberrevolte gelitten. Hat man die beiden Institute zunächst auch gewähren lassen oder gar aus Prestigegründen ihrer Entwicklung ein heuchlerisches Interesse entgegengebracht, so fiel die Maske einer angeblichen Kulturfreundlichkeit in dem Augenblicke, wo es galt, zur Erhaltung der genannten Institute bzw. ihrem weiteren Ausbau durch Einsparung unnütziger, im Grunde nur parteipolitischen Belangen dienender Ausgaben das erforderliche Opfer zu bringen. Man wählte statt dessen den bequemeren Weg der langsamen Abdrosselung, sofern sich das Opfer hiergegen nicht zu wehren vermochte, da es im demokratischen Zahlenspiele nur eine hoffnungslose Minderheit für sich ins Feld führen konnte.“

30. November (Freitag)

In der Korrespondenz an die Bibliothek mehren sich die Anzeichen wiedererwachenden geschäftlichen Lebens. Während der letzten Tage verschiedene Angebote, vor allem aus Leipzig. Zwei englische Soldaten kamen wegen der Benutzung der Bibliothek durch einen Kursus von Dolmetschern, welche die deutsche Sprache erlernen wollen.

7. Dezember (Freitag)

Der Vormittag zerrissen durch Besuche und Telefonanrufe. Der eine wollte die Mondphasen für den künftigen Kalender haben, ein anderer den Merkurstab in Abbildung. Hr. [Wilhelm] Hansen[228] war da, der Mitarbeiter Max Staerckes,[229] Dr. [Kurt] Koerlin,[230] eine Bewerberin. Eine junge Dame aus Loebau bewirbt sich um eine Bibliothekarstelle bei der Volksbücherei. ...

Nach der Mittagspause ging ich nach der Bachstraße zu Baumgarten, um das Düstersiek'sche Album abzuholen, das der Bibliothek nach dem letzten Willen seines Schöpfers zugefallen ist.[231] Ich habe mich ganz lahm daran getragen, ... denn es hat sein Gewicht.

17. Dezember.

Major Halliday erschien, prüfte unsere Säuberungsmaßnahmen und sagte mir dann, ich solle mir von Dr. Kühn die Erlaubnis zur Wiedereröffnung der Bibliothek geben lassen. Aus der Abteilung des zu Prüfenden müsse freilich noch viel entfernt werden, was ich natürlich auch weiß.

---

[228] Wilhelm Hansen (1911-1986), war 1946-61 Dozent an der Pädagogischen Akademie Detmold und arbeitete seit 1952 am Lippischen Landesmuseum, seit 1958 bis zu seiner Pensionierung 1976 dessen Leiter http://www2.llb-detmold.de/html/LAL1-0189.html.

[229] Max Staercke (1880-1959), Verleger und Politiker, siehe Ruppert 2011 B und https://de.wikipedia.org/wiki/Max_Staercke.

[230] Lebensdaten nicht ermittelt. Kurt Koerlin verfasste nach 1945 Reiseführer und touristische Informationen für den Schnelle-Verlag, z.B. *Detmold und Umgebung* (1949) (Signatur im Bestand: LK 308). – Koerlin hilft Bergmann bei der geforderten Prüfung von Beständen, siehe unten <Weiterer Fortgang ...>.

[231] Ferdinand Düstersiek (1856-4.10.1945), Detmolder Optiker und Fotograf (Jendrek 2000). Das Album ist mit der Signatur HSA 6 im Bestand der Bibliothek. Der Umschlag vermerkt: „Alt Detmold. Gesammelt und zusammengestellt von Ferdinand Düstersiek, Detmold, im Jahre 1911", laut Aufkleber „geschenkt an die Lippische Landesbibliothek am 8. Dezember 1945".

<Weiterer Fortgang der Ereignisse>

In Sachen der Wiedereröffnung der Bibliothek hatte ich noch verschiedene Besprechungen mit Hrn. Oberschulrat Kühn; darauf schrieb ich der Landesregierung unterm 19. Dezember:

> *Nachdem die von der englischen Militärregierung angeordneten Maßnahmen zur Säuberung unserer Buchbestände von Herrn Major G. E. Halliday überprüft worden sind, ist uns nunmehr anheimgegeben worden, bei der Lippischen Landesregierung die Erlaubnis zur Wiedereröffnung für alle Abteilungen nachzusuchen. Als Termin für die Wiederaufnahme des Ausleihverkehrs ist der 3. Januar in Aussicht genommen. Es wird genügen, dies durch eine einmalige Anzeige in der „Neuen Westfälischen Zeitung" der Öffentlichkeit bekanntzugeben.*[232]
> *Der Lesesaal wird erst in der wärmeren Jahreszeit wieder zur Benutzung freigegeben werden können.*
> *Die Termine der Ausleihzeiten, die Gebühren und deren etwaige Abänderungen bedürfen einer mündlichen Rücksprache.*

Bereits unterm folgenden Tage wurde die Genehmigung erteilt. Sie ist von Captain Routledge unterzeichnet und lautet: „Lippische Landesbibliothek public library at Hornsche Straße, Detmold, is hereby reopened to the public by permission of Military Government."

Sie ging der Landesregierung unterm selben Tage mit dem folgenden, gleichfalls vom 20. Dezember datierten Schreiben zu:

1. *Herewith permission to reopen the above public library.*
2. *You will ensure that the above library is registered at the Bürgermeister's Office.*
3. *The Bürgermeister will provide Registration Form.*

---

232 Der Hinweis auf die Wiederöffnung erschien in der *Neuen Westfälischen Zeitung* Nr. 67 vom 1. Februar 1946 auf S. 6 in der Rubrik „Stadt und Land": „Die Lippische Landesbibliothek in Detmold kann jetzt nach Überwindung zahlreicher Schwierigkeiten ihren Bücherbestand teilweise der Öffentlichkeit wieder zur Verfügung stellen."

4. *Dr. Bergmann has been found acceptable to Military Government. You will inform him that he is liable to dismissal if his conduct or his services prove unsatisfactory.*[A]

Unterm 2. Januar 1946 wurde dieses Schreiben in deutscher Übersetzung an die Landesbibliothek weitergegeben, mit dem Vermerk, nach telefonischer Mitteilung der Militärregierung sei eine Erledigung zu den Ziffern 2 und 3 nicht mehr erforderlich.

Am Montag, den 7. Januar, erschien Hr. Dr. Kittel zum ersten Male als der neue Leiter der Bibliothek, womit meine kommissarische Leitung ein stillschweigendes Ende fand. Hr. Dr. Kittel konnte die Bibliothek mit völlig wiedereingeräumten Magazinen übernehmen.

Die Ordnung der Bestände des Grabbe-Archivs und dessen Wiedereinräumung hatte naturgemäß von mir allein besorgt werden müssen. Es konnte damals noch nicht wieder in seine alten Räume einziehen, da diese noch belegt waren, mußte vielmehr provisorisch in mehreren, nach Norden gelegenen Räumen des Erdgeschosses aufgestellt werden, in denen sich früher die Buchbinderei befunden hatte und nachher ein Teil der Mindener Regierungsbibliothek [233] untergebracht war. Es war ein zu bedauernder Notbehelf; denn diese Räume waren wegen ihrer Feuchtigkeit für die z.T. sehr empfindlichen Bestände des Grabbe-Archivs denkbar ungeeignet.

Im Verlaufe dieser Einordnungsarbeiten habe ich an Hand der seinerzeit aufgestellten Listen die etwaigen Verluste des Archivs festgestellt. Das Ergebnis der Prüfung war, daß Verluste und Beschädigungen eingetreten waren, daß diese, auf das Ganze gesehen, sich in erträglichen Grenzen halten, für die Bibliothek aber doch empfindlich genug sind.

Am unbedeutendsten waren die Verluste in der Gruppe der Bücher. Hier fehlten nur Bd. 3 und 4 der Lewald'schen „Europa“[234] vom Jahre 1841.

Dagegen war durch den völligen Verlust zweier Kisten (Nr. 6 und 8) mit Zeitungsmaterial in dessen, durch viele Jahre so mühsam zusammengetragenen Bestände eine große und untilgbare Lücke gerissen.

---

[233] „Aufgrund der verwaltungsmäßigen Vereinigung des Landes Lippe mit dem ehemaligen preußischen Regierungsbezirk Minden und der Verlegung des Regierungssitzes nach Detmold im Jahre 1948 gelangte die Mindener Regierungsbibliothek zunächst als Leihgabe, seit 1962 als Besitz in die Landesbibliothek. Vorher hatte die Regierung die Bestände herausgezogen, die für den dienstlichen Gebrauch unentbehrlich waren“, so Hellfaier 1992.

[234] *Europa. Chronik der gebildeten Welt.* In Verbindung mit mehreren Gelehrten und Künstlern hg. von August Lewald. – Lewalds „Europa“ erschien von 1835-1844 in Karlsruhe bei Gutsch & Rupp https://ld.zdb-services.de/resource/500645-4.

Der Inhalt der beiden Kisten war der folgende gewesen:

Kiste 6

1. Beiträge zu Zeitungen 1939.
2. Detmolder Grabbe-Tage 1939.
3. Grabbe-Woche Bochum 1939.
4. Beiträge zu Zeitungen 1940.
5. Detmolder Grabbe-Tage 1940.
6. Grabbe-Woche Bochum 1940.
7. Grabbe-Privatdrucke 1940.
8. Vortrag W. Petzet 1940.
9. Jahrbuch der Grabbe-Gesellschaft.
10. Was ist mir näher als das Vaterland?
11. „Tragödie und Gegenwart“ 1940/ 41.
12. Bergmann, Wie Grabbe zu seiner Frau kam. 1924.
13. Goetz, Besuch bei Grabbe. 1921.
14. Aufführung des „Hannibal“. Berlin 1925.
15. Beiträge zu Zeitungen 1923.
16. Aufführung des „Napoleon“. Berlin 1922.
17. „Scherz, Satire...“ 1926.
18. Aufführung von „Scherz, Satire...“. Düsseldorf 1922.
19. 125. Geburtstag 1926.
20. Grabbe-Denkzeichen. Grabbe-Woche 1921.
21. Aufführung des „Don Juan und Faust“. Berlin 1925.
22. Besprechungen von Aufführungen. 1932.
    a) Hannibal.
    b) Don Juan und Faust.
    c) Kaiser Heinrich VI.
    d) Napoleon.
    e) Scherz, Satire...

Kiste 8.

1. Besprechungen von Aufführungen.
    a) Kaiser Friedrich Barbarossa. 1940.
    b) Kaiser Heinrich VI. 1939-1940.
    c) Don Juan und Faust. 1937-1940.
    d) Scherz, Satire... 1938-1940.
    e) Die Hohenstaufen, 1938.
    f) Napoleon. 1938.
    g) Hermannsschlacht. 1938 -1939.

h) Hannibal. 1937-1940.

2. Beiträge zu Zeitungen 1937.
3. Detmolder Grabbe-Tage 1937.
4. Bergmann, Grabbes Vorfahren. 1937.
5. Schlösser, Grabbes Vermächtnis.
6. Beiträge zu Zeitungen 1938.
7. Detmolder Grabbe-Tage 1938.
8. Feierstunde am Grabe Grabbes 1938.
9. Tagung der Grabbe-Gesellschaft an der Porta 1938.
10. Vier Mappen allgemeinen Inhalts.
11. Fünf Mappen Bochumer Grabbe-Woche 1941

Wie diese Aufstellung zeigt, war in dem verloren gegangenen Material das zur Bühnengeschichte von Grabbes Dramen besonders reich vertreten. Sein Verlust muß die wissenschaftliche Bedeutung des erhalten gebliebenen Rests vermindern.

Eine Vergleichung der zurückgeführten Bestände mit den Listen, wie ich sie für die des Grabbe-Archivs durchgeführt habe, ist, so weit ich mich erinnere, bei den übrigen schon aus Mangel an Personal nicht möglich gewesen.

Die Wiedereröffnung der Landesbibliothek ist dann auf Montag, den 14. Januar 1946, festgesetzt worden. Allerdings mit der Beschränkung auf die Zwecke der beruflichen Fortbildung und von Studien. Die von den Engländern so sehr gewünschte Unterhaltungsliteratur blieb vorerst ausgenommen, aus Gründen, die mir nicht bekannt geworden sind.

Von den öffentlichen Bibliotheken Nordrhein-Westfalens ist die Detmolder nicht die erste gewesen, welche ihre Pforten wieder öffnen konnte. In Münster ist der Leihverkehr offenbar im Herbst 1945 „langsam" angelaufen, in der medizinischen Abteilung aber „rasch und ausgedehnt".[B] Die Landes- und Stadtbibliothek Düsseldorf ist am 11. Dezember 1945 für die Benutzung wieder geöffnet worden.[C] Dagegen konnte man in der stark mitgenommenen Stadt- und Landesbibliothek Dortmund erst mit einer Wiedereröffnung im Frühjahr 1947 rechnen.[D]

Eine der wesentlichen Aufgaben, die mir mit der kommissarischen Leitung zugefallen waren, hatte ich am Ende des Jahres 1945 noch nicht bewältigen können. Es galt, alles auszuscheiden, was unter den Begriff des nun „unerwünschten" Schrifttums fiel. Der gesamte Buchbestand der Bibliothek hat damals über 90.000 Bände betragen.[D] Davon konnten zunächst diejenigen beiseite bleiben, die zu bestimmten Abteilungen gehörten, wie den beiden Archiven, der Musik-Abteilung und der Bibliothek der Fürstin Pauline. Der zu überprüfende Bestand verminderte sich ferner dadurch, daß die gesamte Kriegsliteratur zu separieren war, also auch die über den ersten Weltkrieg, daß ich ferner aber auch das, was von bestimmten Verfassern stammte oder in bestimmten Verlagen erschienen war, als unfragwürdig ansehen durfte. Immerhin blieb noch für einen Mann genug des zu Überprüfenden zurück.

Denn ich war bei dieser verantwortungsvollen Arbeit so gut wie ganz auf mich allein gestellt. Wohl haben mir zeitweise ein paar ehrenamtliche Helfer zur Seite gestanden. Es ergab sich jedoch sehr bald, daß auf deren Entscheidung kein völliger Verlaß war, so daß mir eine Überprüfung nicht erspart blieb. Nur die Beurteilungen Dr. Koerlins bildeten eine Ausnahme. Sehr bald lehrte mich die Erfahrung, daß man bei dieser Prüfungsarbeit nicht vorsichtig genug vorgehen, nicht mißtrauisch genug sein könne. Zu wiederholten Malen bin ich versucht gewesen, ein Werk wissenschaftlichen Charakters unbeprüft gutzuheißen, weil es von einem Manne von Rang geschrieben war und ich mir schlechterdings nicht vermochte vorzustellen, wo es Veranlassung oder Gelegenheit zu einem Bekenntnis nationalsozialistischer Gesinnung biete. Nach einigem Zögern entschloß ich mich doch zu einer Lektüre wenigstens in der Diagonale, und stieß dann wirklich, betreten genug, an irgend einer Stelle auf den an den Haaren herbeigezogenen „Kotau“ vor dem „Führer“.

Irgendwelche gedruckten Handweiser haben mir für diese Arbeit nicht zur Verfügung gestanden,[F] vielmehr nur, wie ich mich zu erinnern glaube, einige allgemeine Richtlinien. Ein anderer Umstand, der ihren Fortgang hemmte, war die angeordnete Einschränkung des Stromverbrauchs.

Nach einer Notiz, die ich mir unterm 1. März 1946 gemacht habe, betrug an diesem Tage die Zahl der noch zu prüfenden Werke 2204.

Noch eine andere Verpflichtung war es, die erst in der Zeit eingelöst werden konnte, da ich nicht mehr kommissarischer Leiter der Bibliothek war: Das Unrecht mußte wieder gut gemacht werden, welches man der jüdischen Gemeinde Detmold und damit der jüdischen Bevölkerung Deutschlands überhaupt durch die Brandstiftung der Synagoge und die einem Raube gleichkommende Überführung des Tempelgutes in das Eigentum des Landes Lippe zugeführt hatte.[235] Nun war dieses alles, soweit es nach dem Bergwerk gekommen war, zurückgeführt, verzeichnet und dem Wohlfahrtsamte der Stadt Detmold angezeigt. Die Präliminarien waren beendet, und die Übergabe konnte stattfinden. Mir fiel es zu, sie zu vollziehen. So erschienen denn eines Tages drei Herren der Detmolder jüdischen Gemeinde, um das Bewahrte in Empfang zu nehmen. Der Akt war nur kurz, aber keiner der Zeugen konnte ohne die tiefste Bewegung bleiben, als ich meine Genugtuung darüber aussprach, daß es mir vergönnt sei, das silberne Tempelgerät, die alten Thorarollen und die übrigen

---

[235] Vgl. oben <Einleitung> und Einträge vom 30. Mai und 4. September.

Gegenstände den rechtmäßigen Eigentümern zurückzugeben. Einem der Herren kamen angesichts dieser ehrwürdigen Dinge die Tränen, und er sagte, er habe niemals geglaubt, daß er dieses alles je wiedersehen werde.

[A] Diese Formel wurde in allen Zulassungsschreiben der Militärregierung gebracht.

[B] Vergl. Georg Leyh, „Die deutschen wissenschaftlichen Bibliotheken nach dem Kriege", Tübingen 1947, S. 173.

[C] Leyh, a.a.O. S. 77.

[D] Leyh, a.a.O. S. 67.

[E] In Jg. 33 des „Jahrbuchs der Deutschen Bibliotheken" (Leipzig 1943), S. 31, ist der Bestand der Bibliothek an Büchern mit 90.942 Bänden angegeben, von denen 8.000 auf das Grabbe-Archiv kamen.

[F] Die „Liste des auszuscheidenden Schrifttums", hrsg. vom Verband der Leihbuchhändler für die Nord-Rheinprovinz, Westfalen und die beiden Länder Lippe e.V. Sitz Düsseldorf, und die „Liste der auszusondernden Literatur", hrsg. von der Deutschen Verwaltung für Volksbildung in der sowjetischen Besatzungszone sind beide erst 1946 erschienen.

Anlagen I - VI

Berichte des kommissarischen Leiters der Landesbibliothek an die Lippische Landesregierung.

Anlage I

29. Juli (falsch statt Juni) 1945
Betr.: Rückführung der ausgelagerten Bestände.

Im Auftrage des militärischen Befehlshabers Detmold hat sich der Unterzeichnete am Donnerstag, den 28. Juni, nach Grasleben begeben, wo bestimmte Teile der Bestände der Lippischen Landesbibliothek zur Sicherung gegen Luftgefahr in einem Schachte der Gewerkschaft Braunschweig-Lüneburg eingelagert worden waren. Die Fahrt hat in einem Privatauto stattgefunden, das von Herrn Friedrich Schütte von der Stadtverwaltung Lemgo beschafft worden ist; Herr Schütte hat selbst an der Fahrt teilgenommen.

Der Auftrag des militärischen Befehlshabers Detmold lautete:

1. festzustellen, ob die eingelagerten Gegenstände noch vollzählig und unversehrt seien,
2. mit dem militärischen Befehlshaber in Grasleben die Möglichkeit ihrer Rückführung nach Detmold zu besprechen.

Zu 1. Der Auftrag hat nur unvollkommen ausgeführt werden können. Es ist auch am Tage nach der Ankunft in Grasleben noch nicht möglich gewesen, den betr. Schacht zu befahren und den Stapelplatz zu betreten. Denn der Schacht war mit giftigen Rauchschwaden, die von einem Brande herrührten, angefüllt.

Nach einer Auskunft der Verwaltung der Gewerkschaft sind aber in den ersten Wochen nach der Besetzung des Werkes durch amerikanische Truppen Kisten erbrochen und Pakete eröffnet worden, so daß mit Beschädigungen und Verlusten gerechnet werden muß.

Zu 2. Um die eingelagerten Gegenstände der Landesbibliothek aus dem militärisch besetzten Werke herauszubekommen, genügt das vom 1. Juni 1945 datierte Schreiben des hiesigen militärischen Befehlshabers an den in Grasleben nicht. Vielmehr muß die Autorisation dazu von der folgenden Stelle kommen: 30 Corps and „T" Force H.Q.

Die Verwaltung der Gewerkschaft ist bereit, die eingelagerten Gegenstände (Kisten und Pakete) vom Stapelplatze nach dem Verladeplatze über Tage zu befördern und aufzuladen und die dazu erforderlichen technischen Einrichtungen und Mannschaften zur Verfügung zu stellen.

Nach einer Auskunft der Bahnverwaltung in Weverlingen kommt ein Abtransport mit der Eisenbahn auf absehbare Zeit nicht in Betracht. Denn die Verbindung mit Lippe ist unterbrochen und wird es auch noch geraume Zeit bleiben. Der Rücktransport muß also, wie der nach Grasleben, mit Lastautos durchgeführt werden, und zwar werden, die gleiche Ladefähigkeit vorausgesetzt (für den Lastzug rund 20.000 kg), vier Lastzüge, aus einem Motorwagen und zwei Anhängern bestehend, benötigt werden. Nach dem Bescheide des militärischen Befehlshabers Grasleben können diese Lastzüge nicht von dort zur Verfügung gestellt, müssen vielmehr von Detmold geschickt werden.

Die Verwaltung der Gewerkschaft legt den größten Wert darauf, daß die Rückführung des eingelagerten Gutes so bald als möglich erfolgt, da die betr. Teile der Grube wieder in Betrieb genommen werden sollen. Mit dem Abtransport kann frühestens am Montag, den 16. Juli, begonnen werden. Auch die Landesbibliothek muß an einer beschleunigten Abholung das größte Interesse haben, schon um etwaige weitere Verluste zu vermeiden. Andere Bibliotheken, wie z.B. Kassel, haben die Rückführung bereits durchgeführt.

Demgemäß bitten wir die Lippische Landesregierung:

- vom Montag, den 16. Juli, an vier Lastzüge bereitzustellen, die das in der Gewerkschaft Braunschweig-Lüneburg zu Grasleben eingelagerte Bibliotheksgut nach Detmold zurückführen,
- für die zum Entladen der hier eingetroffenen Lastzüge erforderlichen Mannschaften zu sorgen.

Da die Räume des Grabbe-Archivs an die Firma Dr. C. Otto & Co. vermietet sind und nicht damit gerechnet werden kann, daß diese vor Ende des Jahres freiwerden, so muß der weitaus größte Teil des genannten Archivs nach seiner Rückkunft vorerst im hinteren Teile des Nebengebäudes der Landesbibliothek untergebracht werden. Aber auch andere Teile des zurückgeführten Gutes werden zunächst dort aufgestapelt werden müssen, da das Auspacken der Hunderte von Kisten und Tausende von Paketen, das Vergleichen des Inhalts mit den seinerzeit angefertigten Listen und das Wiedereinordnen nur nach und nach wird vorgenommen werden können. In diesem hinteren Teile des Nebengebäudes befindet sich jedoch noch immer das Mobiliar des Lyzeums. Seine vollständige Räumung ist unerläßliche Vorbedingung für die Rückführung des in Frage stehenden Bibliotheksgutes und muß nunmehr ohne jeden weiteren Verzug durchgeführt werden.

Die Rückführung des eingelagerten Gutes wird eine bedeutende Vermehrung der Arbeit an der Landesbibliothek zur Folge haben. Es ist vorauszusehen, daß zu ihrer Bewältigung die vorhandenen Kräfte nicht ausreichen.

Wir bitten deshalb:

1. die Anstellung eines neuen Hausmeisters nach Möglichkeit bis zum Beginn des Rücktransportes zu vollziehen,
2. die Leitung der Bibliothek dazu zu ermächtigen, für die Dauer der Rückführung und Wiedereinordnung des eingelagerten Gutes Hilfskräfte einzustellen.

Wenn die Wiedereinordnung der zurückzuführenden Gegenstände durchgeführt sein wird, so wird die Landesbibliothek bis auf die letzte Ecke ausgefüllt und es wird danach eine etwaige Evakuierung ein Ding der Unmöglichkeit sein. So hat denn auch bei der ersten Unterredung des Unterzeichneten mit dem Major Warren dieser die mündliche Erklärung abgegeben: wenn die Rückführung durchgeführt sei, so werde er dafür sorgen, daß die Gebäude der Landesbibliothek für keinen fremden Zweck mehr beschlagnahmt werden würde. Es sei der Lippischen Landesregierung anheimgestellt, sich diese Zusage vor dem Beginn der Rücktransporte in aller Form schriftlich wiederholen zu lassen.

Anlage II

10. Juli 1945
Betr.: Wiedereröffnung der Bibliothek.

Um das lebhafte Bildungsbedürfnis der lippischen Bevölkerung befriedigen zu können, würden wir es für sehr wünschenswert halten, wenn die Lippische Landesbibliothek, die einzige öffentliche Bibliothek der Hauptstadt, wieder eröffnet werden könnte. Deshalb bitten wir Sie, beim Militärischen Befehlshaber erwirken zu wollen, daß die Anordnung auf Schließung wieder aufgehoben wird, unter Freigabe der folgenden Gebiete:

1. Geschichte bis 1914.

2. Lippische Heimatkunde.
3. Literaturwissenschaft (Deutsche Autoren nur vor 1933)
4. Deutsche schöne Literatur bis 1914.
5. Fremde schöne Literatur.
6. Land- und Forstwirtschaft.
7. Mathematik.
8. Medizin (ohne Anthropologie).
9. Naturwissenschaften (Botanik, Chemie, Geologie, Mineralogie, Physik, Zoologie).
10. Pädagogik (Deutsche Autoren nur vor 1933).
11. Klassische Philologie.
12. Philosophie (Deutsche Autoren nur vor 1933).
13. Rechtswissenschaft (bis 1914)
14. Sprachwissenschaften.
15. Theologie.

Am 17.7. in englischer Sprache an 121 Mil Gov Det weitergegeben. Ein Bescheid nicht in den Akten.

Anlage III

9. August 1945
Betr. Bibliothek des Dolmetscher-Corps des 6. Wehrkreis-Kommandos.

Die fragliche Bibliothek ist seinerzeit von Münster aus in der Schule in Schwalenberg untergebracht worden. Bei dem Brande des Schulgebäudes ist gerade der Teil erhalten geblieben, in dem sich die Bibliothek befand. Allerdings hat auch sie durch Feuer und Rauch mannigfachen Schaden erlitten. Vor einigen Wochen wandte sich der Bürgermeister von Schwalenberg durch Vermittlung des hiesigen Landratsamtes an die Landesbibliothek mit der Frage, ob die Bibliothek darin sichergestellt werden könne. Sie war in Schwalenberg den Witterungseinflüssen und mannigfachen Eingriffen ausgesetzt, und es bestand infolgedessen die Gefahr, daß sie völlig zugrunde gehe. Außerdem mußte der Raum, in dem sie untergebracht war, geräumt werden, weil die Gemeinde Schwalenberg an den Wiederaufbau der Schule herangehen wollte. Um diese umfangreiche und wertvolle Bibliothek vor der völligen Zerstörung zu bewahren, hat sich der Leiter der Bibliothek bereit erklärt, die Bibliothek des Dolmetscher-Corps vorläufig in Obhut zu nehmen und veranlaßt, daß der größte Teil mit einem Fuhrwerk hierher gebracht wurde. Der zweite Teil ist in einem Auto der Militärregierung nachgefolgt.

Aus der anliegenden Liste ergibt sich, was die Bibliothek jetzt noch enthält und daß sie im ganzen 9498 Stücke umfaßt. Diejenigen Werke, die für den hiesigen militärischen Befehlshaber von Interesse sind, sind vorher gegen Quittung entnommen worden.

Die Bibliothek hat begreiflicherweise ein sehr großes Interesse daran, diese Bibliothek ihren eigenen Beständen einzuverleiben. Es befinden sich darin sehr viele Werke, die bis jetzt nicht vorhanden waren. Der Umstand, daß insbesondere von englischen Sprachlehren zahlreiche Exemplare ein und desselben Buches vorhanden sind, würde die Bibliothek in den Stand setzen, Arbeitsgemeinschaften zur Erlernung des Englischen zu unterstützen. Auch die Abgabe überschüssiger Exemplare an hiesige Buchhändler im Tausche gegen Neuerscheinungen könnte ins Auge gefaßt werden.

Kein Interesse hat die Bibliothek an der in Gruppe III erscheinenden Fachliteratur zur Kriegswissenschaft. Diese Gruppe könnte makuliert werden; es sei denn, daß von jedem Werke ein Exemplar den Beständen der Bibliothek eingereiht werden soll.

Wir geben der Landesregierung anheim, sich an den militärischen Befehlshaber mit der Bitte zu wenden, die aufgeführten Bestände der Landesbibliothek unentgeltlich zu überlassen.

Nachträglich berichten wir, daß soeben Herr Major Warren von der Militärregierung die Bibliothek besichtigt und auch das dritte Exemplar des von uns hergestellten Verzeichnisses mitgenommen hat, das diesem Bericht zur Anlage hatte dienen sollen. Herr Major Warren hat angeordnet, daß keinerlei Bücher ohne seine Genehmigung abgegeben werden dürfen und im übrigen bemerkt, daß er uns würde wissen lassen, was mit der Bibliothek weiterhin geschehen soll.

31. Dez. 1945.
Wir geben anheim, die Angelegenheit beim militärischen Behelfshaber in Erinnerung zu bringen mit dem Bemerken, daß die Landesbibliothek nach wie vor zum mindesten einen sehr großen Teil der fraglichen Bestände als eine sehr erwünschte Bereicherung der ihren betrachten muß.

Aktennotiz vom 1.7.46: Bis auf weiteres zu den Akten.

Anlage IV

24. August 1945
Betr.: Rückführung der ausgelagerten Bestände

Am gestrigen Tage ist der Unterzeichnete mit Captain Blake von der Militärregierung beim 229. Department in Hannover gewesen, um die zur Rückführung unserer in Grasleben sichergestellten Bestände erforderlichen Maßnahmen zu besprechen. Dabei ist festgestellt worden, daß der erste Lastzug am Montag, den 10. September, bei der Gewerkschaft Braunschweig-Lüneburg in Grasleben erscheinen, der Unterzeichnete sich aber bereits einige Tage zuvor dorthin begeben soll, um das Erscheinen der Autos anzukündigen und die zum Abtransport notwendigen Formalitäten zu erledigen.

Der Unterzeichnete schlägt vor, diese Fahrt nach Grasleben am Donnerstag, den 6. September, auszuführen. Er bittet, ihm dazu einen Wagen der Landesregierung zur Verfügung zu stellen.[A]

Um die zurückgeführten Gegenstände in der Landesbibliothek unterbringen zu können, ist es unerläßliche Voraussetzung, daß das sog. Museum im Nebengebäude wieder frei wird. Wir bitten deshalb die Landesregierung auf das dringendste, nunmehr unverzüglich dafür sorgen zu wollen, daß die im Museum aufgestapelten Möbel des Lyzeums sofort daraus entfernt werden und im Notfalle die Leitung der Landesbibliothek zu ermächtigen, diese Räumung selbst vorzunehmen. Denn wenn wir über diesen Raum nicht verfügen können, so ist die Wiedereinordnung der zurückgeführten Gegenstände völlig unmöglich.

Ferner bitten wir,

1. uns nach Möglichkeit zum Abladen der hier eingetroffenen Lastautos und zum Transport der Kisten in die betreffenden Räume der Landesbibliothek die Herren Heßmer, Hörster, Kreienburg und Strate zur Verfügung zu stellen, die jetzt bei der Rückführung der Bestände des Landesarchivs behilflich sind,
2. die drei Räume des Grabbe-Archivs, die voraussichtlich im Laufe des September von der Firma Dr. C. Otto & Co., die jetzt als Mieterin darinsitzt, freigemacht werden, nicht mit dem Vermessungsamt, wie in Aussicht genommen, zu belegen, da diese Räume mit den eingebauten Regalen nach der Rückführung unserer Bestände nicht mehr entbehrt werden können,[B]
3. die Erlaubnis zu geben oder zu erwirken, daß unser Lesesaal wieder eingeräumt werden kann, dessen Bestände die Neuordnung des Magazins erheblich erschweren.

Sehr wünschenswert wäre es endlich, wenn der Sand vom Boden weggeschafft werden könnte, damit dieser wieder dazu verwendet werden kann, Möbel, leere Kisten, Packmaterial u.dgl. unterzubringen.[C]

[A] ist bereits am 30.8.45 ausgeführt worden.

[B] Die Belegung durch das Vermessungsamt war nicht zu verhindern.

[C] Bauabteilung.

Anlage V

17. September 1945
Betr.: Rückführung der ausgelagerten Bestände.

Wir geben hierdurch zur Kenntnis, daß die Rückführung unseres Bergungsgutes aus dem Salzbergwerk Grasleben nunmehr durchgeführt ist. Der letzte Teil ist am Sonnabend, den 15. d. Mts, mit zwei Lastzügen der Firma Bobe in Sylbach[236] hier eingetroffen.

Die Pakete und Kisten sind zunächst gestapelt. Die Wiedereinordnung dieser sehr umfangreichen Bestände hängt davon ab, ob und wann die seinerzeit evakuierte Bibliothek in ihren früheren Zustand zurückversetzt und insbesondere das Magazin frei gemacht werden darf.

Zu der Angelegenheit ist noch folgendes zu bemerken:

Wie bereits in unserem Bericht vom 29. Juni bemerkt worden ist, müssen wir mit Verlusten und Beschädigungen des Bergungsgutes rechnen. Der Unterzeichnete hat sich in der Tat davon überzeugen können, daß zahlreiche Kisten aufgebrochen und zahlreiche Pakete geöffnet worden sind und daß der im Abbau verstreute Inhalt durch den nachher ausgebrochenen Brand beschädigt worden ist. Manches scheint überhaupt abhanden gekommen zu sein. Der gesamte Umfang des Schadens wird erst dann übersehen werden können, wenn die Kontrolle und Wiedereinordnung der Bestände durchgeführt sein wird.

Die Rückführung unseres Bergungsgutes ist sehr vom Glück begünstigt gewesen; unsere Landesbibliothek ist eines der ersten Institute, die ihre Bestände aus Grasleben frei bekommen haben. Dies ist zu einem guten Teile der Unterstützung zu danken, die wir von seiten der englischen militärischen

236 Spedition A. W. Bobe, Sylbach; zur Geschichte vgl. https://www.bobe.de/bobe/historie/.

Behörden, dem 121. Department in Detmold, dem 229. Department in Hannover und dem 120. in Braunschweig erfahren haben.

Die Gewerkschaft Braunschweig-Lüneburg hat sich seinerzeit in uneigennützigster Weise und lediglich um den deutschen Kulturinstituten zu helfen, zur Aufnahme von Bergungsgut bereiterklärt. Sie hat für die Einordnung selbst nichts berechnet und lediglich ihre Selbstkosten eingezogen, wobei sie überdies sehr großzügig verfahren ist. Sie hat bei der Ein- wie bei der Auslagerung stets das Entgegenkommen bewiesen und technische Schwierigkeiten überwunden, selbst wenn dies ein Opfer für sie bedeutet hat.

Wir möchten empfehlen, der Gewerkschaft, nachdem nunmehr die Auslagerung erfolgt ist, den Dank der Landesregierung auszusprechen. Ferner möchten wir empfehlen, auch Herrn Grubeninspektor Krüger einen Dank zukommen zu lassen, in dessen Händen die technische Leitung der Ein- und Auslagerung gelegen und dessen unermüdliche Hilfsbereitschaft es stets zustande gebracht hat, daß die eintreffenden Lastzüge ohne Verzug abgefertigt werden konnten.

Anlage VI

20. November 1945
Betr.: Aussonderung des unerwünschten Schrifttums.

Die Militärregierung legt den größten Wert darauf, daß die Landesbibliothek demnächst wieder eröffnet wird. Zu diesem Zwecke hat sie dem Leiter aufgegeben, die Buchbestände auf heute unerwünschtes Schrifttum durchzusehen und die Maßnahmen zu dessen Aussonderung zu treffen. Demgemäß obliegt es ihm, eine beträchtliche Anzahl von Werken selbst zu lesen, bei denen es nicht ohne weiteres ersichtlich ist, ob sie beanstandet werden müssen oder nicht. Irgendwelche Hilfskräfte stehen ihm zunächst dabei nicht zur Verfügung. Zur Erledigung dieser Arbeit haben bis jetzt die Dienststunden nicht ausgereicht und infolgedessen die Abendstunden hinzugenommen werden müssen. Die kürzlich angeordneten Einschränkungen im Stromverbrauch, die das Brennen von Licht nach beendeter Dienstzeit im Bibliotheksgebäude verbieten, aber auch häuslicher Lektüre sehr enge Grenzen setzen, macht ihm dies nunmehr unmöglich. Deshalb muß der Unterzeichnete erklären, daß, wenn die jetzigen Einschränkungen im Stromverbrauch weiterhin bestehen bleiben und ihm nicht die Möglichkeit gegeben wird, entweder in seinem Dienstzimmer auch nach ½5 Uhr eine Lampe zu brennen oder zu Hause über das ihm zugemessene Maß an Strom etwas hinauszugehen, er nicht in der Lage sein wird, das ihm zugefallene Arbeitspensum in einer angemessenen Frist zu bewältigen.

Bescheid: Mündlich mit Dr. Bergmann erledigt. Er will bei der Militärregierung entsprechende Schritte unternehmen.

II

Ausgewählte Briefe 1943-1947

Brieftexte

24. Januar 1943, an Annemarie und Richard Bergmann

Detmold, den 24. Januar 1943.
Alter Postweg 43.

Liebe Annemarie, lieber Richard!

<...>

Emma und mir geht es glücklicherweise im ganzen gut. Ich habe die Augenblicke besonders viel zu tun. Einmal habe ich mehrere Arbeiten demnächst abzuliefern, sodann haben wir von den militärischen Ereignissen allerhand Rückwirkungen auf unsere Bibliothek zu erwarten, und Dr. W<iegand> hat mich schon darauf vorbereitet, daß ich damit rechnen müsse, demnächst wieder seine Vertretung in der Bibliothek zu bekommen, ein Posten, nach dem ich mich, seiner Undankbarkeit wegen, keineswegs drängele.

<...>

In der vergangenen Woche bin ich dienstlich fünf Tage in München gewesen. Ich habe auf einer bedeutsamen Versteigerung von Büchern und Graphik die Interessen der Bibliothek wahrzunehmen versucht, was mir nur in sehr bescheidenem Maße gelungen ist, da die Preise einen durchaus inflationistischen Charakter trugen. Sie wurde von einigen Herrschaften, die offenbar sehr viel Geld um jeden Preis unterzubringen wünschten, ohne Rücksicht auf Wert oder Unwert ins Schwindelhafte hochgetrieben, sodaß wir mit unserem bestimmten Etat ihnen nur ausnahmsweise folgen konnten.

Das hiesige Theater besuchen wir gar nicht. Einmal aus Mangel an Zeit, ferner aber, weil weder die dargebotene Kost noch der Grad der Kunst, mit dem dies geschieht, unsere Ansprüche befriedigen können. Es arbeitet überwiegend mit Anfängern. Der Rest sind ältere Herrschaften, die hier hängen geblieben sind. <...>

Zugleich im Namen Emmas grüße ich Euch herzlich, ebenso auch Eure Kinder, und bin mit guten Wünschen für Euer aller Gesundheit

Euer getr. Schwager und Bruder
<Alfred>

19. April 1943, an Annemarie und Richard Bergmann

Detmold, den 19. April 1943.
Alter Postweg 43.

Liebe Annemarie, lieber Richard!

Wir haben lange nichts von einander gehört. <...>

Emma ist zu ihren Eltern gefahren, da meine Schwiegermutter kürzlich den 82sten Geburtstag gehabt hat. Das Befinden meiner Frau ist auch nicht so, wie es sein sollte. Sie klagt sehr über Mattigkeit und leidet viel an Kopfschmerzen, was sicherlich z.T. an dem durch sehr häufige Alarme gestörten Schlafe liegt. Ich selbst kann nicht klagen. Ich habe den Rest des Manuskripts für die Reclamsche Grabbe-Ausgabe abgeliefert und lese bereits die Korrekturen zum letzten Bande, der zuerst gesetzt worden ist. Wann die Ausgabe erscheinen wird, weiß ich freilich noch nicht.

Urlaub sollten wir eigentlich in diesem Jahre gar nicht erhalten. Nun ist die Bestimmung doch günstiger. Ich bekommme statt 35 Tagen 20, muß sie aber auf verschiedene Male nehmen, 7 in der ersten Hälfte des Juli, den Rest nach Wahl. Etwas Größeres für seine Gesundheit kann man danach nicht unternehmen, aber besser als gar nichts ist es auf jeden Fall.

Nun habe ich noch eine Frage. Wir sind angewiesen worden, einen gewissen Vorrat an Wäsche und Kleidungsstücken, den wir nicht unbedingt und laufend brauchen, bei Verwandten oder Bekannten in nicht luftgefährdeten Gebieten unterzubringen, damit man im Falle einer Bombenschädigung nicht sozusagen in der Badehose dastehe. Würdet Ihr also in der Lage sein, etwas derartiges unterzubringen? Es würde sich dabei nicht um Kleider handeln, denn ich nehme an, daß Ihr niemanden habt, der diese gelegentlich auf Motten nachsieht, sondern nur um Wäsche, vielleicht einen Reisekorb voll, der nur irgendwo hingestellt zu werden brauchte. Ich wäre Euch für einen gelegentlichen Bescheid dankbar. Etwas wollen wir auch nach Elxleben zu meinen Schwiegereltern schicken, damit die Sachen ein bißchen verteilt sind.

<...> Sonst haben wir nichts erlebt, was des Berichtens wert wäre. Irgendwelche künstlerischen Genüsse haben wir gar nicht mehr gehabt. Konzerte, die früher gelegentlich veranstaltet wurden, sind leider ganz eingeschlafen. <...>

Mit unseren besten Wünschen für ein gutes Osterfest und herzlichen Grüßen für Euch und Eure Kinder
Euer getr. Schwager und Bruder
<Alfred>

22. August 1943, an Richard Bergmann

Detmold, den 22. August 1943.
Alter Postweg 43.

Lieber Richard!

<...>

Bei uns ist jetzt das aktuelle Thema die Anlage von Splitterschutzgräben. Am Sonnabend Abend habe ich mich beteiligt und bin für morgen Abend wieder befohlen. Außerdem wollen wir für die Bibliothek einen eigenen anlegen. Auch da wird meine Mitwirkung erforderlich sein.

<...>

Augenblicklich ist <Emmas> große Not die in Detmold allgemeine, auf unserem Berge aber besonders schlimme Gaskalamität. Der Druck ist so gering, daß es zuzeiten unmöglich ist, zu kochen. Auch dann, wenn mit Mühe und Not ein Flämmchen zu unterhalten ist, strömt so viel Gas aus, daß Emma durch das Einatmen einen ganz benommenen Kopf oder, wie heute Abend, heftige Kopfschmerzen bekommt. Das Gaswerk hat von Haus aus eine zu geringe Leistungsfähigkeit, und das Rührenwerk ist zu schwach. Infolge der ungeheuren Steigerung des Einkochens und des starken Zuzuges von Fremden versagt die Leistung jetzt manchmal völlig, und alle Mahnungen zur Sparsamkeit fruchten nichts. Wer, wie wir, keinen Kohlen- oder elektrischen Herd hat, ist sehr im Gedränge, denn von irgendwelcher Pünktlichkeit in der Bereitung des Essens kann keine Rede mehr sein. Leider besteht gar keine Aussicht, daß dieses sich bessert. <...>

Nun wünschen wir Dir einen recht guten Erfolg bei Deiner Kur und grüßen Dich herzlich.

Deine getreuen

<Alfred und Emma>

10. November 1943, an Richard Bergmann

Detmold, den 10. November 1943.
Alter Postweg 43.

Lieber Richard!

<...>

Daß Du die Schiller-Ausgabe[1] bekommst, freut mich sehr. Ich würde sie an sich auch gern subskribiert haben, habe es aber gelassen, weil ich eine gute und für meine Zwecke brauchbare besitze, die Landesbibliothek die neue anschafft und ich endlich keinen Platz für so raumfressende Neuerscheinungen habe. Ich bin übrigens gespannt, zu erleben, wie lange diese Bände erscheinen können. Mit der wissenschaftlichen Arbeit wird es von Tag zu Tag schwieriger.

<...>

Die Ankündigung einer Apfelsendung hat bei uns beiden großes Entzücken erweckt, bei mir auch um deswillen, weil es ein Gruß aus der Heimat ist. Die Ernte ist hier nicht schlecht gewesen, aber alles fließt durch die unterirdischen Kanäle, und die Mangelwarenkarte ist keineswegs der Talisman, der an die gefüllten Kammern heranführt. So macht ihr uns damit eine sehr große Freude. <...>

Ich habe letzthin zwei Dienstreisen gehabt, eine nach Berlin, wo ich drei Tage war, die andere nach Langensalza. Beide haben eine erfreuliche Ursache gehabt. In Berlin wollte ich bestimmte Teile einer gewaltigen privaten Büchersammlung (35-40.000 Bände), an denen wir ein sehr großes Interesse haben, sichern,[2] in Langensalza eine Sammlung besichtigen, die der Schöpfer und Eigentümer, bestimmt durch die Lektüre meiner Sammler-Erinnerungen, dereinst unserer Bibliothek vermachen will.[3] Auch der Berliner Herr, gerührt von unseren Helferdiensten, hat ein Vermächtnis zu Gunsten des Grabbe-Archivs vor.

In Berlin mußte ich des Nachts dreimal in den Bunker am Anhalter Bahnhofe. Dabei muß ich mich angesteckt haben. Ich kehrte mit einem Schnupfenfieber zurück, aus dem sich eine fieberhafte Bronchitis entwickelte. Ich habe eine Woche lang im Bett gelegen, mich aber rasch erholt. Bei der Rückfahrt von Langensalza hatte ich insofern Glück, als der Zug noch nicht lange aus Kassel heraus war, als diese Stadt angegriffen wurde. Gerade der

---

[1] Gemeint ist die sogenannte „Nationalausgabe“ von Schillers Werken, hg. von Julius Petersen und Friedrich Beißner, deren erster Band 1943 erschien.

[2] Es handelt sich um die Privatbibliothek des Dr. Körner, siehe Teil I, <Einleitung>.

[3] Möglicherweise Hans Dreßler (siehe Teil I).

Bahnhof soll schwer getroffen und es sollen viele Züge vernichtet worden sein. Von Altenbeken aus konnten wir die Vorgänge beobachten, und als unser Zug endlich abfuhr, sahen wir eine gewaltige Rauchsäule unheimlich über der Stelle liegen, wo so viele Menschen den Tod gefunden haben. Dem Geschicke Dr. Wiegands ist es gelungen, die für den Abtransport der Berliner Sachen nötigen Kisten zu bekommen, sie sind auch schon in Berlin eingetroffen, und ich werde demnächst noch einmal hinfahren müssen, um den Abtransport in die Wege zu leiten.

Natürlich macht uns auch die Sicherung der eigenen Bestände große Sorge und Mühe, und dies ist um so bedauerlicher, als unser Archiv nun schon einen Ruf als wissenschaftliches Institut hat, eine Schülerin Kindermanns bereits hier arbeitet und eine Jenaer Medizinerin sich für das kommende Frühjahr angekündigt hat.[4] Auch bei meinen eigenen Arbeiten würde eine auswärtige Bergung mir sehr hinderlich sein. Freilich soll die Sicherheit der Benutzbarkeit vorgehen, und ich müßte mich in das Unvermeidliche fügen. Es ist heute mit der Schriftstellerei auch so'ne Sache. Hat man wirklich das Papier „an Land gezogen", wie der Lipper sagt, um seine Gedanken zu Papier zu bringen, so kann es einem passieren, daß das Manuskript in der Druckerei durch feindliche Einwirkung zu Grunde geht. <...>

Die Arbeit an den Schutzgräben ist für mich sehr anstrengend und die davon herrührende Müdigkeit wird erst gegen Mitte der Woche überwunden.

<...>

Emma und ich grüßen Dich und die Deinen, auch Annemarie, aufs herzlichste und wünschen je nachdem Wiederkehr oder Erhaltung der Gesundheit.

18. Dezember 1943, an Annemarie und Richard Bergmann

Detmold, den 18. Dezember 1943.
Alter Postweg 43.

Liebe Annemarie, lieber Richard!

<...>

Die Berliner Bücher haben wir vor diesen Angriffen nicht mehr sicherstellen können. Der Dr. Koerner besitzt deren etwa 35.000 bis 40.000 und hat zuerst etwa die Hälfte in Paketen (!!) fortgebracht. Damit war er gerade

---

4 Zu beiden siehe Brief vom 26.8.1944 und Kommentar.

fertig, als die beiden schweren Angriffe erfolgten. Wir hatten ihn etwas gedrängt, er schrieb aber, da die Balken die enorme Gewichtsverlagerung nicht aushalten würden, wenn wir gleichzeitig mit der Hauptaktion operieren würden, so mußten wir warten. Dann erfuhren wir, daß die Wohnung verschont geblieben ist, aber er so erledigt sei, daß er für eine Weile sich verschnaufen müsse. Dadurch geht nun wieder kostbare Zeit verloren, aber unmittelbar nach den Angriffen würden wir ja auch keine Möglichkeit des Abtransports gehabt haben. Dr. Wiegand ist unermüdlich im Ausbaldowern von Fahrgelegenheiten, nun aber ist der Dr. K. nicht in Berlin und mittlerweile schon wieder ein Angriff gewesen. Ein Kriminalfilm ist nichts gegen diese Nervenanspannung! Ich habe ihm vor einigen Tagen einen dringenden Brief geschrieben. Ob er die Sache beschleunigen wird, weiß ich nicht.

Nach dem ersten Angriffe auf Leipzig war eine bei uns arbeitende Studentin dort, brachte mir Grüße und die Nachricht, daß der Betrieb und die Ausgabe weitergingen. Ich würde demnächst wieder Fahnen erhalten.[5] Nachher ein zweiter, schwererer Angriff, dem die ganze Innenstadt mit dem Buchhändlerviertel so ziemlich zum Opfer gefallen sein muß. Bei Gustav Fock allein, Sternwarten-Straße, einem unserer größten Aniquariate, sind rund 2.000.000 Bände verbrannt. Dabei ist auch Reclam wieder getroffen, und näheres weiß ich nicht. Ich bin am Dienstag in Hannover gewesen, um mein Manuskript wieder abzuholen, das sie nicht mit der Post oder Bahn schicken wollten.[6] Die Reise hat über 24 Stunden gedauert, denn ich bin 6.56 abgefahren, habe abends in Herford keinen Anschluss mehr bekommen, da die meisten Züge mit unbestimmter Verspätung fuhren, habe von 20.30 bis 5.30 in Herford im Wartesaale gesessen, war aber froh, daß wenigstens das Manuskript erhalten war, wenn ich auch ein Doppelstück habe. Das sehr umfangreiche Buch wäre gedruckt worden, und zwar von der Wirtschaftswissenschaftlichen Gesellschaft zum Studium Niedersachsens. Diese aber hatte ihren Sitz in der Provinzialverwaltung, und mit deren Gebäude sind ihre ganzen großen Papiervorräte zugrunde gegangen. In Herford nun habe ich die Nacht mit einer jungen Detmolderin verbracht (NB: und deren Freunde, einem aus Rußland kommenden Fliegeroffizier), die in Leipzig studiert, und diese hat mir über den Umfang der Zerstörungen der Leipziger Innenstadt sehr genaue Angaben machen können. <...>

---

[5] Gemeint ist die Grabbe-Werkausgabe, die Bergmann beim Reclam-Verlag in Leipzig vorbereitet, siehe auch seinen Brief vom 23.12.1943.

[6] „Grabbe als Benutzer der öffentlichen Bibliothek in Detmold. zugleich ein Beitrag zur Geschichte des deutschen Bibliothekswesens in der 1. Hälfte des 19. Jahrhunderts". Wegen des Krieges erscheint dann 1944 in der Zeitschrift *Archiv für Landes- und Volkskunde von Niedersachsen* nur die Einleitung; das Buch wird erst 1965 als Privatdruck veröffentlicht.

Was das Grabbe-Archiv angeht, so wollen wir es in einem Bergwerke unterbringen, benötigen aber dazu 83 Kisten. Diese müssen angefertigt werden, was Dr. W<iegand> fraglos „hinkriegen“ wird, wie man hier sagt. Dann habe ich hier sozusagen kaum noch eine Existenzberechtigung.[7] Im Januar wird unser Jahrgang wohl gemustert. Ich bin sehr gespannt, was geschehen wird. Für sehr verwendungsfähig halte ich mich nicht. Dr. W. hat aber mit dem <Landes->Archiv so viele Bergungsstellen und ist so viel unterwegs, daß es wohl möglich ist, daß ich als sein Vertreter in der Bibliothek auch nachher noch meine Funktionen habe. Im Ganzen verlieren wir wissenschaftlichen Bibliothekare und wissenschaftlichen Arbeiter jedoch mehr und mehr den Boden unter den Füßen, da die noch vorhandenen Bücher im größten Umfange sichergestellt sind und es mir angesichts der furchtbaren Zerstörungen im Buchhandel, sowohl was das Rohpapier als was die fertig gedruckten Bücher angeht, ziemlich fraglich ist, wo wir künftig unseren Bedarf herbekommen sollen. Ich kann mir auch nicht denken, daß alle die so großzügig begonnenen Ausgaben, wie z.B. die Schiller-Ausgabe, noch sehr weit kommen werden, da der Leihverkehr im Erliegen ist. (Mit dem <oben> erwähnten Archiv meine ich das Landesarchiv.)

<...>

Das „Reich“[8] hat übrigens im vorigen Monat einen Aufsatz über ein spezielles Thema, Grabbe angehend, bei mir bestellt. Ich habe ihm auch geliefert, weiß aber natürlich nicht, ob er gefallen hat und abgedruckt werden wird. Da Ihr die Zeitschrift haltet, werdet Ihr ihn ja sehen.

Nun wünschen wir Euch und Euren Kindern, die hoffentlich alle bei Euch sein können, ein recht gutes Weihnachtsfest, so gut, wie es eben nach den Umständen in diesem fünften Kriegsjahre sein kann. Mit herzlichen Grüßen verbleiben wir

Eure getreuen

[Emma und Alfred]

---

[7] Vgl. den Bericht von der Begegnung mit Major Brüggemann im Oktober 1941: „daß es besser sei, mich dort zu lassen, wo ich sei“ (Brief an Annemarie und Richard Bergmann vom 12.12.1944).

[8] *Das Reich. Deutsche Wochenzeitung*, erschien seit 1933 im Münchener Eher-Verlag (Zentralverlag der NSDAP) (ZDB-ID 125877-1). – Der Aufsatz ist nicht erschienen, siehe Brief vom 20.12.1944 an Alfred Kloß.

23. Dezember 1943, an Annemarie und Richard Bergmann

Detmold, den 23. Dezember 1943.
Alter Postweg 43.

Liebe Annemarie, lieber Richard!

Mit dem herzlichsten Danke für Eure Weihnachtswünsche bestätigen wir Euren Brief vom 19ten d. M. <...>

Daß eine Fahrt nach Berlin heute nicht ganz ungefährlich ist, dessen bin ich mir bewußt. Jedoch glaube ich es meinem Berufe schuldig zu sein, zur Rettung völlig unersetzlicher Werte auch einmal etwas zu wagen. Übrigens ist es nicht ausgeschlossen, daß Dr. Wiegand mit mir fährt. Die Fahrt selbst ist noch ganz ungewiß. Wir haben weder vom Berliner Spediteur bis jetzt die Bestätigung dessen, daß er zu seiner früheren Zusicherung der Hilfe stehen kann, noch ist Dr. Koerner wieder in Berlin. Dr. W. versucht, die Beförderung mit Lastauto durchzuführen.

Nach einem Briefe, den ich gestern erhalten habe, ist Reclam zerstört. Damit werde ich auch meine Hoffnung zu Grabe tragen müssen, die Grabbe-Ausgabe, die der Verlag in Angriff genommen hat, in absehbarer Zeit zu erleben. Hoffentlich sind wenigstens die Manuskripte erhalten.

<...>

Mit guten Wünschen zum kommenden Neuen Jahre für Euch und Eure Kinder

Eure getreuen
<Emma und Alfred>

15. Januar 1944, an Alfred Kloß

Detmold, den 15. Januar 1944
Alter Postweg 43

Liebster Kloß!

Ich danke Dir aufs herzlichste für Deinen Brief vom 20. Dez. und die nachfolgende Postkarte vom 29. Dez. Beide sind natürlich erst nach einem langen Unterwegssein bei mir eingetroffen, wie denn überhaupt die jetzige Langsamkeit der Post irgendwelche Vereinbarungen über Treffen und so fast völlig unmöglich macht.

Daß die Sendung der Hagebutten nicht angekommen ist, tut uns sehr leid. Ich habe hier bei der Bahn den Antrag auf Nachforschung gestellt, aber bis jetzt nichts gehört und gebe sie nun verloren. Wir haben bis jetzt mit Bahnexpreß sehr gute Erfahrungen gemacht, verkehren mit meinen Schwiegereltern nur auf diesem Wege; und abgesehen davon, daß es in letzter Zeit langsamer geht, ist noch nie etwas weggekommen. Meine Frau ist allerdings nicht auf die Idee gekommen, diese Hagebutten versichern zu lassen. Meine letzten Bücherpakete sind wochenlang unterwegs gewesen, so daß wir uns das Paketeschicken ganz abgewöhnt haben. Nun müssen wir auch auf das nächste Jahr vertrösten. Meine Frau trauert auch dem Karton nach. Sie hatte ihren schönsten herausgesucht, der besonders fest war!

<...> Ich habe Anfang dieses Monats die Niederschrift der biographischen Einleitung zum Grabbe-Brevier begonnen.[9] Übrigens soll dieses einen besonderen, kennzeichnenden Titel bekommen. Was sagst Du zu: „Einsam, mit flammender Stirne ...“? Die Niederschrift macht mir aus zwei Gründen große Schwierigkeiten. Erstens kann ich nur leserlich schreiben, wenn ich auf einem glatten Papiere mit Linien oder Linienblatt große lateinische Buchstaben malen kann. Dieses Papier gibt es seit Jahren nicht mehr, und das vom Verlage gelieferte ist zwar noch tintenfest, aber undurchsichtig, so daß ich darauf nur ganz unleserlich schreiben kann und die Arbeit eigentlich gleich in die Maschine schreiben muß, was sehr langsam geht. Zweitens habe ich das Leben Grabbes nun schon das vierte Mal darzustellen, und um nicht fortwährend zum Plagiator an sich selbst zu werden, muß ich meinen Geist gewaltig anstrengen. Vieles habe ich ja doch früher so gesagt, daß es keine bessere Formulierung gibt. Auf der andern Seite will ich jetzt vornehmlich die inneren Daten geben. Der Erschwerungen durch Alarme will ich nicht besonders gedenken. Die Situation ist jetzt hier meistens so, daß selbst die Unentwegtesten in den Keller <gehen.> Die große „Luftschlacht in Mitteldeutschland“,[10] bei der 136 amerikanische Bomber abgeschossen worden sind, hat sich z.T. auch über lippischem Gebiete abgespielt. Mehrere Flugzeuge

---

9 Das Brevier sollte im Münchener Zinnen-Verlag erscheinen. Eine Veröffentlichung gelang zu Kriegszeiten nicht mehr; das „Grabbe-Brevier“ erschien dann im von Kurt Desch übernommenen und umbenannten Verlag 1955.

10 Die *Lippische Staatszeitung* macht am 13.1.1944 auf mit „Der schwärzeste Tag der USA.-Bomber“, der Artikel schreibt von einer: „einzigartigen Luftschlacht vom 11. Januar, die in der ganzen bisherigen Geschichte des Luftkrieges ihresgleichen sucht“, es handele sich um „einen überragenden Erfolg der deutschen Luftverteidigungsstreitkräfte“, und die nebenstehende Ergänzung behauptet ein „Feindgeständnis zu der schweren Luftniederlage“. Ein weiterer Artikel auf der Titelseite meldet „136 Terror-Flugzeuge abgeschossen“.

sind bei lippischen Orten niedergegangen, Bombenabwürfe haben Schaden angerichtet, ein paar Flieger sind mit Fallschirmen auf dem dicht hinter unserem Hause liegenden Königsberge abgesprungen und in Heiligenkirchen festgenommen worden, einer kurz nach der Landung gestorben. Ich habe im Keller des Regierungsgebäudes gesessen, es ist hier mit dem Herausgehen sehr streng, Militärpatrouillen halten die an, die bei Alarm draußen herumlaufen: 30 M Geldstrafe!

<...>

Über Leipzig habe ich von zwei Museumsdirektoren, Dr. Schulze (der „Dolores"-Schulze, Probefahrer) [11] und Dr. Bockwitz [12] vom Buchmuseum, Nachricht geben lassen. Binnen 27 Minuten ist die gesamte Innenstadt einschließlich des Buchhändler-Viertels so gut wie vernichtet worden. „Eine Katastrophe von unvorstellbarem Maße" schreibt Dr. Schulze, und Dr. Bockwitz zählt alles auf, was vernichtet ist. Die Universität mit sämtlichen Instituten, man hat nichts retten können! Die Insel, [13] Brockhaus, [14] Reclam, Bibliographisches Institut,[15] bei Fock[16] allein 2 Millionen Bände verbrannt, überhaupt 99 Prozent sämtlicher Buchhandlungen (Verlage, Sortimente,

---

[11] Friedrich Schulze (1881-1960) war ein Historiker und war 1918-1945 Direktor des Stadtgeschichtlichen Museums in Leipzig. Er promovierte 1903 über „Die Gräfin Dolores. Ein Beitrag zur Geschichte des deutschen Geisteslebens", die Dissertation wurde von Albert Köster – bei dem Bergmann später studierte – in der Reihe „Probefahrten. Erstlingsarbeiten aus dem Deutschen Seminar in Leipzig" 1904 herausgegeben https://de.wikipedia.org/wiki/Friedrich_Schulze_(Historiker).

[12] Hans H. Bockwitz (1884-1954) war von 1929 bis 1954 Direktor des Deutschen Buch- und Schriftmuseums in Leipzig. Er stammte wie Bergmann aus Waldheim. – Beim Luftangriff auf Leipzig am 4. Dezember 1943 wurden die Schausammlung des Museums, zahlreiche Bestände und Kataloge sowie Bockwitz' Manuskript zur „Geschichte des Papiers und seiner Wasserzeichen" zerstört https://de.wikipedia.org/wiki/Hans_H._Bockwitz.

[13] Der Insel-Verlag entstand 1901 und wurde seit 1905 von Anton Kippenberg geführt, bekannt u.a. für seine Goethe- und seine Rilke-Ausgaben sowie die seit 1912 erscheinende Reihe „Insel-Bücherei" https://de.wikipedia.org/wiki/Insel_Verlag.

[14] Der Verlag F.A. Brockhaus war vor allem bekannt für sein mehrbändiges Lexikon, das erstmals 1814 und dann, stetig wachsend, in immer neuen Auflagen erschien. Die 15. Auflage des „Großen Brockhaus" erschien von 1928-1939 in zwanzig Bänden.

[15] Das Bibliographische Institut war (u.a.) die verlegerische Heimat von „Meyers Konversationslexikon". Die achte, NS-gefärbte, Auflage erschien seit 1936 bis zum 9. Band und wurde durch die Zerstörung des Verlagsgebäudes im zweiten Weltkrieg abgebrochen https://de.wikipedia.org/wiki/Meyers_Konversations-Lexikon#8._Auflage_(1936–1942).

[16] Antiquariatsbuchhandlung, siehe Brief an Annemarie und Richard Bergmann vom 18.12.1943.

Kommissionäre, Antiquariate), Haag-Drugulin mit der unersetzlichen Setzerei, bei Spamer der gesamte Satz, die Deutsche Bücherei 2.000.000 Bände verloren, Hr. Kellner, der Direktor von Haag-Drugulin, wahrscheinlich tot, Gerhard Schulze, lange Schatzmeister der Bibliophilen,[17] mitsamt seinen Sammlungen unter den Trümmern seines Hauses begraben, die Stadtbibliothek ausgebrannt, der Börsenverein seine gesamte Bibliothek verloren, das Alte Rathaus mit dem Stadtgeschichtlichen Museum noch glimpflich weggekommen, indem es nur die Partie bis zur Umschrift einschließlich Turm verloren, das Buchmuseum nur bestimmte Sammlungen gerettet. Von Reclam habe ich seit der Zeit nichts mehr gehört. Meine Ausgabe gebe ich verloren. Schlimm, daß große Partien aus dem Manuskript der großen Ausgabe[18] bestanden. Gestern habe ich ferner einen Brief von Prof. Minde-Pouet bekommen, da ich ja die lippischen Schriftsteller für den Neuen Goedeke bearbeiten sollte.[19] Demnach ist die Preußische Staatsbibliothek seit dem 16. Dezember samt den Räumen der Preußischen Akademie nur noch eine Ruine. Unser Chef wurde antelefoniert, ob er nicht zur Unterbringung der Verwaltung usw. ein Gebäude mit 15 Räumen wisse. Als ich das letzte Mal in Berlin war, hatte man mit dem Wegschaffen der Bücherbestände begonnen (mit Ausnahme der bereits gesicherten deutschen Literatur). Wie weit mag man damit gewesen sein! Man kann sich nach diesen dürftigen Angaben ungefähr vorstellen, was dies alles für unser gesamtes Buch-Wesen, unser geistiges Leben überhaupt bedeutet. Was z.B., daß die beiden Lexikon-Firmen, Brockhaus und Bibliographisches Institut, doch, wie anzunehmen, ihr gesamtes Archiv mit Platten-Vorräten, Handapparat, Bildern usw. usw. verloren haben. Die Insel wird hoffentlich rechtzeitig gesichert haben. Wie bedeutend aber deren Archiv gewesen ist, ist danach zu ermessen, daß ich mal sein Archivar werden sollte. Ebenso kann man ermessen, wie es künftig mit unserer Bücherversorgung aussehen wird, der privaten wie der öffentlichen. Wie unsere Bibliothek z.B. im kommenden Etatjahre ihren Bedarf decken soll, ist mir schleierhaft. Übrigens habe ich seit ein paar Tagen den

---

[17] Die *Gesellschaft der Bibliophilen e.V.* wurde 1899 in Weimar gegründet; in der NS-Zeit wurde die Gesellschaft zur Dachgesellschaft aller bibliophilen Gesellschaften in Deutschland https://de.wikipedia.org/wiki/Gesellschaft_der_Bibliophilen.

[18] Die „große Ausgabe" ist Bergmanns geplante historisch-kritische Ausgabe von Grabbes Werken. Schon 1935 schreibt er, die Ausgabe sei „vom Reichsministerium für Propaganda gefördert"; sie sollte acht Bände haben und ursprünglich bei Meyer in Detmold erscheinen (Nellner 1998).

[19] Georg Minde-Pouet (1871-1950), Germanist und Bibliothekar, arbeitete von 1938-1945 an der Preußischen Akademie der Wissenschaften an einer neuen Folge von Goedekes „Grundriss zur Geschichte der deutschen Dichtung". Bergmann hat daran nicht mitgearbeitet.

höchst undankbaren Posten eines Betriebsluftschutzwarts und in dieser Eigenschaft unserem Chef nur den guten Rat geben können, an Büchern wegzuschaffen, was irgend angeht und entbehrlich ist. Denn im Falle einer Katastrophe ist an irgendwelche Rettung doch nicht zu denken. <...>

Der Berliner Verleger, [20] der an eine Faksimile-Ausgabe der „Hermannsschlacht“ denkt, trotzdem Ganymed zerstört, [21] bleibt allen Ereignissen und Schwierigkeiten zum Trotze dabei. Ich bin skeptisch. Mit dem Zinnen-Verlag ist ein sehr angenehmes Arbeiten. Heute wurde ich um Photo fürs Verlags-Archiv gebeten, zu Weihnachten bekam ich Thassilo von Scheffers „Philosophie der Ehe“.[22] Der andere Verleger,[23] der sich für die Sammler-Erinnerungen,[24] die er unbedingt für eine Neuauflage haben will, und die große Grabbe-Ausgabe interessiert, für die ihm Ministerialrat Dr. Erckmann[25] das Papier bewilligt hat, will sich mit mir treffen und schreibt, daß er „Grabbe als Benutzer“ sofort drucken könne! Ich kann aber erst im Februar. Wer weiß, was bis dahin ist!

<...> Die Sicherung des Grabbe-Archivs ist noch in statu quo. Wir können nichts tun, den Gang der Sache zu beschleunigen. Der Eigentümer der Berliner Privat-Sammlung ist schwer erkrankt, muß sich operieren lassen, kann deshalb nicht nach Berlin zurück, von wo er sich nach Tirschtiegel[26] geflüchtet, und wir bangen nach wie vor um diese Kostbarkeiten und unsere Kisten und können nichts tun.

<...>

Das von Dir erwähnte Buch Schwertfegers[27] werde ich mir zu beschaffen suchen. Freilich sind meine letzten Bestellungen durch das hiesige Sortiment samt und sonders ergebnislos verlaufen, die Verlage reagieren auch nicht mehr. Z.B. hatte ich an S. Fischer wegen der Gesamt-Ausgabe Rudolf

---

20 Gemeint ist Kurt Höllger vom Curtius-Verlag, siehe Fn. 78.

21 Nicht ermittelt.

22 Thassilo von Scheffer (1873-1951), Dichter und Übersetzer; seine „Philosophie der Ehe“ erschien 1922; die Neuausgabe im Münchener Zinnen-Verlag erschien 1943.

23 Gemeint ist Curt Brauns, siehe Fn. 79.

24 Bergmanns *Meine Grabbe-Sammlung* erschien 1942; eine Neuauflage kam nicht zustande.

25 Nicht ermittelt.

26 Heute: Trzciel in Polen.

27 Erwähnt im Brief von Alfred Kloß an Bergmann vom 20.12.1943: Rudolf Valentini: *Kaiser und Kabinettschef. Nach eigenen Aufzeichnungen und dem geheimem Briefwechsel des Wirklichen Geheimen Rats Rudolf von Valentini*. Hg. von Bernhard Schwertfeger. Oldenburg i.O.: Stalling, 1931.

Alexander Schröders[28] geschrieben. Ich will aber trotzdem versuchen, das Buch zu bekommen. Wer seine Bibliothek heil durch diesen Krieg bringen wird, wird einen großen Schatz haben. Schade, daß ich mir Grabbes wegen vieles Grundlegende verkneifen mußte.

Dieses nun begonnene Jahr wird ein Übermaß an Schwere für uns bringen. Offenbar liegt den Gegnern doch sehr daran, mit Europa endlich fertig zu werden. Sie werden also die eigentliche zweite Front errichten müssen. Hier viel Aushebung Älterer für Küsten-Artillerie! Ich vermute, daß wir versuchen wollen, die Sache bis zur Präsidentenwahl[29] zu halten, und darauf gewisse Hoffnungen setzen. Sicherlich hat die feindliche Propaganda sehr viel zur Versteifung unseres Widerstandes beigetragen. Wie ungeschickt, nun offen zu schreiben: das Schlagwort von der bedingungslosen Kapitulation habe manches angerichtet und man wolle es nun damit versuchen, von Verständnis für das deutsche Volk usw. zu sprechen! Ich gebe mir die größte Mühe, Deinen Optimismus hinsichtlich der Wirksamkeit der Angelsachsen bei den Friedensverhandlungen zu teilen. Nach dem, was man aus englischen & amerikanischen Quellen über das diktatorische Auftreten Stalins in Teheran[30] liest, habe ich nicht gerade den Eindruck gewonnen, als habe dort angelsächsischer Geist dämpfend gewirkt. Und wenn es den Angelsachsen möglich gewesen wäre, die russischen Ansprüche auf einen Teil Polens, die kleineren baltischen Staaten usw. zu verhindern, so würden sie es doch sicherlich getan haben, da es ihre Propaganda nicht erleichtert, diese Tatsachen mit der Begründung ihres Kriegseintritts in Einklang zu bringen. Ich will diese Schwierigkeiten keineswegs überschätzen, aber sie zeigen doch m.E., daß der Macht der Angelsachsen Stalin gegenüber, der als einziger gegen Europa

---

[28] Rudolf Alexander Schröder (1878-1962); Dichter und Übersetzer. Eine erste, unvollständig gebliebene Ausgabe seiner Werke begann der S. Fischer-Verlag 1939 https://de.wikipedia.org/wiki/Rudolf_Alexander_Schr%C3%B6der.

[29] Gemeint ist vermutlich die Präsidentschaftswahl in den USA am 7.11.1944 https://de.wikipedia.org/wiki/Pr%C3%A4sidentschaftswahl_in_den_Vereinigten_Staaten_1944.

[30] Die Konferenz von Teheran fand vom 28.11. bis 1.12.1943 als erste Konferenz der drei Hauptalliierten im Zweiten Weltkrieg, Großbritannien, USA und Sowjetunion statt https://de.wikipedia.org/wiki/Teheran-Konferenz. Die *Lippische Staatszeitung* berichtet in mehreren Artikeln ab dem 2.12.1943; die Nachberichterstattung zieht sich bis in den Januar 1944. Am 2.12.43 lautet der Aufmacher: „Große Bluff-Offensive gegen Deutschland". Bergmanns Bezugnahme auf „englische und amerikanische Quellen" dürfte sich auf die auszugsweise Wiedergabe derselben in der *Lippischen Staatszeitung* beziehen. Allerdings konnte ich keine Erwähnung eines „diktatorischen Auftretens" Stalins finden; die Artikel konzentrieren sich stattdessen darauf, die Konferenz als ergebnisarme Luftnummer darzustellen.

wesentliche Kriegserfolge nachzuweisen hat, schon heute recht enge Grenzen gezogen gewesen sind. Ich bin auch der Überzeugung, daß ohne Stalins Machtspruch insbes. die Engländer niemals an einen Invasionsversuch denken würden. Churchill soll immer für den „weichen Unterleib Europas“[31] gewesen sein, im Gegensatze zu Marshalls Theorie vom „Sprung über den Kanal“.[32] Du hast auch immer die These von der blutsparenden Politik der Engländer vertreten, die sich bei diesen Plänen schwerlich bewährt, trotzdem USA eine Beteiligung vom 75 v.H. zugesagt haben soll. Auch in Nordafrika scheinen sie Stalin doch schon rechte Zugeständnisse gemacht zu haben, was ihnen bei der Abneigung des Angelsachsen gegen alles Kommunistische sicherlich nicht so leicht gefallen ist. Man kann dagegen vielleicht einwenden, daß man jetzt Zugeständnisse machen müsse, um Rußland bei der Stange zu halten, daß aber die endgültige Regelung auf der Friedenskonferenz noch ganz anders aussehen wird. Hoffentlich ist es einmal so!!

<...>

Zugleich im Namen meiner Frau grüße ich Dich und alle die Deinen aufs herzlichste.

Dein getreuer <Alfred Bergmann>

Sonntag, den 16. Januar 1944.

Ein kleiner Nachtrag:

1) Daß ich gegen Analogieschlüsse etwas mißtrauisch bin, liegt vielleicht auch daran, daß ja bekanntermaßen heute in unserer Propaganda mit einem Analogieschlusse sehr heftig operiert wird: wie in dem Kampfe der Partei auch die schwierigsten Situationen überwunden worden sind, so ..., wie auch damals diejenigen am Ende Recht behalten haben, die an den Sieg geglaubt haben, so ..., wie dagegen diejenigen, die kleinmütig und verzagt das Rennen aufgeben wollten, im Unrecht geblieben sind, so ... wie damals alle Widerstände und Schwierigkeiten, alle Rückschläge und Niederlagen die Partei nur noch fanatischer gemacht hat in ihrem Kampfeswillen und in ihrer Siegeszuversicht, sie dazu veranlaßt hat, sich desto geschlossener um den Führer zu scharen und nicht nachzulassen, so ...

---

31 „[Churchill] got up before a map with his pointer and he kept pointing to Gibraltar, North Africa, the Mediterranean, Sicily and Italy. Finally he said, ‘We should slit the soft belly of the Mediterranean.’“ Zitiert nach der Erinnerung des General Mark Clark https://winstonchurchill.hillsdale.edu/soft-underbelly-fortress-europe/.

32 George C. Marshall (1880-1959), US-amerikanischer General, diente während des zweiten Weltkrieges als Generalstabschef des Heeres für die alliierten Operationen in Europa und im Pazifik https://de.wikipedia.org/wiki/George_C._Marshall.

2) Die neuesten Enthüllungen aus Italien runden allmählich das Bild ab, das man sich von Muss<olini> machen muß. Du hast schon darauf hingewiesen, daß seiner Macht sehr bestimmte Grenzen gesetzt gewesen sein müssen, denn sonst wären ja die revoltierenden oder sabotierenden Generale mit ihren nach wie vor unsozialen Anschauungen nicht möglich gewesen. Jetzt erfährt man weiterhin, daß der eigene Schwiegersohn durch bewußt falsche Berichterstattung die verhängnisvollsten politischen Maßnahmen verschuldet hat,[33] daß er die Schuld daran trägt, wenn Muss<olini> die „verhängnisvolle" Balkanpolitik eingeleitet hat, daß Muss<olini> es nicht fertig gebracht hat, die Gegenwirkungen seines höchst plutokratischen Grafen zu verhindern. Wenn wir dieses jetzt schon erfahren, was wird man alles noch in petto haben. Muß sich einem nicht der Eindruck aufdrängen, als habe sich Muss<olini> selbst über die ihm eigentümliche Macht selbst aufs grausamste getäuscht, als sei er in Wirklichkeit nur ein Schatten seiner eingebildeten Machtvollkommenheit gewesen, so wie er sich auch über das Maß der Durchdringung seines italienischen Volkes mit den Ideen des Faschismus getäuscht hat. Übrigens würde ich in diesem Punkte eher gewisse Analogien gelten lassen, was weiter keiner Ausführung bedarf.

<...>

17. Januar 1944, an die Stadtverwaltung Detmold

Dr. Alfred Bergmann.
Abteilungsleiter an der Lippischen Landesbibliothek.
Detmold, 17. Jan. 1944.

An die Stadtverwaltung der Landeshauptstadt Detmold.
Abteilung Luftschutz.

---

[33] Im Schauprozess von Verona vom 8. bis 10. Januar 1944 waren die Mitglieder des „Großen Faschistischen Rats" angeklagt, die in der Sitzung vom 24./25. Juli 1943 in Rom für die Absetzung Mussolinis gestimmt hatten, darunter der damalige Außenminister und Schwiegersohn Mussolinis Galeazzo Ciano, der im Prozess wegen Hochverrats zum Tode verurteilt und bereits am Folgetag erschossen wurde https://de.wikipedia.org/wiki/Prozess_von_Verona. – Bergmanns Quelle dürfte die Darstellung in der *Lippischen Staatszeitung* vom 12.1.1944 sein. In dem Artikel „Todesurteile für Verräter am Faschismus" heißt es, Cianos „verhängnisvolle Balkanpolitik" sei nur zustande gekommen, „weil Mussolini von seinem Außenminister bewußt falsch über die wahre Lage unterrichtet wurde".

Detmold.
Ich nehme Bezug auf das an Sie gerichtete Schreiben der Direktion der Lippischen Landesbibliothek vom 4. Januar und bedaure, Ihnen erklären zu müssen, daß ich Ihnen den Posten eines Betriebsluftschutzwarts wieder zur Verfügung stellen muß. Nach Lage der Dinge kann ich die große Verantwortung, die dieser Posten mit sich bringt, nicht übernehmen, muß vielmehr nach meinen bisherigen Erfahrungen mit Frau Fritzemeier, der Frau des Hausverwalters, und dessen bei ihren Eltern wohnender verheirateter Tochter, Frau Becher, befürchten, daß in einem Ernstfalle die größten Komplikationen eintreten, indem meine Anordnungen als Betriebsluftschutzwart nicht nur nicht ausgeführt werden, sondern ihnen sogar Widerstand entgegengesetzt wird.

Zur Begründung führe ich, frühere Vorfälle übergehend, an, daß sich am vergangenen Freitag, den 14. Januar Abends, Frau Becher nicht nur erlaubt hat, an meinem Verhalten als Betriebsluftschutzwart in der ungehörigsten Weise Kritik zu üben und mir in dieser Eigenschaft Vorschriften zu machen, sondern mich auch aufs schwerste in meiner Ehre gekränkt hat, und zuletzt, um mir ihren Willen aufzuzwingen, durch tätlichen Angriff versucht hat, in die Freiheit meines Handelns einzugreifen.

Heil Hitler!

17. Februar 1944, an Alfred Kloß

Detmold, den 17. Februar 1944.

Liebster Kloß!

Da ich wegen der Verfrachtung des Grabbe-Archivs in ein Bergwerk sehr viel zu tun habe, auch vorher für meine Ausgabe noch allerhand fertigstellen muß, nach Unterlagen, die mir dann auf absehbare Zeit unzugänglich sein werden, heute nur, nebst dem herzlichsten Danke für Deine letzten Briefe, zwei Nachrichten:

1. hat mir Reclam geschrieben, daß die Ausgabe in absehbarer Zeit nicht erscheinen könne, weil der Verlag so zerstört, daß nur mit Mühe einige Reclam-Bändchen für die Wehrmacht hergestellt werden könnten. Der Setzersaal sei mit allen gerade in Arbeit befindlichen Manuskripten völlig zerstört, darunter auch Teile meines Manuskripts. Es bestehe eine „gewisse“ Hoffnung, daß der Rest im Panzerschranke erhalten geblieben sei, den man noch nicht habe öffnen können. Diese vage Hoffnung teile ich natürlich nicht.

Denn erfahrungsgemäß kommen diese Inhalte nur verkohlt zum Vorschein, wegen der großen Hitze. Das ist für mich natürlich ein großer Verlust, zumal ich Teile des Manuskripts der großen Ausgabe[34] in dieses der kleinen gegeben hatte und diese Teile gerade die mit besonderer Mühe hergestellten waren. Von diesen Texten habe ich auch keine Duplikate, da man ja die Änderungen in eine zerschnittene und aufgeklebte ältere Ausgabe einträgt. Am schmerzlichsten ist es mir aber, daß die Ausgabe jetzt nicht erscheinen kann. Gerade angesichts der Propaganda der Grabbe-Gesellschaft[35] wäre ich in diesem Augenblicke gern damit hervorgetreten.

<...> Hier ist die Grippe nur schwach aufgetreten, soweit mir bekannt. Die Überfülle der sich in den Apotheken drängenden Menschen läßt freilich auf deren Gesundheitszustand allerhand Schlüsse zu. Kein Wunder, da man durch Matsch und Schlicker mit nur ausnahmsweise ganzen oder wasserdichten Schuhen waten muß und die Hausfrauen meist das Anstehen vor oder in den Läden mit gänzlich durchnäßten Strümpfen besorgen müssen!

Für heute nimm mit den Deinen herzlichste Grüße von meiner Frau und Deinem getreuen

<Alfred Bergmann>

2. März 1944, an die Lippische Landesbibliothek

Dr. Alfred Bergmann
Detmold: Alter Postweg 43
2.3.44

Nach einem Schreiben des Wehrbezirkskommandos Detmold, Sachg. IIa, datiert: Detmold, den 28.2.1944, ist mein Tauglichkeitsgrad vom genannten Tage an: bedingt kriegsverwendungsfähig.[36]

---

34 Siehe Fn. 18.

35 Bezieht sich vermutlich auf die Interpretation Grabbes als völkischen Vordenker, wie sie z.B. der Geschäftsführer der Grabbe-Gesellschaft, Heinrich Hollo, vertrat, dazu siehe unten Fn. 117.

36 Nach Beginn des zweiten Weltkrieges wurden auch ältere Jahrgänge gemustert: gegen Ende 1940 waren alle Jahrgänge bis 1900 registriert; danach wurde die Altersgrenze weiter heraufgesetzt: 1944 vom Jahrgang 1894 zum Jahrgang 1884. Damit unterfiel auch Bergmann (Jahrgang 1887) der Musterungspflicht. Auch die gesundheitlichen Kriterien zur Einstufung in die unterschiedlichen Tauglichkeitsklassen wurden mit der Zeit aufgeweicht. Die Einstufung als „bedingt kriegsverwendungsfähig" ist die zweitbeste Einstufung. Vgl. auch Bergmanns Brief vom 6. Juli 1944 an Alfred Kloß.

Befehlsgemäß teile ich dieses hierdurch mit.

An
die Direktion der
Lippischen Landesbibliothek.
Detmold.

9. März 1944, an das Wirtschaftsamt

Dr. Alfred Bergmann.
Abteilungsleiter an der Lippischen Landesbibliothek.
(21) Detmold: Alter Postweg 43
9. März 1944.

An das Wirtschaftsamt.
Detmold.

Auf meinen Antrag vom 5.4.43, Ausstellung eines Bezugscheins für zwei Arbeitskittel betreffend, hat die Wirtschaftsstelle unterm 16.4. den Bescheid erteilt, daß dem Gesuche nach den gegebenen Richtlinien nicht entsprochen werden könne.

Wenn ich heute mein Gesuch, auf einen Arbeitskittel beschränkt, wiederhole, so begründe ich dies folgendermaßen:

Wenn ich auch Abteilungsleiter an der Lippischen Landesbibliothek bin, so bedeutet dies nicht, daß ich meine Tätigkeit lediglich am Schreibtische ausübe. Vielmehr ist sie vielfach von der Art, daß sie die dabei getragene Kleidung erheblich mitnimmt. Zunächst bringt es mein Beruf mit sich, daß ich zur Prüfung fremder, gelegentlich jahrelang nicht mehr gepflegter und darum stark verschmutzter Bibliotheken und zum Auswählen von Werken für unser Institut herangezogen werde. In Kassel habe ich vor längerer Zeit einen dienstlichen Auftrag gehabt, der an sich nur auf Überwachung des Verpackens einer angekauften Bibliothek lautete. Da jedoch der beorderte Angestellte der beauftragten Speditionsfirma infolge eines Unfalls ausfiel, so bin ich, um den Zweck der Dienstreise nicht zu gefährden, genötigt gewesen, mir selbst die zum Transporte notwendigen Kisten auf einem Handwagen heranzufahren und die Bücher selbst zu verpacken. In unserer Bibliothek liegen die Dinge keineswegs so, daß für die jetzt sich infolge der Sicherungsmaßnahmen häufenden Büchertransporte geeignete Leute in genügender Zahl zur Verfügung stünden. Darum halte ich es für meine selbstverständliche Pflicht, selbst mit zuzugreifen.

Demnächst werden wir einen wichtigen, an unsere Bibliothek fallenden Nachlaß mit Lastauto aus Berlin abholen. Auch dabei bin ich beteiligt. Daß ich auch als Betriebsluftschutzwart mit dem Füllen der Wasser- und Sandbehälter, dem Ausprobieren der Schläuche, deren Aufhängen zum Trocknen vielfach zu tun habe, bemerke ich nur nebenbei.

Der Anzug, den ich im Dienst trage, habe ich mir Ende 1942 anfertigen lassen. Daß der verwendete Stoff nicht in dem Maße strapazierfähig ist wie ein im Frieden hergestellter, auch nicht unbegrenzt chemischer Reinigung ausgesetzt werden kann, bedarf keiner Erwähnung. Würde ich einen solchen Anzug bei den erwähnten Arbeiten ungeschützt tragen, so würde er einem Verschleiß ausgesetzt sein, der weit über das normale und erträgliche Maß hinausginge, ohne daß die Möglichkeit bestünde, ihn zu ersetzen. Zu dem Zeitpunkte meines Gesuches verfügte ich nur über einen Arbeitskittel, der so zerfetzt und verschmutzt war, daß es unmöglich war, ihn länger zu tragen, aber auch unmöglich, ihn zu reparieren, da die dazu erforderliche Menge an Nähmitteln gar nicht aufzutreiben war. Mittlerweile hat sich meine Frau an Flicklappen und Nähmitteln so viel zusammengespart, daß sie in der Lage gewesen ist, den Kittel in Stand zu setzen, daß er wieder für einige Zeit gehen mag. Jedoch muß er selbstverständlich ab und zu gewaschen werden, wobei dann damit zu rechnen ist, daß er drei, oder auch fünf Wochen in der Wäscherei sich befindet, und wenn er zurückkommt, muß er dann noch ausgebessert werden. In dieser ganzen Zeit würde ich ohne Arbeitskittel sein, wenn ich mir nicht einen zweiten beschaffen kann.

Es liegt mir völlig fern, hier den Begriff der Repräsentation hineinziehen zu wollen. Immerhin ist zu bedenken, daß ich nicht nur Abteilungsleiter bin, sondern auch in Abwesenheit des Direktors der Landesbibliothek diesen vertrete und von fremden Besuchern der Bibliothek fortwährend bei meiner Arbeit in meinem Kittel angetroffen werde. Ohne auf Äußerlichkeiten übertriebenen Wert zu legen, was in jetziger Zeit doppelt unangebracht wäre, muß ich es doch bezweifeln, daß es im Sinne der Direktion der Lippischen Landesbibliothek und der Landesregierung ist, wenn ich den Besuchern der Bibliothek in einem Arbeitskittel entgegentrete, der zerrissen und übermäßig verschmutzt ist, weil infolge des Mangels an Ersatz keine Möglichkeit besteht, ihn waschen oder flicken zu lassen, oder wenn ich, mit ihm bekleidet, in fremden Häusern tätig bin, um dort uns angebotene Bibliotheken zu sichten.

Aus diesen Gründen wird es nicht unbillig sein, wenn mir wenigstens die Möglichkeit gegeben wird, mir zum Wechsel einen zweiten Arbeitskittel anzuschaffen.[37]

Heil Hitler!

13. März 1944, an Herrn Brand

Dr. Alfred Bergmann.
Abteilungsleiter an der Lippischen Landesbibliothek.
Detmold: Alter Postweg 43.
13.3.44.

Sehr geehrter Herr Brand!

Dem heutigen Zellenabend[38] bedaure ich fernbleiben zu müssen, da mir wegen meines langjährigen Augenleidens ärztlicherseits streng verboten ist, mich in tabaksqualmerfüllten Räumen aufzuhalten.

Heil Hitler!

7. April 1944, an Alfred Kloß

(21) Detmold: Alter Postweg 43.
7. April 1944.

Liebster Kloß!

Am heutigen Karfreitage finde ich endlich die Zeit, wieder einmal an Dich zu schreiben. Die letzten Wochen waren wieder sehr arbeitsreich. Im Dienste alle Vorbereitungen für das Abtransportieren des Grabbe-Archivs, viele Besprechungen, auch in Sachen Betriebsluftschutzwart viel zu tun. Der Zinnen-Verlag hatte noch manche Wünsche zu meinem Brevier: eine Chronik und einen Aphorismen-Anhang. Beides nicht vorgesehen, so daß ich die Werke Grabbes daraufhin nochmals lesen mußte. Endlich die Beschriftung von 32

---

[37] Es ist nicht bekannt, ob der Antrag Erfolg hatte.

[38] In der Gliederung der NSDAP ist die „Zelle" die Ordnungseinheit unter der „Ortsgruppe" und über dem „Block".

Bildern. Unter solchen Schwierigkeiten. Immer wieder mußte ich in den Keller, um irgend ein Buch herauszusuchen, das dann meistens in der hintersten von vier Reihen stand, oder in einer Kartothek etwas nachsehen. Endlich war auch diese Sendung fertig. Ferner haben wir den Nachlaß Georg Richard Kruses aus Berlin geholt.[39] Unser Chef ist mit dem Lastauto mitgefahren, der Leiter der Musik-Abteilung, der von meiner Frau modellierte Herr Schramm,[40] und ich mit dem Nachtzuge. Die Sache klappte fabelhaft. Dr. Wiegand traf zehn Minuten nach uns am Hause Kruse ein. Wir haben bis zum Nachmittage die Kisten gepackt und verladen, dann rasch am Potsdamer Platze gut und billig gegessen und sind die nächste Nacht zurückgefahren. Außer einem Voralarm in Herford kein Alarm die ganze Zeit, aber am Tage unserer Rückkehr in Berlin Tagesangriff! Nachdem ich bis ein viertel zwei geschlafen, mittag gegessen und bis fünf weitergeschlafen hatte, war ich wieder auf dem Posten. In anderer Art interessant war eine Fahrt nach dem Haag, wo ich zwei Tage gewesen bin. Ich habe für die große Grabbe-Ausgabe zwei Bewerber. Der eine[41] hatte mich nach dem Haag eingeladen, weil er dort zu tun hat und wir uns dort in Ruhe besprechen konnten. Dr. Metzger, der ehemalige Chefdramaturg von Bochum, mit dem ich die Grabbe-Ausstellung daselbst gemacht habe und dem ich eigentlich das Zustandekommen der Sammler-Erinnerungen verdanke,[42] ist dort beim Reichskommissar. Er hat seiner zu diesem Zwecke beurlaubten Frau ein Buch über die Bochumer Bühne diktiert. Wir waren den ersten Abend Gäste des Verlegers und haben phantastisch zu Abend gegessen. Am anderen Abend waren wir in einem anderen Lokal, wo es nicht minder feudal herging. Ich will Dir mit der Aufzählung der Speisenfolge den Mund nicht wässerig machen. Das, was ich meiner Frau gern mitgebracht hätte: Überschuhe, eine lederne Handtasche und ein Küchenmesser, gab es leider nicht. Was das zweite angeht,

---

39 Georg Richard Kruse war am 23.2.1944 gestorben; zu Kruse siehe Teil I, Fn. 7.

40 Zu Willi Schramm siehe Teil I, Fn. 113. — Emma Bergmann hatte eine Porträt-Büste Schramms geschaffen.

41 Kurt Höllger, siehe unten Fn. 78.

42 Am Bochumer Theater fand vom 6. bis 13. Juli 1941 eine „Christian Dietrich Grabbe-Woche" statt, in der an acht Abenden die Dramen Grabbes gezeigt wurden. Damit setzte das Theater seine in den 30er Jahren begonnene Festwochen-Tradition fort (vgl. Heinrich 2017). Aus diesem Anlass erschien eine von Dr. Hans-Ulrich Metzger erschienene Festschrift, und in der Städtischen Gemälde-Galerie in Bochum wurde, von Bergmann mit den Stücken seiner Sammlung konzipiert, die Ausstellung „Grabbe und seine Umwelt" gezeigt. Der Erinnerung an diese Ausstellung sei das Buch gewidmet, heißt es auf der Titelseite der im Jahr darauf bei Schnelle in Detmold erschienenen, „im Auftrage des Oberbürgermeisters der Gauhauptstadt Bochum" herausgegebenen „Erinnerungen und Bekenntnisse" Bergmanns mit dem Titel „Meine Grabbe-Sammlung" (Bergmann 1942).

so herrschte auch dort schon die Pappe. Ich habe aber in einem vom unten bis oben mit Waren vollgestopften Warenhause Lebertran, Papier, einem Kamm (aus Holz!) und „Kokkels“[43] in Tomatensauce bekommen. Einen Milchkrug als Ersatz für den uns gemausten bekam ich zunächst nicht, denn in Holland gibt es Porzellankarten, so daß ich keine Punkte hatte. Schließlich habe ich einen punktfreien Steinkrug in einem Kunstgewerbeladen erhalten. Nicht allzu teuer. Im übrigen ist es in Holland sehr teuer. Der andere Verleger war am vergangenen Sonntage samt meinem Freunde Warnecke zum Besuche hier. Er fühlt sich der großen Ausgabe noch nicht ganz gewachsen, da sein Verlag noch jung ist. Somit bin ich des peinlichen Dilemmas, mich für einen von beiden entscheiden zu müssen, enthoben. Um noch einmal auf Berlin zu kommen: die Stadt sah furchtbar aus. Auf der Fahrt von Spandau bis zum Bahnhof Friedrich-Straße haben wir kein Haus sehen können, das unversehrt war.

Da nun das Grabbe-Archiv auf eine unabsehbare Zeit verschwindet und mir höchstens die Handschriften zugänglich bleiben, so habe ich seit Januar sehr forciert an einigen Bänden der großen Ausgabe gearbeitet, um diese zu einem gewissen Abschlusse zu bringen. Ich habe es auch ziemlich geschafft. Von zwei wichtigen Kästen habe ich den einen heute früh durchgenommen, und zum andern hoffe ich morgen noch zu kommen.

<...> Der Leihverkehr ist fast tot. Vor einigen Tagen habe ich aus Breslau wieder einmal etwas bekommen, eine ganz große Ausnahme. Selbst die Auskunftsstelle läßt nichts mehr von sich hören.

Zum Lesen bin ich in letzter Zeit wenig gekommen, da ich jede freie Minute zum Kollationieren verwendet habe. <...>

Pläne können wir jedenfalls nicht machen, so lange unsere sehr tiefgreifenden Sicherungsmaßnahmen nicht durchgeführt sind. Wir haben für den ersten Transport 220 Kisten bestellt. Von diesen haben wir bis jetzt 20! Die Termine schieben sich immer weiter hinaus. Ist dieser Transport bewältigt, so kommen die wichtigen Bestände der Landesbibliothek an die Reihe. Wann wir damit fertig sein werden, ahnt kein Mensch. Dabei müßten wir uns doch für Kiesewald mindestens ein Vierteljahr vorher anmelden.[44] Daran ist leider gar nicht zu denken. Dazu·kommt, daß die Luftschutzmaßnahmen immer weiter greifen und jetzt bei uns ein Bereitschaftsdienst eingerichtet werden mußte. Ein Teil der Gefolgschaft darf, wenn er dran ist, das Weichbild[45] der Stadt nicht

---

[43] Kokkels: Herzmuscheln.

[44] Geplant war ein gemeinsamer Aufenthalt dort, siehe Brief vom 6. Juli 1944.

[45] Weichbild: Anblick und Erscheinungsbild eines urbanen Raumes, einer Stadt, eines Ortes, eines Bauensembles oder Bauwerkes. Rechtshistorisch bezeichnet das Wort den vor den eigentliche Stadtmauern gelegenen Bezirk, der der städtischen Gerichtsbarkeit

verlassen, um bei Alarm jederzeit in der LB erscheinen zu können. Sollte sich die Luftlage weiter verschärfen, so würde ich sogar Bedenken tragen, daß wir uns beide für längere Zeit von hier entfernen. Ich nehme an, daß spätestens im Juli die Entscheidungskämpfe in voller Härte entbrannt sein werden.

Ostersonnabend

Gestern bin ich leider mit dem Briefe nicht fertig geworden. Heute Nachmittag hatte ich einige Besorgungen, da meine Frau eines langen Alarmes wegen am Vormittage nicht in die Stadt gekommen war. Hinterher wurde ich zum Umgraben angestellt, da meine Frau den Samen gern noch in die Erde haben wollte. Es tut mir leid, daß der Brief nun Ostern nicht mehr ankommen wird.

Du fragst in Deinem Briefe vom 10.3. nach dem Hannöverschen Manuskript.[46] Ich habe es selbst zurückgeholt, da an einen Druck jetzt nicht zu denken ist. Mein Versuch, es vervielfältigen zu lassen, ist gescheitert, da Papier nur für kriegswichtige Sachen bewilligt wird. Wenn also beide Exemplare zugrunde gehen, ist die Arbeit von drei Jahren hin. Ich will ein Exemplar mit ins Bergwerk bringen. Das andere ist hier. Kürzlich hatten wir hier eine unangenehme Sache. Durch die Schneeschmelze hatten wir unversehens vierzig cm Grundwasser im Keller, der infolge der allzu billigen Bauweise nicht abgedichtet ist. Da gerade der Luftschutzkoffer[47] unten stand, fand ihn meine Frau im Wasser stehend vor. Du kannst Dir die Bescherung vorstellen: alle Briefe und sonstige Dokumente triefend vom Wasser. Ich trockne heute noch dran. Die farbigen Schnellhefter waren alle abgefärbt und hatten den Schaden vervielfacht. Was mit Schreibmaschine geschrieben ist, geht an, aber die Tintenbriefe sind vielfach ausgelaufen. Wenn Du also einmal aus meinem Nachlasse Deine Briefe zurückbekommen solltest, so denke nicht, ihr Aussehen sei auf lieblose Behandlung zurückzuführen! Auf jeden Fall hatte ich daran einen Vorgeschmack von dem, was einem blüht, wenn hier einmal auf Brandbomben gespritzt werden sollte!

<...>

---

unterworfen war. Der Wortteil „weich“ ist verwandt mit lat. vicus = Siedlung. <https://de.wikipedia.org/w/index.php?title=Weichbild>.

46 „Grabbe als Benutzer ...“, siehe Brief an Annemarie und Richard Bergmann vom 18.12.1943 und Fn. 6.

47 Im Netz findet man das „Luftschutzmerkblatt für Kassel vom 15. Juli 1943“, in dem es heißt: „Jeden Abend packen wir unseren Luftschutzkoffer. Besteck, Teller, Tasse, Notverpflegung, Waschzeug, Wertsachen, Urkunden, Spar- und Kontobücher, Geld und alle Marken nicht vergessen!“ https://www.schule-bw.de/faecher-und-schularten/gesellschaftswissenschaftliche-und-philosophische-faecher/landeskunde-landesgeschichte/module/epochen/zeitgeschichte/ns/wallduern/ab11.pdf.

Was Du mir von Victor Emanuel[48] als Beitrag zu der Frage: Kapitulation der Angelsachsen vor Rußland mitteiltest, ist fraglos als ein Beitrag dazu interessant. Überzeugt hat es mich aber doch nicht. Wie mir scheint, kann man diesem einen Beispiele andere gegenüberstellen, die eher das Gegenteil beweisen: Fall Pucheu z.B.[49] Wenn die angelsächsischen Mächte wirklich das Bewußtsein hätten, daß sie zwar jetzt den Russen allerhand Zugeständnisse machen müssen, um sie bei guter Laune zu erhalten, daß es aber ihrer überlegenen Diplomatie bei den entscheidenden Friedensverhandlungen nicht schwer fallen könne, sie in ihre Grenzen zurückzuverweisen, so kann ich nicht verstehen, warum sich dann die Bedenklichkeiten jener Mächte gegenüber den immer sichtbarer werdenden Machtansprüchen der Russen (Polen, Italien, Jugoslawien, Palästina, arabisches Öl, Algier) zu Bergen türmen, warum man offen von der Torpedierung der Atlantik-Charta[50] spricht und 70 Abgeordnete des englischen Parlaments deswegen eine Interpellation einbringen. Daß übrigens die Russen nach der Rückeroberung der Ukraine[51] und anderer Gebiete gar nicht mehr so sehr auf die Lebensmittellieferungen der Verbündeten angewiesen seien, hat ein amerikanischer Journalist ausdrücklich festgestellt. Dieses Druckmittel würde also, falls die Lage so bliebe, doch kaum mehr anzuwenden sein. Ich bewundere auf alle Fälle die Geradlinigkeit und Selbständigkeit, mit der Du Deine Theorie aufrechterhältst, unbeirrt dadurch, daß Du eine breite Meinungsfront gegen Dich hast, ich kann mich aber des Eindrucks nicht erwehren, daß Du in diesem Falle, verführt durch geschichtliche Parallelen, Dich hinsichtlich der russischen Gefahr einem Optimismus hingibst, von dem ich nur wünschen kann, daß er sich eines Tages

---

[48] Viktor Emanuel III. (1869-1947), König von Italien, löste nach der Absetzung Mussolinis das Bündnis Italiens mit dem Deutschen Reich und ging im September 1943 einen Waffenstillstand mit den Alliierten ein. Daraufhin besetzte die Wehrmacht Norditalien und der König floh mit seiner Familie nach Brindisi https://de.wikipedia.org/wiki/Viktor_Emanuel_III>. Auf welches Geschehen in diesem Zusammenhang sich die Bemerkung über die „Kapitulation der Angelsachsen vor Russland“ bezieht, ist nicht ermittelt.

[49] Pierre Pucheu (1899-1944) war Innenminister von Vichy-Frankreich. Er wurde nach Inhaftierung und Anklage wegen „Defätismus, Landesverrats, Mordes an Widerstandskämpfern“ usw. am 20. März 1944 in Algier hingerichtet https://de.wikipedia.org/wiki/Pierre_Pucheu.

[50] Antlantik-Charta vom 14. August 1941: Erklärung der Regierungschefs der USA und Großbritanniens über gemeinsame Grundsätze einer internationalen Politik https://de.wikipedia.org/wiki/Atlantik-Charta.

[51] Die Rote Armee erorberte das Staatsgebiet der heutigen Ukraine bis Oktober 1944 von der deutschen Besetzung zurück https://de.wikipedia.org/wiki/Geschichte_der_Ukraine_w%C3%A4hrend_des_Zweiten_Weltkriegs.

als nicht gar zu unberechtigt erweisen wird. Ich erinnere mich übrigens, daß Du während der Jenaer Tage dem von Dir richtig geahnten italienischen Zusammenbruche mit großer Spannung und großen Erwartungen entgegensahst und Dir davon eine allgemein günstige Wendung zu versprechen schienst. Es wäre nun gewiß sehr interessant, wenn Du mir einmal schriebst, ob diese Erwartungen eingetroffen sind. Ich hatte ferner im einem meiner letzten Briefe bemerkt, daß die feindlichen Luftangriffe den Widerstandswillen auf unserer Seite vielfach gestärkt zu haben schienen. Darauf antwortetest Du: das behaupte nur unsere Propaganda. Ich glaube, das „nur" trifft nicht ganz zu. Übrigens handelte es sich wohl nicht um die Luftangriffe, sondern auch um die Forderung der bedingungslosen Kapitulation. Die in Teheran von den Angelsachsen akzeptierten russischen Friedensbedingungen sind mit der ausdrücklichen Begründung, sie würden unseren Willen zum Widerstande verstärken, nicht veröffentlicht worden, und lediglich infolge einer Indiskretion in die Öffentlichkeit gekommen. Ähnliches behaupteten die kürzlich nach den USA zurückgekehrten amerikanischen Diplomaten, und endlich konntest Du das Argument auch in der Begründung der 70 Abgeordneten zu ihrer Interpellation über die Atlantik-Charta lesen. Es entspricht ja wohl auch einer allgemeinen menschlichen Erfahrung, daß der Mensch, den man zur Übergabe auffordert mit der Zusicherung, es werde ihn seinen Kopf kosten, lieber weiterkämpft, weil dieses Weiterkämpfen immerhin eine Chance mehr enthält. Wenn auch nicht objektiv, so zum mindesten subjektiv. Jene Begründung war hochinteressant! Endlich wollte ich noch zur Kartoffelfrage sagen, daß ich genau weiß, daß der Ertrag der letzten Ernte sehr hinter dem Bedarfe zurückgeblieben ist.[52] Um so schlimmer ist es dann aber doch, daß man von dieser an sich schon unzureichenden Ernte noch so große Mengen zur Verfütterung an die Schweine bestimmt. Hier bekam man in den Lokalen schon im Januar nur drei Kartoffeln, und während man sich früher noch einen markenfreien Stamm zu dem Markengerichte bestellen konnte, wurde dies jetzt verboten. Dabei soll der neue Minister Backe[53] der unmittelbaren Ölerzeugung (nach dem Muster der Japaner) der mittelbaren

52 „Zwischen 1939 und 1944 reduzierte sich die Getreideernte von rund 24 auf 18 Millionen Tonnen. Im gleichen Zeitraum sank die Kartoffelernte von etwa 51 auf 38 Millionen Tonnen" https://www.dhm.de/lemo/kapitel/der-zweite-weltkrieg/industrie-und-wirtschaft.html.

53 Herbert Backe (1896-1947) war seit 1941 als Staatssekretär für das Reichsministerium für Ernährung und Landwirtschaft für den Lebensmittelnachschub der im Osten kämpfenden Truppen verantwortlich. Am 6. April 1944 wurde er offiziell zum Minister für Ernährung und Landwirtschaft ernannt, nachdem er den Geschäftsbereich faktisch schon seit Jahren geleitet hatte.

(Umweg über den Tierkörper) den Vorzug geben. In der Praxis sieht man noch nichts davon, was mir zu beweisen scheint, daß man sich noch nicht auf eine einheitliche Linie gefunden hat, vielmehr verschiedene Richtungen um die Herrschaft ringen. Von den Berufstätigen, die hier auf das Wirtshausessen angewiesen sind, höre ich jedenfalls bittere Klagen, daß sie mit diesen wenigen Kartoffeln nicht satt werden könnten.

<...>

Mit guten Wünschen für Eure Gesundheit

Dein getr. <Alfred Bergmann>

27. April 1944, an Robert Warnecke

(21) Detmold, den 27. April 1944.
Alter Postweg 43.

Mein lieber Freund!

Sie werden davon überzeugt sein, daß nicht früher geschrieben habe, weil ich nicht früher schreiben konnte. Heute erst in der Tat, da das gesamte Grabbe-Archiv, soweit es wegkommen soll, in Kisten verpackt bereit steht, finde ich die Zeit dazu, diesen Brief zu schreiben und Ihnen wie Ihrer lieben Frau aufs herzlichste zu danken für die warmherzige und wahrhaft freundschaftliche Aufnahme, die Sie mir für eine so lange Zeit in Ihrem Heim bereitet haben. <...>

Kaum hatte ich hier die Post durchgesehen, wurde ich wieder auf Dienstreise geschickt: ich mußte das fragliche Bergwerk begucken und fand es ideal.[54] Wenn wir nun auch das noch schaffen, daß wir heiß dort landen und uns nicht bis dahin oder unterwegs etwas passiert, ist anzunehmen, daß meine Sammlung den Krieg übersteht. Ob ich aber den Zeitpunkt der Tagfahrt erlebe??

Ich habe hier eine betrübliche Nachricht erhalten: Georg Kolbe[55] hat durch eine Luftmine Haus und Atelier mit allen darin befindlichen beendeten oder begonnenen Arbeiten verloren. Ich bin ja kurz vorher noch darin gewesen. Er schreibt mir, daß er unter der erzwungenen Untätigkeit sehr leide und unter

---

54 Das Salzbergwerk in Grasleben für die Auslagerung der wertvollen Bestände der LLB, siehe Teil I, <Einleitung>.

55 Georg Kolbe (1877-1947), wie Alfred Bergmann aus Waldheim stammend, war Bildhauer, lebte seit 1904 in Berlin.

dem Bewußtsein, erst nach Beendigung des Krieges wieder schaffen zu können, eine bei seinem Alter wenig tröstliche Aussicht!

Im „tollen Bomberg“[56] habe ich nur unterwegs weiterlesen können und dabei festgestellt, daß Grabbe darin erwähnt wird, und zwar bei der „schlüpfrigen“ Lektüre (o! o!) neben Voltaire und – wenn ich nicht irre – Rabelais. In dem Kapitel: Die Beichte auf dem Bocke. Wenn Sie also die erste Ausgabe besitzen, so wissen Sie, wem Sie sie letztwillig vermachen. Nach meiner Rückkehr bin ich zur Lektüre nicht mehr gekommen. Denn nun traten vier Soldaten an, und heute Nachmittag ist die letzte Kiste gepackt worden. Ich bin jeden Abend bis 10 oder noch später in der Bibliothek gewesen, dann erst nach Haus gekommen, wo ich die Küche in Stand zu setzen und mir mein Abendbrot zu machen hatte. Denn meine Frau ist noch nicht wieder zurück, und ich weiß auch nicht, wann sie kommen wird.

Es wird sie noch interessieren, das gleich nach meiner Rückkehr aus Hamburg ein Umlauf durchging, der aus dem P-Ministerium kam und sich gegen den immer mehr um sich greifenden Unfug der Abkürzungen und sog. Stummelworte wendet. Also das, was Sie in Hamburg rügten. Das Merkwürdige ist nur, daß dieselben Stellen doch diese Gepflogenheit selbst erst gefördert haben mit NSDAP, BdM, HJ, NSV, NSKK[57] usw. Übrigens ist es auch meine Überzeugung, daß diese Gepflogenheit nicht zu beseitigen sein wird, da sie einer menschlichen Neigung und einem Bedürfnis entspricht. <...>

Ihnen und Ihrer lieben Frau die herzlichsten Grüße Ihres
dankbaren und stets getreuen Alfred Bergmann

29. April 1944, an Annemarie und Richard Bergmann

(21) Detmold: Alter Postweg 43.
29.4.44.

Liebe Annemarie, lieber Richard!

Zunächst muß ich Dir, l<ieber> R<ichard>, mitteilen, daß Deine Karte vom 21.d.M. erst nach dem Termin vom 24.d.M. hier eingegangen ist. Sie erreichte

---

56 *Der tolle Bomberg. Ein westfälischer Schelmenroman* von Josef Winckler, 1923 erschienen.

57 Die Auflösung der Abkürzungen: BdM: Bund deutscher Mädel; HJ: Hitlerjugend; NSV: Nationalsozialistische Volkswohlfahrt e.V.; NSKK: Nationalsozialistisches Kraftfahrkorps (Sondereinheit der SA) http://www.documentarchiv.de/fs/ns_abkuerzungen.html.

mich in einer Zeit höchster Arbeitsfülle, so daß ich erst am heutigen Sonnabend Abend zur Beantwortung komme. Leider kann ich Dir Dein Anliegen nicht erfüllen, da wir seinerzeit den uns zur Verfügung gestellten Ahnenpaß[58] zurückgesandt haben, was Du mir unterm 20. Juni 41 bestätigt hast. Zum Überflusse habe ich auch das gesamte Ahnenpaß-Material durchgesehen und darin in der Tat diesen Paß nicht gefunden.

Die letzten Wochen sind für mich besonders arbeitsreich gewesen, da wir das gesamte Grabbe-Archiv eingepackt haben. Gestern konnte die letzte Kiste zugenagelt werden, und in der kommenden Woche soll der Transport erfolgen. <...> Da ich bestimmte Arbeiten zu Ende bringen mußte, ehe das betreffende Material für längere Zeit unzugänglich wird, so bin ich kaum einen Abend vor halb 11 nach Hause gekommen und hatte dann noch für Aufwasch, Abendbrot und ein wenig Ordnung der Wohnung zu sorgen. Dazu gehäufte Alarme, die doch zu einer wesentlichen Verminderung des Arbeitsertrages führen. Am Donnerstag Abend ist Emma zurückgekehrt und entschädigt mich für die – an sich nicht nennenswerten – Entbehrungen der Zeit des Alleinseins.

Ich bin in den letzten Wochen viel dienstlich unterwegs gewesen. Zunächst mußten wir eilig – wegen der Gefährdung – den Kruseschen Nachlaß aus Berlin abholen. <...> Die zweite Reise führte mich zu einer Versteigerung nach Hamburg, die dritte unmittelbar darauf nach Mitteldeutschland, wo ich mir das Bergwerg besehen habe, in dem unsere Bestände verschwinden sollen. Ich werde mit Dr. W<iegand> wieder die Nacht durch mit dem Lastzuge fahren. Dieses Bergwerk ist ein idealer Bergungsraum, und wenn nicht kurz vorher noch eine Bombe fällt, ist die Aussicht groß, daß meine Sammlung den Krieg übersteht. Es hat unendliche Arbeit gekostet, bis alles soweit war, da Dr. W. die Kisten, das Packmaterial und das Holz für das Treibgas, alles und jedes selbst mit größter Eile besorgen mußte. Als Privatmann würde ich diese Sicherung nie erreicht haben. Jedes einzelne Buch ist in Papier eingepackt worden. Außerdem bin ich zu einer Besprechung mit einem Verleger in Haag gewesen, wo ich mich zwei Tage aufgehalten und interessante Eindrücke gehabt habe. Auch von Hamburg aus habe ich eine Zusammenkunft mit einem Verleger gehabt. Rührigkeit und Unternehmenslust der Herren sind nach wie vor groß. Wenn es Papier gäbe, wären meine Sammler-Erinnerungen schon neu aufgelegt, und auch für andere Pläne ist großes Interesse. Zu einem größeren Aufsatze[59] habe ich dieser Tage die Korrektur gelesen, und das Manuskript für das Werk des

[58] Der Ahnenpass war eine gesetzliche Ausweisurkunde, die Abstammungsnachweise enthielt, und diente ausschließlich zum „Nachweis der arischen Abstammung" https://de.wikipedia.org/wiki/Ahnenpa%C3%9F.

[59] „Grabbe als Benutzer ...", siehe oben Fn. 6.

Zinnen-Verlags[60] ist auch abgeliefert. Der Aufsatz im „Reich" ist noch nicht erschienen, was wohl seiner Länge zuzuschreiben ist.

Reclam hat mir vor Wochen geschrieben, daß nurmehr die Aufschweißung des Panzerschrankes bevorstehe und ich Nachricht über den Befund erhalten werde. Diese Nachricht ist nicht eingegangen, woraus ich schließen muß, daß die Eröffnung des Schrankes nicht geglückt ist. Ich gebe auch den darin befindlich gewesenen Teil des Manuskriptes verloren, da man anderwärts dieselben Erfahrungen gemacht hat wie in der Geschäftsstelle Deiner Fachgruppe. Die Wiederherstellung der Handschrift ist möglich, zum größeren Teile aber erst nach dem Kriege, wenn die betreffenden Handschriften wieder zugänglich sein werden. Die Verhandlungen mit den Verlegern galten z.T. der Frage, die sechsbändige Ausgabe anderwärts erscheinen zu lassen. Jedoch ist die Frage, ob dies mit dem Vertrage mit Reclam zu vereinigen ist, noch nicht beantwortet.

Die Bücher Dr. Körners haben wir nicht mehr retten können. Wir haben auch da die erdenklichsten Anstrengungen gemacht, hatten die Kisten bekommen und auch nach Berlin gebracht, da erkrankte der Dr. K. schwer und begab sich nach außerhalb, alle unsere Bemühungen, ihn dazu zu bringen, daß er uns die Wohnungsschlüssel schicke, waren vergeblich, der Mann stand vor einer Operation auf Leben und Tod, und war zu keinem Entschlusse fähig, und eines Tages erfuhren wir von unserem Vertrauensmanne, daß das ganze Haus in Abwesenheit der Familie ausgebrannt sei. 25.000 Bücher sind zugrunde gegangen, 15.000 hatte er vorher noch wegbringen können. Eine erlesene Bibliothek, die nie wieder zusammenzubringen ist, ist zugrunde gegangen. Darunter Dinge, die wohl auf jeder öffentlichen deutschen Bibliothek fehlen. Unser Schmerz war groß.

Gemustert bin ich nicht wieder worden. Da ich Betriebsluftschutzwart und als solcher nicht zu ersetzen bin, so würde mein Chef alles daransetzen, um mich frei zu bekommen. Die Aussichten auf Einzug sind aber sehr gering. Augenblicklich machen uns die neusten Bestimmungen über Bereitschaftsdienst große Sorge. Unsere Damen sind nur ausnahmsweise gesund und die Zahl der Männer so gering, daß die Anordnungen in der Praxis völlig unausführbar sind. Ich weiß noch gar nicht, wie wir diese Quadratur des Kreises lösen sollen.

<...>

Nun schließe ich mit den herzlichsten Grüßen, zugleich in Emmas Namen, als

Euer getr. Schwager und Bruder <Alfred>

---

60 Das geplante „Grabbe-Brevier", siehe oben Fn. 9.

5. Mai 1944, an Richard Bergmann

Lieber Richard!

<...> Ich bin erst heute früh von unserem Transport zurückgekehrt und die wesentlichen Teile des GrabbeArchivs sind nun endlich unter Tage sichergestellt. Wenn irgend möglich werden wir noch einen zweiten Schub nachfolgen lassen. Unser Lastzug ist am Mittwoch kurz vor Mitternacht hier abgefahren, Dr. Wiegand und ich mit vorn drauf. Die Rückfahrt litt unter ungünstigster Zugverbindung. Wir blieben in der Nacht in Herford liegen und konnten erst dreiviertel sechs weiterfahren. Ich habe im Wartesaale auf vier Stühlen liegend etwa zwei Stunden geschlafen, den Rest heute Vormittag nachgeholt.

In der Hoffnung, daß der Paß sich findet, bin ich mit herzlichen Grüßen, zugleich in Emmas Namen, an Dich, Annemarie, der wir für ihre Zeilen danken, und Eure Kinder

Dein getr. Bruder
<Alfred>

7. Mai 1944, an Annemarie Priester

Dr. Alfred Bergmann.
(21) Detmold. Alter Postweg 41.
5.7.44.

Sehr geehrtes Fräulein Priester!

Da ich bis jetzt noch nichts davon gehört habe, daß man an eine Antwort auf Ihren ausführlichen Brief denkt, so will ich doch den Anfang dazu machen. Es herrscht augenblicklich hier, was man „dicke Luft" nennt. Dr. W<iegand> ist seit der Mitte der vorigen Woche krank, seit Donnerstag Mittag hat er mich mit seiner Vertretung beauftragt. Was ihm fehlt und wie lange er aussetzen wird, ahnen wir nicht.

Daß ich von dieser Vertretung sehr entzückt bin, werden Sie sich denken können.

Vorher hat es reichlich viele Kräche gegeben. Es war sozusagen Revolution auf der ganzen Linie, und die dabei gefallenen Ausdrücke sind, dem Vernehmen nach, so drastisch, daß ich es unmöglich wagen kann, sie vor Ihren

Ohren oder Augen zu wiederholen. Möglicherweise hat die damit verbundene seelische Erschütterung zu der erwähnten Krankheit beigetragen. Es wäre für mich an sich nicht schwer, einiges zur Beruhigung der Gemüter beizutragen. Leider sind mir die Hände gebunden, und ich muß abwarten, bis die Krankheit vorüber gegangen ist. Leider muß ich Sie bitten, sich mit diesen Andeutungen zu begnügen. Nur das will ich verraten, daß es sich um die leidigen Nachtwachen handelt. Unser Wachkorps wird bald ein reines Amazonenkorps sein. Hr. Matako[61] hat wegen zu geringer Entlohnung seinen Posten unter vielerlei Unverfrorenheiten niedergelegt und wird hoffentlich nicht wiederkommen. Hr. Hegel[62] war das letzte Mal auf Dienstreise. Dr. W. ist krank, der Hausmeister[63] gebraucht eine Kur, so ist es nicht verwunderlich, daß es jetzt öfters vorgekommen ist, daß eine Dame mutterseelenallein im Gebäude gelegen hat.

Tagsüber sind wir fleißig dabei, Pakete zu packen, die sich schon zu phantastischen Stapeln häufen. Auch die Kisten sollen endlich kommen.

Dafür sind wir mit Alarmen jetzt weit weniger bedacht worden als vor einiger Zeit.

Das Wetter ist echt lippisch: Regen, Kühle, der Himmel trübe und verhängt. Fast ist man versucht, von herbstlicher Stimmung zu sprechen. Wie dieses Wetter der Ernte bekommen wird, bleibt abzuwarten.

Daß Sie dort in einem Bureau gelandet sind, ist Wasser auf Dr. W's Mühlen gewesen und wird auch Sie sehr enttäuscht haben. Das tut mir leid, und daß so wenig Aussicht besteht, ans Ziel Ihrer Wünsche zu gelangen. Immerhin lernen Sie einmal ganz andere Verhältnisse kennen, Sie leben in einer großen Stadt, in die Sie unter normalen Verhältnissen schwerlich gekommen wären, und zu irgend etwas wird es sicherlich gut sein. Mittlerweile hat sich Ihre Nachfolgerin oder richtiger Platzhalterin ganz gut auf Ihrem Posten eingelebt und die von bestimmter Seite vorhergesagte, mit Ihrem Weggange angeblich verbundene Pleite ist jedenfalls nicht eingetreten.

Daß Fräulein Ridder jetzt nur nachmittags hier arbeitet, werden Sie schon erfahren haben.

---

61 Das Detmolder Adressbuch 1949 nennt einen Richard Matatko (sic) als Musiker, Weinbergstr. 14, möglicherweise der Sohn eines gleichnamigen Vaters, den das Einwohnerbuch von 1941 als Invalide mit Wohnung in der Auguststr. 2 nennt (wo 1949 seine Witwe Karola Matatko wohnt).

62 Nicht ermittelt.

63 Friedrich Fritzemeier.

Ich will nun diesen unter mancherlei Störungen geschriebenen Brief schließen, hoffe, daß Sie von Ihrer Frau Mutter immer gute Nachrichten erhalten, und bin mit den besten Wünschen und Grüßen

Ihr

Alfred Bergmann

5. Juni 1944

Der Bürgermeister
als Ortspolizeibehörde der
Landeshauptstadt Detmold
und örtlicher
Luftschutzleiter.

Detmold, den *5.6. 1944*

Hilfspolizei-Beamten-Ausweis.[64]

Der *Bibliothekar Herr Dr. Bergmann* wohnhaft Straße: *Alter Postweg* Nr. *43* in Detmold ist von mir zum *Betriebsluftschutzleiter in der Landesbibliothek* bestellt worden. Ich ernenne ihn hierdurch für die Zeiten, in denen er in dieser Eigenschaft tätig ist, zum Hilfspolizeibeamten.

Seinen Anweisungen ist sofort und unweigerlich Folge zu leisten.

Die Ernennung zum Hilfspolizeibeamten ist jederzeit widerruflich und gilt längstens für die Dauer der Ausübung des Amtes als *Betriebsluftschutzleiter.*

Inhaber dieses Ausweises ist verpflichtet, ihn bei Ausübung seines Dienstes bei sich zu führen und auf Verlangen an mich zurückzugeben.

In Vertretung:
Schürmann[65]

---

[64] Die kursiv wiedergegebenen Worte sind in den vorgedruckten Lückentext des Ausweises mit Schreibmaschine eingetragen. – Die Ausstellung des Ausweises verdankt sich möglicherweise Bergmanns Klage über seine mangelnde Autorität als Luftschutzwart, siehe Schreiben vom 17. Januar 1944.

[65] Wilhelm Schürmann war stellv. Bürgermeister in Detmold, siehe Teil I, Fn. 70.

5. Juli 1944, an Robert Warnecke

(21) Detmold, den 5. Juli 1944.
Alter Postweg 43.

Lieber Freund Warnecke!

Die lange Zeit, die seit dem Eingange Ihres vom 3. Mai datierten Briefes verstrichen ist, ist mit unaufhörlicher Tätigkeit ausgefüllt gewesen, so daß mein Dank sehr spät kommt. Ich hoffe sehr, daß es Ihnen und Ihrer lieben Frau, trotzdem Hamburg im Heeresberichte wieder mehrfach genannt war, den Verhältnissen nach erträglich gegangen ist. Von mir kann ich das auch behaupten. <...>

Wir stehen noch mitten in den Sicherungsmaßnahmen und ich hatte viel damit zu tun, bestimmte Bücher noch rasch, ehe sie eingepackt wurden, durchzuarbeiten. Es war ein fortwährender Wettlauf. Das Buch „Menschen vom lippischen Boden", das 1930 in der hiesigen Meyerschen Hofbuchhandlung erschienen ist,[66] soll neu aufgelegt werden, und zwar nach gründlicher Durcharbeitung und Erneuerung, weswegen ich den Redaktionsausschuß, zu dem ich gehöre, kurz die Bodenreformer getauft habe. Ich habe jetzt die Durcharbeitung des Neuen Nekrologs, des Meusel, Hamberger usw. abgeschlossen,[67] mit dem Ergebnis, daß sich unsere Liste um rund 45 Personen vermehrt hat.

Mittlerweile sind wieder mehrere Versteigerungen gewesen. Auf der von Karl & Faber[68] hat nur das Grabbe-Archiv zwei Sachen bekommen: einen Scott und eine Übersetzung der Lustspiele des Plautus. Beides zusammen kostet fast 2.000 Mark. Ich selbst bin leer ausgegangen, was seine Erklärung zu einem Teile auf der nächsten Versteigerung fand, die Herr Holzschuh[69] in den Tagen

---

[66] *Menschen vom lippischen Boden. Lebensbilder*. Hg. von Max Staercke. Detmold: Meyer, 1936 http://nbn-resolving.de/urn:nbn:de:hbz:51:1-13943.

[67] Es handelt sich um biographische Nachschlagewerke. Der *Neue Nekrolog der Deutschen* erschien von 1824 bis 1854 in 30 Bänden; der „Meusel, Hamberger" ist das von Johann Georg Meusel und Georg Christoph Hamberger herausgegebene *Das gelehrte Teutschland oder Lexikon der jetzt lebenden teutschen Schriftsteller*, dessen erste Auflage in 23 Bänden in Lemgo 1767-1770 erschien.

[68] Karl & Faber ist ein 1923 in München gegründetes Kunst-Auktionshaus https://www.karlundfaber.de/.

[69] Carl Holzschuh, Antiquar. Die Versteigerung fand statt „auf freiwilligen Antrag und wegen Auflösung der Sammlungen" in Otto Pauls Buchhandlung in Bonn, Bahnhofstr. 34, wie es im Katalog heißt https://digi.ub.uni-heidelberg.de/diglit/holzschuh1944_06_19/0001.

des 19.-21. Juni in Bonn veranstaltete. Dieser Versteigerung habe ich selbst beiwohnen können, ich habe dort für unsere verschiedenen Abteilungen und für mich selbst allerhand schöne Sachen erwerben können, freilich auch nicht gerade billig. Aber diese Zeit dürfte überdies vorbei sein. <...> Die Fahrt <nach Bonn> wäre weniger angenehm gewesen, wenn mir nicht der Regen den Ausblick auf die Zerstörungen des Ruhrgebietes verwehrt hätte. Den hatte ich erst auf der Rückfahrt. In Bonn hatte ich so großes Glück mit den Alarmen, daß ich Stadt und Rhein und das am Montag sich sehr bessernde Wetter genießen konnte wie beinahe in einer Sommerfrische. <...> Von der Stadt habe ich mir so viel angesehen, wie es ging. Im Verhältnis zu anderen Städten kann ich ihre Schäden nur als Schrammen bezeichnen.

<...> Nun will ich für heute schließen. An Urlaub können wir, wenn auch die Urlaubssperre aufgehoben ist, nicht denken, so lange unsere Sicherungsmaßnahmen durchgeführt sind. Ich wäre gern nach Wien gefahren, um dort zu arbeiten. Jedoch ist anzunehmen, daß die von mir benötigten Materialien mittlerweile auch in Sicherheit gebracht worden sind.

<...>

Meine Frau und ich grüßen Sie und Ihre liebe Frau aufs herzlichste.

Stets Ihr getreuer

Alfred Bergmann

6. Juli 1944, an Alfred Kloß

(21) Detmold: Alter Postweg 43.
6. Juli 44.

Liebster Kloß!

Es tut mir schrecklich leid, daß die Pause von meinem letzten Briefe her so sehr lang geworden ist und ich Dich in der Zwischenzeit mit einer eiligen Postkarte aus Bonn abspeisen mußte. Jedoch bin ich diese ganze Zeit hindurch so in Spannung gehalten gewesen und es war vieles so ungewiß, daß es zu einem Briefe nicht kommen wollte. <...>

Unser gemeinsamer Aufenthalt in Kiesewald, wohl schon durch das erledigt, was Du mir schriebst, mußte auch an einer Urlaubssperre scheitern. Überdies wartete ja auch meine Frau auf einen Abruf nach Glotterbad, der aber unbegreiflicherweise bis heute nicht erfolgt ist. Nachher wurde zwar die Sperre wieder aufgehoben; jedoch mußten wir sie für unsere Bibliothek beibehalten, weil wir unmöglich die Sicherungsaktion unterbrechen konnten. Schließlich erkrankte noch mein Chef, ist bis heute krank, und ich habe zu all den Unerfreulichkeiten und Scherereien, die mit dem Posten des Betriebsluftschutzleiters verbunden sind, auch noch seine Vertretung, was immer heißt: ein zweifelhaftes Erbe anzutreten. Das ist die Situation des Tages.

<...> Über Deinem Gesichte <auf dem letztens geschickten Foto> liegt das Leid einer schwergeprüften Generation und die Sorge eines Deutschen um die Zukunft seines Volkes, die Zukunft alles dessen, was Bildung und Kultur heißt, die des menschlichen Geistes überhaupt. Es ist schwer, einem Menschen, der mit so tiefernsten Augen in diese Welt des Grauens und der Zerstörung sieht und um dessen Mund eine solche Bitterkeit liegt, zu seinem Geburtstage Glück zu wünschen. Unsere Begegnung in Jena jährt sich nun bald. Damals hast Du mir gesagt, wann Dein Geburtstag ist. Leider weiß ich den Tag nicht mehr genau; aber in dieser Spanne muß er wohl sein. Was kann ich meinem ältesten Freunde dazu besseres wünschen als daß wir noch den Sieg Dessen erleben, was uns Herzenssache ist, und die Kraft behalten, als Mitglieder einer Art von Traditionskompagnie an einer neuen Zukunft bauen zu helfen.

Nun ist so schweres Leid auch in Eure Familie gedrungen: Deine Schwester, deren jugendliches Bild ich von jener Fahrt nach Hamm her in frischer Erinnerung bewahre, hat ihren ältesten Sohn hergeben müssen. Ich fühle mit Eurem Schmerze und frage mich mit Bangen, wie dieser schwere Schlag auf Deine verehrte Frau Mutter gewirkt haben wird. Aber auch weiter: ob unser Volk diese Todesernte überhaupt noch überwinden kann. Unter den jungen Mädchen im Berufe und der sonstigen Bekanntschaft kaum noch eine, die nicht ihren Verlobten betrauert, ohne Aussicht auf einen Ersatz, in unserer Nachbarschaft fast alle jungen Leute gefallen, wie viele Trauer wird es geben, wenn erst einmal die Verlustlisten von der Normandie bekannt werden oder von Witebst, Minsk und all den anderen im Osten preisgegebenen Städten! Mit Angst und Bangen sehen ich auch die beiden Neffen meiner Frau größer und größer werden. Zwei Söhne haben meine Schwiegereltern im Weltkriege hergeben müssen. Es wäre schrecklich, wenn dieser zweite ihnen neue Opfer auferlegte. Und doch muß man damit rechnen, wie ja auch Du schreibst: es wird nicht der letzte sein!

Da der Gesundheitszustand meiner Frau einen Wohnungswechsel zur gebieterischen Notwendigkeit macht, weil die Steilheit des Berges und der lange Anmarsch zu den Verkaufgelegenheiten eine zu große Anstrengung für sie bedeutet, so haben wir in den vergangenen Wochen mehrere Wohnungstauschsachen sehr betrieben und viel Zeit damit verloren. Am Ende haben wir uns dazu entschlossen, hier wohnen zu bleiben. Einmal gab es in beiden Fällen einen Haken, ferner ist nicht gesagt, daß Detmold nicht auch noch einmal seinen Angriff haben wird, und für einen solchen Fall ist unsere

Lage, fern allen etwa lohnenden Zielen, einer solchen in größerer Stadtmitte-Nähe immer noch vorzuziehen.

Meine Fahrt nach Bonn und mein Aufenthalt daselbst, um an einer sehr interessanten Versteigerung teilzunehmen, war infolge der Spärlichkeit der Alarme recht angenehm, zumal dann auch das Wetter sich besserte. Am Sonntag, den 18. Juni, bin ich mit einer Freundin meiner Frau nach Godesberg gefahren und nach Überquerung des Rheins auf den Drachenfels gefahren. Am Montag und Mittwoch bin ich den Rhein entlang gewandert, nachdem die Geschäfte des Tages erledigt waren, einmal in Gemeinschaft mit Dr. Schill[70] von der Dortmunder Bibliothek, die eigentlich nur noch in der Idee existiert. Das stolze Werk Erich Schultens[71] ist so ziemlich dahin.

<...>

Daß du bedingt k<riegs>v<erwendungsfähig> geschrieben bist, hat m.E. keine Bedeutung. Infolge der Vereinfachung der Bezeichnungen sind wir das alle[72] geworden und auf dem Wehrbezirkskommando hat man mir ausdrücklich gesagt, daß an eine Einziehung unserer Jahrgänge nicht gedacht werde. Dazu ist vielleicht zu setzen: vorläufig. Jedoch werden so weitgehende Entlassungen von Offizieren über 50 vorgenommen, daß es zum mindesten für mich als ehemaligen Reserveoffizier bestimmt auch für spätere Zeit gelten wird. Wie es bei dir liegt, weiß ich allerdings nicht. Die Beanspruchung bestimmter Herren für Stadtwacht, Einsatztrupp, Hundertschaft usw. ist auch hier sehr groß, und die Überschneidungen sind offensichtlich nicht aus der Welt zu schaffen. Ich bin glücklicherweise bis jetzt im allgemeinen davon verschont geblieben, da ich als Betriebsluftschutzleiter gerade genug zu tun habe und mich dabei nicht zerteilen kann. Aber der Leiter unserer Musikabteilung muß, wenn er in Alarmbereitschaft sich befindet, sich bei jedem Vollalarme zu jeder Tages- und Nachtzeit an bestimmter Stelle melden, er muß am Wehrschießen teilnehmen und am folgenden Tage seinen Dienst tun. Dabei wird er sechzig! So sind auch uns die Leiden, die Du von dort aufzählst, nicht fremd.

---

[70] Dr. Adolf Schill (1885-1960), war seit 1928 an der Stadtbibliothek Dortmund und betreute dort die Handschriftenabteilung, verfasste mit Erich Schulz 1932 die „Nomina Westfalica" (Habermann u.a. 1985, 293).

[71] Dr. Erich Schulz (1847-1941), wurde 1907 zur Gründung einer öffentlichen Bibliothek nach Dortmund berufen, die als Einheitsbibliothek aus wissenschaftlicher und öffentlicher Bibliothek geplant war. Schulz baute die Bibliothek mit Sondersammlungen, intensiven bibliographischen Arbeiten und reger Öffentlichkeitsarbeit „zum kulturellen Mittelpunkt Dortmunds" aus; 1932 wurde der Bibliothek der Titel „Landesbibliothek" verliehen (Habermann u.a. 1985, 318).

[72] Vgl. Bergmanns Schreiben vom 2. März 1944.

Nun will ich schließen, damit dieser sehr verspätete Brief endlich wegkommt. Über die allgemeine Lage brauche ich nichts zu sagen. Ich weiß, daß wir uns in ihrer Beurteilung einig sind.

<...> Was ich mit den mir zustehenden 20 Tagen <Urlaub> anfange, weiß ich noch gar nicht. Die Möglichkeiten der Unterkunft sind so gering und die Aussichten, es mit der Ernährung schlecht zu treffen, so groß, daß ich am liebsten hier bliebe oder nach Wien führe, wo aber die Katalog-Sammlung, die ich durcharbeiten muß, mittlerweile auch unzugänglich geworden sein dürfte. Also bleibt diese Frage vorerst offen.

Meine Frau, die von alle den traurigen Nachrichten, die ich ihr vorlesen mußte, sehr bewegt gewesen ist und in deren Namen ich zugleich gesprochen habe, schließt sich meinen Wünschen und Grüßen aufs Herzlichste an.

Getreulich

<Alfred Bergmann>

20. Juli 1944 , an Richard Bergmann

Detmold: Alter Postweg 43.
20. Juli 1944.

Lieber Richard!

Zu unserem siebenundfünfzigsten Geburtstage möchten Emma und ich Dich aufs herzlichste beglückwünschen. <...> Ich bin sehr gespannt darauf, zu hören, wie es nun mit Deiner Firma geworden ist. Das letzte, was Du mir darüber geschrieben hast, war, daß ein Interessent sich meldete, die Gebäude zu besichtigen. Rosodont[73] habe ich in Bonn, wo ich dienstlich war – ich habe Euch von dort eine Karte geschrieben – noch in einem Reform-Geschäft bekommen.

<...> Wir hatten vor kurzem Pläne, einen Wohnungstausch betreffend, um vom Berge wegzukommen. Wir haben es am Ende gelassen, und nun wir dem und jenem erzählen, zu wem wir haben ziehen wollen, werden wir beglückwünscht, daß wir es gelassen haben.

---

[73] „Rosodont“ war 1904 einer der ersten Produktnamen, die für die *Waldheimer Parfümerie- und Toilettenseifenfabrik*, deren Geschäfte Richard Bergmann führte, als Markennamen eingetragen wurde https://de.wikipedia.org/wiki/Florena. Rosodont war eine „Zahnseife“.

Ich bin im Augenblick etwas abgekämpft, da wir heute die letzten Kisten für den zweiten Transport gepackt haben. Dr. Wiegand ist seit einiger Zeit krank, wenn er sich auch hin und wieder sehen läßt, und ich habe seine Vertretung. Dazu kommen große Schwierigkeiten als Betriebsluftschutzleiter mit Nachtwachen usw. Am kommenden Sonntag Nacht soll nun unser Transport ins Bergwerk abgehen, den ich wieder auf dem „Bocke" begleite. Dann ist, bis auf weniges, was in zwei Schränke geht, das gesamte Grabbe-Archiv unter Tage. Es wird dann noch ein großer Transport von Büchern der Bibliothek in über tausend Paketen nach einem Bergungsorte unter Tage abgehen, und dann wird wohl auch einmal von Urlaub die Rede sein dürfen, zu dem bis jetzt keine Pläne gemacht werden konnten. Wie ich ihn verwenden werde, weiß ich noch nicht.

Was meine Beziehungen zu den Verlegern angeht, bin ich jetzt nicht weiter gekommen. Es ist allerhand in der Schwebe, aber begreiflich, daß man Bindungen und Entscheidungen hinauszögert. Auf die Sonderdrucke eines Zeitschriften-Beitrages (Einleitung zu einem nicht zu Stande gekommenen Buche)[74] warte ich täglich. Meine Hoffnung, ein Stück diesem Briefe beifügen zu können, ist leider nicht in Erfüllung gegangen.

<...>

Zugleich in Emmas Namen grüße ich Dich, Annemarie und Eure Kinder aufs Herzlichste.

Dein getreuer Bruder <Alfred>

24. Juli 1944

Bescheinigung zur Benutzung der Eisenbahn

Herr Dr. Bergmann, wohnhaft in Detmold, Alter Postweg 43, ist berechtigt, in der Zeit vom 26. Juli bis 9. August 1944 von Detmold nach Grasleben und zurück zu reisen. Rückreise über Weimar.

Diese Reise soll im Auftrage der Lippischen Landesbibliothek in Detmold durchgeführt werden und dient kriegswichtigen Zwecken.

Detmold, den 24. Juli 1944.
Der Reichsstatthalter
in Lippe und Schaumburg-Lippe
(Landesregierung Lippe)

---

[74] „Grabbe als Benutzer ...", siehe Fn. 6.

Abt. I
Im Auftrage <unleserlich>

9. August 1944, an Robert Warnecke

Detmold, den 9. August 1944.
Alter Postweg 43.

Lieber Freund Warnecke!

Sie sind so schweigsam geworden, daß ich mir schon seit einiger Zeit Sorgen mache. Es wird wohl so sein, daß die Last dieser Zeit Sie so sehr niederdrückt und lähmt, daß Sie neben Ihrer beruflichen Arbeit die Energie nicht aufbringen, etwas darüber hinaus zu tun. <...> Ich selbst bin durch unsere Sicherungsmaßnahmen, durch die zeitweilige Vertretung des Chefs, der auch demnächst eine Kur in Salzuflen machen will, und den ganzen Kleinkram der Verwaltungsgeschäfte kaum zu etwas Vernünftigem gekommen, und nun warten wir darauf, zu erfahren, wie weit unsere Bibliothek durch die uns bevorstehenden einschneidenden Maßnahmen betroffen werden wird. Sollte ich Urlaub bekommen, so will ich ihn dazu verwenden, um in Wien Herrn Hinterbergers große Sammlung von Autographen-Katalogen[75] durchzuarbeiten. Wer aber kann wissen, ob es dahin – oder was bis dahin kommt!

Ich lese im Börsenblatte die Anzeige von Alfred Mührs Buche[76] über Gründgens, erschienen im Verlage J. P. Toth in Hamburg. Da unsere Sortimente natürlich kein Exemplar erhalten und auf der anderen Seite die Hamburger wohl besonders bedacht werden, so wollte ich bei Ihnen anfragen, ob Sie wohl dem Grabbe-Archiv ein Exemplar beschaffen können. Es wäre sehr lieb von Ihnen. Das Problem, wie so kleine Bibliotheken in kleinen Städten wie wir überhaupt noch zu Büchern kommen sollen, ist völlig ungelöst. Dabei sind wir doch darauf angewiesen, bestimmte Werke auf alle Fälle zu bekommen, und ich weiß beim besten Willen nicht, wie das anfangen, es sei denn durch einen gehäuften Briefwechsel mit Sortimenten in größeren Städten, was wieder einen Mehraufwand an Arbeit und Papier bedeutet! Was beides doch angeblich gespart werden soll!

---

[75] Heinrich Hinterberger, Wiener Antiquar, der u.a. für Stefan Zweig tätig war.

[76] Alfred Mühr: *Gustaf Gründgens. Aus dem Tagewerk des Schauspielers*. Hamburg: Toth, 1943. Im Bestand des Grabbe-Archivs mit der Signatur A 899.6.1.41.

Wegen des Volks-Grabbe[77] habe ich am 2. August an Höllger[78] geschrieben. Entscheidet er sich jetzt nicht, so biete ich das Objekt Hrn Brauns[79] an.

Wie ist es bei Ihnen mit den Bucherwerbungen gegangen? Zu meinem Bericht über die Versteigerung in Bonn ist interessant, daß nach einem der letzten Börsenblätter ein Antiquar eine Strafe von RM 10.000,- bekommen hat, weil er bei einer Versteigerung antiquarischer Bücher die zu beobachtenden Vorschriften der Gebrauchtwaren-Verordnung[80] nicht eingehalten hat. Dies kann eigentlich nur Karl & Faber sein.

Ich würde mich sehr freuen, wenn ich bald einmal von Ihnen hörte, und bin mit den herzlichsten Grüßen für Sie und ihre liebe Frau

Ihr stets getreuer
Alfred Bergmann

25. August 1944, an Annemarie und Richard Bergmann

Detmold, den 25. August 1944.
Alter Postweg 43.

Liebe Annemarie, lieber Richard!

<...> Wir sind dankbar dafür, daß Emma überhaupt Aufnahme <in der Kur> gefunden hat. Sie hätte mich auch gern dort gehabt, aber die allgemeine und,

---

77 Gemeint ist eine Werkausgabe für das breite Publikum (im Unterschied zur ebenfalls geplanten wissenschaftlichen Edition der Werke, der „Großen Ausgabe").

78 Kurt Höllger, Verleger des Berliner Curtius-Verlags. Siehe Briefwechsel im Nachlass: Slg 12, Nr. 194.

79 Curt Brauns, Verleger des Alster-Verlags in Wedel in Holstein. Siehe in Bergmanns Nachlass Slg 12 Nr. 510 (Verlagsverträge).

80 Während heute die „Gebrauchtwarenverordnung" regelt, welche Informationen über Herkunft und Ziel ihrer Altware die Händler aufzuzeichnen und zu bewahren haben, schrieb die „Verordnung über Höchstpreise für gebrauchte Waren (Gebrauchtwarenverordnung)" vom 21. Januar 1942 vor, welche Preise „höchstens" „gefordert, gewährt und angenommen" werden dürften. Allerdings heißt es ausdrücklich in §1, Absatz 3: „Den Vorschriften dieser Verordnung unterliegen nicht gebrauchte Gegenstände, die einen Sammler- oder Kunstwert besitzen", Deutsches Reichsgesetzblatt 1942, Nr. 7 vom 27. Januar 1942, S. 43 https://upload.wikimedia.org/wikipedia/commons/d/d8/Deutsches_Reichsgesetzblatt_42T1_007_0043.jpg.

was unsere Bibliothek angeht, besonders kritische Lage verbot mir eine Entfernung von Detmold. Mein Plan war der, meinen Urlaub zu einem Aufenthalte in Wien zu benutzen, wo ich gearbeitet hätte. Die Urlaubssperre hat die Ausführung vereitelt. Dazu kommt, daß zeitweise von der völligen Schließung der Bibliothek die Rede war, daß Dr. Wiegand seinen Gestellungsbefehl hatte, daß er zwar wieder nach Hause geschickt worden ist und nun erst eine Kur in Salzuflen machen will, daß er aber eines Tages doch zum Militär kommen und dann die Leitung der Bibliothek wieder mir obliegen wird.

Wenn Emma hierher zurückgekehrt sein wird, so wird sie, gleich mancher anderen Frau in der Nachbarschaft, zum Einsatz in irgendeiner Fabrik kommen. Ich hoffe, daß dabei auf ihre körperliche Leistungsfähigkeit Rücksicht genommen werden kann.

Wegen meiner Grabbe-Ausgabe hatte ich mit einem anderen Verleger angeknüpft. Diese sehr aussichtsreichen Verhandlungen sind nun durch die einschneidenden Maßnahmen wieder zerstört worden. Ich will mich gern damit abfinden, wenn nur alle diese Arbeit eines Tages Frucht trägt.

Gesundheitlich geht es mir immer noch ganz gut, kleinere Affairen, wie jetzt eine Eiweißvergiftung, nicht gerechnet. Ich will damit nicht sagen, daß mir eine kleine Ausspannung unwillkommen gewesen wäre. Was aber nicht ist, das ist nicht, lautet eine volkstümliche Wendung, mit der auch ich mich tröste. Auf jeden Fall konstatiere ich immer wieder mit Genugtuung, daß meine Arbeitsfähigkeit turmhoch über derjenigen meines Chefs steht, der sieben Jahre jünger ist als ich.

Für heute verbleibe ich mit den herzlichsten Grüßen und guten Wünschen für Euer und Eurer Kinder Gesundheit, zugleich in Emmas Namen,

Euer getr. Schwager und Bruder
<Alfred>

<...>

25. August 1944, an Robert Warnecke

(21) Detmold, den 25. August 1944.
Alter Postweg 43.

Lieber Freund Warnecke!

Für Ihren Brief vom 12. August sowie die freundliche Überlassung von Mührs Buche über Gründgens danke ich Ihnen herzlich. Ich füge diesem Briefe eine Rechnung in doppelter Ausfertigung bei, auf der Sie bitte vermerken wollen, auf welches Konto die hiesige Landeshauptkasse den Betrag überweisen soll. Ich nehme an, daß Sie dergleichen haben. Barauszahlungen sind der Kasse nicht sehr erwünscht. Außerdem versehen Sie bitte die Rechnung mit Ihrem Namen. Ich habe in dem Buche den Bericht über die Prüfung mit Interesse gelesen.

Wie Ihnen ohne Schreibmaschine zu Mute ist, kann ich Ihnen nachfühlen. Ihre Handschrift kann man wenigstens noch lesen. Ich bin froh, daß ich mir vor einigen Jahren eine neue Maschine gekauft habe, bei der nicht sobald eine Panne zu befürchten ist. Sonst Gnade allen denen, mit denen ich korrespondiere!

Ihre Besorgnisse wegen meiner Stellung sind wesentlich unbegründeter als leider umgekehrt die meinen. Die Bibliotheken sollen nicht geschlossen werden, mein Chef ist bei der Regierung, die unsere Schließung von sich aus vorgeschlagen hatte, dringend vorstellig geworden, und es stehen ihm dabei sehr entschiedene Berliner Gutachten zur Seite.[81] In anderer Art bin ich natürlich von den neuesten Maßnahmen stark betroffen. Meine Wiener Reise mußte ich der Urlaubssperre wegen abblasen, und in den Verhandlungen mit Brauns, die rasch in die Breite geraten waren, sind sie gleichfalls sehr brutal hineingefahren. Ich fürchte, daß von seinem Verlage nicht viel übrig bleiben wird. Und wie wird es mit Ihnen werden. Anfangs sollte ja dasjenige, was als „kriegsnahe Belletristik" bezeichnet wurde, verschont bleiben. In den neuesten Bestimmungen war davon keine Rede mehr.

Meiner Frau <...> wird <...> die Fabrik nicht erspart bleiben, wie zahlreichen Frauen der Nachbarschaft auch nicht. Ich kann nur hoffen, daß man nichts von ihr verlangen wird, was über ihre Kräfte geht. Daß es im ganzen sehr hart hergehen wird, unterliegt keinem Zweifel.

<...>

Daß Sie bei den letzten Angriffen auf Hamburg verschont geblieben sind, möge ein Dauerzustand sein. Bei uns ist die Alarmiererei sehr wechselnd. Nach Tagen der Ruhe kommen andere, wo man am Ende gar nicht mehr weiß, was für ein Alarm eigentlich gegeben worden ist.

---

[81] Nicht ermittelt.

Lassen Sie mich heute mit den herzlichsten Grüßen und Wünschen für Sie und Ihre liebe Frau schließen.

Getreulich Ihr

Alfred Bergmann

<...>

26. August 1944, an Alfred Kloß

(21) Detmold, den 26. August 1944.
Alter Postweg 43.

Lieber Freund!

<...> In sehr aussichtsreiche Verhandlungen mit einem neuen Verleger wegen des „Volks-Grabbe" sind sie ebenfalls hineingefahren, und so werde ich diese Pläne auf sehr lange Zeit begraben müssen, nachdem ich noch den Kummer erlebt habe, daß der Hohenstaufen-Verlag in Stuttgart mit einer zweibändigen Ausgabe herauskommt, von Benno von Wiese eingeleitet.[82] Es ist der Vortrag, den er mal in der Grabbe-Gesellschaft gehalten hat und den er nun hier verwendet. Im übrigen ist die Auswahl recht willkürlich. Aber die Universitätsprofessoren haben immer bei den Verlegern offenere Türen gefunden als andere Sterbliche.

Das Manuskript des Grabbe-Breviers liegt seit drei Monaten in der Setzerei. Ob es nun noch gedruckt werden wird???

Mein Chef hatte vorgestern sich zu stellen. Er ist Hauptmann d<er> R<eserve> und war nur der Transporte wegen uz[83] gestellt. Nachts drei Uhr wurde diese Serie wieder abbestellt, und so kann er seiner sehr ramponierten Gesundheit erst einmal in Bad Salzuflen aufhelfen. Daß er hinterher doch geholt werden wird, darf für gewiß gelten. Dann werde ich das fragwürdige Vergnügen haben, die Bibliothek gegen allerhand Attentate von der völligen Schließung an bis zur Verwendung zu allen möglichen anderen Zwecken zu verteidigen. Daß meine schwachen Kräfte dafür nicht ausreichen werden, ist mir jetzt schon klar. Hat ja doch die Macht der Parteistellen, Kreis- und Ortsgruppenleiter eine gewaltige Stärkung erfahren! Vorerst sollen ja die Bibliotheken nicht geschlossen werden. <...>

---

[82] Christian Dietrich Grabbe. *Auswahl in zwei Bänden*. Hg. und eingeleitet von Benno von Wiese. Stuttgart: Hohenstaufen-Verlag 1943.

[83] Bedeutung nicht ermittelt.

Du kannst übrigens froh sein, daß Du noch etwas Urlaub gehabt hast. Auch ich würde eine gelinde Ausspannung recht begrüßen. Aber damit ist es nun aus. Dafür Erhöhung der Arbeitszeit auf 60 Stunden. Wir haben heute früh eine Sitzung deswegen gehabt.

Leider bin ich wieder krank gewesen, jetzt aber wiederhergestellt und von Montag an dienstfähig. Es war eine leichte Eiweißvergiftung, die mir eine Woche der Ruhe und des Ausschlafens gebracht hat. Außerdem bin ich dadurch um den dritten Transport gekommen. Den zweiten habe ich noch mitgemacht und bin vom Bestimmungsorte aus über Weimar und Erfurt, wo ich Augen- und Zahnarzt konsultiert habe, zurückgefahren. In diesen vier Nächten bin ich nur einmal in ein Bett gekommen, die erste Nacht habe ich auf dem Lastauto gesessen und nur stellenweise gepennt, die zweite habe ich mit Hilfe der Polizeiwache bei Archivdirektor Flach[84] in Weimar, einem alten Bekannten, auf dem Sofa geschlafen, die dritte bei meinen Schwiegereltern und die vierte, weil wir mit vier Stunden Verspätung in Erfurt wegfuhren und der Anschlußzug in Altenbeken üblicherweise weg war, in einem Abteil dritter Klasse auf einer Holzbank. Das war aber erst am 26. Juli und folgende. Denn unser Transport mußte immer wieder verschoben werden.

Diese Woche habe ich, wie gesagt, keinen Dienst, weil der Arzt es nicht wollte. Die Hungerei bringt einen leicht herunter, und die Möglichkeiten des Wiederaufstiegs sind gering. Es amüsiert Dich vielleicht, daß ich vorgestern zehn Pfund grüne Bohnen bekommen konnte, die ich uns nicht entgehen lassen wollte, und sie ganz allein als Brechbohnen in sieben Gläser eingeweckt habe. Zur Überraschung für meine Frau! Und als Gegengewicht gegen die doch etwas eingefallenen Backen! Wer weiß, was wir noch mal alles machen müssen, um unser Leben zu fristen!

Was Du mir von Dieters Doktorarbeit schreibst, erlebe ich hier an einer Doktorandin Kindermanns,[85] die über die Bühnengeschichte des Grabbeschen

---

84 Willy Flach (1903-1958), wurde 1934 zum Direktor des Staatsarchiv Weimar und der Thüringischen Staatsarchive berufen https://de.wikipedia.org/wiki/Willy_Flach.

85 Heinz Kindermann (1894-1985), österreichischer Theater- und Literaturwissenschaftler, seit 1933 Mitglied der NSDAP, wurde 1937 an der Universität Münster Direktor des Germanistischen Seminars und ging 1943 nach Wien an das Institut für Theaterwissenschaft. Er erhielt nach Kriegsende 1945 Berufsverbot, konnte jedoch in den 50er Jahren nach formaler Rehabilitierung in die Lehrtätigkeit zurückkehren. Der Wikipedia-Artikel zählt ihn zu den „führenden Literaturwissenschaftlern des 'Dritten Reiches'" https://de.wikipedia.org/wiki/Heinz_Kindermann_(Literaturwissenschaftler).

Lustspiels arbeitet[86] und die 65 Bühnenbearbeitungen natürlich höchstens dann bekommt, wenn sie an Ort und Stelle erscheint. Nun kann sie sich das finanziell nicht leisten. Wer aber nicht, der kommt natürlich nie zum Ziele. Eine medizinische Kollegin Deines Sohnes arbeitet über Grabbes Krankheiten.[87] Sie ist eine Schülerin Kihns[88] (?) in Jena, und womöglich kennt er sie. Sie heißt Dimpfl, ist Münchenerin. Im Oktober will sie mit der fertigen Arbeit hier erscheinen, um mein Urteil zu hören. So eine Arbeit läßt sich heute natürlich noch machen. Ich glaube allerdings nicht, daß sehr viel herauskommen wird. Dazu ist die junge Dame noch nicht weit genug.

<...>

Für heute nimm für Dich und die Deinen meine herzlichsten Grüße und Wünsche für Dein Ergehen.

<Alfred Bergmann>

---

[86] Magdalene Determann (*1920 Osnabrück): *Der zeitgeschichtliche Hintergrund in Grabbes Lustspielen und im „Cid“*. Diss. Münster 1956. – Im Lebenslauf (S. 344) teilt Determann mit, sie habe von Kindermann 1943 ein theaterwissenschaftliches Dissertationsthema bekommen, die Arbeit im Winter 1944/45 abgeschlossen, aber keine Prüfung ablegen können. Ein Teil der Dissertation sei verbrannt, so dass sie Schreiner in Göttingen um ein neues Thema gebeten, dabei „vorbereitende Studien“ im Grabbe-Archiv in Detmold betrieben habe. Aus finanziellen Gründen war Determann gezwungen, die Arbeit zu unterbrechen, und konnte sie erst 1953-55 mit Clemens Heselhaus als Doktorvater vollenden. Alfred Bergmann dankt sie ausdrücklich. Der jedoch war von dem Ergebnis nicht begeistert, wie seiner Besprechung in den *Lippischen Mitteilungen* 27 (1958), 298-300 zu entnehmen https://digitale-sammlungen.llb-detmold.de/periodical/pageview/5609917.

[87] Edeltraut Dimpfl: *Christian Dietrich Grabbe. Eine Pathographie*. o.O. 1947. 20 gez. Bl. 4°. (masch.) München: Diss vom 6. Oktober 1947. – Bergmann hat die Arbeit ebenfalls besprochen, in den *Lippischen Mitteilungen* 29 (1960), 255-256 https://digitale-sammlungen.llb-detmold.de/periodical/pageview/5612781.

[88] Vermutlich Prof. Dr. Berthold Kien, dessen Aufsatz „Zum Stande der Neurolues-Therapie in der Gegenwart“ von 1942 im Literaturverzeichnis von Dimpfls Arbeit genannt ist. – Die Arbeit enthält keine Danksagungen; der tabellarische „Lebenslauf“ der Autorin in der Dissertation gibt keinen Hinweis auf den Doktorvater.

21. Oktober 1944, an Robert Warnecke

Detmold, den 21. Oktober 1944.
Alter Postweg 43.

Lieber Freund Warnecke!

Es ist mir seinerzeit bei der Kürze der mir gelassenen Frist leider nicht möglich gewesen, allen zu schreiben, denen ich hätte schreiben mögen und müssen, so durfte ich mich in Ihrem Falle wohl darauf verlassen, daß Sie von Hrn. Brauns erfahren würden, wohin ich gekommen sei.[89] Von unterwegs hätte ich das Versäumte gern nachgeholt. Jedoch sind wir in den ersten Tagen dazu veranlaßt worden, alles Unnötige zurückzuschicken, unter der Vorspiegelung, unser Einsatz würde nicht sehr lange dauern. Dies rächte sich hinterher nicht nur dadurch, daß wir unter einem empfindlichen Mangel an Wäsche zu leiden hatten, sondern auch dadurch, daß wir keine Briefbogen und -Umschläge mehr beschreiben konnten. Überdies waren auch keine Marken aufzutreiben, zumal das Postamt in Geldern zerstört wurde. In der letzten Woche, nachdem eine Kantine uns in den Stand gesetzt hatte, dem Mangel an Papier abzuhelfen, habe ich endlich an Sie geschrieben, da aber erkrankte ich sozusagen über Nacht und was ich geschrieben war überholt. Ich bin heute vor acht Tagen auf eine etwas abenteuerliche Weise von Walbeck an der holländischen Grenze wieder hier eingetroffen, sehr zur Beglückung meiner Frau, die ich am 25. Juli zum letzten Male gesehen hatte. Ich habe mich gleich in die Behandlung des Arztes begeben, der mir strenge Bettruhe verordnet hat. Der Verdacht, daß die übermäßige Anschwellung von Füßen und Beinen mit den Nieren zusammenhänge, hat sich glücklicherweise nicht bestätigt. So darf ich, wenn auch der hartnäckige Durchfall beseitigt ist, hoffen, daß dieses Intermezzo ohne gesundheitliche Einbuße überwunden worden ist. Die Arbeit selbst hätte mich nicht umgeworfen. Vielmehr haben mehrere Begleitumstände

---

[89] Bergmann wurde am 8. September zur von ihm „Schipperei“ genannten Schanzarbeit am Westwall einberufen, vgl. die ausführliche Schilderung im Brief an Alfred Kloß vom 2.11.1944. – Dazu ergänzende Information von J. Kleinmanns: Es wird sich um den am 10. September 1944 von Detmold und Lage abgegangenen Transport von etwa 470 älteren Leuten und etwa 500 Hitlerjungen gehandelt haben. Dieser ging über Bielefeld – Hamm – Duisburg – Krefeld nach Kaldenkirchen und von dort zum Einsatz in Venlo zum Ausheben von Panzergräben. Von dort am 27. September Verlegung nach Walbeck. Am 10. Oktober beantragte der Leiter der Schanzabteilung, Major a.D. Meurer, die Ablösung der Schanzeinheit. In diesem Schreiben gibt er einige Informationen über Transport, Unterbringung, Verpflegung und Aufgaben, abgedruckt bei Ruppert, Riechert 1998, 304-306.

zusammengewirkt, um meiner Tätigkeit nach genau fünf Wochen eine Schranke zu setzen. Trotzdem darf ich mit einer gewissen Genugtuung feststellen, daß ich eine höchst ungewohnte Tätigkeit unter zeitweise doch sehr schwierigen Verhältnissen habe ausüben können, und zwar länger, als viele andere in jüngeren Jahren. Wie denn überhaupt mein Eindruck von der Gesundheit meiner Kameraden im allgemeinen ein höchst ungünstiger gewesen ist. Von allen meinen Erlebnissen zu erzählen, das will ich gar nicht erst anfangen; es wäre ein Buch darüber zu schreiben. Ob meine Tätigkeit, auf das Ganze gesehen, nützlich gewesen ist, will ich unerörtert lassen. Bereut habe ich meine Ausdauer nicht.

Meine Frau habe ich hier bei leidlicher Gesundheit angetroffen. <...> Glücklicherweise kommt meine Frau aber vorderhand nicht zum <Arbeits-> Einsatze. Offenbar hat man gar nicht Arbeit für so viele.

<...> Wenn ich Ihnen mit diesem Briefe meine letzte Arbeit[90] zugehen lasse, so muß ich auch da beklagen, daß der Stil nicht jenen Grad sorgsamer Durcharbeitung verrät, den ich erstrebe. Die Unruhe, unter der die Korrektur vor sich gegangen ist, verrät sich darin. Es sind ein paar stilistische Unebenheiten stehen geblieben, die sich so leicht hätten beseitigen lassen. Aber auch die Redaktion der Zeitschrift ist darüber hingegangen. Wenn es glückt, so wird ja diese Einleitung mit der eigentlichen Arbeit neu gedruckt. Dann würde ich Gelegenheit haben, diese Mängel zu tilgen. Also seien Sie mir ein strenger Kritiker. Meine Freude, daß in dieser Zeit eine so umfangreiche Arbeit überhaupt noch hat gedruckt werden können, werden Sie trotzdem teilen. Es ist schade, daß der Smidt[91] nicht schon da ist. Denn noch nehme ich meinen Dienst nicht wieder auf, hätte also die schönste Muße zur Lektüre. Während meiner Schanztätigkeit habe ich übrigens an einigen Schon- oder Regentagen (an denen wir nicht ausgerückt sind) Manzonis „Verlobte" in der Leßmannschen Übersetzung gelesen, weil ich diese 800 Seiten in zwei Reclambänden[92] im Rucksack mit mir führen konnte, ohne mich allzusehr zu belasten. Hinterher, schon hier, habe ich zu „Frau Erdmuthens Zwillingssöhnen" von Louise von François gegriffen,[93] womit ich ein Unrecht gegen meine verstorbene Schwester wiedergutzumachen hatte, die mir das Buch einmal geschenkt hat. Hier habe ich freilich einen Kommentar sehr vermißt.

---

90 „Grabbe als Benutzer ...", siehe Fn. 6.

91 Siehe Brief an Warnecke vom 28.11.1944.

92 Daniel Lessmann (1794-1831); seine Übersetzung von Alessandro Manzonis *I promessi sposi* erschien 1827, im gleichen Jahr wie die italienische Erstausgabe, die Manzoni freilich in den 1830er Jahren überarbeitete, um die endgültige Fassung 1840-42 erscheinen zu lassen.

93 Louise von François (1817-1893): *Frau Erdmuthens Zwillingssöhne*. Roman. Berlin: Janke, 1873.

Nun sind Sie also von neuem in eine große Ungewißheit geraten, wie es beruflich mit Ihnen werden soll. Ich atme auf, da Sie wenigstens eine Gnadenfrist haben. Unsere Bibliothek ist weiter im Betrieb, und der Zuzug an neuen „Kunden“ ist stärker als je, aus naheliegenden Gründen. Wie weit aber der Volkssturm uns berühren wird, ist eine noch unbeantwortete Frage. Ich stelle daneben die andere, ob ich nicht klüger handle, mich der Wehrmacht zur Verfügung zu stellen, bei der ich im Offziersrange beschäftigt werden müßte.

Daß ich die Verhandlungen mit Brauns habe ruhen lassen müssen, hat den Vorteil gehabt, daß eine Klärung mittlerweile eingetreten ist. Hr. Höllger stellt sich auf den Standpunkt, daß bereits die mündlichen Besprechungen im Haag für beide Teile verbindlich gewesen seien, gibt aber gleichzeitig zu, daß er wegen anderer Sorgen keine Konsequenz daraus gezogen und meine Angelegenheit wichtigeren hintangesetzt habe. Ich nehme an, daß er mit Druck und Papier so stark in Holland engagiert gewesen ist, daß er sich nicht ohne Verluste von dort zurückgezogen <hat> und deshalb außer Stande ist, jetzt ein größeres Objekt zu übernehmen. Darf ich Sie wohl fragen, ob es eine Stelle gibt, an der ich über diesen Verleger eine zuverlässige Auskunft bekomme. Früher wandte man sich an Schimmelpfeng,[94] es könnte aber sein, daß es für die Verlage noch eine Spezialauskunft gibt. Nach Lage der Dinge wird es darauf hinauslaufen, daß ich mit Wedel[95] abschließe.

Meine Frau hat heute den Brief Ihrer lieben Frau erhalten und läßt einstweilen herzlich dafür danken und erwidern, daß sie auch an Hausfrauensorgen keinen Mangel hat. So wollte sie mir zum Empfange einen kleinen Apfelkuchen backen, wartet aber seit heute Morgen vergeblich auf den gehörigen Gasdruck. An Obst bekommen wir hier leider nur eine bescheidene Menge, da die Apfelernte hier sehr schlecht ausgefallen ist. In Abwesenheit meiner Frau habe ich von Fallobst 5 Gläser Apfelmus eingeweckt.

Mit dem innigen Wunsche, daß ein gnädiges Geschick Sie und die Ihren künftig bewahren möge, grüße ich Sie Beide zugleich im Namen meiner Frau aufs herzlichste als

Ihr stets getreuer

Alfred Bergmann.

---

94 Wilhelm Schimmelpfeng (1841-1913) gründete 1872 ein „Auskunfts- und Kontrollbureau über geschäftliche, insbesondere Kreditverhältnisse“ in Frankfurt/Main, dann Berlin, das er zu einem internationalen Unternehmen ausbaute. Seit 1889 firmierte die Firma unter dem Begriff „Auskunftei Wilhelm Schimmelpfeng“. Die Firma war jahrzentelang die führende Wirtschaftsauskunftei und behielt ihren Namen bis 1992 https://www.deutsche-biographie.de/sfz38643.html.

95 Gemeint ist der Alster-Verlag von Curt Brauns, der die Ortsangabe „Wedel – Holstein“ angab.

30. Oktober 1944, an Annemarie und Richard Bergmann

Detmold, den 30. Oktober 1944.
Alter Postweg 43.

Liebe Annemarie, lieber Richard!

Es ist mir eine Freude, Euch anbei wieder eine Arbeit von mir übersenden zu können, die trotz der Ungunst der Zeiten in recht ordentlicher Ausstattung hat erscheinen können. Es ist allerdings nur die Einleitung, das Buch selbst hat nicht mehr zu Stande gebracht werden können, weil die Papiervorräte einem Luftangriffe auf Hannover zum Opfer gefallen sind.

Bei dieser Gelegenheit benachrichtige ich Euch davon, daß ich vom 10. September an fünf Wochen lang im Notdienst gestanden habe und an der holländischen Grenze im Westwall-Kommando beschäftigt gewesen bin. <...>

Dr. Wiegand hat auch zum Einsatze kommen sollen, ist aber wegen seines Gesundheitszustandes (Schultergelenkentzündung usw.) frei gekommen und hat mich heute mit dem Berge von Schwierigkeiten bekannt gemacht, die unseren künftigen Unternehmungen entgegenstehen. Inwieweit ich etwa für den Volkssturm in Betracht komme, weiß ich nicht. Es wäre die Frage, ob ich mich nicht dann lieber der Militärbehörde zur Verfügung stelle, da ich dann als Offizier eingestellt werden müßte. Was meinst Du, lieber Richard?

Wie mag es Euch ergangen sein und Euren Kindern? Emma und ich würden uns über gute Nachrichten freuen und grüßen Euch allesamt herzlich.

Den 31. Oktober 1944.

Heute bin ich wieder beim Arzt gewesen, der eine Zirkulationsstörung festgestellt und mir vorläufig bis Ende der Woche Liegen verordnet hat. Ich hatte gestern meinen Dienst wieder aufgenommen, muß ihn nun aber wieder aussetzen. Ich hoffe, daß die Ruhe mich allmählich wiederherstellt.

<...>

2. November 1944, an Alfred Kloß

Detmold, den 2. November 1944.
Alter Postweg 43.

Liebster Kloß!

<...>

Daß Euch in einer Zeit, da Ihr gesundheitlich so leiden müßt, auch noch Bombenschaden betroffen hat, bedauern wir so sehr. Wir kommen hier aus den Alarmen und der „akuten Luftgefahr“ auch nicht heraus und hören immer wieder die Detonationen der in der Umgebung fallenden Bomben, müssen uns außerdem vor den Tieffliegern sehr in Acht nehmen. So steht das Schreckgespenst des Bombenschadens jederzeit vor uns, und ich kann mir denken, wie weh es Euch ums Herz gewesen ist, in Eurer Wohnung und vor allem in Deinem Arbeitszimmer mit den Bücherschätzen eine solche Verwüstung angerichtet zu sehen. Wir besprechen hier auch immer wieder die Möglichkeit oder Notwendigkeit der Teilevakuierung. Aber wohin? Und auf welchem Wege? Wo ist heute noch Sicherheit? Macht man es nicht gerade falsch, so wie man es macht? Und wo anfangen? Noch weiß ich nicht, wie man es tragen sollte, wenn man das Schicksal so vieler tausender von Volksgenossen teilen würde. <...>

Wie wäre es mit einer Kur in Bad Meinberg, von dem man so viel Rühmliches hört? Freilich weiß ich gar nicht, ob jetzt dort als Zivilist noch anzukommen ist. Ich hörte von einer sehr weitgehenden Beschlagnahme. Ich habe selbst ins Auge gefaßt, dort einmal eine Kur zu machen.

Nun muß ich Dir vor allem mein langes Schweigen erklären. Am 8. September habe ich noch spät abends die Einberufung zum Notdienst für den 10. September, morgens 6 Uhr, bekommen. Ich hatte damit nicht gerechnet, da ich in Dr. Wiegands Abwesenheit Behördenleiter war. Ich telefonierte sofort mit Dr. W., der in Salzuflen zur Kur weilte, und dieser bestimmte mich, um meine Befreiung wegen Unabkömmlichkeit anzukommen. Es war umsonst, und ich konnte natürlich auch nur bis zu einem bestimmten Punkte gehen. Leider war meine Frau noch nicht zurück, so daß wir uns im ganzen fast ein Vierteljahr lang nicht gesehen haben. Ich bin also am Sonntag, den 10. September, mit einem großen Transport von Lippern nach Holland gekommen und habe an der holländischen Grenze genau 5 Wochen im Westwall-Kommando mit gearbeitet. Ich hatte gehofft, mit den Kameraden auch wieder nach Hause zurückkehren zu können. Da bekam ich, gegen Ende der fünften Wochen, mit einem Male so geschwollene Füße und Beine, daß mich der Arzt, wegen des Verdachts einer Erkrankung der Nieren, als dienstuntauglich zurücksenden mußte. Am

Sonnabend, den 14. Oktober, habe ich mit noch einem Kameraden die sehr beschwerliche Heimfahrt angetreten. Der Marsch durch das am Morgen aufs schwerste bombardierte, noch vielerorts brennende Duisburg bildete den düsteren Abschluß meiner Schippertätigkeit, wenn ich als solchen nicht den Umstand ansehen will, daß wir noch zwischen Lage und Detmold den Angriff eines Tieffliegers zu erwarten hatten, was beinahe eine Panik im Abteil hervorrief. Der Flieger hat es dann vorgezogen, die Straßenbahn zwischen Detmold und Paderborn zu beschießen, was 26 Tote und viele Schwerverwundete zur Folge gehabt hat.

Meine Frau war überglücklich, mich nach so langer Trennung wieder zu sehen. Ich habe mich hier sofort in ärztliche Behandlung begeben. Glücklicherweise ergab der Befund des Urins nichts, was auf eine Erkrankung der Niere hindeutet. Auch das Herz ist intakt. Der Arzt schob die Sache auf Überanstrengung. Ich bekam acht Tage strenge Ruhe verordnet und habe mich von meiner Frau gründlich pflegen und verwöhnen lassen. Manches hatte man doch entbehrt! Dann wieder gelegentliches Aufstehen, und in der Mitte der zweiten Woche zeigte es sich, daß die Gewässer noch immer den regulären Weg verschmähen. Hatte ich insbes. lange gestanden, so hatte sich das Wasser in den Füßen angesammelt, und erst bei Nacht verließ es in Mengen, die weit über das Normale hinausgehen, den Körper. Infolgedessen hat mich der Arzt, den ich vor einigen Tagen erneut konsultierte, nach zwei Tagen Dienst erneut krank geschrieben und zum Liegen bestimmt. Ich werde nun zuversichtlich erst dann wieder zum Dienst kommen, wenn ich völlig wiederhergestellt bin. Möglicherweise werde ich dann erneut zum Einsatze kommen, da die Schanzarbeiten den ganzen Winter hindurch fortgeführt werden sollen. Außerdem sind bereits die Erhebungen zum Volkssturm im Gange. Ich werde aber nach Ansicht des Arztes auf absehbare Zeit für diese Tätigkeiten nicht in Frage kommen. Früher habe ich nie eine solche Zirkulationsstörung – darum handelt es sich – gehabt, und ich sehe auch die inneren Ursachen und Zusammenhänge noch nicht. An die Theorie mit der Überanstrengung glaube ich nämlich deswegen nicht recht, weil die Schwellung auftrat, nachdem ich fünf Ruhetage gehabt hatte, einen wegen schlechten Wetters und vorher vier wegen Nagelbettentzündung an mehreren Fingern. <...>

Von der Episode der Schanzarbeit an der holländischen Grenze wäre ein Buch zu schreiben. Ich muß mich mit Andeutungen begnügen. Bei der Auswahl der Hundertschaften hatte man offenbar solche Männer bevorzugt, von deren hundertprozentiger Bindung an die Partei man nicht überzeugt war. Sie sollten offenbar durch eine glanzvolle Demonstration der Leistungen der

Partei seelisch erschüttert und aus Saulussen zu Paulussen[96] umgewandelt werden. Einige Ausnahmen bestätigen die Regel. Diese Herren waren vielleicht auch nur aus Versehen mit auf die Liste gekommen. Sie bedurften natürlich keiner Bekehrung mehr und hauten deswegen schon nach wenigen Tagen wieder ab, so daß wir nach einiger Zeit „ganz unter uns“ waren! Die erwähnte Absicht wurde natürlich aufs glänzendste erfüllt: die Organisation klappte hervorragend: sorgfältig vorbereitete Quartiere nahmen uns in Venlo auf, die Unterbringung in dem „Spargeldorfe“ Walbeck, unserm zweiten Standquartiere, war nicht minder fürstlich, die Verpflegung hervorragend, die ärztliche Betreuung zeichnete sich durch liebevolle Sorgfalt aus, Medikamente standen in friedensmäßiger Fülle zur Verfügung, kamen Kranke in die Heimat zurück, so wurden sie von einem Stabe von Krankenschwestern und Herren in Uniform betreut, die lieber auf ihr Auto verzichteten, als daß sie es mit angesehen hätten, daß diese Männer, die sich im Dienste des Vaterlandes krank gearbeitetet hatten, auch nur einen Schritt zu Fuße gehen mußten. Nimmt man hinzu, daß wir Rauchwaren in Menge und pro Tag zwei Mark Löhnung bekamen, so ist es keine Wunder, daß es Bekehrungen über Bekehrungen gab. Wer bisher der Bewegung skeptisch gegenübergestanden hatte, schlug reuevoll an seine Brust und ging in sich, die fehlenden Prozente schleunigst zulegend, wer sie gemieden hatte, fasste für die Heimkehr die entscheidendsten Vorsätze, Ketzereien und politische Witze, die sich wohl ab und zu in der ersten Zeit schüchtern an die Oberfläche gewagt hatten, verstummten mehr und mehr, und zum Schlusse konnte man nur von einem rauschenden Triumphe der positiven Haltung sprechen, die auf der ganzen Linie gesiegt hatte. Dies miterlebt zu haben ist mir der schönste Gewinn. Wo hätte ich sonst die Gelegenheit finden sollen, wochenlang in so intimem Kontakte mit so vielen Volksgenossen der verschiedensten Schichten zu leben!

Was nun die Erfahrungen meiner Frau in Glotterbad angeht, so muß ich leider von einem Reinfalle sprechen. Wem das Sanatorium eigentlich gehört, weiß ich nicht. Offenbar irgend einer Organisation, die nur finanziell, nicht aber weltanschaulich interessiert ist, so daß Br<auchle>[97] einen sehr

---

96 Die Redewendung „vom Saulus zum Paulus“ bezieht sich auf die biblische Apostelgeschichte: Christenverfolger Saulus lässt sich nach einer Christuserscheinung taufen und wird unter dem Namen Paulus der bekannteste Verkünder der neuen Religion.

97 Alfred Brauchle (1898-1964), Arzt und Naturheilkundler; 1943 verlieh ihm Adolf Hitler den Titel eines Professors. In den Jahren 1943-1946 war er Chefarzt am Sanatorium Glotterbad („Schwarzwaldklinik“) bei Freiburg im Breisgau, nach seiner Entnazifizierung 1949 wirkte er weiter als Arzt. 1951 wurde er Vorsitzender des Zentralverbandes der Ärzte für Naturheilverfahren https://de.wikipedia.org/wiki/Alfred_Brauchle. Sein *Handbuch der*

schweren Stand hat und sich – bis jetzt wenigstens – nicht durchzusetzen vermag. Dieses Glotterbad scheint mir ein richtiges Plutokraten-Sanatorium zu sein. Von einer unparteiischen Handhabung des Grundsatzes, daß kein Volksgenosse länger als vier Wochen dortbleiben dürfe, war keine Rede, wer zu besonderen Leistungen befähigt war, dem wurde der Aufenthalt beliebig verlängert, dagegen sehr schofel [98] behandelt, wer nicht im Pelzmantel vorgefahren war. Die Zahl der Ärzte stand im umgekehrten Verhältnis zu der Intensität der Behandlung. Meine Frau mußte ewig warten, bis es überhaupt zu einer Untersuchung kam. Von einer energischen Behandlung auch nur eines ihrer Leiden ist gar keine Rede gewesen. Kaum hatte man das eine oder andere getan, war auch die Zeit schon herum, und sie mußte abfahren. <...> Ich will nicht sagen, daß meine Frau ohne jeden Gewinn oder Fortschritt geschieden sei, aber von einer erheblichen Besserung ihrer Galle, ihres Rheumas, ihrer Mandeln usw. kann gar keine Rede sein. Die Verpflegung ist so dürftig gewesen, daß sie nachher, bei ihren Eltern, kaum zu sättigen gewesen ist.

<...>

Unsere Bibliothek bleibt voll geöffnet. Täglich melden sich neue Leser. Auch betreuen wir die Lazarette. Freilich werden wir wohl mehr noch zusammenrücken müssen, um neuen Behörden Platz zu machen. Mein Bruder schrieb gestern sehr ungünstig über die Verlagerung in seinem Fache, d.h. Erzeugung der Seifen usw. in Frankreich. Sie habe sich nach den sich überstürzenden Ereignissen nach dem Durchbruche bei Avranches [99] als zwecklos und verlustreich erwiesen; seine Befürchtungen hätten sich vollauf erfüllt! Ich kann mir von der Lage seines Betriebs kein klares Bild machen; sie ist auch wohl reichlich kompliziert.

Ich danke Dir nun noch für Deine beiden Briefe vom 14. September und 15. Oktober. Nachgesandt konnte mir keine Post werden. Es ist viel verloren gegangen, fast vier Wochen lang sind wir alle ohne jede Nachricht von zu Hause gewesen, und ich konnte nicht schreiben, da wir keine Marken bekamen. Ich muß mich nun wieder legen, da meine Beine längeres Sitzen noch nicht vertragen.

Naturheilkunde auf wissenschaftlicher Grundlage von 1933 erschien nach Kriegsende in der „8., neubearbeiteten Auflage" 1952. Vgl. auch Fn. 132.

[98] „Schofel": in empörender Weise, gemein, böse, niederträchtig https://de.wiktionary.org/wiki/schofel.

[99] Die deutsche Niederlage in der Kesselschlacht von Falaise, bzw. beim „Durchbruch bei Avranches" der Alliierten (12.-21. August 1944), bedingte den Rückzug der Wehrmacht über die Seine und damit aus dem größten Teil des besetzten Frankreich https://de.wikipedia.org/wiki/Kessel_von_Falaise und https://de.wikipedia.org/wiki/Operation_Cobra.

Möchtet Ihr nun von weiteren Unbilden des Krieges bewahrt blieben und Eure gesundheitlichen Verhältnisse sich doch allmählich bessern. Entscheidendes würde freilich erst dann geschehen können, wenn der seelische Druck von uns genommen ist, der sich auch bei meiner Frau zusehends bemerkbar macht, indem sie des Nachts laut aufschreiend aus dem Schlafe fährt. Wann aber werden wir dies erleben?

<...> Leb wohl, mein guter Kloß! Zugleich im Namen meiner Frau grüße ich Dich und alle die Deinen aufs herzlichste.

Dein getreuer <Alfred Bergmann>

15. November 1944, an Gisela Winter

(21) Detmold, den 15. November 1944.

Sehr geehrtes Fräulein Winter!

Als ich von der holländischen Grenze zurückkam, wohin auch Sie mir einen freundlichen Gruß geschickt hatten, da fand ich unsere Bibliothek recht leer geworden. Zu denen, die ich nicht mehr antraf, gehörten auch Sie, und so haben wir jetzt die Rollen getauscht: ich bin wieder heimgekehrt und muß mich einem Gruße anschließen, der zu Ihnen in den Einsatz hinausgeht. Ich möchte Ihnen vor allen Dingen wünschen, daß Ihre dereinstige Rückkehr unter günstigeren Umständen vor sich gehe, als die meinige es getan hat. Meine Hoffnung, mit der Eisernen Garde oder, wie wir es nannten, dem Fähnlein der sieben Aufrechten, heimkehren und also bis dahin allen den Schwierigkeiten standhalten zu können, die ein stetes Abbröckeln unseres ursprünglichen Bestandes bewirkten, ist leider nicht in Erfüllung gegangen, und nach genau fünf Wochen befand ich mich mit dem Dienstuntauglichkeitsvermerk des Arztes auf dem Krankenscheine auf der Rückfahrt, die von den Flammen des noch vielerorts brennenden Duisburg schauerlich genug beleuchtet wurde. An eine sofortige Wiederaufnahme des Dienstes war leider nicht zu denken, vielmehr habe ich mit kurzer Unterbrechung vier Wochen zu hause bleiben und viel liegen müssen, um einigermaßen wiederhergestellt zu werden. Ganz ist dies noch nicht der Fall, jedoch hoffe ich, daß die Zeit die Störungen im Haushalte meines Körpers völlig beseitigen wird. Selbstverständlich verkenne ich über diesem Mißgeschicke nicht die vielen erfreulichen Eindrücke und Beobachtungen, und wünsche Ihnen recht sehr, daß diese bei Ihnen das weniger Angenehme, das ja nicht ausbleiben wird, jedenfalls weit überwiegen und die Zeit nicht fern ist, da Sie an Ihren Arbeitsplatz zurückkehren dürfen!

Heil Hitler!
Ihr <Alfred Bergmann>

28. November 1944, an Robert Warnecke

(21) Detmold, den 28. November 1944.
Alter Postweg 43.

Lieber Freund Warnecke!

Aus Ihrem Briefe vom 17. November, für den ich Ihnen herzlich danke, habe ich zu meinem Schmerze ersehen, daß wir immer mehr Anlaß haben, uns um Gesundheit, ja um Leben unserer Hamburger Freunde die größten Sorgen zu machen. In welcher Gefahr haben Sie nun wieder so oft geschwebt, und wie dankbar müssen wir sein, daß sie an Ihnen Beiden vorübergegangen ist. Aber auch hier weiß keiner mehr, ob er noch lange am Leben ist. Die Alarme jeder Rangstufe häufen sich von Tag zu Tag, die Detmolder werden immer unruhiger, fürchten einen Angriff, und können mit einiger Berechtigung darauf hinweisen, daß gelegentliche Bombenabwürfe immer näher kommen. Die Sonntag-Vormittage sind immer besonders unruhig. Am vergangenen haben sie u.a. das Hermannsdenkmal bombardiert, aber, soviel ich weiß, nicht getroffen. Außerdem sind auch die Bordschützen eifrig dabei, besondere Ziele zu beschießen. Dazu kommt, daß an elektrischem Strom, Gas oder Wasser immer wieder streckenweise große Knappheit ist, so daß wir gelegentlich gezwungen sind, im Dunkeln im Luftschutzkeller zu sitzen, was sich an der Bibliothek bei akuter Luftgefahr nun doch eingebürgert hat. Glücklicherweise sind der Stunden, in denen ich lesen kann, doch sehr viele, was Sie daran erkennen mögen, daß ich jetzt mit Spielhagens „Problematischen Naturen“ [100] fertig geworden bin. Allerdings habe ich daran auch zu anderer Zeit gelesen, aber doch nur nebenher.

Nun will ich Ihnen ferner den Empfang von Smidts Roman „Hamburg und die Antillen“[101] mit dem herzlichsten Danke bestätigen. Er ist insofern

---

[100] Friedrich Spielhagen (1829-1911), Schriftsteller. Der vierbändige, rund tausendseitige Roman *Problematische Naturen* erschien 1861.

[101] Heinrich Smidt: *Hamburg und die Antillen. See-Roman aus der Zeit des vorigen Jahrhunderts*. Berlin 1859. Mit dem Untertitel „Ein Seeroman“ erschien das Werk in Robert Warneckes Edition in Hamburg beim Verlag Hammerich & Lesser http://d-nb.info/577963961. – Zu Heinrich Smidt (1798-1867) https://de.wikipedia.org/wiki/Heinrich_Smidt.

gerade zur richtigen Zeit eingetroffen, als ich noch krank geschrieben war, ihn also in einem Zuge an einem Tage lesen konnte <...>. Ich habe den Eindruck gewonnen, daß Ihre Bearbeitung sich sehr gut liest. <...>

Daß mein Aufsatz Ihnen Freude gemacht hat, ist mir lieb. Die Spuren unruhiger Tage verdrießen mich schon etwas. Wenn ich aber sehe, wie viele Druckfehler selbst in Reclam-Bänden oder in „Frau Erdmuthens Zwillingssöhnen" (Bibliothek der Romane)[102] stehen geblieben sind, so tröste ich mich damit. Wie oft geht es einem so, daß die Sirene ertönt, man möchte aber eine Seite fertig lesen oder wenigstens bis zum nächsten Absatze kommen, und da schleichen sich denn solche Lapsi[103] ein. Ich bitte Sie aber, mir das, was Sie gefunden haben, noch mitzuteilen, damit ich es in mein Handexemplar eintragen kann.

<...> Übrigens habe ich heute Nachmittag die letzten Nummern der National-Bibliographie gelesen und dabei festgestellt, daß die Flut der Belletristik keineswegs nachläßt.[104]

Ich habe jetzt die Vertretung meines Chefs an der Bibliothek, da er übermorgen zu einer dreiwöchigen Übung weggeht. Ich weiß nicht, ob mir dies garantiert, daß ich selbst in dieser Zeit in Ruhe gelassen werde. Meine Gesundheit ist noch nicht völlig wiederhergestellt. Leider habe ich an Stelle dessen, was mir das Schippen eingetragen, eine Arthritis des rechten Schultergelenks, die mir etwas Sorge macht, da die Gebrauchsfähigkeit des Arms schon recht zu wünschen übrig läßt. Ich soll Bestrahlungen bekommen. Mein Chef hat dieselbe Krankheit links; dem hat diese Diathermie[105] nichts genützt. Ich setze einige Hoffnung auf meine vernünftigere Lebensweise, wenn auch das Vorteilhafteste, vegetarische Kost, jetzt leider nicht durchführbar ist.

Ich hoffe, in der kommenden Zeit hin und wieder zu meiner großen Grabbe-Ausgabe zu kommen. Ich habe mir jetzt einen Ergänzungsband: Grabbe's Persönlichkeit, vorgenommen. Es ist eine Umarbeitung und Erweiterung der „Begegnungen mit Zeitgenossen".[106]

<...>

---

102 Siehe Brief vom 21. Oktober 1944 und Fn. 93.

103 „Lapsus", lateinisch: Ausrutscher. Das Wort ist u-Deklination, nicht o-Deklination, der richtige Plural daher „lapsūs" (mit langem „u").

104 Seit 1931 erscheint die „Reihe A" der deutschen Nationalbibliographie, das Verzeichnis der Neuerscheinungen des Buchhandels, in wöchentlichen Heften (Allischewski 1986, 96).

105 Therapeutische Behandlungsmethode, bei der mit elektrischem Strom im Körper Wärme erzeugt wird https://de.wikipedia.org/wiki/Diathermie.

106 Alfred Bergmann: *Grabbe. Begegnungen mit Zeitgenossen*. Weimar: Böhlau 1930.

Zum Volkssturm bin ich nachgemustert und in das 2. Aufgebot gekommen. Weiter habe ich in der Sache nichts gehört. Wie ich höre, wird das 2. Aufgebot gar nicht militärisch ausgebildet, sondern nur zum Schippen herangezogen. Ich lasse die Sache an mich herankommen und denke nicht mehr daran, mich als Offizier zur Verfügung zu stellen.

Daß Ihre Tätigkeit für den Verlag[107] bis 1. April gesichert ist, ist auch mir eine Beruhigung. Ich glaube, so lange kann ich auch meine bibliothekarische Tätigkeit noch für garantiert halten, wiewohl immer mal geunkt wird. Mein Chef ist aber ein sehr verbissener Verteidiger seiner Position, und es ist auch nicht zu leugnen, daß unsere Tätigkeit sich täglich ausweitet. Wir betreuen die Lazarette, wir versorgen die kriegswichtige Industrie mit Literatur und haben einen ausgedehnten Leihverkehr mit auswärts. Überdies finden wir höheren Orts sehr viel Rückendeckung, was mein Chef sehr gut versteht. Die Frage, ob alles das, was ich tue und treibe, auch einmal zur Frucht werde, lauert natürlich stündlich im Hintergrunde. Manchmal sage ich mir, ich sollte alles stehn und liegen lassen und dafür lieber nochmehr lesen. Dann aber tun mir die vielen Vorarbeiten leid, die ich doch wenigstens in eine Form bringen möchte, so, daß wenigstens einzelne Bände, die auch für sich bestehen können, einmal gedruckt werden könnten.

In der Hoffnung, daß wir auch weiterhin gute Nachrichten von Ihnen bekommen, grüße ich Sie und Ihre liebe Frau aufs herzlichste.

Ihr getreuer

Alfred Bergmann

---

[107] Der Verlag Hammerich & Lesser, seit 1924 geführt von Hinrich Springer, bei dem Warneckes Edition von Smidts Roman erschien (siehe oben Fn. 101) war auch der Verlag der *Altonaer Nachrichten*, für die Warnecke als Journalist geschrieben hatte, die allerdings 1941 eingestellt worden war. Der Verlag beendete seinen Geschäftsbetrieb 1944 https://de.wikipedia.org/wiki/Hinrich_Springer. Ende 1945 erhielten Hinrich Springer und sein Sohn Axel Springer mehrere Lizenzen zur Verlagstätigkeit – der Grundstein des späteren Axel Springer-Verlags https://de.wikipedia.org/wiki/Axel_Springer. Hinrich Springer führte damit zunächst den Verlag Hammerich & Lesser fort.

28. November 1944, an Alfred Kloß

Detmold, den 28. November 1944.
Alter Postweg 43.

Liebster Kloß!

Heute nur die Frage, ob Du meinen letzten Brief bekommen hast, den mit der Beilage, meinem Sonderdrucke. Ich frage nicht, um Dich zu mahnen, denn dazu habe ich gar keinen Grund, sondern weil ich einen andern Grund dazu habe, der Dir klar sein wird, wenn Du meinen Brief kennst.

Mein Chef kommt übermorgen auf drei Wochen zum Volkssturm. Ich habe seine Vertretung. Ob mir dies garantiert, daß ich in der Zeit in Ruhe gelassen werde, wird sich herausstellen. Meine Gesundheit läßt noch zu wünschen übrig. Die Oedeme sind verschwunden, und die Wunden heilen allmählich. Nun habe ich aber Arthritis im rechten Schultergelenk, was mir mehr Sorge macht. Ich soll Bestrahlungen bekommen, die aber meinem Chef, der dieselbe Sache links hat, nichts genützt haben. Die Gebrauchsfähigkeit des Armes läßt schon sehr zu wünschen übrig.

Meine Frau ist zum 80sten Geburtstage ihres Vaters weggefahren, ich bin also im Augenblicke allein. An Alarmen jeder Rangstufe ist kein Mangel. Dazu fehlt meist irgend etwas, entweder das Wasser, das Gas oder das elektrische Licht. Ich habe mir schon eine Luftschutzkeller-Lektüre eingerichtet, was aber zur Voraussetzung hat, daß man den Kelleraum beleuchten kann. Leider ist sie nicht immer erfüllt. <...>

Der Sonntag Vormittag ist hier immer besonders lebhaft. Am letzten haben Sie das Hermannsdenkmal bombardiert, aber wohl nicht getroffen.

<...>

Wie mag es Euch in Eurer ramponierten Wohnung ergehen. Ich sehe mit größter Sorge diesem Winter entgegen, und Ihr seid in diese Sorge leider allzusehr einbezogen. Leb wohl für heute, sei mit den Deinen aufs herzlichste gegrüßt von

Deinem getreuen <Alfred Bergmann>

9. Dezember 1944, an Annemarie und Richard Bergmann

Detmold, den 9. Dezember 1944.
Alter Postweg 43.

Liebe Annemarie, lieber Richard!

Für Euren Brief vom 23. Oktober danken Emma und ich Euch herzlich. <...>

Dr. Wiegand ist seit Donnerstag vor acht Tagen zu einer Volkssturm-Übung eingezogen. Ich habe seine Vertretung. Ich bin Volkssturm II. Aufgebot.

Emma ist noch nicht zur Arbeit eingesetzt, da das Arbeitsamt auf Grund des ärztlichen Zeugnisses vorerst davon Abstand genommen hat. Offenbar ist u.a. ihr Herz nicht in Ordnung, aber auch in Glotterbad ist es nicht so gründlich untersucht worden, daß ich darüber Klarheit gewonnen hätte.

Meine Tätigkeit besteht zu einem guten Teile darin, die verschiedenen noch fälligen Sicherungstransporte weiterzubringen, ein ziemlich hoffnungsloses Unterfangen, angesichts der vielen Fernsprech- und Stromsperren und der sich häufenden Alarme aller Grade.

Daß Du, lieber Richard, auch ein nicht geringes Maß an Sorgen zu tragen hast, lehrt mich Dein Brief. Es ist mir sehr schmerzlich gewesen, von dem negativen Erlebnis der Verlagerung[108] zu lesen. Hoffentlich verteilen sich die Verluste, von denen Du sprichst, auf viele Schultern, so daß Du nicht allein der Leidtragende bist.

<...> Emma hatte sich dazu entschlossen, zum achtzigsten Geburtstage ihres Vaters nach Elxleben zu fahren. Es war auch mancherlei daselbst zu ordnen. Die Rückfahrt hat zwei Tage gedauert, und wir müssen froh sein, daß sie heil und gesund wieder angelangt ist. Sehr gern hätte ich für meinen Schwiegervater, dessen Kräfte sehr nachlassen, eine Flasche Wein aufgetrieben. Dort wird die Möglichkeit auch nicht vorhanden sein, ich wollte nur fragen, ob etwa eine der früheren Beziehungen zu den Lieferanten unseres Vaters noch so wäre, daß man dafür mit einem so mäßigen Anspruche Gebrauch machen könnte?

---

[108] Wie aus dem Brief Richard Bergmanns an Alfred vom 23.10.1944 (Slg 12 Nr. 912) hervorgeht, geht es um die Verlagerung der Produktion der eigenen Firma in die besetzten Gebiete in den Niederlanden: „Unsere ganze Verlagerung ist inzwischen durch die sich überstürzenden Ereignisse im Anschluss an den Durchbruch bei Avranches zwecklos und verlustreich geworden. <...> Wir sind bemüht, aus Holland noch etwas zu retten".

In Walbeck, wo wir zuletzt als Schipper stationiert waren, hatten wir zuletzt eine Kantine, wo es allerhand Rara zu kaufen gab. Zu meiner Freude war reichlich Rosodont zu haben.[109]

<...> Hier ist nach wie vor ein überraschend mildes Wetter, heute aber deutet ein leichter Schneefall darauf hin, daß Weihnachten herannaht. Sehr weihnachtlich ist einem ja bei all den Sorgen um unsere und Europas Zukunft nicht zu Mute. Gleichwohl wünschen wir Euch allen, daß Ihr diese Tage so gut wie möglich und auch bei möglichster Vollzähligkeit verleben könnt. <...>

Mit den herzlichsten Grüßen, zugleich in Emmas Namen,
Euer getreuer Schwager und Bruder
<Alfred>

12. Dezember 1944, an Richard Bergmann

(21) Detmold, den 12. Dezember 1944.
Alter Postweg 43.

Lieber Richard!

Ich danke Dir vielmals für Deinen Brief vom 21. November, der gestern hier eingetroffen ist, also immerhin von Waldheim bis hierher knapp drei Wochen gebraucht hat. <...>

Von dem Gedanken, mich der Wehrmacht zur Verfügung zu stellen, bin ich abgekommen, zumal ich keine Bekannten beim Wehrkreiskommando habe, es sei denn der Major Brüggemann, mit dem ich im Oktober 1941 eine Unterredung gehabt habe, mit dem Ergebnis, daß es besser sei, mich dort zu lassen, wo ich sei – und jetzt noch bin. Der Bedarf an älteren Offizieren war schon damals gering. Dr. Wiegand ist ja auch nur Zugführer beim Volkssturm, trotzdem er Hauptmann d<er> R<eserve> und sieben Jahre jünger ist als ich. Der hat große Lust, vorerst nicht hierher zurückzukehren, weil man ihn hier zu sehr ärgere. Da nun unsere Bibliothek vermutlich nicht geschlossen werden wird – der Zuspruch zu ihr wächst von Tag zu Tag – so würde ich hier immerhin zu tun haben und behalten.

Am vergangenen Sonntage [110] hätte ich zu einem Appell des Volkssturms erscheinen müssen. Ich hatte aber eine Einladung des

---

[109] Siehe Fn. 73.

[110] 10. Dezember 1944 (Grabbes Geburtstag ist der 11. Dezember 1801).

Kreisleiters[111] zu der Grabbe-Gedenkfeier im Landestheater, die bereits – der Alarme wegen – 8 Uhr morgens begann. Hinterher sollte ich mit ins Offiziers-Kasino kommen, wo die Berliner Gäste (Anna Dammann, Eugen Klöpfer und Bernhard Minetti)[112] bewirtet wurden. Die Veranstaltung litt etwas unter der frostigen Temperatur des Hauses. Im Kasino, wo es Steinhäger,[113] einen delikaten Gemüse-Salat mit Gemüsebrühe und Toasts mit Leberpastete gab, war es umso behaglicher. Ohnedies bewerte ich meine Bedeutung für den Volkssturm nicht sehr hoch.

Als draußen die Schwellung der Beine und Füße festgestellt wurde, da kam für den Arzt nur Niere oder Herz in Frage. Die Niere bzw. den Harn konnte er gar nicht untersuchen, weil man darauf nicht eingerichtet war. Blieb das Herz, das er ebenso gesund fand wie der hiesige Arzt, in dessen Behandlung ich mich hier begab. Aber auch der Harn hat sich bei zwei Untersuchungen (durch Arzt und Apotheke) als gesund erwiesen, so daß auch eine Nierenerkrankung als Ursache der Oedeme wegfällt. Der hiesige Arzt schiebt sie auf Überanstrengung. Meine Theorie ist die, daß das ungeeignete Essen, insbes. das warme, die Hauptschuld an der Sache trägt. Das Essen ist sowohl von unserem Abteilungsleiter als auch von einem politischen Leiter in einer Detmolder Versammlung als schlecht bezeichnet worden. In der Tat war das warme Essen viel zu wässrig und überdies vermutlich vielfach mit Soda bereitet. Man schwemmte sich den Magen mit viel zu viel Flüssigkeit auf und war doch sehr bald wieder hungrig und hielt sich nun an das im allgemeinen reichlich zur Verfügung stehende Brot. Infogedessen zunächst ein viel zu starkes Überwiegen der Broternährung, während wir Kartoffeln und Gemüse, von denen im Lande ein Überfluß, nur äußerst selten bekamen und dann nur in winzigen Mengen. Leider lag die Bereitung der Mahlzeiten nicht in den Händen einer uninteressierten (einer finanziell uninteressierten, meine ich) Stelle, war vielmehr an einen Unternehmer vergeben, ein Fehler, den man, wie ich höre, jetzt vermeidet.

---

111 Adolf Wedderwille, siehe Teil I, Fn. 25.

112 Anna Dammann (1912-1993), deutsche Schauspielerin für Theater und Film, 1937-1945 am deutschen Theater in Berlin https://de.wikipedia.org/wiki/Anna_Dammann. Eugen Klöpfer (1886-1950), Film- und Theaterschauspieler, von Adolf Hitler 1944 in die „Gottbegnadeten-Liste" aufgenommen https://de.wikipedia.org/wiki/Eugen_Kl%C3%B6pfer; Bernhard Minetti (1905-1998), 1930-1945 am Preußischen Staatstheater in Berlin, lt. Wikipedia „einer der großen Theaterstars der 30er Jahre in Berlin" https://de.wikipedia.org/wiki/Bernhard_Minetti.

113 Eine mit Wacholder aromatisierte Spirituose, deren Alkoholgehalt mindestens 38 Vol.-% beträgt und die aus der ostwestfälischen Gemeinde Steinhagen, westlich von Bielefeld, stammt https://de.wikipedia.org/wiki/Steinh%C3%A4ger.

Da ich nun im allgemeinen wenig trinke, so bin ich davon überzeugt, daß mein Körper auf die Länge der Zeit diese erheblichen Mengen an Flüssigkeit nicht hat verarbeiten können. Auch die Arthritits der rechten Schulter schiebe ich z.T. auf die falsche Ernährung. <...>

Du fragst nach den Begleitumständen. Darauf kann ich Dir nur erwidern, daß sich darüber ein ganzer Band schreiben ließe, daß sich aber meine Beobachtungen und Erfahrungen der schriftlichen Wiedergabe entziehen. Und die Art meines Einsatzes: wir haben Panzersperrgräben, Laufgräben und Uferböschungen gebaut, bewaffnet mit Schippe, Spaten oder Axt. Im ganzen bedaure ich in keiner Art, mit dabei gewesen zu sein.

Aus Deinen familiären Mitteilungen ersehe ich wiederum, daß die Zeiten vorbei sind, in denen man im Kriege nur um die erwachsenen Söhne Sorge zu haben bräuchte. Emma und ich wünschen Euch von Herzen, daß Ihr nach dem Friedensschlusse alle Eure Kinder wieder gesund und wohlbehalten zu Euch zurückkehren seht.

Nochmals wünschen Emma und ich Dir und all den Deinen ein recht gutes und zuversichtliches Fest, bitten auch, die Verwandten bei Gelegenheit vielmals zu grüßen.

Dein getreuer Bruder <Alfred>

13. Dezember 1944, an Eduard Wiegand

Detmold, den 13. Dezember 1944.
Lippische Landesbibliothek.

Sehr geehrter Herr Doktor Wiegand!

Mit großem Bedauern hören wir durch Ihre Frau Gemahlin, daß Ihre, ursprünglich für den 16ten d. M. vorgesehene Ablösung sich möglicherweise verschiebt und Sie vor der unangenehmen Aussicht stehen, die Weihnachtstage im Eisenbahnzuge verleben zu müssen. Wir können Ihnen im Augenblicke nichts Besseres wünschen, als daß es am Ende sich doch noch günstiger füge und Sie Weihnachten wieder daheim sind. Lieb ist es uns, zu wissen, daß es Ihnen gut geht und der viele Dienst Ihnen bis jetzt gut bekommen ist. Möge dies so bleiben.

Mit dienstlichen Nachrichten verschonen wir Sie selbstverständlich. Genüge es Ihnen, zu erfahren, daß unsere Bibliothek noch steht und die Arbeit darin ihren Gang weiter geht. Besonderes, was der Mitteilung wert wäre, hat sich übrigens auch nicht ereignet.

Frau Gallaun[114] ist glücklich wieder hier gelandet. Nach Petrikau ist sie aber nicht gekommen, trotzdem sie die Unbedenklichkeitsbestätigung erhalten hat. Ihr Mann hat sie aber einmal in Litzmannstadt besuchen können. Der Hauptzweck ihrer Fahrt ist erreicht worden.

Die Grabbe-Gesellschaft hat es sich nicht nehmen lassen, neben ihrer Jahresversammlung am vergangenen Sonnabend Abend eine Gedenkfeier am Landestheater am Sonntag früh acht Uhr zu veranstalten. Zu dieser war ich von der Kreisleitung eingeladen, und ich hatte sogar einen Platz in der Fremdenloge. Es wollte keine rechte Stimmung aufkommen, was vielleicht daran gelegen hat, daß im großen Hause eine etwas frostige Temperatur herrschte. Drei Mitglieder des Staatlichen Schauspielhauses in Berlin, Anna Dammann, Eugen Klöpfer und Bernhard Minetti, lasen aus „Don Juan und Faust“, und der Reichsstatthalter[115] hielt seine Ansprache, in der viele Zitate aus Grabbe mit geschickter Anwendung auf die Probleme und Erscheinungen der Gegenwart, wie Volkssturm usw., vorkamen. Hinterher war ein kleiner Kreis im Offiziers-Kasino zu Gaste geladen, und auch ich solte mich dort einfinden, was ich unter Schwänzung eines Volkssturm-Appells auch nicht ungern tat!! Als eine Merkwürdigkeit dieser Zusammenkunft ist, neben den guten Schnäpsen und der delikaten Leberpastete auf Toast, zu buchen, daß Herr Dr. Hollo,[116] der bekanntermaßen seinerzeit auch die gesellschaftlichen Beziehungen zu mir sehr brüsk abgebrochen hat,[117] sich unvermutet an meiner Seite fand, um ein

---

[114] Edelhard Gallaun, lt. einer Personalübersicht der LLB von 1941 „Regierungsassistentin“, d.h. Schreibkraft im mittleren Verwaltungsdienst der Landesverwaltung, die aber in den späteren Übersichten nicht mehr als Beschäftigte genannt ist.

[115] Gauleiter Dr. Alfred Meyer, siehe Teil I, Fn. 24.

[116] Dr. rer. pol. Heinrich Hollo (1887-1967), seit 1934 Lehrer am Leopoldinum, Initiator der Grabbe-Wochen 1936 und nach ihrer Gründung 1937 der Geschäftsführer der Grabbe-Gesellschaft (Vogt 1998, 571; Broer 1998, 603-607). Nach Kriegsende nahm Hollo seine Lehrertätigkeit nicht wieder auf (Broer 1998, 607). Von 1960 bis 1965 lehrte er an der Heeresfachschule in Augustdorf.

[117] Bergmanns positivistische Grabbe-Philologie vertrug sich nicht mit Hollos „pseudo-sakralem Denk- und Schreibstil“, der Grabbe und entsprechend die Aufgabe der Grabbe-Gesellschaft ganz im Sinne der völkischen Ideologie des NS-Staats interpretierte (Broer 1998, 606), z.B.: „Entscheidend ist <...> die Feststellung, daß Grabbe über Fichtes Staatslehre hinweg die völkischen Einheiten sieht und, als er den Schlußstein seiner Entwicklung setzte, als höchstes Sittengesetz die Vollendung im völkischen Lebensraume forderte. Damit war Grabbe über Geist und Natur zur Erkenntnis der Wachstumsgesetze vorgedrungen, die in Rasse und Volkstum ihre natürlichen Lebensgrundlagen haben“, so Heinrich Hollo: „Der weltanschauliche Mittelpunkt des Grabbeschen Ideenkreises“. In:

kameradschaftliches Gespräch einzuleiten. Ich habe natürlich, um der Sache willen, allen Groll rasch vergessen und alle meine Stacheln eingezogen.

Alles andere hat Zeit, bis es mündlich berichtet werden kann, am besten nach den Weihnachtstagen!

Für heute bin ich mit den besten Grüßen und
Heil Hitler!
Ihr
<Alfred Bergmann>

20. Dezember 1944, an Alfred Kloß

(21) Detmold: Alter Postweg 43.
20. Dezember 1944.

Liebster Kloß!

Mit dem herzlichsten Danke bestätige ich Deinen langen Brief vom 24. und 26. November, der vorgestern hier eingegangen ist, also sich reichlich Zeit genommen hat.

<...> Auch Du, mein armer Freund, bist immer noch sehr geplagt, und es ist allerdings sehr schwer, heute eine „angeschlagene" Gesundheit wieder in Ordnung zu bringen. Ich sehe das an mir. Ich werde mit dem Arzte gar nicht fertig. Gestern war ich wieder bei ihm. Erstens macht mir meine Arthritis Sorge. Die Gebrauchsfähigkeit des rechten Arms wird zusehends geringer. Glücklicherweise hat sich jetzt eine Krankenmasseuse in Detmold niedergelassen, die mich betreuen will. Zweitens habe ich seit einiger Zeit eine Art Abszeß am linken Unterschenkel, der sehr schmerzhaft ist. Ich fühle mich aber auch im Ganzen jetzt recht mäßig, bin sehr matt und ruhebedürftig und habe gelegentlich das Gefühl, als sei irgend eine Krankheit im Entstehen. Du meinst ja auch, daß ich einen Knax davon getragen hätte. Nun ist die Niere unbeteiligt und auch am Herzen hat sich seinerzeit nichts gefunden. Ob man aber in diesem Fall der Gewissenhaftigkeit der schauerlich überlasteten Ärzte trauen darf? Ich habe, was den Volkssturm betgrifft, in der Tat vor, eine Vorstellung zu erheben.[118] Denn seitdem ich am vergangenen Sonntage zu

Mitteilungen der Grabbe-Gesellschaft Nr. 1, Herbst 1938, 24-28, hier 28. – Bergmann war bis Kriegsende Mitglied und lediglich Vorsitzender des „Literatur-Ausschusses" der Gesellschaft.

118 „Vorstellung erheben": Widerspruch einlegen (österreichisch).

einem Appell und anschließenden Zielübungen bestellt war und länger habe stehen müssen, als mir lieb war, ist auch die Schwellung an den Fußgelenken wieder da. Ein Beweis dafür, daß die Ursache noch nicht beseitigt ist!

Ich muss allerdings sagen, daß ein Jahr intensiver Arbeit hinter mir liegt. Überraschenderweise habe ich auch in den vergangenen Wochen verhältnismäßig viel Zeit für mich gehabt. Mehrere Bände der großen Ausgabe[119] sind der Vollendung sehr nahe gebracht worden, darunter in diesen Tagen der Ergänzungsband: Grabbes Persönlichkeit. Es sind die Dir bekannten „Begegnungen", stark erweitert.[120] Freilich machst Du die ebenso treffende wie bittere Bemerkung: die Dir übersandte Arbeit werde wohl die letzte sein, die in die Presse gekommen sei. Hoffentlich meinst Du nicht: für alle Zeit.

In der Tat hat das „Reich" den seinerzeit bei mir bestellten Aufsatz[121] nicht gedruckt und auch der Zinnen-Verlag ist mit dem Brevier nicht herausgekommen und vertragsbrüchig geworden. <...> Abgesehen davon steht natürlich die Frage: ob alle die Arbeit an diesen Manuskripten überhaupt noch einen Sinn habe und ob es nicht gescheiter sei, die freie Zeit zum Lesen zu verwenden? Nun kann ich aber nicht glauben, daß selbst in dem Falle eines sehr ungünstigen Ausganges alle kulturelle Arbeit aufhören werde. Man denke doch nur, wie unternehmend der deutsche Verleger nach 1918 gewesen ist. Es würde jetzt viel mehr erscheinen können, wenn nicht das meiste an die Frontbuchhandlungen geliefert worden wäre, wo es nun natürlich verloren gegangen ist. Konnte man doch dort sogar Bücher in Masse kaufen, die hier schwer verboten sind, wie „Vom Winde verweht ...!"[122] Dazu kommt, daß ich mich gedrängt fühle, manches von dem, was ich in jahrelanger Arbeit vorbereitet habe, jetzt wenigstens in eine druckfertige Form zu bringen, damit nicht alle diese Vorarbeiten eines Tages entwertet sind. Denn ein anderer wird schwerlich etwas damit anfangen können, es käme alles in die Papiermühle. Ich habe ja einen jüngeren Verleger, Kurt Brauns vom Alster-Verlage in Wedel, der meine Sachen gern in Verlag nehmen möchte, und wenn ich z.B. an den Band „Grabbes Persönlichkeit" denke, so kann dieser nach den beiliegenden Notizen von einem Geübten ohne viele Mühe ganz druckfertig gemacht werden, wenn die betreffenden Bücher erst wieder zugänglich sind. Ich möchte Dich bei der

---

119 Siehe Fn. 18.

120 Eine erweiterte Ausgabe der „Begegnungen mit Zeitgenossen" kam nicht zustande. Die Akademie-Ausgabe enthält keinen Band zur „Persönlichkeit" Grabbes.

121 Siehe Brief vom 18.12.1943.

122 Margaret Mitchells Bestseller erschien bereits nach einem Jahr 1937 auch in deutscher Übersetzung http://d-nb.info/575139501 und erlebte bis Kriegsende mehrere Nachauflagen.

Gelegenheit herzlich bitten, daß Du Dich, im Falle, daß ich selbst die Drucklegung nicht mehr erlebe, dieser Manuskripte ein wenig annimmst. Denn ich habe hier niemanden, den ich einführen kann. Mein Chef lebt ja in einer ganz anderen Welt und hat sich z.B. über die Arbeit, die ich Dir gesandt, mit keinem Worte geäußert. Es wird Dich interessieren, daß ich ihn im April 1938, als ich meine Stelle hier antrat, gleich nach diesen Ausleihjournalen[123] fragte und er mir darauf erklärte, diese seien zu den für die Papiermühle bestimmten Sachen gelegt worden. Als ich darüber erstaunt, ja entsetzt war, meinte er sehr naiv, er hätte nicht geglaubt, daß diese Bücher irgend einen Wert hätten! Kommentar überflüssig. <...>

Das Thema „Evakuierung" spielt seit einiger Zeit auch zwischen meiner Frau und mir eine Rolle. Möchte dieses bittere Schicksal Euch wie uns erspart bleiben. Unsere Heime sind beide von der Art, daß sie nicht mit Einheitsmöbeln zu ersetzen sind. Uns wäre doch zumute wie einem Frosche in einem Glasballon, aus dem man die Luft herauspumpt.[124] Daß wir einander beistehen, soweit es in unseren Kräften steht, ist unser beider ernstlicher Vorsatz.

<...> Unsere Landeszeitung [125] ist jetzt auf zwei Seiten zusammengeschrumpft, und seitdem die „Rheinisch-Westfälische" eingegangen,[126] begnüge ich mich mit diesen zwei Seiten.

Auch wir trauern dem München, wie wir es noch gekannt haben, sehr nach. Auch Freiburg i<m> B<reisgau> ist in zwanzig Minuten so gut wie ausgelöscht worden, und Münster i<n> W<estfalen> zu 90 v.H. zerstört, keiner der alten Adelshöfe ist noch vorhanden, der Prinzipalmarkt ein Trümmerfeld, und dabei wird der Kreis der heimgesuchten Städte immer größer.

Ich schließe für heute. Wenn auch dieser Brief weder zu Weihnachten noch zum 27. Dezember bei Euch eintreffen wird, soll er doch noch zur Post.

Mit dem leidenschaftlichen Wunsche, daß auch im kommenden Jahre das Schicksal Dir und allen den Deinen gnädig sei, und mit dem herzlichsten Grüßen, zugleich im Namen meiner Frau, bin ich

Dein getreuer

<Alfred Bergmann>

---

[123] Die alten Ausleihjournale der Fürstlichen Bibliothek Detmold sind die aktenmäßige Grundlage für Bergmanns Arbeit „Grabbe als Benutzer ...", dazu siehe Fn. 6.

[124] Vgl. zu diesem Bild Hüppauf 2009, 573-574.

[125] Gemeint ist die *Lippische Staatszeitung*, in der die *Lippische Landes-Zeitung* 1936 aufging (Trappmann 1993, 326; Dahl 2016).

[126] Die *Rheinisch-westfälische Zeitung* erschien bis zum 31. August 1944 https://ld.zdb-services.de/resource/89042-X.

31. Dezember 1944, an Annemarie und Richard Bergmann

(21) Detmold, den 31. Dez. 1944.
Alter Postweg 43.

Liebe Annemarie, lieber Richard!

Wir danken Euch vielmals für Euren Brief vom 23. d.M. und erwidern Eure Neujahrswünsche für Euch und Eure Kinder aufs Herzlichste.

Wir haben die Weihnachtstage still für uns verlebt. Ich habe im Bett gelegen bis zum zweiten Feiertage, da am voraufgehenden Donnerstage ein Abszeß am linken Unterschenkel geschnitten worden war und das Bein wegen der Drüsenschwellung usw. Ruhe haben sollte. Emma mußte fleißig Umschläge machen.

Die Schäden, die meine Gesundheit durch die fünfwöchige Schanzarbeit erlitten hat, sind leider größer, als anfangs zu sehen. Eine sorgfältige Untersuchung der vergangenen Woche hat eine Herzerweiterung ergeben. Ich bin selbstverständlich wegen meines Gesundheitszustandes beim Volkssturm vorstellig geworden und habe zunächst Dispens [127] von allen Veranstaltungen erreicht. Im Antwortschreiben hieß es, daß ich von einem Arzte nochmals untersucht und dann vielleicht nur im internen Dienste verwendet werden würde. Außerdem habe ich, da über meine Erkrankung keinerlei Protokoll aufgenommen worden war, dem Landrat sie zur Kenntnis gegeben und mir meine Ansprüche vorbehalten. Darauf habe ich vom Versorgungsamte Bielefeld einen enormen Fragebogen bekommen. Da man sich auch nach meinem Vermögen und Einkommen erkundigt, so wird man vielleicht zunächst verlangen, daß ich darauf zurückgreife. Ich beabsichtige nun, zur Wiederherstellung meiner Gesundheit so bald als möglich einen Urlaub nachzusuchen und möchte dann meines Herzens und meiner Arthritis wegen in irgend ein Bad, weiß nur nicht, in welches. Die hiesigen Bäder würden z.T. für Arthritis in Frage kommen, sind aber für Zivilpersonen gesperrt. Ich denke u.a. an Kissingen, müßte aber prüfen, ob es auch für Herz in Frage kommt. Es hätte den Vorteil, daß Emma ihrer Galle wegen mitgehen könnte.

Die Ankündigung eines Päckchens hat uns freudig bewegt. Gehen doch selbst bei sparsamstem Gebrauche in sechs Kriegsjahren Vorräte manchmal zu Ende, und wir hatten dieser Tage schon einmal die Frage besprochen, was Du wohl jetzt in Deinem Betriebe fabrizieren möchtest. Ob auch „Schmutzfresser“?

Dr. Wiegand ist kurz vor Weihnachten von einer vierzehntägigen Volkssturm-Übung heimgekehrt. Alle sechs Wochen wird sich diese Übung

---

[127] „Dispens“, Begriff aus dem Kirchenrecht, meint: Aufhebung einer Verpflichtung.

wiederholen. Er ist Kompagnie-Führer gewesen. Unsere Beziehungen sind nicht die besten, da er bei allen Maßnahmen immer nur das Interesse seiner Bibliothek im Auge hat, während ich dieser auch einmal ein Opfer zumuten würde, wenn höhere Interessen in Frage kommen, die er aber nicht gelten läßt. Deswegen lebt er aber auch mit der vorgesetzten Behörde auf einem eher feindlichen als friedlichen Fuße. Selbst wenn ich berücksichtige, daß ihm von dort manche Schwierigkeiten kommen, muß ich doch sagen, daß er bei der Leitung der Bibliothek keine glückliche Hand hat. Er hat seine Gesundheit durch übermäßiges Rauchen und sonstigen Lebenswandel stark ruiniert und ist kaum noch in der Lage, eine Entscheidung mit ruhigem, klarem Kopfe zu treffen. Bei seinen fünfzig Jahren kommt er mir – und nicht nur mir – dabei manches Mal recht unreif vor. Für mich ist es ein großer Vorteil, daß er mich gewähren lässt und sich gar nicht darum kümmert, was ich tue und lasse.

Mit den herzlichsten Grüßen für Euch und Eure Kinder
Eure getreuen
<Emma und Alfred>

5. Januar 1945, an Rudi Göhre

Dr. Alfred Bergmann.
(21) Detmold: Alter Postweg 43.
5. Jan. 1945

Sehr geehrter Herr Göhre!

Ich danke Ihnen vielmals für Ihren Brief vom 22. November, der erst nach den Weihnachtstagen bei mir eingetroffen und mir als ein Lebenszeichen von Ihnen nach langer Schweigsamkeit willkommen und erfreulich gewesen ist. Weniger erfreulich ist es, daß Ihre Wohnung Bombenschaden erlitten hat. Auch Detmold ist mittlerweile von derlei heimgesucht worden, und da das eigentliche Ziel verfehlt worden ist, so werden wir wohl demnächst eine Wiederholung erleben. Außerdem sitzen wir hier seit Silvester ohne Strom, d.h. unsere Tätigkeit beschränkt sich auf die Zeit, in der es ein natürliches Licht gibt. Es bleibt einem nichts übrig, als so etwa halb acht zu Bette zu gehen und Trübsal zu blasen.

Da sich also alles das, was der Tag an Pflichten bringt, auf wenige Stunden zusammendrängt, so muß ich mich leider bei meiner Antwort auf das Notwendigste beschränken. <...>

Aussicht zu einer Reise nach Berlin ist jetzt gar nicht. So müssen wir auch die Vergleichung der verschiedenen Fassungen des lithographierten

Bildnisses [128] auf günstigere Zeiten verschieben. Die Möglichkeiten zu fruchtbarer Arbeit schrumpfen ohnedies immer mehr ein. Im Luftschutzkeller, wo wir doch das gesamte nicht weggebrachte Material aufbewahren, haben wir nur an bestimmten Tagen Licht, was eine ungemeine Erschwerung bedeutet. Dazu kommen die gehäuften Alarme.

<...>

Ihre freundlichen Wünsche zum Neuen Jahre erwidere ich für Sie und die Ihrigen aufs herzlichste und bin mit den besten Grüßen

Ihr

<Alfred Bergmann>

25. Januar 1945, an Robert Warnecke

Lieber Freund Warnecke! Von der Briefsperre überrascht kann ich Ihnen Ihren Brief vom 19.12. leider nur mit Postkarte bestätigen. Wir haben hier eine ganze Weile ohne el<ektrisches> Licht gesessen u. sind dadurch in all unserer Arbeit sehr lahmgelegt gewesen. Wir sind sehr betrübt darüber, daß Sie mit mancherlei Krankheit zu tun haben. Nehmen Sie die Schultersache nicht zu leicht. Die Erscheinungen sind die gleichen wie bei mir, u. bei mir ist es eine äußerst hartnäckige u. schmerzhafte Sache. Außerdem hat der Arzt als Folge des Notdienstes eine Herzerweiterung festgestellt. Wir haben nach den letzten Nachrichten über H<amburg> in großer Sorge Ihrer denken müssen. Nun gilt diese auch den Breslauer Freunden. Hier spüren wir täglich die Nähe der Front. Glücklicherweise ist bis jetzt alles gut gegangen. Möge dies auch bei Ihnen so bleiben. Meine Frau und ich grüßen Sie und die Ihrige aufs herzlichste.

Detmold, 25.1.45. Ihr getreuer

Alfred Bergmann

31. Januar 1945, an Alfred Kloß

Liebster Kloß! Du kannst Dir denken, daß für uns das Schicksal unseres Ostens zugleich das Eure gewesen ist. Nachdem wir in uns. Ztg. gelesen, wie Br<eslau>

---

128 Gemeint ist ein Grabbe-Porträt nach einer Kreidezeichnung von Wilhelm Pero (1808-1862) https://de.wikipedia.org/wiki/Joseph_Wilhelm_Pero, deren Original im Wallraf-Richartz-Museum in Köln liegt, vgl. dazu Bergmann 1957.

geräumt,[129] waren wir uns darüber nicht mehr im Unklaren, u. wenn hier nicht so viele Hindernisse gewesen, hätte ich bereits an Dr. D.[130] geschrieben. Nun erhalte ich heute D. Karte vom 21., die uns von Eurer Ankunft in Halle berichtet, während ich angenommen hatte, Ihr hättet Euch trennen u. Du als V<olks>St<urm>M<ann> in Br<eslau> bleiben müssen. Ein sehr kleiner Trost angesichts des furchtbaren Unglücks, das Euch betroffen. <...> Bei dieser Gelegenheit herzlichsten Dank für D<einen> letzten Brief mit den Beilagen. Ich wartete mit m. Antwort bis zur Aufheb. d. Briefsperre. Wenn wir nur etwas dazu beitrage könnten, Eure Lage zu lindern! Aber wir können ja nicht einmal ein Päckchen schicken! <...> Wir haben hier mancherlei unter himmlischer Unruhe zu leiden. Mit guten Wünschen für Eure Gesundheit u. den herzlichsten Grüßen

Dein getreuer <Alfred Bergmann>

2. Februar 1945, an Alfred Kloß

(21) Detmold: Alter Postweg 43.
2. Februar 1945.

Liebster Kloß!

Soeben geht Dein Brief aus Breslau vom 17. Dezember (!) bei mir ein, und da ich höre, daß man jetzt auch wieder Briefe schreiben kann, so will ich Dir aufs herzlichste für Deine Nachrichten danken, die ja leider schon recht unerfreulich waren. <...> Ich sitze hier auch und überlege hin und wieder mit meiner Frau, was wir wohl mitnehmen müßten, wenn es bei uns einmal so weit wäre. Schließlich hat es aber keinen Zweck, der Scylla der Anglo-Amerikaner entgehen zu wollen, um dafür in die Charybdis der Russen zu geraten.[131]

---

[129] Die *Lippische Staatszeitung* bringt in der letzten Januarwoche täglich Artikel über die Ostfront; am 31. Januar, in dem Artikel „Das schwere Ringen im Osten geht weiter", heißt es: „An der ganzen Ostfront von Ratibor über Breslau und Steinau bis nach Glogau ist die Lage seit Tagen im wesentlichen unverändert." – Von einer Räumung Breslaus ist nicht die Rede.

[130] Nicht ermittelt.

[131] „Zwischen Skylla und Charybdis sein": Redewendung, „Skylla (Szylla) und Charybdis sind Meeresungeheuer aus der griechischen Mythologie, die in der Straße von Messina lebten und jeweils eine Seite der Meerenge besetzten. Skylla hatte sechs Köpfe mit einer dreifachen Reihe Zähne in jedem Maul und fraß jeden, der in ihre Nähe kam. Charybdis sog dreimal am Tag das Meereswasser ein, um es danach brüllend wieder auszustoßen.

Wenn Du mir letzthin schriebst, ich hätte mir bei der Schipperei einen rechten Knax geholt, so hast Du leider sehr recht gehabt. Ich habe mir bei den Zirkulationsstörungen, nachdem sie einmal konstatiert waren, gleich gedacht, daß sie vom Herzen ausgehen müßten, da ja das Herz der Regulator ist. Und wirklich haben sich erhebliche Herzbeschwerden bei mir eingestellt, ich bekam keine Luft mehr, wenn ich den Alten Postweg hinaufstieg, den ich sonst spielend „genommen", usw. und die ärztliche Untersuchung ergab eine Herzerweiterung. Nicht sehr schlimm, aber immerhin bin ich mein gesundes Herz los, dessen ich mich so lange Jahre habe erfreuen können. Die erzwungene Ruhe in der lichtlosen Zeit ist mir spürbar zu Gute gekommen. Seitdem ich aber mal bei der Ausleihe helfen und dabei viel Treppen steigen mußte, ist es wieder aus und das alte Lied. Außerdem haben 16 Behandlungen mit Diathermie und 9 Massagen bis jetzt keine erhebliche Besserung der Arthritis erbracht, und die Versteifung und Schmerzhaftigkeit ist nach wie vor sehr groß, und endlich wollen die Abszesse an den Unterschenkeln nicht aufhören. Sie haben ihren Ausgang von Schürfwunden genommen, die wieder die Folge der geschwollenen Fußgelenke waren, an Reinlichkeit war nicht zu denken, und so ist der Körper infiziert und macht immer neue Anstrengungen, die eingedrungenen Gifte wieder loszuwerden. Dagegen kann ich die Arthritis nicht mit Sicherheit mit jenen Wochen in Verbindung bringen; eine solche Sache entsteht ja sehr allmählich! Ich habe seinerzeit beim Landratsamte, welches mich beordert hatte, meine Erkrankung zu Protokoll gegeben, worauf mir das Versorgungsamt in Bielefeld einen riesigen Fragebogen sandte. Ich bin natürlich davon überzeugt, daß die Herzgeschichte sich auskurieren ließe. Ich kann aber die Kur nicht selbst bezahlen, und will es auch aus prinzipiellen Gründen nicht, und so werde ich die Sache weiter betreiben. Jedenfalls fühle ich mich im Augenblicke recht wenig gut, kann meines Beines wegen kaum stehen, bin aber auch sonst so müde und zerschlagen, daß ich hin und wieder mich auf das Bett der Nachtwache legen muß, um für die weitere Arbeit Kraft zu holen. Übrigens ist mein Chef heute früh, ohne mir etwas davon zu sagen oder mir die Vertretung zu übergeben, auf etwa fünf Tage aus Detmold verschwunden. Er war mit seinen Nerven völlig fertig und machte die komischsten Sachen. Ich schiebe meinen jetzigen Zustand z.T. auf den Wetterumschlag: binnen kürzester Zeit ist der Eispanzer der Erde verschwunden, alles Weiß verschwunden und eine ganz unnatürliche, vorfrühlingsmäßige Erwärmung eingetreten. Endlich wird auch die sehr intensive Arbeit der letzten Monate bei sehr viel Alarmen

---

Schiffe, die in den Sog gerieten, waren verloren" https://de.wiktionary.org/wiki/zwischen_Skylla_und_Charybdis_sein.

dazu beigetragen haben. Ein Herr, der aus Berlin kam, erzählte mir, dort herrsche eine paradiesische Ruhe im Vergleiche zu hier.

<...>

Zugleich im Namen meiner Frau grüße ich Dich und alle die Deinen aufs herzlichste.

Dein getreuer

<Alfred Bergmann>

16. Februar 1945, an Richard Bergmann

(21) Detmold, den 16. Februar 1945.
Alter Postweg 43.

Lieber Richard!

Ich habe Dir vor einem Monat geschrieben, aber darauf noch keinen Bescheid erhalten. Ich bringe dies mit der militärischen Lage in Verbindung. Die östliche Front rückt den sächsischen Grenzen bedenklich nahe, und so wirst Du im Volkssturm alle Hände voll zu tun haben.

Ich bin am Sonntag auf meine Tauglichkeit zum V<olks>St<urm> ärztlich untersucht worden: das Ergebnis ist mir noch nicht bekannt. <...> Im übrigen geht es uns noch gut, aber die Alarme häufen sich hier derart, daß Alarmfreiheit fast schon die Ausnahme bildet. Vor den Angriffen der Tiefflieger müssen wir uns sehr in Acht nehmen. Dr. Wiegand ist vor kurzem bei der Rückkehr von einer Bibliothekseinweihung samt einer Mitarbeiterin auch in die Notwendigkeit versetzt gewesen, den Zug eiligst zu verlassen und sich auf der Böschung platt zu legen. Zu meinem Schmerze ist aber auch unsere engere Heimat in jüngster Zeit von Fliegern stark heimgesucht worden. Mit Trauer stelle ich mir die Verwüstungen in Dresden vor. Auch muß ich nun damit rechnen, daß unser Haus in Mitleidenschaft gezogen ist.

Eine nicht geringe Sorge bilden für uns auch die Ernährungsverhältnisse. Unsere eingekellerten Kartoffeln haben sich recht vermindert, da Emma in stark ausgehungertem Zustande von Glotterbad zurückkehrte und ich nach der einseitigen und ganz unzulänglichen Verpflegung während des Notdienstes (die übrigens auch amtlich anerkannt ist), schon überhaupt kaum noch zu ersättigen war. Dazu kam, daß ich nach meiner Rückkehr eine basenreiche Kost bevorzugen mußte, weil der fast völlige

Mangel an Kartoffeln und die einseitige Brotkost (siehe Brauchle!)[132] meine Gicht fraglos sehr begünstigt hat. Wenn wir nun, wie es bestimmt ist, von diesem sehr zusammengeschrumpften Vorrate auch noch einen Zentner abgeben müssen, so kommen wir wirklich sehr in Verlegenheit, zumal uns natürlich ländliche Beziehungen völlig fehlen.

Alle diese Sorgen werden begreiflicherweise überragt von der Sorge um unsere Zukunft überhaupt.

Mein Freund Kloß, den Du einmal kennen gelernt haben mußt, hat mit Frau und Tochter Breslau sehr eilig verlassen müssen und ist nach Halle zu seiner dort verheirateten Schwester geflüchtet.

Wir würden uns sehr freuen, wenn wir gelegentlich wieder von Euch und Eurem Befinden hörten.

Zugleich in Emmas Namen bin ich mit den herzlichsten Grüßen und Wünschen, auch für Annemarie und die Kinder,

Dein getreuer Bruder

<Alfred>

22. Februar 1945, an Alfred Kloß

(21) Detmold, den 22. Februar 1945
Alter Postweg 43.

Liebster Kloß!

Hab herzlichen Dank für Deine Zeilen vom 9. d. M. Ich kann mir denken, mein armer Freund, wie Dir zu Mute ist, fern der gewohnten Umgebung, ohne die tausend Dinge, die einem zum täglichen Bedürfnisse geworden sind, ohne die geliebten Bücher und ohne die Freunde. Hoffentlich hast Du mittlerweile von dem einen oder andern gehört. Ich war schon bange um Dich, daß Du Dich von Frau und Tochter habest trennen und im V<olks>St<urm> an der Verteidigung Breslaus teilnehmen müssen. Es würde mich interessieren, auf welche Art Du davon freigekommen bist. Ich selbst bin am Sonntag vor acht Tagen von dem betr. Arzt untersucht und gegen die Voraussage des mich behandelnden Arztes nicht freigeschrieben worden, muß vielmehr versuchsweise am

132 Zu Brauchle siehe Fn. 97. Der Arzt und Naturheilkundler schrieb in seinem *Handbuch der Naturheilkunde*: „Eine säurenüberschüssige Fleischkost führt ebenso zur Gicht (Fleischgicht) wie eine säurenüberschüssige, vorwiegend aus Brot bestehende Nahrung (Brotgicht)“ (Brauchle 1935, 548).

Ausbildungsdienst des V<olks>St<urm> II teilnehmen. Da aber meine Furunkulose am linken Beine noch stark im Gange ist und soeben ich wieder eine heftige Entzündung feststellte, so wird es wohl damit jetzt noch nichts werden. Mein Chef, der auch II ist, wird stark in Anspruch genommen u. seufzt sehr darüber. Er ist Kompagnieführer.

<...> Da jetzt Mitteldeutschland besonders heimgesucht wird, so machen wir uns große Sorgen um Euch. Nach dem schweren Angriff auf Erfurt sind wir in nicht geringerer Sorge um unsere Verwandten. Leben doch der letzte Bruder meiner Frau (zwei sind Opfer des ersten Weltkrieges) mit s. Frau und einem Sohne dort, und zwar nicht allzu weit vom Bahnhofe. Der andere, ältere Sohn ist Flakhelfer. Es wäre schrecklich, auch für die hochbetagten Eltern meiner Frau, wenn wir in Erfurt Opfer zu beklagen hätten.

Wenn Ihr dort vorläufig nur zwei Alarme pro Tag habt, so seid Ihr gut dran. Kürzlich hatte ich den Besuch eines Herrn aus Berlin, der in der Hoffnung nach dem „idyllischen" Lippe gekommen war, in Ruhe hier eine Arbeit abzuschließen. Er war entsetzt über die vielen Alarme und sagte mir, in Berlin sei es paradiesisch dagegen. Dabei ist es hier mittlerweile so viel schlimmer geworden, daß der Alarm die Regel und die Alarmfreiheit die Ausnahme bildet. Gestern u. heute war es so bös wie noch nie. Die gesamte Umgebung ist heimgesucht, als ich nachmittags zum Dienst ging, war wieder Vollalarm, nachdem kurz zuvor erst Entwarnung, die Menschen kamen mit Koffern zum Königsberge heraufgeströmt. Jetzt ist es halb 11, und erst vor wenigen Minuten ist Vorentwarnung gewesen. Indem ich dies schreibe, ertönt bereits wieder die Sirene. Es ist glücklicherweise volle Entwarnung. In der vergangenen Nacht, die ich natürlich durchgeschlafen habe, ist viermal Alarm gewesen. Da ich Morgen Nachtwache in der Bibliothek habe, so werde ich nicht viel Schlaf haben. Man rechnet hier stark mit einem Angriffe auf Detmold.

Über die wahnsinnigen Zerstörungen in Dresden bin ich todtraurig. Und in Weimar: Herderkirche, Goethes Sterbehaus, Wittumspalais, Stadthaus, Nationaltheater! Was mag in Jena passiert sein? Ich wage nicht mehr, ein Manuskript zum Photokopieren hinzuschicken, was ich eigentlich vorhatte.

Ich habe übrigens für den Fall, daß wir hier wegmüssen, eine Bescheinigung bekommen, mit der ich mir mein Gehalt an jeder öffentlichen Kasse abheben kann. Es ist sehr schlimm, daß Du auch noch die Schwierigkeiten hast. Hoffentlich gelingt es Deiner Zähigkeit, sie zu überwinden.

<...> Mit den Ereignissen im Osten hat man anscheinend gar nicht gerechnet. Denn sonst hätte man nicht so viele Bücher dort „sicher"gestellt. Man schätzt, daß das, was an Buch und Kunstbesitz aus Berlin dort im Osten

verloren gegangen ist, auf ein Viertel des Ganzen. Die Preußische St<aats>B<ibliothek> war ja auch nach dem Osten abgewandert.[133]

Zu all den anderen Sorgen kommt jetzt noch die über die Ernährung. Wir sind ganz verzweifelt darüber, daß wir einen Zentner Kartoffeln zurückgeben müssen. Dabei ist es bis jetzt sehr über unseren Bestand hergegangen, da meine Frau ganz verhungert aus Glotterbad heimkehrte und ich nach den Schippe-Wassersuppen überhaupt nicht sattzukriegen war. Wir fragen uns vergebens, wovon wir leben sollen, da wir auch fast kein Gemüse haben. Meine Frau rennt und rennt und steht und steht und hat innerhalb der letzten vier Wochen sage und schreibe zwei Steckrüben bekommen. Der Schwund und Verderb in all den Wintermonaten ist dabei nicht einkalkuliert worden. Dabei war ein Teil der Kartoffeln erfroren, und war gar nicht zu genießen! Wenn erst einmal die große Hungerei angeht, was dann? Die eingeborenen Detmolder haben's natürlich viel besser. Es wird hier kaum eine Familie ohne ländliche Beziehungen sein. Wer, wie die Frau meines Chefs, was sie selbst erzählt, allein einen Zentner Erbsen eingeweckt hat, der wird auch mit wenig Kartoffeln auskommen. Mit Brot sind wir so knapp, daß ich mein zweites Frühstück reduzieren mußte und mit einem wahren Heißhunger mittags nach Hause komme. Hat man das aus Steckrüben und Kartoffeln bestehende Mahl hinter sich, so ist man nach der Mittagsruhe schon wieder hungrig. Kürzlich kam meine Frau abends in die Bibliothek. Sie hatte vor Hunger solche Kopfschmerzen bekommen, daß sie es nicht mehr ausgehalten hatte, in die Stadt gelaufen war, dort ein paar Brötchen u. etwas Wurst gekauft hatte, und das brachte sie mir nun, und wir aßen jeder ein Wurstbrötchen. Dabei stehen wir erst im Anfange. Es ist ein Jammer, daß unser Grundstück so weit weg liegt. Sonst würden wir dort etwas Gemüse bauen.

Ich schreibe das zweite Blatt am Freitag. Heute Mittag war wieder Fliegeralarm. Kaum war ich nach Haus gekommen, so gab es einen furchtbaren Krach. Das Haus erbebte und der Kalk bröckelte von den Decken. Das muß ein ganz schwerer Brocken gewesen sein. Habe noch nicht gehört, wo er niedergegangen ist.

Nun leb wohl für heute. Meine Frau und ich wünschen Euch allen eine möglichste Besserung Eurer Gesundheit und möglichste Ruhe, die Ihr gebrauchen könnt. Bitte grüße alle die dortigen Deinen herzlich von uns und sei selbst gegrüßt von

Deinem getreuen <Alfred>

---

[133] Aus der Berliner Staatsbibliothek wurden 1941-1945 in drei Auslagerungswellen mehr als drei Millionen Bücher und Handschriften ausgelagert. Davon fanden ca. 850.000 nach Kriegsende nicht zurück nach Berlin. Vgl. Schochow 2003 bzw. zusammenfassend https://www.augias.net/2003/10/05/anet3312/.

23. Februar 1945, an Robert Warnecke

(21) Detmold, den 23. Februar 1945.
Alter Postweg 43.

Lieber Freund Warnecke!

<...>

Seit Montag bin ich wieder im Dienst, habe aber gestern Abend beim Verbinden eine erneute Entzündung festgestellt, die mich zwingen wird, morgen wieder zum Arzt zu gehen. Diesen, der mich nun seit Mitte Oktober behandelt, wird es überraschen, zu hören, daß der Arzt, der mich am Sonntag vor acht Tagen wegen V<olks>St<urm> untersucht hat, mich gegen seine Voraussage für tauglich befunden hat, allerdings mit der Einschränkung, daß ich den Ausbildungsdienst versuchsweise mitzumachen habe. So lange mein Bein nicht in Ordnung ist, wird freilich auch davon kaum die Rede sein können.

<...>

Mein Freund Kloß in Breslau hat mit Frau und Kind die Stadt in großer Eile verlassen müssen und sich zu seiner Schwester nach Halle geflüchtet. Seine Frau war bei Antritt der Reise sehr krank. Sie sind erst in offenen Lastautos bis Liegnitz befördert worden, dann haben sie viele Stunden im eiskalten Eisenbahnwagen gesessen, sich dabei verloren, und sind einzeln in Halle eingetroffen, wo Frau Kloß nun in einer Klinik in unmittelbarer Nähe des Güterbahnhofes liegt! Die Fahrt ist natürlich schauerlich gewesen. Ob er seine Wohnung mit seiner schönen Bibliothek jemals wiedersieht? Man hat offenbar den Osten für ganz sicher gehalten und deshalb u.a. aus Berlin sehr viel hingebracht. Hr. Wagner[134] vom Arno Holz-Archiv schrieb mir, daß auch davon 31 Kisten im Osten sichergestellt worden seien. Wir verhandeln jetzt mit einem Antiquar über allerhand Ankäufe. Er sagte uns gestern, daß nach vorsichtigen Schätzungen etwa ein Viertel des Berliner Besitzes an Büchern und Kunstwerken (also wohl Graphik und Handzeichnungen) im Osten verloren gegangen seien. Deutschland werde nach dem Kriege ein bücherarmes Land sein. Das will ich ihm gerne glauben. Besonders, wenn ich hinzunehme, daß die westdeutschen Antiquare auch im Westen (Eiffel usw.) vielerlei sichergestellt haben und daß bei weiterem Vorrücken der Amerikaner vieles davon in deren Hände fallen und von ihnen wohl abtransportiert werden wird.

---

[134] Max Wagner (1879-1949) war langjähriger Freund von Arno Holz und sammelte sämtliche Literatur und Dokumente. Die Sammlung kam mit seinem Nachlass 1958 an die Zentral- und Landesbibliothek Berlin https://www.zlb.de/fachinformation/spezialbereiche/historische-sammlungen/sammlungsuebersicht/a-k/holz-archiv.html.

<...> Leider sind die Antiquare, vor allem dann, wenn sie schon viel verloren haben und ihnen weitere Verluste drohen, weniger denn je geneigt, etwas abzugeben. Bei den erwähnten Verhandlungen unserer Bibliothek stand u.a. ein Geiler von Kaisersberg[135] zur Wahl, das Exemplar aus dem Besitze Erichs von Rath.[136] Dieser soll ein bedeutender Sammler gewesen sein, ich weiß nichts näheres darüber. Auf der Innenseite des vorderen zeitgenössischen Einbanddeckels stand der Name Dr. Johann Ecks![137] Wir haben dieses Exemplar aber nicht bekommen, da wir etwas anderes vorziehen mußten. Wenn Sie so etwas bekämen, wäre es sicherlich eine wertbeständige Anlage. Leider werden Sie aber auch nicht an so etwas herankommen.

Auch Auktionen dürften in der nächsten Zeit nicht mehr abgehalten werden. Der alte Holzschuh in Bonn[138] liegt an den Folgen eines Schlaganfalles schwer darnieder und wird schwerlich wieder tätig sein können. Wie es mit Hauswedell[139] steht, werden Sie besser wissen als ich. Bleibt Karl & Faber.[140] Der in dieser Zeit sonst fällige Katalog ist dieses Jahr ausgeblieben, woraus ich schließe, daß auch von dort her nichts zu erwarten ist. Wer soll auch heute nach Murnau fahren. Zu holen ist wohl nur noch etwas, wenn ein Händler gerade Geld braucht. Wenn die Versteigerungstätigkeit, bei gleichbleibenden fixen Kosten, auf lange Zeit lahmgelegt ist, so kann der Augenblick eintreten, daß sie, um wieder flüssig zu werden, ein Objekt abstoßen müssen. Oder wenn ihnen ein sehr großes Objekt winkt. So liegt der Fall bei unserem Herrn.

<...>

Nun enthält ja Ihr Brief auch so etwas wie ein Vermächtnis an mich. Sie können sich denken, mein lieber Freund, daß mir Ihre Gedanken nicht fremd sind, und daß ich diesen erneuten Beweis Ihrer freundschaftlichen Gesinnung mit bewegtem Herzen aufgenommen habe. Auch ich sollte meine Angelegenheiten ordnen, und wenn dies bis jetzt noch nicht geschehen ist, so

---

[135] Johann Geiler von Kaysersberg (1445-1510) „gilt als der bedeutendste deutsche Prediger des ausgehenden Mittelalters" https://de.wikipedia.org/wiki/Johann_Geiler_von_Kaysersberg.

[136] Dr. iur. Erich von Rath (1881-1948) war ein deutscher Bibliothekar und Hochschullehrer; Inkunabelforscher, seit 1921 Direktor der UB Bonn (Vorsitzender der Kommission für das Gesamtverzeichnis der Wiegendrucke) https://de.wikipedia.org/wiki/Erich_von_Rath.

[137] Johannes Eck (1486-1543), katholischer Theologe und Gegner Martin Luthers https://de.wikipedia.org/wiki/Johannes_Eck.

[138] Antiquar Carl Holzschuh, siehe Fn. 69.

[139] Ernst Hauswedell (1901-1983), Hamburger Antiquar. – Die Firma „Hauswedell und Nolte" beendete am 29.2.2020 ihre Geschäfte.

[140] Siehe Fn. 68.

liegt es an meiner verzweifelten Schrift. Das Schriftstück müßte ja umfangreicher sein, und ich schrecke einfach davor zurück, so viel mit der Hand schreiben zu müssen.

Was nun Ihre Verfügung angeht, so kann ich Ihnen sagen, daß es mir schon wiederholt beschieden gewesen ist, Menschen zu überleben, die mir freundschaftlich nahe gestanden haben oder die mir doch sonst wert gewesen sind. Ich habe mir aus der Büchersammlung dieser Menschen zum Andenken irgend ein Buch zu verschaffen versucht. Wenn Sie mir nun auch so ein Erinnerungszeichen zudenken wollen, so will ich mich dagegen nicht zur Wehr setzen. Aber ein so wertvolles Vermächtnis, wie das von Ihnen erwähnte, kann ich mit Rücksicht auf Ihre Frau und Tochter unmöglich annehmen, da es auf eine allzu große wirtschaftliche Benachteiligung der beiden Frauen hinausläuft. Ich besitze das Walzelsche Handbuch[141] nicht, und ich würde es als eine höchst erwünschte Bereicherung meiner Bibliothek und insbesondere meiner Hilfsmittel sehr begrüßen. Wenn Sie möchten, daß es einmal, in dem hoffentlich nie eintretenden Falle, in meine Hände komme, so räumen Sie mir ein Vorkaufsrecht daran ein. Dasselbe gilt von den Hoffmaniana,[142] aus denen Sie ein Stück zum Vermächtnis auswählen mögen. Sie können sich denken, daß sich unter den Sachen der Insel manches mir fehlende Buch befindet. Davon aber will ich nicht reden, da dies sämtlich Werke sind, die Ihren Frauen viel bedeuten. Gilt dies aber auch von den „Memoiren" des Casanova, in der Rowohlt'schen Ausgabe?[143] Aber Sie werden dafür schon einen anderen haben, der damit bedacht werden soll.

Nun müssen aber auch Sie einen Wunsch an meine Bibliothek aussprechen! Anders tue ich's nicht!

Es ist im übrigen mein sehnlicher Wunsch, daß Ihre Bibliothek wie die meine diesen Krieg überdaure. Denn bei aller sonstigen Armut, der wir entgegengehen, werden wir ihrer mehr denn je bedürfen. Auch würde die meine für meine Frau ein gewisser wirtschaftlicher Rückhalt sein. Denn Lebensversicherung, Angestellten-Versicherung, Sterbekasse, eiserner Sparfonds, was wird nach dem Kriege davon übrig sein?

<...>

Nun leben Sie wohl, lieber Freund. Wir hoffen, daß auch die kommenden Nachrichten Günstiges von Ihnen bringen. (Soeben wieder Fliegeralarm!)

---

141 Oskar Walzel (Hg.): *Handbuch der Literaturwissenschaft*. Berlin: Athenaion, 1923-1938, 25 Bde (darunter einige Doppelbände).

142 Gemeint sind Stücke aus einer E.Th.A. Hoffmann-Sammlung.

143 Giacomo Casanova: *Erinnerungen*. Hg. und übers. von Franz Hessel und Ignaz Jezower. 10 Bde. Berlin: Rowohlt, 1925.

Zugleich im Namen meiner Frau grüße ich Sie und die Ihre aufs herzlichste.

Ihr stets getreuer

<Alfred Bergmann>

24. März 1945, an Annemarie und Richard Bergmann

(21) Detmold: Alter Postweg 43.
24. März 1945.

Liebe Annemarie, lieber Richard!

<...>

Was meine Untersuchung auf Tauglichkeit zum V<olks>St<urm> angeht, so habe ich das Gutachten des Arztes nicht gelesen. Der Arzt selbst hat auch gar keine Entscheidung, sondern liefert nur ein Gutachten. Die Entscheidung darüber, ob V<olks>St<urm> und in welcher Gruppe, liegt bei der Partei. Sie entschied, daß ich bei II bleiben und die militärische Ausbildung versuchsweise mitmachen solle. Infolgedessen wurde ich sofort zu der dreitägigen Übung kommandiert, die jeder durchmachen muß. Übrigens hat der Bankdirektor Hoppe[144] von der Deutschen Bank seinen Posten als Kompagnieführer bereits wieder niedergelegt und Dr. Wiegand ist an seine Stelle getreten. Auch dieser hat bald nachher, wie er mir erzählt hat, demissioniert, sein Gesuch ist aber nicht angenommen worden. Er hat nun große Angst vor dem Verdachte, als ob er mir Vergünstigungen gewähren solle, weil ich ein Arbeitskamerad bin, und hat deswegen in der betr. Sitzung erklärt, daß ich jetzt gesund sei. Das war nun eine etwas gewagte Behauptung. So waren meine Unterschenkelgeschwüre eben erst im Abheilen, und die ganze Haut am Schienbeine noch sehr empfindlich. Bei den Übungen mußten wir viel auf dem Bauche liegen, sehr viel stehen, und das Wetter war sehr häßlich. Die Übung war vom Donnerstag bis Sonnabend. Am darauffolgenden Sonntag war Übung auf dem Königsberge, bei einem so saumäßigen Wetter, daß selbst die Soldaten in der Kaserne geblieben waren. Ich hatte die Übung nur auf die Art überhaupt mitmachen können, daß ich mir ein Klappstühlchen unter die Lodenpelerine gehängt hatte, so daß ich mich wenigstens ab und zu einmal setzen konnte. Am Sonnabend Nachmittag aber waren die Schmerzen im Beine bereits so heftig,

---

[144] Helmut Hoppe, Bankdirektor, Bismarckstr. 3, leitet 1948 die „Rheinisch-Westfälische Bank".

daß ich den Vorträgen über Minen usw. kaum noch folgen konnte. Durch die Reizung des Beins ist natürlich die Furunkulose erneut zum Ausbruch gekommen, was auch nicht anders zu erwarten war. Am Mittwoch vor acht Tagen war das Bein wieder so geschwollen, daß ich in keinen Schuh kam und der Arzt geholt werden mußte. Er hat mir Liegen verordnet und ich habe das Gesuch an den V<olks>St<urm> gemacht, daß ich von jedem Dienst befreit werde, bis ich völlig wiederhergestellt bin. Der Arzt ist natürlich von der ganzen Sache nicht erbaut gewesen, denn seine Mühe, mich gesund zu machen, ist dadurch zuschanden geworden, und wie viel von dem kostbaren Verbandsstoffe, Salben u.s.w. wird dadurch vergeudet! Ich werde nun mindestens wieder drei Wochen liegen müssen und habe dann von den 22 Wochen, die seit meiner Rückkehr vom Notdienste vergangen sind, zehn Wochen im Dienste gefehlt.

Was Du, l<ieber> R<ichard>, von der Tapferkeit schreibst und vom Hintansetzen alles Persönlichen, unterschreibe ich durchaus. Angesichts der Euch geschilderten Erfahrungen bin ich aber nicht der einzige, dem sich die bange Frage aufdrängt, ob ich in diesem Einsatze wirklich sinnvoll und überlegt eingesetzt werde. Nichts kann einen Menschen in seiner Tätigkeit mehr lähmen, als das Bewußtsein, an der falschen Stelle zu stehen. Darum war es sehr weise von Major Brüggemeyer vom Wehrbezirkskommando, mich seinerzeit nicht einzuziehen, da er sich davon nichts versprechen konnte als vergeudete staatliche Mühe und vergeudete staatliche Kosten. Sicherlich sind seitdem die Verhältnisse andere geworden. Wenn ich aber r e c h t z e i t i g Gelegenheit gehabt hätte, mich einzuarbeiten, so würde ich heute in der Lage sein, einen jüngeren Unabkömmlichen zu ersetzen und diesen für die Front freizumachen. Wir haben hier die größten Stromkalamitäten, und die vielen Sperrstunden bedeuten doch für die Kriegsindustrie einen empfindlichen Ausfall. Wie viel Strom ist aber allein hier im Krankenhause zur Wiederherstellung der im Notdienste Erkrankten notwendig gewesen. Ich allein habe 16 Anwendungen von Diathermie bekommen, und alle die mir z.T. bekannten, z.T. unbekannten Herren, die ich dort getroffen habe, waren samt und sonders durch den gleichen Anlaß krank geworden. Es wäre mir zu Beginn, wo es nicht so genau genommen wurde und Studienrat Schramm, unser Mitarbeiter von der Bibliothek, nach einem Tage Schippen einen Transport von 65 Mann zurückgebracht hat, ein Leichtes gewesen, wieder nach Hause zu kommen, oder nachher einen leichten Posten zu haben, wie Post, Verpflegung holen oder dergl. Ich habe meine Ehre darein gesetzt, zu schippen, so lange es ging, und ich habe auch geglaubt, daß ich es aushalten würde, bis eines Tages dann doch der Zusammenbruch kam. Ich konnte eben nur eines bei dieser Sache unversehrt halten, Ehre oder Gesundheit, aber nicht beides zugleich. Seitdem bin ich nur noch ein Schatten meiner vorherigen Existenz. Während es mir vorher nichts ausgemacht hat, Xmal die Treppen in der Bibliothek hinaufzusteigen oder den steilen Alten Postweg hinaufzulaufen, muß ich heute alle Augenblicke stehen bleiben, weil ich keine Luft mehr bekomme, und bei der letzten V<olks>St<urm>-Übung, an der wir schippen mußten, war ich hinterher so erledigt, daß ich bis zum Abend gelegen habe und erst aufgestanden bin, als es Zeit war, die Nachtwache in der Bibliothek anzutreten. Nun werde ich erneut vom Vertrauensarzte untersucht werden, und das Ergebnis wird schwerlich ein anderes sein, als es nach der ersten gewesen ist. Daß unter solchen Umständen Dein Rat, l<ieber> R<ichard>, meine gesundheitlichen Schäden ohne Aufschub gründlich zu heilen, gar nicht zu befolgen ist, wird Dir einleuchten. Dazu kommt, daß ich gar nicht wüßte, wohin ich denn gehen sollte. Da mir Bad Elster <...> zu weit ist, hatte ich nach Pyrmont geschrieben, bekam aber die Antwort, daß die Sache gar nicht erst bearbeitet werde, da sie in jeder Hinsicht aussichtslos sei. Erstens bekäme ich keine Fahrerlaubnis, zweitens sei aller Wohnraum beschlagnahmt. Ich habe ferner Eurem Briefe entnommen, daß dort manches doch noch leichter ist als hier. Fango-Packungen gibt es schon seit Jahr und Tag in den hiesigen Apotheken nicht mehr zu kaufen, ebenso wenig wie Pelose.[145] Einen Turnsaal gibt es wohl im hiesigen Krankenhause, er ist aber unheizbar und war deshalb bis jetzt nicht zu benutzen. Bei meiner Schulter habe ich übrigens die Überzeugung, daß es sich nicht um eine reine Arthritis handelt, sondern daß eine Nervensache im Spiele ist, von einer Zerrung herrührend, die ich mir beim Schippen zugezogen habe. Unser Arzt ist aber so überlastet und ermüdet, daß er zu einer genauen Untersuchung gar nicht kommt.

Was Deinen Rat, l<ieber> R<ichard>, hinsichtlich der Verpflegung anlangt, so haben wir schon bis jetzt unsere Rauchwaren in ihren Dienst zu stellen versucht. Es ist jedoch zu bedenken, daß wir kaum etwas in natura ergattern können, da wir keine „alten Kunden“ sind, und das Angebot an Raucherkarten auf dem Lande hat nach dem Gesetze von Angebot und Nachfrage zu einer starken Entwertung geführt. Emma geht jetzt einen etwas sichereren Weg, indem sie einem kleinen Mädchen Nachhilfestunden im Rechnen gibt. Es ist jedoch, da keine Straßenbahn mehr geht, immer ein Weg von einer halben Stunde hin und ebenso viel zurück. Diese Zeit ist schwer zu erübrigen. Denn das Einkaufen wird immer problematischer angesichts der sich täglich häufenden Alarme. Es ist keine Seltenheit, daß meine Frau sich dreimal auf den Weg macht, um eine Besorgung vorzunehmen, und dreimal wieder umkehren muß und am Ende nichts erreicht hat. Es ist aber ein großer

---

145 Pelose ist ein „hochreines Süßwassersediment, welches größtenteils aus abgestorbenen Algen und Einzellern besteht“, ein „Heilschlamm“, der im Schollener See seit den 1920er Jahren gefördert wird https://pelose.de/.

Unterschied, ob die vergeblichen Wege 5 oder ob sie 20 Minuten ausmachen. Für die Nachhilfe bekommt Emma etwas Gemüse, ein Ei oder so etwas. Dieser Tage haben wir unseren Handwagen verliehen und bekommen dafür einige Kartoffeln. Von früh bis Abend ziehen die Leute mit Handwagen voll Holz an unserem Hause vorüber, es wird auf dem Königsberge enorm abgeholzt, damit die Menschen etwas zum Heizen haben. Leider sind auch die sämtlichen Fliederbüsche, die uns immer so schöne Beeren gebracht haben, dieser Not zum Opfer gefallen.

Wir gehen mit dem Gedanken um, uns hinter dem Hause einen kleinen Herd nach Wandervogelart zu bauen, denn das Gas ist hier so schlecht, daß es für eine Hausfrau immer schwieriger wird, damit zu kochen. Nach dem Gebrauche ist die kleine Küche so mit Giftgasen gefüllt, daß meine Frau die Kopfschmerzen gar nicht mehr los wird. Wir sind uns natürlich darüber klar, daß diese Verhältnisse weit in den Schatten gestellt würden, wenn wir, wie Du schreibst, „umfallen“ würden. Wir wollen alles gern ertragen, wenn es hilft, unserer Zukunft mehr Licht zu geben. Das ist selbstverständlich.

<...>

Fast hätte ich vergessen, die Ankunft des Päckchens mit dem herzlichsten Danke zu bestätigen. Der hochwillkommene Inhalt hat bei uns beiden große Freude erregt!

Herzlich grüßen Euch alle
Eure getreuen
<Emma und Alfred>

25. Mai 1945, an den kommandieren Offizier des Militärkrankenhauses

Detmold, May 25, 1945

To the C.O. of the military
hospital at Heldmanstreet

Dr. Alfred Bergmann, commissioned manager of the Lippische Country Library, residing 43 Alter Postweg, Detmold, asks you for allowance to enter the military hospital there.

Reason. Books are lent to German soldiers before the occupation of Detmold, and Dr. Bergmann has to try to get them back.

Seen The Mayor of the City
of Detmold <Unterschrift unleserlich>

13. Juli 1945, an Robert Warnecke

Mein lieber, guter Freund Warnecke! Unsere erste bange Frage, nachdem eine Verbindung wiederhergestellt: Sind Sie und Ihre liebe Frau noch am Leben? Wir hoffen es von Herzen! <...> Meine Frau u. ich haben die Kampftage glücklich überstanden u. sind gesund. In der Bibliothek allerhand Veränderungen. Ich kommiss<arischer> Leiter u. sehr viel mit Verwaltung zu tun. Die Wissenschaft schweigt. Zumal wir unsere Wohnung tauschen wollen. Und Sie? <...> Herzlichst

Ihre Emma u. Alfred Bergmann
D<etmold>, 13.7.45

23. Juli 1945, an Annemarie und Richard Bergmann

An unserem heutigen Geburtstage gedenken wir Deiner, lieber Richard, mit besonders herzlichen Wünschen.
Liebe Annemarie, lieber Richard! Da sich vielleicht eine Gelegenheit bietet, diese Karte loszuwerden, so benutze ich sie zu einer kurzen Nachricht, daß wir gut über alles weggekommen sind und es uns gutgeht. Die Landesbibliothek ist noch geschlossen, ich bin ihr kommissarischer Leiter. Ob sie auf die Dauer bestehen bleiben kann, ist noch ungewiß. <...> Hoffentlich ergibt sich in absehbarer Zeit die Möglichkeit zu einem Briefverkehr. An die zu einer Reise darf man im Augenblicke ja noch nicht denken. Zugleich in Emmas Namen sende ich Euch und Euren Kindern viele herzliche Grüße.

Euer getr. Schwager u. Bruder
23.7.45.

24. Juli 1945, Postkarte an Robert Warnecke

Lieber Freund Warnecke! <...> Die Übergangstage sind hier in der Tat sehr bewegt gewesen, aber glücklicherweise haben wir alles gut überstanden. Daß ich komm<issarischer> Leiter bin, bedeutet nicht viel. Es ist nichts endgültiges. Das Schicksal unserer Bibliothek ist noch ganz ungewiß. Kann sie bestehen bleiben, so wird sie wohl keinen Direktor mehr bekommen. Die Rückführung unserer Bestände aus dem Bergwerke ist noch nicht geglückt. Wir müssen leider mit Verlusten rechnen. Ich sehe mit Sehnsucht dem Zeitpunkte entgegen, da eine Fahrt nach Hamburg möglich ist. Sehr erfreulich, daß Sie Ihre künftige Tätigkeit hoffnungsvoll beurteilen! Die herzlichsten Grüße von meiner Frau und

Ihr getreuer Alfred Bergmann
24.7.1945

6. September 1945, an die Lippische Landesregierung

Dr. Alfred Bergmann

Detmold, den 6. September 1945

Beim Aufladen der rückgeführten Bestände der Lippischen Landesbibliothek aus dem Bergwerk der Gewerkschaft Braunschweig-Lüneburg in Grasleben entstanden für Hilfeleistung Unkosten in Höhe von RM 30,- (dreißig). Ich habe diesen Betrag ausgelegt und bitte um Rückerstattung und Überweisung auf mein Konto Nr. 991 bei der Städtischen Sparkasse in Detmold.

Anlage: Quittung.
Dr. Bergmann
kommiss. Leiter der
Lippischen Landesbibliothek

An die
Lippische Landesregierung
Detmold

1. Oktober 1945, Bescheinigung

<Briefpapier der Lippischen Landesbibliothek>
Detmold, den 1. Oktober 1945

Bescheinigung.

Wir bescheinigen hierdurch, daß Herr Dr. Alfred Bergmann, der an unserer Bibliothek als Bibliothekar angestellt ist, auf den Dienstreisen, zu denen er genötigt ist, darauf angewiesen ist, sich warmes Essen in einem Essenträger mitzunehmen, da er unterwegs keine Gelegenheit findet, ein solches zu bekommen.

I<n> V<ertretung>
Dr. B. Schladebach

21. Oktober 1945, an Alfred Kloß

Dr. Alfred Bergmann.
(21) Detmold: Alter Postweg 19.
21. Okt. 1945

Liebster Kloß!

<...> Es war, kurz gesagt, der völlige Mangel an Zeit in einer Zeit der sich drängenden Aufgaben und Verpflichtungen.

<...> Wie viele sind hier, die das bittere Los, um ihren Sohn bangen zu müssen, mit Euch teilen. Von meinen Waldheimer Verwandten, also meinem Bruder, haben wir erst in diesen Tagen durch eine der Töchter gehört. Demnach waren sie vor vier Wochen noch in dem Hause. Ob heute noch? Die beiden Ältesten sitzen bei Göttingen und warten auf die Wiedereröffnung der Tübinger Universität. Mein Brief an die Nichte kam heute als unzustellbar zurück. Meine Frau leidet namenlos darunter, daß sie von ihrer Mutter seit März keine Nachricht mehr hat und auch gar nicht weiß, ob ihre Nachrichten angekommen sind. Sie hat sich die verzweifeltste Mühe gegeben, selbst einmal mit einem Lastzuge hinzufahren. Es war alles umsonst, und es ist auch gut, daß die beabsichtigte Fahrt nicht zu Stande gekommen ist, da sie für die sie Wagenden mit großen Unannehmlichkeiten verbunden gewesen ist. Ihre Schwägerin hat mit einem Soldaten einen Brief hierhergeschickt. Dem haben wir mit großer Verspätung entnehmen müssen, daß mein Schwiegervater am Himmelfahrtstage gestorben ist.

Von anderen Bekannten treffen nach und nach Briefe ein, die mehr oder weniger auch von schweren Erlebnissen berichten.

<...> Bei mir sind diese Leiden wenigstens überwiegend körperlicher Natur gewesen. Ich bin wegen der Folgen der blödsinnigen Schipperei noch immer in ärztlicher Behandlung. Die Beinwunde will sich nicht schließen, weil ich mich jetzt gar nicht schonen kann. Ich bin seit Ende April der kommissarische Leiter der Landesbibliothek, und seitdem schweigen natürlich die Wissenschaften, da das Übermaß der neuen Aufgaben bei dem einschließlich meiner Person auf vier zusammengeschmolzenen Personalbestand der Bibliothek (1 Bibliothekarin, 1 Magazinverwalter, 1 Sekretärin) mir keine Zeit mehr dazu läßt. Vor allem nimmt jetzt die Säuberung der Bestände fast alle meine Kraft in Anspruch. Die Engländer wünschen die Wiedereröffnung der Bibliothek, und so schlage ich mich seit Wochen mit aller Anspannung mit dieser schweren, verantwortungsvollen, aber auch dankbaren Aufgabe herum, und sehe mit Schrecken die Karten in dem Kasten des zu Prüfenden mehr und mehr anschwellen, in dem Gedanken, daß mir an der

Bibliothek selbst keine Kraft zum Mitlesen zur Seite steht. Wie oft habe ich gerade bei dieser Arbeit an Dich und daran gedacht, wie sehr Du mir dabei mit Deiner Erfahrung und Belesenheit nützlich sein könntest. Wie es heißt, wird der Posten des Direktors demnächst wieder besetzt werden, und zwar auf Grund der üblichen Personalunion mit dem Archiv. Staatsarchivrat Dr. Erich Kittel vom Geh. Staatsarchiv in Berlin soll in Aussicht genommen sein, wie ich dem Kürschner[146] entnehme, ein hervorragender Fachmann, zu dem sich Lippe beglückwünschen dürfte. Wie es dann mit mir wird, weiß ich nicht. Ich muß darauf gefaßt sein, wegen meiner, wie Du weißt, erzwungenen Parteizugehörigkeit[147] eines Tages auch entlassen zu werden. Die innere Haltung läßt sich ja leider nicht nachprüfen. Daß gerade ich mich dazu berufen fühle, das nationalsozialistische Schrifttum aus unserer Bibliothek zu beseitigen und der Bibliothek, nach den Jahren der Einflußlosigkeit gerade auf dem wichtigen Gebiete der Buchanschaffungen, ihren alten wissenschaftlichen Charakter zurückzugeben, weißt Du sehr genau. Ich würde mir auch zutrauen, die Funktionen des Leiters auszuüben. Aber das Land kann, wenn es überhaupt die Bibliothek auf die Dauer halten kann, sich auf keinen Fall für jedes der beiden Institute einen eigenen Direktor leisten, und da ein Bibliotheksfachmann nicht nebenher ein Archiv betreuen kann, so kommt nur das Umgekehrte in Frage.

In diese angespannten dienstlichen Verhältnisse fiel nun noch ein sehr komplizierter Umzug, veranlaßt von dem Wunsche, der Hölle der Nr. 43 zu entfliehen und uns räumlich zu verbessern. Aus diesem letzten ist freilich nichts geworden. Wir haben nur Küche und Schlafzimmer. Für meine Bibliothek hat mir die Stadt keinen eigenen Raum bewilligt, und da mitten in unseren Umzug, dem viele Kämpfe vorausgingen, die Nachricht von einer drohenden Evakuierung des Alten Postweges hineinfuhr, so habe ich meine Bücher gar nicht erst ausgepackt, mir vielmehr von der Oberschulbehörde die Erlaubnis erwirkt, sie in meinem Dienstzimmer aufstellen zu dürfen, und sie dann alle nach und nach mit unserem Handwagen hingekarrt! Daß ich in den vergangenen Wochen auch unsere in ein Bergwerk gebrachten Bestände glücklich wieder hierher geführt habe, und zwar als erste der dort vertretenen Bibliotheken, und daß sich darunter auch meine eigenen Kostbarkeiten

---

[146] *Kürschners Deutscher Gelehrten-Kalender*, 6. Ausgabe, 1940/41, hg. von Gerhard Lüdtke. Berlin: de Gruyter, 1941, 2 Bde. Kittels Eintrag (Bd. I, Sp. 903-904) weist diesen nicht nur als promovierten Historiker und Staatsarchivrat, sondern auch als Dozent am Institut für Archivwissenschaft aus. Der Eintrag hat etwa den gleichen Umfang wie Bergmanns Eintrag (Bd. 1, Sp. 163-164), nämlich 43 bzw. 42 Zeilen.

[147] Vgl. die biographischen Bemerkungen zu Bergmann oben in der Einführung sowie den Brief vom 24.11.1945 und Kommentar.

befinden, will ich nur andeuten. Wie dankbar bin ich, daß ich meine Bibliothek gerettet habe, und wie sehr kann ich Deine Trauer um den Verlust der Deinen begreifen!

Fortgesetzt den 27. Oktober.

<...> Unsere Bibliothek ist ohne Gebäudeschaden und mit erträglichem Sachschaden durch den Krieg hindurchgekommen und deshalb berufen, in den nächsten Jahren hier eine bedeutsame Rolle zu spielen a la die weitaus größte Bibliothek in weitem Umkreis. Bielefeld hat 60 v.H. des Bestandes eingebüßt, Münster auch sehr viel, desgl. sind die Hannöverschen Verluste nicht gering.

Detmold ist mehrere Tage lang umkämpft worden, und hat davon allerhand Schäden. Wir haben mehrere Tage und Nächte lang unter Artilleriebeschuß gelegen und recht ungemütliche Stunden dabei verlebt. Es ist aber alles gut gegangen. Merkwürdigerweise schlafen wir beiden jetzt schlechter als damals, als die Alarme sich häuften. Wir schieben es zum guten Teile darauf, daß wir an die Höhenluft gewöhnt waren und uns erst akklimatisieren müssen. Gleichwohl empfindet meine Frau die größere Nähe zur Stadt und den Umstand, daß sie bei der Heimkehr den steilen Berg nicht mehr zu erklettern braucht, als große Wohltaten.[148] Mit der Heizung wird es in diesem Winter übel aussehen. Kohlen oder Koks gibt es nicht. Holz haben wir etwas, aber was haben alle die Männer sammeln können, die mit den Ereignissen des April stellenlos geworden sind!

<...> Vom Parteileben spürt man hier nach außen gar nichts. Bis jetzt gärt es nur unterirdisch und im Geheimen.

Wenn ich mich unseres Briefwechsels erinnere, so kannst Du Dir denken, wie betroffen ich von Deiner Mitteilung war, daß Du, im Gegensatze zu 1919, ohne Hoffnung seiest. Bis jetzt war ich in dieser Hinsicht doch der Pessimistischere, und Du derjenige, dessen ganzes Sinnen und Trachten dem Aufbau zugewendet war. Freilich kann sich Deine Bemerkung auf Verschiedenes beziehen, und darüber müßte man mündlich sprechen können. Im Gegensatze zu der Zeit nach 1918 sind allerdings gewaltige Unterschiede. Nur auf musikalischem Gebiete ist hier eine Überfülle von Angeboten.[149] Es hat

---

[148] Lt. Google Maps liegen 250m Entfernung und 25 Höhenmeter zwischen den Hausnummern Alter Postweg 19 und Alter Postweg 43 (also durchschnittliche 10% Steigung für die nun eingesparte Strecke).

[149] „Das Erstaunlichste aber an diesen ersten neun Monaten der Nachkriegszeit in Detmold ist die Tatsache, daß sich scheinbar unbeeindruckt von Not und Elend ein vielgestaltiges, reichhaltiges kulturelles Leben in der Stadt entwickelt. Das ist sicher nicht zuletzt Verdienst jenes <...> am 15.6.1945 von der Besatzungsmacht zum Detmolder Bürgermeister ernannt<en> <...> Dr. Richard Moes“ (Kuhlmann 1994, 72).

sich hier ein Detmolder Kulturbund gegründet, der den Lippischen Heimatbund, die Musikvereinigung und den ehemaligen Bildungsverein (dessen Bibliothek gegen meine dringenden Vorstellungen man leider zerschlagen hat) umfassen soll. Wir haben eine Reihe sehr beachtenswerter Konzerte gehabt. Nur auf dem Gebiete der Zeitung und der Buchproduktion ist eine trostlose Leere, was auch mit der schlimmen Papierknappheit zusammenhängt, so daß darin erst in Jahr und Tag Wandel wird zu schaffen sein. Glücklicherweise sitzt mein Hauptverleger in der britischen Zone, und er hat alle Aussicht, eine Lizenz zu bekommen. Ich habe im übrigen nicht die Absicht, mein zurückgezogenes Leben aufzugeben.

<...>

Wenn ich bedenke, daß ich vorvoriges Jahr kaum einen wirklichen Erholungsurlaub gehabt habe, voriges Jahr gar keinen und bis heute in diesem keinen halben Tag, so muß ich meiner Arbeitsfähigkeit ein Lob spenden. Freilich bin ich sehr reizbar, aber das ist nun wirklich kein Wunder. Die üblen Verhältnisse in unserer alten Wohnung haben das ihre dazu beigetragen.

Nun muß ich aufhören. Sei mir nicht böse, daß ich nicht früher geschrieben. Die Hetze und der Druck waren zu groß.

<...> Wir müssen viel Geduld haben und uns auf ein sehr langsames Tempo einstellen. Wie groß sind aber auch die Verwüstungen! Verlangt man nicht zu viel, können wir hier sehr zufrieden sein!

Zugleich im Namen meiner Frau grüße ich Dich nebst Frau und Tochter aufs herzlichste und verbleibe mit allen guten Wünschen

Dein getreuer

<Alfred Bergmann>

1. November 1945, an Robert Warnecke

Detmold, den 1. November 1945.
Alter Postweg 19.

Lieber Freund Warnecke!

Es hat in der Tat sehr lange gedauert, bis ich auf Ihre beiden ausführlichen Briefe vom 12. September und 21. Oktober, für die ich Ihnen herzlich danke, eine Nachricht geben konnte. Jedoch hat es mir bis jetzt immer an der Zeit zu der gleichen Ausführlichkeit gefehlt. Auf der einen Seite bin ich dienstlich nach wie vor sehr in Anspruch genommen, gerade weil die Bibliothek noch immer geschlossen ist und ich von früh bis abends einen Überlauf an Menschen abzufertigen habe, die aus irgend einem Grunde die Bibliothek doch benutzen müssen und mich dadurch sehr von dem Hauptgeschäfte, der Säuberung unserer Bestände, abhalten. Diese sehr dankbare, aber auch sehr verantwortungsvolle Arbeit liegt allein auf mir, und Sie können sich denken, daß ich dazu eine ganze Reihe von Mitarbeitern benötigen würde. Ich habe schon sehr vieles Sicheres ausgeschieden, aber auch in dem zweiten Kasten mit den Grenzfällen häufen sich die Karten auf eine beängstigende Weise, und wenn ich mich auch darauf freue, endlich zur Lektüre dieser Dinge zu kommen, die mich auf bis jetzt fremde Gebiete führen werden, so würde ich wiederum doch gern eine gehörige Portion davon an andere Leser abschieben. Dabei drängt die Arbeit, denn es wird hohe Zeit, daß die Bibliothek wieder geöffnet wird, und die Engländer legen selbst den größten Wert darauf. Dazu kam nun das Persönliche: der Wohnungtausch mit allen seinen vorangehenden und nachfolgenden Kämpfen um den gehörigen Wohnraum. Er hat zu keinem Erfolge geführt, denn wir haben das eine strittige Zimmer nicht bekommen und jetzt nur Schlafzimmer und Küche und im ganzen vier Untermieter. Der Umzug war natürlich auch der vielen Sachen wegen (meine Bücher und meiner Frau Arbeitsgerät) sehr schwierig, die Bücherpakete mußten vorderhand in einem der vermieteten Zimmer abgestellt werden, und kaum waren wir mit allem Kram gelandet, so verbreitete sich das Gerücht, der Alte Postweg werde evakuiert werden. Da mir dadurch die Aufstellung meiner Bibliothek vollends verleidet wurde, so erwirkte ich die Erlaubnis, sie nach der Landesbibliothek zu bringen und in meinem künftigen Dienstzimmer unterzubringen, und habe sie dann handwagenweise dorthingekarrt. Die Ordnung und Aufstellung nimmt mich nun fast jeden Abend bis zum Sirenenrufe, der das Signal zum Nachhausegehen gibt, in Anspruch, und noch sehe ich kein Land. Was werden soll, wenn ich einmal meiner Stellung verlustig gehe, weiß ich nicht. Vorläufig habe ich das Umziehen mit Büchern ziemlich satt. <...> Große Büchersammlungen sind nichts für Mietwohnungen. Und doch liebt man sie und kauft, wenn es geht, dazu. <...> Da soeben von meiner Stellung die Rede war, so bin ich meiner seinerzeit erzwungenen Parteizugehörigkeit wegen darauf gefaßt, sie eines Tages auch zu verlieren. In der Regierung sind immer noch Entlassungen im Gange. Es ist auch dieser Tage der Herr bei uns gewesen, der als künftiger Direktor in Aussicht genommen ist, und zwar nach der Tradition in Personalunion mit dem Archiv, da sich das Land zwei Direktoren nie hat leisten können und es heute weniger kann denn je. Daß sich die Bibliothek dann noch einen zweiten wissenschaftlichen Bibliothekar erlauben kann, will mir fraglich erscheinen. Ich warte den Gang der Dinge ab. Vielleicht ist er günstiger, als es heute aussieht. Daß ich nie damit gerechnet habe, etwa hier Bibliotheksdirektor zu werden, wissen Sie, und daß ich mir immer darüber klar gewesen bin, daß eine etwaige solche Ernennung ein sehr zweischneidiges

Schwert sein würde, weiß meine Frau. Ich habe mich schon jetzt an manchem am Wege stehenden Dorn gerissen und, unbildlich gesprochen, Anfeindungen und Kränkungen mancher Art erfahren. Kurioserweise spielt dabei auch meine Beschäftigung mit Grabbe hinein. Von den Nazis wurde es mir ja verdacht, daß ich die Gestalt des Dichters nie vom Standpunkte der sogenannten Nationalsozialistischen Weltanschauung durchdacht habe, heute höre ich, daß in den linksstehenden Kreisen, die unterirdisch sehr am Werke sind, gesagt wird, ich könne nur Nazi sein, da ich mich mit einem so ausgesprochenen nationalsozialistischen Dichter wie Grabbe – nach Hollos Behauptung! – beschäftige.[150] Sie sehen, recht machen kann man es niemandem. Seien sie also gewarnt, wenn auch Ihr Name künftig mit Grabbe in Verbindung gebracht wird. Als sein Untermieter mag es allenfalls noch hingehen. Aber ja keine ins Geistige reichende Bekanntschaft!!!

Was Sie mir von dem dort überschäumenden Leben berichten, trifft auch für Detmold zu. Dabei ist das Programm von ähnlicher Buntscheckigkeit. So viele Künstler ersten bis zehnten Ranges sind hier hängen geblieben und wollen rasch noch etwas verdienen, ehe der finanzielle Kladderadatsch kommt. Wir haben hier einige sehr gute Konzerte gehabt, auch einige weniger gelungene, und Theamaria Lenz,[151] die Sie wenigstens dem Namen nach kennen werden, hat rezitiert. Sie ist hier ansässig geworden. Es hat sich ein Detmolder Kulturbund gebildet, der den Lippischen Heimatbund, die Musikvereinigung und den wieder ins Leben gerufenen Bildungsverein umfaßt, und dieser Bund gibt soeben das November-Programm bekannt, wonach kaum ein Sonnabend oder Sonntag ohne irgendwelche Veranstaltung ist. Es ist ein Programm für eine Stadt der Millionäre! Auf die Dauer kann sich kein Mensch derlei leisten.

In anderer Art, vor allem, was die Buch- und Zeitschriften-Produktion angeht, ist ein gewaltiger Unterschied zu den Jahren nach 1918. Dies mag vor allem an der Papierknappheit liegen, die damals nicht für Buchpapier galt. Was ist damals alles an schöngedruckten Werken herausgekommen! Wie wird künftig das Gesicht des deutschen Verlagswesens sein?

<...>

Hauswedell hat bis jetzt noch keinen Lagerkatalog geschickt. Die Versteigerung soll entweder Ende dieses oder zu Beginn des nächsten Jahres

---

[150] Zu Heinrich Hollos und Bergmanns unterschiedlicher Grabbe-Auffassung siehe oben Brief vom 13.12.1944 und Fnn. 116 und 117.

[151] Theamaria Lenz wohnte in Hiddesen bei Detmold, wirkte als Schauspielerin und Vortragskünstlerin in der Zeit von 1936 bis 1967 sowie als Dozentin an der Nordwestdeutschen Musikakademie. Sie war die zweite Frau von Hans Kaufmann, der 1945-1946 Intendant des Detmolder Landestheaters war (Scheffler 2009, 40). Zu Kaufmann vgl. auch Kleinmanns 2019, 23.

stattfinden. Dr. H<auswedell> rechnet mit „irrsinnigen" Preisen, wie ich von einem Antiquar höre, der aus Bonn hierher verzogen ist und die Landesbibliothek mit Kostbarkeiten versorgt. Noch haben wir Geld, und ich kaufe, was das Zeug hält. Unsere Bibliothek, in einem weiten Gebiete die einzige intakt gebliebene, ist berufen, in den künftigen Jahren eine bedeutsame Rolle zu spielen, was auch von englischer Seite anerkannt wird. Die Städtische Bücherei in Bielefeld hat 60 v.H. des Bestandes eingebüßt,[152] die UB Münster hat große Verluste erlitten, und wie weit muß man gehen, um eine ähnlich große anzutreffen! Übrigens werde ich, koste es, was es wolle, zur Versteigerung kommen, nicht, um etwas zu kaufen, da ich, von allen Einnahmen außer dem aus Arbeit, abgeschnitten, keine mehr habe, sondern um die Preisbildung zu beobachten und damit für Ankäufe und Schätzungen einen Maßstab zu gewinnen, und um nach Möglichkeit auch die Landesbibliothek etwas zu bereichern. Wir werden uns also in einigen Woche oder Monaten bestimmt wiedersehen, und dann wird Gelegenheit sein, diese flüchtigen Andeutungen meiner Erlebnisse und Beobachtungen auszuführen.

<...>

Ich selbst bin wegen der Folgen der blödsinnigen Schipperei immer noch in ärztlicher Behandlung. Die eine Wunde am linken Unterschenkel, die sich gar nicht schließen will, würde heilen, wenn ich liegen könnte. Wie soll ich mich aber heute schonen. Ich kann keinen halben Tag Urlaub nehmen, und wenn ich mal eine Stunde weg bin, so bin ich auch schon vermißt worden oder habe einen wichtigen Besuch verpaßt. Daß wir alle Entbehrungen in Nahrung und Wärme ertragen müssen einmal in dem Bewußtsein, daß wir uns diese Suppe selbst eingebrockt haben, auf der jetzt so gar keine Fettaugen schwimmen wollen, und zum andern in der Überzeugung, daß die von uns ersehnte neue Zeit nicht völlig ohne schwere Opfer zu erkaufen ist, darin stimme ich mit Ihnen völlig überein. Jedoch dürfen wir auch nicht verkennen, daß auf die Dauer die materiellen Entbehrungen, insbes. die anerkannte Unterernährung an Fett, die zu einem anhaltenden bohrenden Hungergefühl führt, nicht ohne gesundheitliche Schädigung an uns vorübergehen wird, und so rechnen ja auch die Engländer für den Winter ohne Heizung mit der Gefahr von Epidemien. Sicher scheint mir zu sein, daß wir noch einmal eine gewaltige Sterblichkeit erleben werden. <...>

Was Sie mir von Ihren Beobachtungen über die englischen Besatzungstruppen berichten, trifft mit meinen eigenen zusammen. Wir können uns Glück dazu wünschen, in der britischen Zone zu leben. Ich habe vermutlich durch meinen Dienst und insbes. bei der Rückführung der

---

[152] Vgl. Teil I, Eintrag vom 18.10.1945.

Gegenstände aus dem Bergwerk noch mehr Gelegenheit gehabt, unmittelbar mit Herren der englischen Besatzung zusammenzutreffen, und auch dadurch, daß sich einzelne bereits als Leser bei uns eingefunden haben. Ich kann davon viel erzählen. Freilich ist, was Sie schreiben, doch nur ein kleiner Ausschnitt aus einem weit mannigfaltigeren Bilde. Daß wir unsere eingelagerten Gegenstände wieder haben zurückholen können, ist ein großes Glück, das bis jetzt noch keiner anderen dort vertretenen Bibliothek zu Teil geworden ist. Diese Angelegenheit hat mich natürlich auch stark in Anspruch genommen, da ich die Rückführung mit mehreren Lastzügen selbst geleitet habe. Ich bin mehrere Tage lang in Grasleben geblieben und habe dort neben vieler Arbeit doch auch Muße zu einiger Lektüre gefunden und Sonne wie Stille als eine kurze Sommerfrische genossen.

Leider muß ich Ihrem Briefe entnehmen, daß auch Sie mit schweren Übergangsjahren rechnen. Hoffentlich werden sie nicht allzu schwer. <...> Es ist beneidenswert, daß Sie zur Einquartierung die allernächsten Angehörigen haben dürfen. Wie glücklich wäre meine Frau, ihre Mutter herholen zu können. Sie hatte als Hausgenossin eine Krankenschwester engagiert in der Hoffnung, eine Entlastung zu erfahren. Das Experiment ist nicht gelungen, und aus der Angestellten eine bloße Untermieterin geworden, die uns aber wenigstens nicht beschwerlich fällt.

Nun muß ich schließen, und bitte Sie um Verzeihung für diesen leider in ziemlicher Eile geschriebenen Brief. Er sollte aber endlich einmal zu Stande kommen. Wenn ich die Säuberungsaktion durchgeführt haben werde, so werde ich wohl etwas Luft haben.

Ich hoffe sehr, daß wir uns zur Versteigerung wiedersehen. Da ich unmöglich bei Ihnen wohnen kann, so möchte ich schon heute Ihren Rat hinsichtlich eines Quartiers erbitten. Dr. Krüger, der erwähnte Antiquar, fährt auch hin und hat mich eingeladen, sein Auto zu teilen, falls er eines bekommt.

Mit vielen guten Wünschen für Sie und Ihre Familie und den herzlichsten Grüßen, auch im Namen meiner Frau, bin ich

Ihr getreuer

Alfred Bergmann

24. November 1945, an Robert Warnecke

Dr. Alfred Bergmann.
(21) Detmold: Alter Postweg 19.
24.11.45.

Mein lieber Freund Warnecke!

Da ich eine bestimmte Arbeit, die ich mir für heute aufs Tagesprogramm gesetzt hatte, erst am Montag beginnen kann, so finde ich Muße, Ihren lieben Brief vom 11. d.M. zu beantworten. Ich danke Ihnen aufs herzlichste dafür und insbes. auch für die tröstlichen und beruhigenden Worte, was meine Besorgnis wegen meiner Stellung angeht.

Dazu muß ich Ihnen nun leider gleich sagen, daß Ihre Auffassung mir viel zu optimistisch zu sein scheint, und daß Sie diese Sache nicht nach der Haltung der Engländer im Einzelnen beurteilen dürfen. Übrigens sind die Entscheidungen in Fragen der Entlassung vorerst in den einzelnen Gegenden sehr verschiedenartig. Während ich von Bonn gehört habe, daß dort verschiedene Lehrerinnen fristlos entlassen worden sind, die nicht bei der Partei waren, nur weil sie sich verschiedentlich zu Woll- und anderen Sammlungen zur Verfügung gestellt haben, hat mir vorgestern ein Göttinger Universitätsprofessor erzählt, daß man an der dortigen Universität alle Dozenten durchgebracht habe, sogar einen, der schon 1932 zur Partei gekommen ist. Dieser Professor verhandelt jetzt in Bünde mit den Engländern, und er hat ihnen selbst gesagt: dreiviertel der Entlassungen seien zu recht bestehend, das übrige Viertel verfehlt. Darauf hat man ihm erwidert: dazu hätten sie ja das Berufungsverfahren eingerichtet. Nun steht es aber damit so, daß es auch keine endgültige Entscheidung bringt. Soeben war einer meiner ältesten Detmolder Bekannten bei mir, der fristlos entlassen worden ist, weil er Blockwart[153] gewesen ist. Er ist verhört worden, nachdem er gegen seine Entlassung Einspruch erhoben hat. Es ist ihm sogleich gesagt worden, daß er nur die ihm gestellten Fragen beantworten dürfe, und diese sind ganz nebensächlicher Art gewesen. Ferner hat man ihm eröffnet, daß, selbst wenn das Berufungsverfahren Erfolg habe, er nur für eine bestimmte Zeit wiedereingestellt werde, denn nach den Potsdamer Beschlüssen müßten alle

---

[153] In der Parteihierarchie der NSDAP ist der „Blockleiter" – so der offizielle Titel der in der Umgangssprache „Blockwart" genannten Funktion – das untere Ende. Der Blockleiter war zuständig für 40-60 Haushalte und „mit seinen Funktionen ein allgegenwärtiges Instrument der Überwachung und Unterdrückung" https://de.wikipedia.org/wiki/Blockleiter.

Parteigenossen bis 31. März 1946 aus ihren Ämtern und Stellungen entfernt werden.[154] Diese Potsdamer Beschlüsse scheinen mir auch wirklich allein maßgebend zu sein, nicht das wohlwollende oder korrekte Verhalten einzelner Persönlichkeiten oder Stellen. Daran wird sich auch irgend eine Rücksicht auf die noch unerfüllten Aufgaben des Grabbe-Archivs nicht stoßen. Denn die Stelle oder das Bureau des betr. Bekannten hat man einfach eingehen lassen, mit der Begründung, daß es auch so gehe. Somit ist der betr. Herr der Überzeugung, daß auch jene Göttinger Universitätsprofessoren sich ihrer Stellungen nur noch den Winter hindurch werden erfreuen können, hinterher aber unweigerlich endgültig abgebaut werden. Ich bin Ihnen herzlich dankbar dafür, daß Sie sich mir als Zeuge zur Verfügung stellen, und ich werde im Notfalle auch davon Gebrauch machen. Denn hier habe ich viel zu zurückgezogen gelebt, als daß ich jemanden zu benennen wüßte. Leider kenne ich den Wortlaut der Potsdamer Beschlüsse in diesem Punkte nicht. Würden Sie wohl in der Lage sein, ihn mir zu beschaffen?

Ein schwacher Trost ist mir, daß sich bis zum März noch manches ändern kann, und daß man auch unter denen, die nach 33 eingetreten sind, immer wieder Abstufungen macht. Dem stehen aber wieder folgende Erwägungen gegenüber: 1. gibt es heute doch eine ganze Menge Bibliothekare, die nicht bei der Partei waren, so daß die Regierung durch mein Ausscheiden kaum ernstlich in Verlegenheit käme. 2. hat mir der Überwachungskommissar, nachdem er meinen Fragebogen[155] immer wieder besehen, und mich gefragt,

[154] „Als Potsdamer Abkommen werden die auf der Potsdamer Konferenz auf Schloss Cecilienhof in Potsdam nach Ende des Zweiten Weltkrieges in Europa getroffenen Vereinbarungen und Beschlüsse bezeichnet, die in einem Kommuniqué vom 2. August 1945 veröffentlicht wurden“ https://de.wikipedia.org/wiki/Potsdamer_Abkommen. Im Potsdamer Abkommen wurde die „Denazifierung“ Deutschlands beschlossen. „Die Entnazifizierungspolitik durchlief mehrere Phasen <...>. Befangen in der Kollektivschuldthese operierte die Militärregierung mit äußerst grobmaschigen Kriterien. Die kommunalen und staatlichen Behörden wurden mit einer Flut unausgereifter Erlasse konfrontiert. Sie erzeugten bei den Deutschen <...> erhebliche Unsicherheiten“ (Teppe 1983, 286, vgl. auch Lange 1976). Erst ab Januar 1946 beschloss der alliierte Kontrollrat in Berlin Entnazifizierungsdirektiven, anhand derer das Vorgehen für bestimmte Personengruppen festgelegt wurde. – In der Directive No. 24 des Control Council vom 21. Januar 1946 heißt es, gefordert sei „the removal from public and semi-public office and from positions of responsibility in important private undertakings of all members of the Nazi Party who have been more than nominal participants in its activities“. Solche „Participants“ seien u.a. Personen, „when they have held office or otherwise been active at any level from local to national in the Party“ (*Enactments* II, 16).

[155] Siehe Teil I, Fn. 92.

warum ich beigetreten, und ich geantwortet: weil ich gemußt hätte,[156] erwidert: es hat in dieser Sache im Dritten Reiche keinen Zwang gegeben! Und er setzte hinzu: Zunächst (!!) werde man gegen mich nichts unternehmen. Ihre Einwendung, daß man einem Manne, gegen den man mit fristloser Entlassung vorgehen werde, nicht das verantwortungsvolle Amt des Säuberungskommissars übertragen werde, ist an sich stichhaltig, in meinem Falle aber deswegen nicht, weil ja mein im April ausgefüllter und eingereichter Fragebogen verloren gegangen ist und deswegen weder der Oberschulrat als meine vorgesetzte Behörde noch die Engländer von der bewußten Tatsache Kenntnis gehabt haben!!

Letztlich liegt die Sache auch so, daß ich auf der einen Seite natürlich in große Schwierigkeiten kommen würde, wenn ich meiner Stellung verlustig ginge. Denn eine andere bekomme ich, hier wenigstens, nicht, und daß auch alle meine berufliche Arbeit an Grabbe damit unmöglich gemacht wäre, da mir ja das weitere Betreten des Hauses, in dem sich das gesamte Material befindet, verboten wäre. Auf der anderen Seite aber widerstrebt es mir, mich um die Konsequenzen der damals eingenommenen Haltung zu drücken. Das, was der Fremde wohl nicht einsehen wird, ist, daß im Gegensatze zu den demokratischen Staaten es ja gerade das Kennzeichen der Tyrannei ist, daß man mit der Anmeldung zu einer – oder der – Partei kein Bekenntnis zu den Anschauungen und Zielen dieser Partei ausspricht, sich also mit ihnen nicht identifiziert. Ich frage mich aber heute, wo in der englischen Propaganda die Mitschuld des gesamten deutschen Volkes eine so große Rolle spielt oder doch bis vor kurzem noch gespielt hat, ob ich nicht damals mich noch energischer gegen den Eintritt in die Partei hätte sträuben müssen. Heute, wo man darüber mehr erfahren kann, stelle ich zu meiner eigenen Beschämung doch immer wieder fest, daß sich auch unter den Berufskollegen doch eine ganze Menge befinden, die es fertig gebracht haben, draußen zu bleiben. Geändert hätte sich am Gang der Dinge durch mein Märtyrertum natürlich gar nichts, und der Effekt wäre höchstwahrscheinlich nur die Zerschlagung oder Verpfuschung des Grabbe-Archivs, meines Lebenswerkes, gewesen. Ein Fehler ist mein Eintritt auf jeden Fall gewesen, und dafür werde ich eines Tages bezahlen müssen. Dies bleibt einem im Leben nie erspart.

---

[156] Bergmann schreibt am 30.11.1939 an Alfred Kloß: „Dann wollte ich Dir noch berichten, daß ich mich am Montag zur Partei angemeldet habe. Der Eintritt wurde mir vom Blockwalter nahegelegt, mit dem Hinweise darauf, daß jetzt die früheren Bedingungen hinfällig geworden seien. Du weißt ja, daß es unmöglich gewesen wäre, einem solchen Winke mit dem Zaunpfahle nicht folge zu leisten, zumal der Kreisleiter zugleich der Regierungschef und damit unser Vorgesetzter ist.“

Mit Hrn. Brauns,[157] der zu meiner großen Freude unter den ersten sich befunden, denen Lizenz erteilt worden ist, korrespondiere ich über den Charakter unserer künftigen Grabbe-Ausgabe. <...>

Bei der Auslagerung der Kostbarkeiten meiner Privatbibliothek habe ich leider auch persönlich einige Verluste erlitten. Eine Kiste war aufgebrochen, und es sind aus ihr Band 1 der Nadlerschen Literaturgeschichte[158] sowie zwei Bände Noldes verschwunden, jener Verlust besonders schmerzlich, da er dieses unersetzliche Werk unvollständig macht. Ferner ist die Kiste der Grabbeschen Handschriften erbrochen gewesen und daraus das Manuskript meiner Arbeit über „Grabbe als Benutzer der Öffentlichen Bibliothek in Detmold" verschwunden. Glücklicherweise habe ich davon ein Duplikat, aber ärgerlich bleibt es doch, im Hinblick auf künftige Versendungen.

Neben unserem Stapel standen die der Hamburger Staatsbibliothek. Auch da waren Kisten erbrochen, einige standen halbgeleert herum, in einer sah ich das Manuskript von Dehmels Werke „Zwei Menschen" liegen.[159] Hoffentlich kehrt es nach Hamburg zurück!

<...>

Ich bin etwas enttäuscht darüber, daß wir nicht schon mehr Bücher aus dem Auslande hereinbekommen haben. Die hiesigen Buchhändler sind wegen des Standes der Dinge sehr enttäuscht und deprimiert. Früher las man, daß sich eine Flut von Übersetzungen der in zwölf Jahren im Auslande erschienenen Werke jetzt über Deutschland ergießen werde, aber bis jetzt hat noch niemand auch nur eines zu sehen bekommen. Nicht einmal die Lebenserinnerungen des Sumner Welles.[160]

<...> Nach meiner Ansicht wird es Jahr und Tag dauern, bis wir wieder eine nennenswerte Buchproduktion haben werden.

Wegen meines Beins bin ich jetzt endlich aus ärztlicher Behandlung entlassen. Leider haben wir jetzt, wegen der Stromersparnis, durchgehende

---

157 Vgl. Brief vom 9.8.1944 und Fn. 79.

158 Josef Nadler (1884-1963), österreichischer Germanist und Literaturhistoriker, dessen „Literaturgeschichte der deutschen Stämme und Landschaften" in 4 Bänden 1912-1928 erschien. Nadler gehörte mit seiner völkischen Literaturgeschichtsschreibung zu den bekanntesten Literaturwissenschaftlern des Dritten Reiches https://de.wikipedia.org/wiki/Josef_Nadler; es mutet daher aus heutiger Perspektive erstaunlich an, wenn Bergmann das Werk „unersetzlich" nennt.

159 Siehe Teil I, Eintrag vom 4. September 1945.

160 Benjamin Sumner Welles (1892-1961), US-amerikanischer Diplomat und Außenminister der USA von 1937-1943. Sein Bestseller *The Time for decision* von 1944 erschien bereits im gleichen Jahr in deutscher Übersetzung unter dem Titel *Jetzt oder nie!* bei Bermann-Fischer in Stockholm, wurde aber im Nachkriegsdeutschland nicht noch einmal aufgelegt.

Arbeitszeit. Ich komme dadurch um meine eigentlich unentbehrliche Mittagsruhe, d.h. ich hole sie in der Zeit nach beendetem Dienst nach, zumal wir an drei Tagen bis sechs Uhr kein Licht brennen dürfen, und arbeite abends etwas länger, was aber wieder meinen Schlaf ungünstig beeinflußt. Diese Stromspartage sind ein notwendiges Übel, bedeuten aber doch eine empfindliche Einbuße an Arbeit!

<...>

Heute in vier Wochen ist Heiliger Abend!

In der frohen Hoffnung, daß der Beginn des kommenden Jahres uns ein Wiedersehen bringt, bin ich

Ihr stets getreuer

Alfred Bergmann

16. Dezember 1945, an Rudi Göhre

Dr. Alfred Bergmann.
(21) Detmold: Alter Postweg 19.
16. Dez. 1945.

Lieber Herr Göhre!

Ihr ausführlicher Brief vom 22. November ist in meine Hände gekommen, und ich danke Ihnen herzlich dafür. <...>

Da Sie in Ihrem ersten Briefe andeuteten, daß Sie ev. hierher kommen würden, um im Grabbe-Archiv zu arbeiten, so will ich Ihnen wiederholen, daß Sie 1) keine Zuzugsgenehmigung bekommen würden, daß 2) das Grabbe-Archiv noch gar nicht ausgepackt werden kann, weil die Räume anderweit vergeben sind, daß wir 3) vorerst keine Neueinstellungen vornehmen dürfen und daß 4) meine Tätigkeit als kommissarischer Leiter der Landesbibliothek demnächst zu Ende geht, daß wir den neuen Direktor erwarten und daß es völlig ungewiß ist, was nachher mit mir geschehen wird.

In meiner jetzigen Eigenschaft habe ich außerordentlich viel zu tun gehabt, und bin gar nicht zu eigenen Arbeiten gekommen. Ich habe zwei große Aufgaben: 1) Rückführung der Bestände aus dem Bergwerk und Wiedereinordnung in die Magazine, 2) Säuberung unserer Bestände, um damit die Voraussetzungen für die Wiedereröffnung der Landesbibliothek zu schaffen. Beide Aufgaben würde ich als gelöst betrachten dürfen, wenn ich mein Amt übergebe.

<...>

Da die Kisten des Grabbe-Archivs vorerst uneröffnet bleiben müssen, so kann ich Ihnen jetzt nur einen Abzug meiner letzten größeren Arbeit über „Grabbe als Benutzer der Öffentlichen Bibliothek in Detmold“ senden. Den Aufsatz über „Grabbe im zeitgenössischen Bildnis“[161] besitze ich selbst nicht mehr, da ich ja meine Sammlung verkauft hatte, und die beiden letzten Exemplare der Sammler-Erinnerungen habe ich für das Manuskript der zweiten Auflage zerschnitten, auf die ich hoffe, wenn es erst einmal mehr Papier gibt. In diese zweite Auflage will ich auch den fraglichen Aufsatz einarbeiten. Meine Doktorarbeit ist bei Ebering in Berlin erschienen,[162] der auch noch Exemplare hatte, wenn sie nicht durch Bomben zerstört sind.

Ich bin natürlich sehr daran interessiert, zu erfahren, wie es mit den verschiedenen öffentlichen Bibliotheken in Berlin steht, vor allem mit der Preußischen Staatsbibliothek. Wird diese überhaupt in absehbarer Zeit wieder ins Leben treten? Und mit welchen Beständen? Man wagt sich nicht auszumalen, wie es mit unserer wissenschaftlichen Arbeit bestellt sein wird, ohne diese Bibliothek und die Auskunftsstelle. Wie jammervoll, daß das große, verheißungsvolle Unternehmen des Gesamt-Katalogs [163] nun wohl dazu verurteilt ist, Torso zu bleiben, der überdies durch die ungeheuerlichen Verluste an allen Ecken und Enden überholt ist.

Wie es mit den Antiquariaten aussieht, ersehe ich Ihrer Schilderung. Ich nehme an, daß auch Agnes Straub[164] dazugehört. Von Friedrich Korn[165] habe ich noch nichts wieder gehört, der freilich kein erhebliches Lager hatte, ebensowenig von Gerd Rosen,[166] der sein Lager nach Wien gebracht hatte und wohl zuletzt selbst sich dorthin begeben hat.

---

161 Alfred Bergmann: Grabbe im zeitgenössischen Bildnis. Mit 3 Bildern. In: *Zeitschrift für Bücherfreunde* N.F. 14 (1922) 6, 127-135.

162 Alfred Bergmann: *Die Glaubwürdigkeit der Zeugnisse für den Lebensgang und Charakter Christian Dietrich Grabbes. Eine quellenkritische Untersuchung*. Berlin: Ebering, 1933 (Germanische Studien, 137).

163 Vom „Gesamtkatalog der Preußischen Bibliotheken“ erschien von 1931 bis 1939 die ersten 14 Bände (Aa bis Beethordnung). Der 15. Band, dessen Korrekturfahnen schon fertig waren, wurde nachträglich 1979 gedruckt (Allischewski 1986, 40).

164 Das Antiquariat Agnes Straub wurde im Herbst 1943 aus Berlin nach Siebigerode im Harz verlagert, wo Geschäftsführer Thomas Graf 1951 starb https://www.boersenblatt.net/archiv/629472.html.

165 Friedrich Korn (1903-1956), Berliner Antiquar.

166 Gerd Rosen (1903-1961), Buchhändler, konnte lt. Wikipedia die Lagerbestände des Wiener Kunst- und Antiquariatsbuchhändlers Christian M. Nebehay aufkaufen. Im August 1945 eröffnete er mit zwei Geschäftspartnern die Galerie Gerd Rosen, die in kürzester Zeit „zum

<...>

Der Verlagsbuchhandel kommt doch nur sehr langsam wieder in Gang. Welcher Unterscheid zu der Zeit nach dem ersten Weltkriege. Ich fürchte, daß wir auch in den nächsten Monaten für Neuerscheinungen nur sehr wenig Geld auszugeben die Gelegenheit haben werden. Ich hatte auf einen Zustrom von Übersetzungen ausländischer Werke gerechnet, aber auch der bleibt aus. Ob und wann man wieder einmal eine eigene Arbeit wird unterbringen können, wage ich gar nicht zu fragen. Es sind auch die Arbeitsbedingungen vorerst ungünstig: Stromsperrtage, kein eigenes Arbeitszimmer – wir haben Ende Septembers unsere Wohnung getauscht, dabei mancherlei Vorteile gewonnen, sind aber vorerst auf ein unheizbares Schlafzimmer und eine Küche angewiesen – in der Bibliothek die Unmöglichkeit, nach Dienstschluß Licht zu brennen, so daß einem dort die fruchtbaren Abendstunden fehlen – so sieht man mit Sehnsucht dem Frühjahr entgegen, von dem ich mir einen stärkeren Ertrag erhoffe – falls ich dann überhaupt noch in meinem Berufe stehe!

<...>

Zugleich im Namen meiner Frau grüße ich Sie und die Ihren aufs freundlichste.

Ihr

<Alfred Bergmann>

19. Dezember 1945, an Robert Warnecke

Dr. Alfred Bergmann.
(21) Detmold: Alter Postweg 19.
19. Dezember 1945.

Mein lieber Freund Warnecke!

Gleich will ich Ihnen herzlich danken für Ihren Brief vom 11. d. M. und Ihre guten Wünsche für die bevorstehenden Weihnachtstage für Sie und die Ihrigen mit aller Herzlichkeit erwidern, zugleich im Namen meiner Frau.

<...> Vorgestern war der englische Kontrolleur da[167] und hat es genehmigt, daß wir für alle Abteilungen wieder öffnen. Am 5. Januar wird dann voraussichtlich der neue Chef sein Amt antreten. An sich überstieg natürlich

Zentrum der Berliner Kunst-Avantgarde“ wurde https://de.wikipedia.org/wiki/Galerie_Gerd_Rosen.

[167] Major Halliday, siehe Teil I, Eintrag vom 17. Dezember 1945.

die Säuberung eines so großen Bestandes die Kraft eines Einzelnen und wäre Sache einer Kommission gewesen. Ich hatte aber keinen Helfer, und so ist mir nichts andres übrig geblieben, als mich allein aus der heiklen Affaire zu ziehen, so gut es eben ging. Glücklicherweise ist der Engländer ein großzügiger Mann, dem vor allem daran gelegen ist, daß die Bevölkerung mit Unterhaltungslektüre versehen wird, was nicht ganz in meinem Sinne war. Denn ich hätte unsere Bibliothek lieber zu dem früheren, überwiegend wissenschaftlichen Charakter zurückgeführt.

Wie ich gestern erfahren habe, ist die Versteigerung bei Hauswedell am Ende des Januars.[168] Dr. Krüger, ein Antiquar, der aus Bonn ins nahe Hiddesen übergesiedelt ist, will auf alle Fälle auch hinkommen. Ich hoffe, den Wagen der Regierung zu bekommen, da die Bahnfahrt ja grausig sein würde. Ursprünglich hatte Dr. Krüger gehofft, einen eigenen Wagen zu bekommen; dies hat sich jedoch zerschlagen. <...>

Die Frage meiner eventuellen Entlassung sehe ich jetzt ein wenig hoffnungsfreudiger an, zumal ein langjähriger Bekannter von mir, der wegen Blockleiterschaft entlassen worden war,[169] in diesen Tagen wieder eingestellt worden ist, und zwar vornehmlich auf Grund der Verwendung eines Herrn, der am 20. Juli beteiligt gewesen ist. Ich nehme also an, daß in meinem Falle Ihre Stimme stark ins Gewicht fallen würde, und bin Ihnen deshalb herzlich dankbar für Ihr Angebot. Ich hoffe, daß dies alles nicht notwendig sein wird. Auch von anderer Seite habe ich Übereinstimmung mit Ihrer optimistischeren Auslegung erfahren. Ich bin übrigens nur Angestellter und normalerweise lediglich Abteilungsleiter. Dies würde kaum als eine leitende Stellung ausgelegt werden.

Zu dem freudigen Ereignis, daß Ihr Verlag die Lizenz bekommen hat, beglückwünsche ich Sie aufs herzlichste. Ist dies doch auch für Sie sehr bedeutungsvoll! Ich bin sehr gespannt auf das Programm. Aufgaben gibt es ja für die deutschen Verleger wie Sand am Meere, nur leider sehr wenig Papier.

Meine Frau und ich grüßen Sie und alle Ihre Hausgenossen aufs herzlichste.

Ihr getreuer

Alfred Bergmann

---

[168] Die Auktion findet schließlich statt am 29./30. März 1946 in Hamburg, siehe Brief vom 29.3.1946.

[169] Siehe Brief vom 24.11.1945 und Erläuterung.

2. Januar 1946, an Annemarie und Richard Bergmann

Dr. Alfred Bergmann.
(21) Detmold: Alter Postweg 19.
2. Jan. 1946.

Liebe Annemarie, lieber Richard!

Endlich eine ausführliche Nachricht von Euch! <...>

Ihr könnt Euch denken, daß wir uns alle die Zeit um Euch große Sorge gemacht haben, und Euer Brief hat diese nicht vermindert. Schweigt er doch gerade über die beiden Punkte, auf die unsere Sorgen vornehmlich gerichtet sind: Euren Gesundheitszustand und die Lage Eures Geschäftes. Hinsichtlich dieses mache ich mir keine Illusionen, und ich möchte auch gleich zu Eurer Beruhigung hinzufügen, daß ich auf absehbare Zeit nicht mehr mit irgendwelchen Einnahmen von dorther rechne. Ganz abgesehen von der Unmöglichkeit irgendwelcher Überweisungen. Wenn es Euch möglich ist, so laßt doch künftig auch darüber hören. Und auch darüber, wie es mit Eurer Gesundheit bestellt ist.

<...>

Weihnachten haben wir ganz für uns verlebt. Der Gabentisch war bescheiden. Das gewichtigste Geschenk war nicht körperlich, und es kam überdies von Seiten der Engländer, in Gestalt meiner Bestätigung. Sie hätten sogar gar nichts dagegen gehabt, wenn ich der Leiter der Bibliothek geblieben wäre. Jedoch stand es längst fest, daß beide Institute, Archiv und Bibliothek, nach alter, durch die Finanzlage bedingter Überlieferung, einen einzigen Direktor bekommen würden, den wir auch in den nächsten Tagen erwarten. Ich habe mich überdies an keinem Tage meiner kommissarischen Tätigkeit nach diesem leitenden Posten gesehnt, was nicht heißen will, daß ich ihn mir nicht zugetraut hätte. Erfahrung habe ich ja genug. Jedoch würde diese Ernennung eine so wesentliche Entfremdung von meinem eigentlichen Aufgabenkreise bedeutet haben, daß meine Nicht-Sehnsucht hinreichend begründet erscheint.

<...>

Mein Hauptverleger[170] sitzt glücklicherweise in unserer Zone und hat als einer der ersten die Lizenz erhalten. Ich hoffe, ihn zu Anfang des Februars besuchen zu können. Da ist eine Versteigerung in Hamburg, die ich dienstlich auf alle Fälle besuchen möchte.

---

[170] Gemeint ist Curt Brauns, dessen Alster-Verlag in Wedel wie Detmold in der Britischen Besatzungszone lag https://de.wikipedia.org/wiki/Britische_Besatzungszone.

Dagegen hat der Münchener[171] seit Monaten nichts mehr von sich hören lassen.

Gesundheitlich geht es uns befriedigend. Ich bin erst vor wenigen Wochen endgültig aus ärztlicher Behandlung entlassen worden, in die die Schippe-Krankheiten mich zu gehen genötigt hatten. Es handelte sich um eine Wunde am linken Schienbein, die sich nicht schließen wollte. Meine Frau leidet noch unter den Nachwirkungen des seelischen Martyriums, das sie in der letzten Zeit unseres Wohnens in der Nr. 43 zu erdulden hatte. Es kann der Beste nicht in Frieden leben ...![172]

In der Hoffnung, daß dieser Brief in Eure Hände kommt, grüßen wir Euch herzlich.

Eure Emma und <Alfred>

2. Januar 1946, an Robert Warnecke

Dr. Alfred Bergmann.
(21) Detmold: Alter Postweg 19.
2.1.46.

Lieber Freund Warnecke!

Ihre Karte vom 23.12. ist soeben eingetroffen, und ich danke Ihnen herzlich dafür, erwidere auch zugleich im Namen meiner Frau Ihre guten Wünsche zum Neuen Jahre für Sie und alle die Ihrigen aufs herzlichste. Wir sind gut hinübergekommen, haben die Tage still für uns verlebt. Ich habe für meine Frau noch ein paar Bücher und Büchelchen aufgetrieben und nach dem Feste für mich zwei hübsche Sachen kaufen können: Wilhelm Raabes „Horacker“ in der dritten Auflage mit den Holzschnitten,[173] sowie die erste Gesamt-Ausgabe der Werke Augusts von Platen von 1839 in einem großen Bande mit Bildnis und Handschriftenprobe,[174] beides zusammen für RM 7.50.

---

[171] Gemeint ist Kurt Desch vom Münchener Zinnen-Verlag, siehe Fn. 9.

[172] „Es kann der Frömmste nicht in Frieden bleiben, / Wenn es dem bösen Nachbar nicht gefällt“, zum geflügelten Wort gewordenes Zitat aus Friedrich Schillers *Wilhelm Tell* (4. Akt, 3. Szene). – Was vorgefallen ist, geht aus den Briefen nicht hervor; in anderen Briefen betont Bergmann, dass die zentralere Wohnlage eine Erleichterung darstellt.

[173] Wilhelm Raabe: Horacker. Berlin: Grote 1876, 3. Aufl. 1881.

[174] August von Platen: Gesammelte Werke. Stuttgart u.a.: Cotta, 1839. Volltext: http://mdz-nbn-resolving.de/urn:nbn:de:bvb:12-bsb10057229-2.

Ihre Mitteilung über den voraussichtlichen Termin der Hauswedellschen Versteigerung ist mir höchst willkommen gewesen. Ich hoffe, den Regierungswagen für die Fahrt zu bekommen, denn eine Reise mit der Bahn dürfte ziemlich schrecklich sein. Von Berlin hierher vier Tage!

Das schönste Weihnachtsgeschenk ist uns von seiten der Engländer zu Teil geworden, nämlich die Bestätigung, sogar in der, wie Sie wissen, irrigen Ansicht, daß ich der Leiter der Bibliothek bleibe. Damit ist, wie ich gestehe, eine Sorge von mir genommen.

Heute habe ich nach dreiviertel Jahren die erste ausführliche Nachricht von meinem Bruder erhalten, der sich freilich über wesentliche Punkte ausschweigt. Dies tut auch Hr. Brauns, von dem seit Wochen eine Nachricht fällig ist.

Vom Zinnen-Verlage, der ja noch ein ungedrucktes Manuskript von mir hat[175] und es von Rechts wegen drucken müßte, höre ich gar nichts mehr. Ich kann mir nicht denken, daß dort die Erteilung einer Lizenz Schwierigkeiten macht. Denn er hatte ja seinerzeit den Wunsch, ich möchte mich bei meiner Arbeit nicht an einen „zeitgebundenen Geschmack" anlehnen!!

Was die Tageszeitung angeht, so haben wir hier immer noch nur eine zweimal die Woche erscheinende,[176] während die „Sächsische Volkszeitung", von der ich Proben bekam, ihren Lesern einen im Vergleiche damit überwältigenden Stoff bietet.[177] Wie sieht es damit bei Ihnen aus?

Die Bibliothek bekommt hin und wieder schon Angebote von Handlungen. Zumeist sind freilich die Läger zerstört, aber alles das ist doch der Beginn eines neuen Lebens.

Soviel für heute. In der frohen Hoffnung eines nicht zu fernen Wiedersehens grüße ich Sie und die Ihren aufs herzlichste als

Ihr getreuer

Alfred Bergmann

---

175 Das geplante „Grabbe-Brevier", siehe oben Fn. 9.

176 Die *Neue Westfälische Zeitung. Ausgabe für Minden-Ravensberg-Lippe* erschien seit dem 19. Mai 1945, zunächst wöchentlich (im Bestand der LLB ab Nr. 3 vom 1. Juni 1945), seit Nr. 9 vom Dienstag, 10. Juli 1945 zweimal pro Woche https://ld.zdb-services.de/resource/987470-7.

177 Die *Sächsische Zeitung. Organ der SED, Land Sachsen* erscheint seit dem 2. Juli 1945, anfangs zweimal wöchentlich, seit Oktober 1945 als „Sächsische Volkszeitung". Die Periodizität wechselt, teilweise erscheint die Zeitung 6x wöchentlich https://ld.zdb-services.de/resource/1013088-3.

5. Januar 1946, an Richard Bergmann

Einschreiben.

Dr. Alfred Bergmann.
(21) Detmold: Alter Postweg 19.
5.1.46.

Lieber Richard!

Ich schrieb Dir vor einigen Tagen und brachte darin meine Meinung zum Ausdruck, daß ich in absehbarer Zeit irgendwelche Zinseingänge von seiten Deiner Firma nicht mehr zu erwarten habe. Nach Mitteilung einer Deiner Töchter muß ich annehmen, daß sich dort sehr wesentliche und einschneidende Veränderungen vollzogen haben und daß Du wohl nicht mehr Inhaber der Firma bist. Anders kann ich mir wenigstens diese Andeutungen der Nichte nicht auslegen. Du kannst Dir denken, wie schmerzlich uns diese Sache berühren muß, und wie sehr wir wünschten, uns darin zu irren. Aber auch der Umstand, daß Du in Deinem Briefe über diese Dinge völlig schweigst, schien uns für unsere Annahme zu sprechen.

Nun habe ich soeben einen Brief des Rechtsanwaltes meiner geschiedenen Frau erhalten, an die ich, wie Dir bekannt, eine Rente zu zahlen habe. Damit war die hiesige Städtische Sparkasse beauftragt, die aber die Überweisungen mit April v<origen> J<ahres> aus den bekannten Gründen einstellen mußte. Aus denselben Gründen ist vom selben Monat an eine Rentenzahlung unterblieben, die ich meinen Schwiegereltern gewährt habe.

Der Rechtsanwalt reklamiert nun diese Zahlung an Frau Ernestine Bergmann, und da ihm ja bekannt sein muß, daß keinerlei Zahlungen von der britisch besetzten in die russische Zone erfolgen können, so schlägt er vor, daß die Zahlungen von Waldheim aus erfolgen sollen. Aus diesem Grunde würde ich gern Klarheit über die dortige Lage haben. Wenn meine pessimistische Annahme, wie ich sie zu Beginn dieses Briefes dargelegt habe, zutrifft, so würde sich das Ansinnen der Frau Bergmann ohne weiteres erledigen. Sollte die Lage aber anders sein, oder Zinsen für 1945 gutgeschrieben worden sein, oder Zinsen für 1946ff. zu erwarten, so müßte damit gerechnet werden, daß diese zu Gunsten der Frau Bergmann gepfändet werden. Wenn diese Summen aber schon nicht hierher überwiesen werden können, so würde es mir wesentlich lieber sein, wenn sie meiner Schwiegermutter zu gute kämen. Mein Schwiegervater ist am Himmelfahrtstage v<origen> J<ahres> in einem Alter von 81 Jahren gestorben. Meine Schwiegermutter ist 84 Jahre alt und infolge von Gicht und Gelenkrheumatismus an den Stuhl gefesselt. Auch haben die Sorgen um uns, da sie sieben Monate lang in Ungewißheit über unser Schicksal gelebt hat, ihre Gesundheit sehr geschwächt. Meine Schwägerin, die Lehrerin war, hat ihre Stellung verloren, da sie Leiterin der Frauenschaft[178] gewesen ist. Demnach besteht dort ein ungleich stärkeres Bedürfnis darnach, von meiner Seite eine Zahlung zu erhalten.

Ich möchte nochmals betonen, daß wir hier die Zahlungen durchaus verschmerzen können und es uns nicht betrifft, wenn wir erfahren, daß solche nicht mehr erfolgen können. Wir haben aber auch kein Interesse daran, daß ein etwaiges Guthaben oder etwaige künftige Zahlungen einer Frau zu gute kommen, die im erwerbsfähigen Alter steht, während meine Schwiegermutter ganz auf fremde Hilfe und Unterstützung angewiesen ist. Überdies hat Frau Bergmann keinen Anspruch mehr auf die volle Höhe der Rente, da sich meine Einkommensverhältnisse seit der Besetzung Deutschlands und der Bildung von vier Zonen grundlegend geändert haben.

Sollte also für 1945 ein Guthaben vorhanden sein, so würde ich vorschlagen, daß mir dieses auf einem Konto innerhalb der russischen Zone gutgebracht wird, vorausgesetzt, daß eine solche Maßnahme nach Lage der Verhältnisse möglich ist. Sollte aber künftig mit irgend einem Zinsertrage zu rechnen sein, so wüßte ich dies gern, damit ich sodann mit meinem Anwalte darüber sprechen kann, was am besten zu geschehen hat.

Mit herzlichen Grüßen

Dein getr<euer> Bruder

12. Januar 1946, an Alfred Kloß

Dr. Alfred Bergmann.
(21) Detmold: Alter Postweg 19.
12. Jan. 1946.

Liebster Kloß!

So hat es nun endlich geklappt, und meine Nachrichten sind in Deinen Händen. Dies meldet mir Dein Brief vom 26. Dezember, für den ich Dir herzlich danke. Es tut mir sehr leid, daß Du wieder krank geworden bist. Aber wenn Du Unterricht in ungeheizten Schulräumen zu geben hast, so ist dies kein Wunder. Wir

---

178 NS-Frauenschaft (NSF) war die Frauenorganisation der NSDAP https://de.wikipedia.org/wiki/NS-Frauenschaft. Zum Zusammenhang von Organisationszugehörigkeit und Entlassung siehe oben Fn. 154.

können hier mit Koks zwei Zimmer heizen, nachdem wir die dazu notwendigen Öfen organisiert haben, und wenn auch die Arbeitsbedingungen bei dem so zu Stande kommenden Pferch nicht eben erfreulich sind, so sitzen wir wenigstens im Warmen. Daheim gibt es nur Holz, das sehr sparsam verwendet werden muß, Kohlen dagegen gar keine. Da wir nur ein nicht heizbares Zimmer und eine Küche haben, die an sich auch keinen Heizkörper hat, sondern nur mit Kochherd warm zu kriegen ist, und uns zu diesem Zwecke nur ein geliehener, kaputt geschossener Herd zur Verfügung steht, der kaum zu verwenden ist und meiner Frau unsägliche Mühe macht, so kannst Du dir denken, daß unsere Lage auch nicht sehr beneidenswert ist. Der Kampf mit dem Wohnungsamte um ein bewohnbares Zimmer ist unentschieden.

Die Versorgung mit Fett ist auch hier ganz ungenügend, Fleisch, gibt es 100 gr die Woche, Käse und Quark verschwindend wenig. Zucker ist auch sehr knapp geworden. Es gibt nur Rohzucker, der sehr gut aufs Brot schmeckt, aber nur eine geringe Süßkraft hat. Rücklagen für die Einkochezeit, wie in früheren Jahren, sind ganz unmöglich. Hat die Hausfrau sich mal den Luxus eines Puddings oder einer süßen Suppe geleistet, so ist die Tüte leer und die Wochenration verbraucht. Eier sind seit dem März keine mehr vorhanden. Kartoffeln gibt es hier jetzt 1 kg die Woche.[179] Glücklicherweise haben wir aber eingekellert. Brot geht gerade so, könnte aber auch reichlicher sein. Es ist von hervorragender Qualität, ein Vollkornbrot, das wir nicht mehr missen möchten. Für Dich wäre es freilich gar nichts. Gemüse ist jetzt etwas schwach geworden. Wir waren aber noch nicht in allzu großer Verlegenheit, da wir Sauerkraut eingelegt haben. Wegen der Kochherdkalamität müssen wir viel auswärts essen. Die Fettmarken sind dafür sehr knapp, und die Portionen so, daß wir davon nur sehr kurzfristig zu sättigen sind.

Mit meiner Gesundheit geht es jetzt. Die Wunde ist verheilt und die ärztliche Behandlung beendet. Das Herz ist ein wenig schwach geblieben, aber in die Verlegenheit, Hochtouren zu machen, werden wir ja beide nicht mehr kommen.

<...>

Du weißt, mein guter Kloß, wie unmöglich es gewesen ist, über die uns beschäftigenden Probleme einen vernünftigen Briefwechsel zu führen. Ich befand mich dabei fortwährend in dem Dilemma: entweder zu viel zu sagen und auch Dich dadurch zu gefährden, oder aber auf halbem Wege stehen bleiben und sich hinter Andeutungen flüchten zu müssen, die dann sehr oft

[179] Vgl. den Artikel „Die Kartoffelversorgung der britischen Zone“ in der *Neuen Westfälischen Zeitung* Nr. 66 vom 29. Januar 1946, S. 4: „Die jährliche Selbstverbrauchermenge <Kartoffeln> ist von 300 auf 200 Kilogramm herabgesetzt worden, kürzlich sogar auf 150 kg festgesetzt worden.“

mißverstanden wurden. Zuletzt war es für mich zu unbefriedigend, keinen Gedanken zu Ende führen zu dürfen oder Mißverständnissen zu begegnen, die ganz unvermeidlich waren, und so oft Du mich – in einem guten Sinne – provoziertest, so kehrte ich doch zuletzt immer wieder zu meinem Vorsatze zurück, die politischen Debatten zu meiden.

Daß Du mir mit Deinem politischen Ahnungsvermögen überlegen bist, erkenne ich gern an. Ich habe unsere militärischen Möglichkeiten überschätzt, verführt durch die soldatischen Erfolge in Frankreich und Norwegen. Ich habe die Überzeugung gehabt, daß der Zusammenbruch von innen her erfolgen werde, und daß ich da die Dinge völlig richtig gesehen habe, das hatte seinen Grund darin, daß wir hier an Herrn Dr. Wiegand den schonungslosesten Kritiker der Partei gehabt haben, den man sich denken kann. Er selbst hatte Einblicke, die dem gewöhnlichen Sterblichen verschlossen waren, und es ist in meinem Leben selten von einem Manne eine so zersetzende Wirkung ausgegangen als von ihm. Er war immer wieder entrüstet über den mangelnden Ernst, die Unwahrhaftigkeit und völlige Zerrüttung des Parteiwesens, und ein anderer Mitarbeiter der Bibliothek, ein wegen seiner Zugehörigkeit zu einer Loge gemaßregelter Studienrat, [180] sekundierte ihm nach Kräften mit der fortwährenden Feststellung, daß dieses ganze politische System durch und durch korrupt sei. Ich bin mir also schon aus diesem Grunde schon seit langer Zeit darüber klar gewesen, daß dieses ganze Wesen eines Tages zusammenbrechen müsse, und habe das hier auch immer bei passender Gelegenheit ausgesprochen. Und wie vieles sah man doch selbst. Wie bin ich vom ersten Tage oder sagen wir von der ersten Rede Hitlers an entsetzt gewesen über diese Geschichtsfälschung, die da getrieben wurde, und über diesen völligen Mangeln an Demut dem Göttlichen gegenüber. Dieser völlige Mangel an jedem religiösen Gefühl ist eigentlich für mich immer das Entscheidende gewesen. Dazu kam nur, daß Dr. W<iegand>, so sehr er einerseit zum ätzenden Kritiker geworden war und an diesem inneren Zwiespalte, daß er auf der anderen Seite an seiner Verehrung des „Führers“ und seinen weltanschaulichen Grundsätzen mit Fanatismus festhielt, auf der anderen Seite wieder völlig verkannte, wie sehr auch er selbst ein Opfer des innerlich völlig verderbten Systems geworden war und sich bei seinem Wirken solcher Grundsätze bediente, die an Skrupellosigkeit und Gewissenlosigkeit kaum zu überbieten waren.

Und wie viele Aufklärung hat mir nicht zuletzt noch meine Schipperei gebracht, die ich schon aus diesem Grunde nicht aus meinem Leben gestrichen wissen möchte! Vor allem wurde mir damals endgültig klar, daß der

---

[180] Gemeint ist Willi Schramm, siehe Teil I, Fn. 113.

Nationalsozialismus selbst im Volke jeden Halt verloren hatte und völlig abgewirtschaftet war.

Über die japanischen Verhältnisse habe ich mir kein Urteil erlaubt und nur den japanischen Soldaten als dem amerikanischen überlegen hingestellt. Wenn ich bedenke, wie unsere Soldaten über diese geurteilt haben, so finde ich an meinem Urteil kaum etwas zu revidieren. Die überwältigende Überlegenheit des alliierten Materials hat wohl bei dem, was gekommen ist, eine beträchtliche Rolle gespielt.

Daß wir im Falle einer militärischen Niederlage einem namenlosen Elend verfallen würden, war sehr leicht vorauszusehen. Aus diesem Grunde habe ich mich in dem Dilemma so vieler Deutscher befunden, die unter keinen Umständen einen militärischen Sieg unserer Waffen wünschen konnten, weil dies ungefähr mit einer Verewigung der Tyrannenherrschaft gleichbedeutend war, auf der anderen Seite aber auch davor zurückschreckten, den Sturz dieser verhaßten Herrschaft den Waffen unserer damaligen Gegner verdanken zu müssen. Ich kann natürlich nicht behaupten, daß ich mir über die Einzelheiten unserer gegenwärtigen Lage klar geworden wäre. Daß wir aber nach der Beendigung des Krieges durch einen Sieg der Alliierten durch Jahre der schlimmsten Entbehrungen und der wirtschaftlichen und finanziellen Schwierigkeiten würden hindurchgehen müssen, darüber bin ich mir allerdings klar gewesen. Deswegen hätte ich sonst etwas darum gegeben, wenn jene wahnsinnigen Fanatiker es nicht bis zum Äußersten hätten kommen lassen. Dies läuft aber darauf hinaus, von einem Wahnsinnigen vernünftige Handlungen zu erwarten.

Die Frage, die Du im Nachwort Deines Briefes berührst, beschäftigt mich auch fortwährend. Ich habe von den Engländern das schönste Weihnachtsgeschenk erhalten, das ich mir in dieser Zeit denken konnte: meine Bestätigung unterm 22. Dezember, nach einem nur kurzen Verhör. Ich weiß aber, daß man mir meinen Beitritt verdenkt, und ich frage mich, ob mit Recht oder nicht. Mit anderen Worten: konnte ich damals nicht anders oder hätte ich mich doch widersetzen sollen diesem Ansinnen, das von dem Manne ausging, der zugleich mein Vorgesetzter im Dienst war, selbst auf die Gefahr hin, daß ein Pfuscher und Konjunkturritter über mein Lebenswerk geriet und dies in Grund und Boden ruinierte, was sehr leicht hätte eintreten können. Ich habe sehr vieles nicht gewußt, und das, was ich gewußt habe, das hätte ich auch nicht verhindern können. Ich habe während eines Aufenthaltes auf der Wache des Bergwerks, in dem wir unsere Sachen hatten, einen Aufsatz Bertrand Russells[181] in einer englischen Zeitschrift gelesen, der zu meiner großen Befriedigung

---

[181] Siehe Teil I, Eintrag vom 28. Juni 1945 und dazu Fn. 169.

schon im Juni feststellte, daß man als Historiker an dieses Problem der Mitschuld des gesamten deutschen Volkes herangehen müsse. Er versprach sich nichts von Anklagen und Strafen und Racheakten, vielmehr meinte er, man solle prüfen, wie diese historischen Bedingungen zustande gekommen seien, unter denen so Entsetzliches habe geschehen können, um so in die Lage zu kommen, für die Zukunft die Wiederkehr ähnlicher geschichtlicher Bedingungen zu verhindern. Also nicht zu verdammen, sondern zu verstehen müsse die Losung sein. Er stellte fest, daß der Mann, der gegen die Untaten hätte protestieren wollen, an dem Gange der Ereignisse gar nichts hätte ändern können. Vielmehr hätte er nur sich und seine Familie ins Unglück gebracht. Ist das nun richtig, und haben sich die, die nicht dazu beigetragen haben, mit ihrem Stimmzettel den Nationalsozialismus in den Sattel zu heben, wirklich nichts vorzuwerfen, und habe ich mir nichts vorzuwerfen, der ich zu einer Zeit eingetreten bin, da dies keineswegs mehr als ein innerliches Bekenntnis zu der Bewegung aufgefaßt worden ist, und sicherlich keinerlei moralische Stärkung bedeutet hat? Oder hätte ich doch in dem oder jenem Punkte anders handeln können?

Eines kann ich allerdings behaupten: daß von mir weder in Wort noch Schrift irgendwelche Verleugnung meiner inneren Überzeugung je verlangt worden ist. In meinem Dienste war ich immer frei, und in meinen Büchern und sonstigen Veröffentlichungen wirst Du ja wohl nicht ein Wort gefunden haben, das als ein Zugeständnis an das „Dritte Reich“ aufgefaßt werden könnte.

Im übrigen magst Du recht haben. Jedoch trifft Deine Feststellung keineswegs nur auf die „Bourgeoisie“ zu. Wenn Du einmal vor einem Pferdeschlächterladen von früh 5 bis 11 Uhr angestanden hast, wo im allgemeinen nur sehr arme Leute stehen, so würdest Du Gelegenheit gehabt haben, zu hören, daß dort die Anschauungen auch nicht anders sind.

Ich bekomme gelegentlich Nummern der „Sächsischen Volkszeitung“ zugeschickt, die mir die bemerkenswertesten Einblicke in die dortigen Verhältnisse gewähren und den großen Unterschied im Leben der Zonen offenbaren. Hier spielt sich das wiederaufkeimende Parteiwesen vorerst noch völlig im Geheimen ab.[182] Unterirdisch ist der Kampf um die Macht wohl voll im Gange. Aber nach außen treten die Parteien noch so wenig in Erscheinung, daß ich nicht einmal in der Lage wäre, zu sagen, welche es hier im Lande oder am Orte bereits gibt. Ich bin auch bis jetzt von keiner Seite aufgefordert worden, mich zu beteiligen, wie man mich auch sonst in keiner Weise bei irgend einer Gründung berücksichtigt. Dies ist mir im höchsten Maße angenehm. Ich will gar

[182] Zum Parteiwesen in Lippe nach Kriegsende vgl. Wehrmann 1987, 125-166; allgemeiner Teppe 1983, 293-305.

nicht aus meinem ungeselligen Leben heraustreten, bin überdies der Ansicht, daß diejenigen, die das Unglück gehabt haben, P<artei>g<enossen> werden zu müssen, sich jetzt der äußersten Zurückhaltung befleißigen sollten.

Am 5. Januar ist der neue Chef eingetroffen, und meine kommissarische Tätigkeit hat damit ihr Ende gefunden. <...> Am kommenden Montag wird der Ausleihverkehr wiederaufgenommen werden können. Ich habe die Genugtuung, daß der englische Kommissar meine Säuberungstätigkeit als hinreichend anerkannt hat. Das ist gewiß eine sehr verantwortungsvolle Tätigkeit gewesen, die ein hohes Maß von Vertrauen zu meiner Zuverlässigkeit vorausgesetzt hat. Ich nehme auch an, daß diese Zufriedenheit mit meinen Maßnahmen jene Erklärung mitbestimmt hat, daß ich zugelassen werden solle. Sie ist gewissermaßen der Prüfstein gewesen, wurde auch im selben Schreiben der Regierung mitgeteilt!

<...> Und hast Du nähere Nachrichten über die UB Göttingen? Prof. Schöffler,[183] den Du möglicherweise von unserer Leipziger Zeit her auch kennst und der jetzt Dekan der Philosophischen Fakultät Göttingen ist, war vor Weihnachten hier und erzählte, sie sei ohne jeden Buchverlust durch den Krieg gekommen. Und nun brachte unsere Zeitung, zweimal wöchentlich erscheinend, eine Schreckensnachricht von möglicher Vernichtung,[184] wobei es sich aber um ein Mißverständnis handeln kann. <...>

Noch etwas zur Ernährungslage. Daß kräftig geschoben[185] wird, trotz drakonischer Strafen der englischen Militärgerichte, was sehr zu begrüßen, ist nach Kriegen ja offenbar nicht zu vermeiden. Ein Fall. Eine junge Frau wollte sich von einer anderen, die deren drei besitzt, einen Pelz tauschen. Verlangt wurden: 1 Pf. Kaffee, 2 Flaschen Schnaps und 10 (zehn!) Pfund Butter. Heute verkündete sie, daß es geklappt habe. Kommentar überflüssig. Es ist keineswegs Bourgeoisie, sondern die Frau eines kleinen Angestellten.

Über meinen Bruder erfahre ich nur sehr Unbestimmtes. Ich fürchte aber, daß er seine Firma los ist. Das große Haus ist Kinderheim geworden, und er hat ein anderes bezogen, das ihm aber auch gehört. Die vier Kinder sind alle im Westen.

<...>

---

183 Siehe Teil I, Eintrag vom 22. November 1945.

184 Die *Neue Westfälische Zeitung* meldet in der Ausgabe vom 1. Januar 1946 auf S. 3 unter der Überschrift „Göttinger Universitäts-Bibliothek gefährdet", dass „das Schicksal der Göttinger Universitätsbibliothek mit rund 250.000 Bänden infolge eines Feuers und einer Explosion in dem Bergwerk, in dem die Bücher aufbewahrt werden, noch ungeklärt" sei.

185 „Schieben", hier im Sinne von: „Schwarzhandel betreiben".

Daß es mit Deiner Gesundheit so übel bestellt ist, beklage ich sehr. Die meine hält sich leidlich. Ich habe nun drei Jahre lang keinen Erholungsurlaub gehabt, 1944 und 1945 überhaupt keinen. Nach der Erfüllung der erwähnten beiden Aufgaben ist natürlich eine starke Müdigkeit eingetreten. <...>

Genug für heute! Mit allen guten Wünschen und den herzlichsten Grüßen für Dich und die Deinen, zugleich im Namen meiner Frau,

Dein getreuer

<Alfred Bergmann>

30. Januar 1946, an Alfred Kloß

Dr. Alfred Bergmann.
(21) Detmold: Alter Postweg 19.
30.1.46.

Liebester Kloß!

In der Hoffnung, daß Du meinen ausführlichen Brief erhalten hast, will ich Dir heute noch einiges zum alten Portosatze schreiben.[186] Uns geht es unverändert. Mit dem neuen Chef scheint sich, soweit sich dies in den wenigen Tagen beobachten ließ, eine angenehme Zusammenarbeit zu ergeben. Der Winter ist hier glücklicherweise recht milde verlaufen. Heute Nacht war es sehr stürmisch und mit diesen Stürmen deutet sich bereits das Frühjahr an. Die Luft ist milde. Jedoch kann es noch einmal Frost geben. Seltsamerweise ist in diesem Winter bis jetzt so gut wie keine Schnee gefallen.

Wenn Du in Deinem letzten Briefe schriebst, daß Du nicht erwartet hättest, daß der Widerstand so sinnlos und verbrecherisch bis zum Letzten fortgesetzt werden würde, so kann ich darauf sagen, daß ich dies allerdings nie anders erwartet hatte. Denn die „Führung“ hatten Fanatiker, und deren Eigenschaft ist es ja gerade, sich umso mehr in ihre Theorien und ihr Vorhaben zu verbeißen, je mehr Gründe der Vernunft gegen sie zeugen. Wenn der

[186] „Mit kriegsbedingten Einschränkungen galt noch immer die Postordnung von 1929, in deren Anlage die Postgebühren geregelt waren. Allerdings konnte die Postordnung nach der Kapitulation, am 8. Mai 1945, für einige Zeit nicht mehr angewendet werden, der Postverkehr war von den Alliierten eingestellt worden. Mit Wirkung vom 1. März 1946 wurde auf Anordnung des Alliierten Kontrollrats in allen vier Besatzungszonen einschließlich Groß-Berlin gleichmäßig sämtliche Postgebühren <...> verdoppelt.“ https://de.wikipedia.org/wiki/Postgeschichte_und_Briefmarken_Deutschlands_unter_alliierter_Besetzung.

Wahnsinnige sieht, daß sein Untergang unvermeidlich ist, so nimmt er noch so und so viele unschuldige Opfer mit. Ein guter Teil der Schäden, die Detmold und Umgegend zu beklagen haben, ist auf Konto dieses völlig sinnlosen Widerstandes zu setzen, auf die törichten Sprengungen von Brücken und auf die Gegenmaßnahmen der Alliierten, die den Widerstand brechen mußten. Was ist dabei noch an Lebensmittelvorräten zu Grunde gegangen! Wie ganz anders würden wir mit unserer Versorgung dastehen! Der Lemgoer Bürgermeister hat sich gegen diesen sinnlosen Widerstand gewendet, um die alte Stadt vor der Zerstörung zu bewahren. Er ist dafür von der SS auf bestialische Weise hingemordet worden.[187] Daß sehr viele von denen, die sich vorher nicht genug tun konnten in Provozierung dieses Widerstandes (jeder Bach, jeder Steg, jedes Gehöft sollte angeblich bis zum letzten verteidigt werden, mit den Zähnen sollten wir uns in das Gras der Muttererde verbeißen), dann, als die letzten Kämpfe waren, aus dem sicheren Luftschutzkeller nicht herauskamen, ist ein Kapitel für sich. Auch da hat sich sehr viel als Fassade erwiesen. Aber dieser Widerstand selbst ist durchaus die Konsequenz der starren Unbelehrbarkeit und monomanischen Verranntheit und Verbissenheit, wie dies für den Fanatiker charakteristisch ist. Gerade das habe ich deshalb nie anders erwartet.

Jetzt beginnen nun auch die Parteien hervorzutreten. Vor einigen Tagen hat Severing für die SPD gesprochen,[188] ich konnte aber nicht hingehen, weil ich vom Versorgungsamte Bielefeld auf einige Tage ins Krankenhaus zur Beobachtung beordert war. Dort habe ich eine sehr interessante Bekanntschaft gemacht, nämlich ein Mitglied der „Schwarzen Front“, von der ich bis dato nie etwas gehört hatte.[189] Die KPD und die SPD sind bisher sehr rührig gewesen, was man von den Bürgerlichen nicht in dem Maße behaupten kann. Ich hatte die Absicht, mich sehr zurückzuhalten. Da aber der Wunsch der englischen Militärbehörde auf eine Politisierung unseres öffentlichen Lebens hindrängt, so wird diese Zurückhaltung kaum aufrechtzuerhalten sein. Nun sind hier zum künftigen Wahlkampfe nur drei Parteien zugelassen, außer der KPD und der SPD nur die CDU, nicht aber die Liberal-Demokraten, die hier auch kaum eine Rolle spielen und sich als Partei, soviel ich höre, noch kaum konstituiert haben. Wenn man also die sozialistischen Parteien nicht will, so bleibt einem nur die CDU übrig. Über jene ließe sich natürlich sehr viel sagen. Bei der SPD ist es mir

---

[187] Zum Geschehen und seiner Bewertung siehe Teil I, Fn. 153.

[188] Carl Severing (1875-1952), einflussreicher SPD-Politiker in OWL https://de.wikipedia.org/wiki/Carl_Severing.

[189] Die „Schwarze Front“ war eine von Otto Strasser als Abspaltung von der NSDAP 1930 gegründete Kleinpartei, die im Februar 1933 verboten wurde https://de.wikipedia.org/wiki/Otto_Strasser.

vor allem fraglich, wieweit sie unter der Jugend Nachwuchs hat. Ich nehme an, daß die Jugend, soweit sie sich nach links wendet, zur KPD geht. Diese gibt sich in der „Sächsischen Volkszeitung“ durchaus demokratisch. Dazu muß ich sagen, daß mir dies die Verleugnung eines der elementarsten Grundsätze des Kommunismus zu sein scheint, der doch immer die Diktatur des Proletariats, also die Klassenherrschaft wird fordern müssen. Da es auf dem Gebiete des Bergbaues und der Schwerindustrie kaum noch etwas zu sozialisieren gibt, so bleibt die Bodenreform. Ich bin nicht Fachmann, um beurteilen zu können, ob diese, also Aufteilung des Großgrundbesitzes, wie Du dies ja auch immer gefordert hast, im gegenwärtigen Augenblicke, wo die Herstellung und Beschaffung von Ackergerät, Vieh und Kleinwohnungen auf die größten Schwierigkeiten stoßen muß, zu einer Steigerung der landwirtschaftlichen Erzeugung führt, was sie allein doch rechtfertigen würde. Nach allem, was ich höre, wird es bestritten.

Auffallend ist, daß die S<ächsische> V<olkszeitung> die Lage und Zukunft sehr optimistisch hinstellt, während unser Landespräsident in jeder Ansprache den tiefsten Pessimismus kundgibt, immer das Bild von dem Abgrunde gebraucht, an dem wir hinliefen, und es noch keineswegs für ausgemacht hält, daß wir wieder hochkommen. Der große Albdruck, der hier auf allen lastet, ist die Vernichtung so vieler Fabriken. In unserer Zone stauen sich die Menschen bei dem nicht endenwollenden Flüchtlingsstrome immer beängstigender, und es erhebt sich die Frage, wie diese Menschen ernährt werden sollen. Wir sind heute sehr wesentlich auf englische Einfuhr angewiesen, die aber bezahlt werden muß. Womit aber, wenn es keine Exportware erzeugenden Unternehmungen gibt?

<...>

Die Preußische Staatsbibliothek hat schweren Schaden erlitten.[190] Der große Lesesaal ist ganz zerstört. Sie wird mit der UB zusammengelegt und soll als reine Präsenzbibliothek fortgeführt werden. Generaldirektor soll der bisherige erste, Dr. Becker,[191] sein, den ich sehr gut kenne.

Wann, lieber Freund, werden wir uns wiedersehen?

Herzlichste Grüße an Euch alle, auch von meiner Frau.

<Alfred Bergmann>

---

[190] https://staatsbibliothek-berlin.de/die-staatsbibliothek/die-gebaeude/haus-unter-den-linden/baugeschichte/: „Am 15. Februar 1945 wird der Kuppellesesaal von einer Luftmine getroffen und schwer beschädigt. Das Gebäude ist zu annähernd 40% zerstört“.

[191] Siehe Teil I, <Einleitung>. – Josef Becker war Gutachter für den Wert der von Bergmann an das Land Lippe verkauften Grabbe-Sammlung.

31. Januar 1946, an Robert Warnecke

Dr. Alfred Bergmann.
(21) Detmold: Alter Postweg 19.
31. Jan. 1946.

Lieber Freund Warnecke!

Aufs herzlichste habe ich Ihnen zu danken für Ihren Brief vom 20. d. M., ihre Postkarte vom 23.sten und den prachtvollen Kalender[192] mit Ihren Zeilen vom 24sten. Zu dem Kalender kann ich Sie nur aufs herzlichste und freudigste beglückwünschen. Das ist eine großartige Leistung, und Ihr Verlag kann sich etwas darauf einbilden, daß er seine Tätigkeit im neuen Deutschland mit einem solchen Bekenntnis und einer Reihe so meisterlich ausgewählter Sprüche beginnen kann. Es ist sehr schade, daß Sie die Auflage haben herabsetzen müssen. Ich wünschte, eine ganze Reihe Stücke erwerben zu können, um sie zu verschenken. Auffallend ist, daß einige der treffendsten und tiefsinnigsten Sprüche von Juden herrühren, ein Beweis dafür, wie unentbehrlich diese für unsere Kultur sind! Wie sehr manche der Sprüche auf die vergangene Unglückszeit passen, ist verblüffend, und Sie haben bei der Auswahl wirklich ein ungemeines Finderglück und Findertalent bewiesen.

<...> Hoffen wir doch, daß dann der Winter im großen und ganzen vorüber ist. Glücklicherweise ist er bis jetzt bei uns milde verlaufen. Ohne viel Schnee, der sich erst heute Nacht wieder einmal eingestellt hat. Da wir uns gelegentlich in die Bibliothek flüchten konnten, wo wir drei Öfen mit Koks heizen, so ist es einigermaßen gegangen. Dagegen ist eine Kalamität, unter der meine Frau furchtbar leidet, daß sie keine ganzen Winterschuhe mehr hat und auch gar keine Aussicht, welche zu bekommen. So leidet sie sehr an kalten Füßen, muß vielfach mit Hausschuhen ihre Besorgungen machen und ist kaum noch in der Lage, an einer kulturellen Veranstaltung teilzunehmen. Dabei haben wir hier eine Musikvereinigung, die sehr gute Konzerte veranstaltet,

---

[192] Hinrich und Axel Springer erhielten 1945 eine Lizenz zur Fortführung des Verlags Hammerich & Lesser (siehe Fn. 107), bei dem Ende des Jahres erschien: „Besinnung. Ewige Worte der Menschlichkeit. Ein Kalender für das Jahr 1946" https://ld.zdb-services.de/resource/2107822-1. „Das Büchlein umfasste 32 Seiten, erschien in einer Auflage von 6000 Exemplaren noch rechtzeitig im Dezember 1945 und ermöglichte etwas Werbung für den wiedererstandenen Verlag. <...> Die in Springers erstes Druckerzeugnis aufgenommenen Kalendersprüche markierten natürlich die nach dem Zusammenbruch des Dritten Reiches gültige neue Wertetafel: Friede, Humanität, Naturrecht, Menschenbrüderlichkeit, christliche Religionsität. Bezeichnenderweise galten aber die häufigsten Denksprüche dem Preis der Freiheit" (Schwarz 2008, 107-108).

denen der Umstand zu Gute kommt, daß Künstler hierher verschlagen worden sind, die zu normalen Zeiten niemals eine Kleinstadt wie Detmold beehrt hätten. So können wir jetzt schon auf eine Reihe erlesener Genüsse zurückblicken. Kürzlich haben wir uns so geholfen, daß meine Frau in einer Aktentasche eine Wärmflasche mitgenommen und während des Konzerts ihre Füße draufgestellt hat. So wurde der Genuß wenigstens nicht durch die kalten Füße beeinträchtigt.

Übrigens habe ich bei unserem Landespräsidenten die Veranstaltung einer Kollwitz-Gedächtnis-Ausstellung angeregt und damit seinen Beifall gefunden. Vorerst macht freilich die Raumfrage Schwierigkeiten, da der einzige brauchbare Saal sich im beschlagnahmten Theater befindet.[193] Den Grundstock der Ausstellung soll mein eigener Bestand bilden, rund 60 Blätter. Die Beschaffung des noch fehlenden macht natürlich auch Schwierigkeiten, so daß es noch nicht sicher ist, ob sich der Plan verwirklichen läßt.

<...>

Wir haben hier eine zweimal wöchentlich erscheinende Zeitung, die „Neue Westfälische“, in einem Umfange von 4-6 Seiten. Diese kann man aber abonnieren. Außerdem erscheinen einige Zeitschriften, die „Sammlung“ (Göttingen)[194] und die „Gegenwart“ (Freiburg i.Br.),[195] die ich auch abonniert habe. Angekündigt ist die „Lippische Volkszeitung“ als Organ der SPD,[196] wobei ich aber höre, daß dies nur ein Propagandatrick sei, da mit dem wirklichen Erscheinen in absehbarer Zeit nicht zu rechnen sei. Ein Kapitel für sich ist die Politik, das Parteienwesen, die notgedrungene Politisierung unseres öffentlichen Lebens. Darüber sprechen wir vielleicht mündlich.

Ihre Bücherkäufe bei Hauswedell sind doch recht erfreulich. Es hat mich amüsiert, an der Gegenüberstellung unserer Erwerbungen zu sehen, wo die moderne Stadt und wo die altmodische ist. Dinge wie die Ihren würde ich hier schwerlich aufstöbern. Im ganzen halten <sich> die Antiquare auch hier wegen der unübersichtlichen Marktlage sehr zurück. Ein hiesiger Antiquar

---

[193] Während der britischen Besatzung diente das Gebäude des Landestheaters 1945-1952 als Casino der Royal Air Force (Kleinmanns 2019, 23).

[194] Zur Zeitschriftenlandschaft der Nachkriegszeit vgl. Laurien 2002. – Die Zeitschrift *Die Sammlung. Zeitschrift für Kultur und Erziehung* erschien 1946-1960 als Fortsetzung der Zeitschrift *Die Erziehung* https://ld.zdb-services.de/resource/203194-2.

[195] *Die Gegenwart* erschien seit Dezember 1945 halbmonatlich https://ld.zdb-services.de/resource/216678-1. Vgl. King 1974, 9-10.

[196] Die *Freie Presse* erschien erstmals am 3. April 1946 in Bielefeld. Eine lippische Regionalausgabe erschien mit dem Untertitel „Lippisches Volksblatt“. Verleger war Emil Groß, Carl Severing (siehe oben Fn. 188) der erste Chefredakteur https://de.wikipedia.org/wiki/Freie_Presse_%28Bielefeld%29.

besitzt die Gundolfsche Shakespeare-Übersetzung in Ganzleder.[197] Diese will er aber nicht verkaufen, und wenn, dann nicht unter 3000 Mark!! Schade!

<...>

In der Hoffnung, daß es Ihnen und den Ihrigen im Ganzen gut geht und sie unter der Kälte nicht allzusehr zu leiden haben, grüße ich, zugleich im Namen meiner Frau, Sie und Ihre Familie aufs herzlichste

als Ihr stets getreuer

Alfred Bergmann

17. Februar 1946, an Richard Bergmann

Dr. Alfred Bergmann.
(21) Detmold: Alter Postweg 19.
17. Februar 1946.

Lieber Richard!

Ich danke Dir vielmals für Deinen Brief vom 30. v.M., der mir zu unserem großen Bedauern ein recht trübseliges Bild Deiner Lage enthüllte.

<...>

Meine finanzielle Lage ist recht angespannt, weil die fixen Kosten in alter Höhe weiterlaufen und weil ich eine erhebliche Nachzahlung an Steuern, die Ende 1944 zu leisten war, leider nicht vom Kapital genommen habe, was bei Voraussicht des Kommenden das einzig richtige gewesen wäre, sondern auf Kredit, der nun, nach Ausbleiben der Zinsen, sich durch Debitzinsen ständig vermehrt, ohne daß ich vorderhand die Möglichkeit einer Tilgung sehe. Meinen Bestand an Effekten muß ich großenteils verloren geben. Die jetzt ausländischen Werte sind schon beschlagnahmt. Auf jeden Fall besteht zur Zeit keine Möglichkeit irgend eines Verkaufs an der Börse. Sonst würde ich Dir selbstverständlich diesen Effektenbestand zur Verfügung stellen.

Nachdem Deine Töchter gegen Ende des vorigen Jahres sich brieflich an uns gewandt hatten, haben wir sogleich überlegt, ob wir für sie etwas tun können. Damals war dies nicht möglich. Wir hatten eine Krankenschwester in einem unserer Zimmer, sodaß wir selbst nur über ein Schlafzimmer und eine Küche, beide unheizbar, verfügten. Für das Kochen waren wir auf das sehr schlechte und sehr unregelmäßig strömende Gas angewiesen. Meist haben wir

---

[197] *Shakespeare in deutscher Sprache*. 10 Bde. Hg. und zum Teil neu übersetzt von Friedrich Gundolf. Berlin: Bondi, 1908-1918.

auswärts gegessen. Nachher mußten wir noch die Tochter einer Freundin meiner Frau, die aus der russischen Zone eintraf, als Flüchtling aufnehmen. Dieses Mädchen haben wir nach drei Wochen hinausgeworfen. Die Krankenschwester, die zunächst im Angestelltenverhältnis bei uns sein sollte, aber ihre vertraglichen Vereinbarungen nicht hielt, sie vielmehr nur als Vorwand benutzt hatte, sich Wohnrecht in Detmold zu erschleichen, was wegen Zuzugssperre sehr schwer ist, sind wir vor einigen Tagen erst nach hartem Kampfe losgeworden und nun dabei, uns dieses Zimmer als Werkstatt für meine Frau einzurichten. Wir hoffen, daß meine Frau einmal in der Lage sein wird, mit ihren keramischen Arbeiten etwas zu verdienen, vorausgesetzt, daß sich Brennmöglichkeiten ausfindig machen lassen. Zu dauernder Beheizung langt das Brennmaterial jetzt nicht. Eine große Schwierigkeit bereitet auch der Mangel an Bettwäsche. Wir haben das beste nach Waldheim gegeben und wären Dir dankbar, wenn Du uns einen endgültigen Bescheid darüber geben könntest, ob dieser Wäschekorb gerettet ist oder nicht.[198] Was wir hier noch haben, ist das älteste und schlechteste. Kaum noch reparaturfähig und -würdig. Dabei kommen fortwährend Ansinnen, zu Sammlungen beizutragen. Erfahren wir, daß die Sendung nach Waldheim verloren ist, so würden wir dies bei solchen Gelegenheiten vorbringen können. Aber auf jeden Fall ist es uns beim besten Willen nicht möglich, jemand mit Bettwäsche bei uns aufzunehmen. Dazu bekommt nur der Genehmigung, hierher zu ziehen, der ein Arbeitsverhältnis nachweist. Und das ist sehr schwierig. Daß meine Frau den erwähnten Flüchtling in ihrer Gutherzigkeit aufgenommen hatte, ist uns vom Amt als ein Verstoß gegen die Bestimmungen sehr angekreidet worden. Selbst wenn wir wollten, werden wir also die eine oder andere der Nichten nicht ohne weiteres zu uns nehmen können, so sehr meine Frau eine Entlastung im Haushalte begrüßen würde, wonach sie sich seit Jahren sehnt. Daß es uns unter günstigeren Umständen eine Freude und eine gern geübte Verpflichtung sein würde, einer der Nichten eine Zufluchtsstätte zu bieten, bedarf keiner Erwähnung. Jetzt sind uns die Hände sehr gebunden. Detmold ist vollgestopft mit Zuzüglern aus dem Osten,[199] und selbst möblierte Zimmer sind kaum aufzutreiben.

Es ist uns gar nicht recht, daß wir angesichts dessen, was du uns berichten mußtest, so untätig bleiben und uns auf platonische Wünsche beschränken müssen. Diese gehen dahin, daß Eure Gesundheit sich recht bald wiedereinstellen und festigen möge, wozu das kommende Frühjahr das seine

---

198 Siehe oben Brief vom 19.4.1943.

199 Zur Flüchtlingssituation in Detmold und Lippe siehe u.a. Wehrmann 1987, 105ff.; Benkmann 1994.

beitragen wird, daß Dein Einspruch in Sachen Firma von Erfolg begleitet sei und auch Eure Kinder sich durchkämpfen.

Zugleich in Emmas Namen sende ich Annemarie und Dir die herzlichsten Grüße.

Dein getreuer Bruder
<Alfred>

22. Februar 1946, an Robert Warnecke

Dr. Alfred Bergmann
(21 Detmold)
Alter Postweg 19
22. Febr. 1946.

Mein lieber Freund Warnecke!

<...>

Was die hier erhältlichen Zeitschriften angeht, so handelt es sich <um>

1. die anglo-amerikanische Propaganda-Zeitschrift „Die neue Auslese",[200] von der bis jetzt vier Hefte erschienen sind. Es handelt sich im wesentlichen um Auszüge aus Zeitschriften englischer Zunge,

2. Die „Sammlung" bei Vandenhoeck & Ruprecht in Göttingen,

3. die „Gegenwart" im gleichnamigen Verlage in Freiburg i.Br.

Diese wird wegen ihres fesselnden Inhalts und hohen Niveaus besonders gerühmt. Davon liegen jetzt 3 Hefte vor, von der „Sammlung" fünf. Das vorletzte (4te) Heft der „Sammlung" enthielt u.a. einen Aufsatz Ernst Beutlers über den „König in Thule".[201]

Ich würde Ihnen ein Abonnement der „Gegenwart" doch sehr raten. Merkwürdig, daß diese Zeitschriften dort noch nicht bekannt geworden sind.

Was die Buch-Produktion angeht, so hat Freund Brauns mich soeben mit dem sehr hübsch ausgestatteten „Goldfaden" erfreut.[202] Der Zinnen-Verlag schickt Kulturbriefe, die von schönen Plänen berichten. Im „Aufbau-Verlag" in Berlin ist ein Roman Johannes R. Bechers verlegt: „Abschied", einer deutschen

---

200 *Neue Auslese aus dem Schrifttum der Gegenwart*, hg. vom Alliierten Informationsdienst, erschien 1945-1948 https://ld.zdb-services.de/resource/211837-3.

201 Ernst Beutler: Der König in Thule. In: *Die Sammlung* 1 (1945/46), 229-237.

202 Jörg Wickram: *Der Goldfaden. Eine schöne alte Geschichte*. Wedel: Alster-Verlag, 1945.

Tragödie erster Teil.[203] Ferner der Stalingrad Roman Theodor Plivier's.[204] Wie könnte man nun an diese herankommen? Ich habe nach Berlin geschrieben und bin neugierig, mit welchem Erfolge.

Übrigens hat mir auch Nr. 2 des „Börsenblattes“[205] vorgelegen, das ja jetzt bei Schauer in Wiesbaden verlegt wird. Ein hiesiger Buchhändler hatte es mir geliehen. Nr. 1 ist nicht hierhergekommen. Darin waren viele Mitteilungen über erteilte und nichterteilte Lizenzen.

Wenn die „Hanseatische Verlagsanstalt“, wie auch ich nicht anders erwartet hatte, keine Lizenz bekommen hat,[206] so ist die Frage, ob damit auch die gesamte bisherige Produktion dieses Verlages verurteilt ist. Ich habe z.B. in diesen Tagen auf Empfehlung eines Bibliothekars, der vorübergehend bei uns eingestellt ist,[207] Werner Bergengruens Roman „Der Großtyrann und das Gericht“[208] gelesen, als das erste mir bekannt werdende <Werk> dieses Balten. Und ich habe gefunden, daß man es nicht mit in das „Gift-Zimmer“ zu stellen braucht.

Die hiesige Musik-Vereinigung setzt die Reihe ihrer recht guten Konzerte fort. Daß die hierher verschlagenen Künstler uns so bald wieder verlassen, ist kaum anzunehmen. Dagegen droht eine Schwierigkeit von seiten der Behörde, die das hiesige Theater beschlagnahmt hat[209] und den Konzerten es nicht mehr zur Verfügung stellen will. Dadurch sind wir schon um das letzte Konzert gekommen, da es etwa zwei Stunden vorher vorverlegt werden mußte und dies nur in der Kirche bekannt gegeben werden konnte, wo wir aber nicht waren. Dagegen übt das Theater keine Anziehungskraft auf mich aus, da seine Leistungen mich verwöhnten Großstädter nicht befriedigen. Ich sah bis jetzt

---

[203] Johannes R. Becher: *Abschied. Einer deutschen Tragödie erster Teil 1900-1914.* Erschien zuerst 1940 auf russisch in Moskau, dann Berlin: Aufbau, 1945.

[204] Theodor Plivier: *Stalingrad. Roman.* Berlin: Aufbau, 1945.

[205] *Börsenblatt für den deutschen Buchhandel*, erschien als „Neue Folge“ ab August 1946 https://ld.zdb-services.de/resource/124201-5.

[206] Der Verlag bestand bis 1942 und betreute verlegte u.a. auch Ernst Jünger und Carl Schmitt. Mehr zum politischen Engagement hier: https://de.wikipedia.org/wiki/Hanseatische_Verlagsanstalt.

[207] Dr. Heinrich Haxel (1901-1971), späterer Direktor der LLB, war seit dem 1.1.1946 dort beschäftigt. Zur Biographie vgl. Habermann u.a. 1985, 115-116; Hansen 1971.

[208] Werner Bergengruen: *Der Großtyrann und das Gericht.* Hamburg 1935. Der Roman gilt als „eines der wenigen Beispiele oppositioneller Literatur im Dritten Reich“, zitiert der Wikipedia-Artikel eine Einschätzung von Paul Riegel und Wolfgang van Rinsum https://de.wikipedia.org/wiki/Der_Gro%C3%9Ftyrann_und_das_Gericht.

[209] Siehe Fn. 193.

„XYZ“ von Klabund in unzulänglicher Darstellung.[210] Übrigens reicht auch die Behandlung des dankbaren Problems nicht in die Höhe, die ich vor Jahrzehnten in einem der Einakter Felix Saltens (in der Reihe: „Vom anderen Ufer“) bemerkt habe. Ich habe diesen Einakter in einer mir unvergeßlichen Darstellung im Münchener Schauspielhause gesehen. Dort habe ich auch „Frau Warrens Gewerbe“[211] kennen gelernt: Frau Warren: Hedwig Wangel,[212] ihre Tochter: Luzie Höflich,[213] Sir George Crofts: Albert Steinrück.[214] Sie können sich denken, daß diese Aufführung in meiner Erinnerung noch so lebendig ist und es mich kaum gelüsten würde, heute eine andere zu sehen, die schwerlich an jene heranreichen würde. Überhaupt dieser Münchener Theaterwinter! Von ihm zehre ich heute noch.

Was nun Ihre Briefmarkenwünsche angeht, so will ich gern tun, was ich vermag. Jedoch fürchte ich, daß die Ausbeute Sie enttäuschen wird. Denn wenn bereits von einer regen Korrespondenz mit der russischen Zone überhaupt die Rede sein kann, so beschränkt sie sich doch in der Hauptsache auf Postkarten oder Kartenbriefe mit eingedruckter Marke, die ich des Textes wegen nicht entbehren kann. Auf anderen Briefumschlägen findet sich zumeist keine Marke, da die Gebühren an der Post bezahlt wurden. Ist diese Leidenschaft älteren Datums, oder haben Sie sie erst entdeckt, nachdem Sie Großvater geworden sind?

Von Hauswedell keine Nachricht.

Augenblicklich bin ich dabei, die Bestände des Grabbe-Archivs wieder einzuräumen. Da die eigentlichen Räume vom Vermessungsamte belegt sind, so haben wir die Regale und Schränke in das Erdgeschoß gebracht und in der bisherigen Buchbinderei aufgestellt. Diese liegt nach der äußerst kalten Nordseite, und ich bin sehr wenig entzückt davon, daß der neue Chef nicht will, daß ich das nach der Südseite gelegene Zimmer des zweiten Stocks benutze, das ich als mein Arbeitszimmer in Aussicht genommen hatte und in dem die Möbel meines eigenen Arbeitszimmers untergebracht sind, wo ich Sonne, Wärme und Ruhe haben würde, sondern künftig im Grabbe-Archiv selbst sitzen soll. Als einziger und als ältester wäre ich dann dazu verurteilt, auf der Nordseite zu

---

210 Lt. den im Bestand LLB vorhandenen Werbezetteln der Spielzeit 1946 spielte das Landestheater nicht *XYZ*, sondern den *Kreidekreis* von Klabund.

211 *Frau Warrens Gewerbe* (1898), Komödie von George Bernard Shaw.

212 Hedwig Wangel (1875-1961) gehörte 1935-1944 zum Ensemble der Münchener Kammerspiele https://de.wikipedia.org/wiki/Hedwig_Wangel.

213 Lucie Höflich (1883-1956) https://de.wikipedia.org/wiki/Lucie_H%C3%B6flich.

214 Albert Steinrück (1872-1929), war von 1908 bis 1920 am Hof- und Nationaltheater in München, danach in Berlin https://de.wikipedia.org/wiki/Albert_Steinr%C3%BCck.

sitzen, was auf die Dauer ohne gesundheitliche Schäden nicht abgehen würde. Da der Dr. K<ittel> eine sehr herrische Natur ist, so fürchte ich, daß dieses einen unerquicklichen Kampf ergibt.

Für meine wissenschaftlichen Pläne wird er aber voraussichtlich Verständnis haben.

Hier ist nun noch der Winter eingezogen. Seit einigen Tagen habe ich eine Schneelandschaft vor mir. Jedoch scheint die Sonne, die Tage werden länger, das Gespenst, zuviel Strom verbrauchen zu müssen, entfernt sich, und alles deutet erfreulich daraufhin, daß der März nicht weit ist, der hier schon recht warme Tage bringen kann. Gesundheitlich geht es mir ganz gut, und meiner Frau – wenn auch in einem Abstande – gleichfalls. <...>

Für heute verbleibe ich mit den herzlichsten Grüßen für Sie und die Ihren, zugleich im Namen meiner Frau,

Ihr getreuer

Alfred Bergmann

17. März 1946, an Robert Warnecke

Dr. Alfred Bergmann.
Detmold: Alter Postweg 19.
17. März 1946.

Lieber Freund Warnecke!

Ich danke Ihnen herzlich für Ihren Brief vom 12ten d.M., der mir endgültigen Bescheid über den Termin der Hauswedellschen Versteigerung bringt. Daß ich möglicherweise den Katalog nicht rechtzeitig erhalte, ist freilich sehr schlimm. Denn ohne einen solchen und ohne den Nachweis erbringen zu können, daß Wesentliches für uns vorkommt, werde ich kaum die zu großer Sparsamkeit verpflichtete Landesregierung dahin bringen, mir die Reise zu genehmigen. Ich hoffe aber, daß der Katalog doch im Verlaufe der kommenden Woche hier eintrifft, so daß noch Zeit bleibt, alles zu besprechen. Denn ich hoffe ja, mit dem Regierungswagen hingebracht und wieder abgeholt zu werden, und ich will auch einen hiesigen Antiquar, Dr. Krüger,[215] mitnehmen. Ich müßte doch spätestens Mittwoch, den 27sten, reisen, um die Sachen am Donnerstag noch besichtigen zu können, und spätestens am Dienstag wieder abreisen, wobei ich

[215] Siehe Teil I, Eintrag vom 12. Januar 1945.

denn in der Lage sein würde, etwa ersteigerte Sachen persönlich abholen und mitbringen zu können.

<...>

Sollte ich nun nicht dienstlich kommen können, so werde ich mir höchstwahrscheinlich das Vergnügen, auf eigene Kosten zu fahren, was ich ja aufs bestimmteste vorhatte und auch in Aussicht gestellt habe, versagen müssen, und zwar aus zwei Gründen.

Einmal ist meine Finanzlage infolge der gewaltigen Steuererhöhungen und deswegen, weil ich auf mein Vermögen, trotzdem es mir augenblicklich keinen Pfennig einbringt, eine erhebliche Vermögenssteuer, und zwar vom stark gekürzten Arbeitseinkommen, bezahlen muß, höchst prekär. Zweitens aber hat mir mein neuer Chef in folgender Gestalt einen dicken Strich durch meine Hoffnungen gemacht. Ich hatte ja seinerzeit von der Regierung die Erlaubnis erhalten, meine persönliche Bibliothek in der Landesbibliothek, und zwar im wesentlichen in meinem zukünftigen Dienstzimmer, aufzustellen, und ich hatte davon um so mehr Gebrauch gemacht, als damals Gerüchte umliefen, der Alte Postweg solle evakuiert werden. In mühseliger Arbeit habe ich die ganze Bibliothek handwagenweise nach der Bibliothek gekarrt, dort geordnet und aufgestellt, und ich freute mich, sie endlich wieder benutzen zu können. Nun aber muß ich diesen Raum und den anstoßenden, den ich gleichfalls mitbenutzt hatte, wieder freimachen, weil Dr. Kittel, der seit sechs Jahren von seiner Familie getrennt ist und bis jetzt hier keine Wohnung hat bekommen können, sich darin privatim einrichten will. Ich muß nun bis Ostern alles, was ich da oben untergebracht hatte, sozusagen mein gesamtes Privatarchiv einschließlich des gesamten wissenschaftlichen Materials, auf den Boden schaffen und dort in Kisten verstauen. Sie können sich denken, daß ich darob aufs tiefste bekümmert bin, vor allem auch, weil diese ganze mühselige Arbeit des Herbstes und beginnenden Winters nun umsonst getan ist und ich jetzt wieder viele Stunden unfruchtbarsten Tuns in Kauf nehmen muß.

Anfänglich sollte diese ganze Arbeit bis zum 14ten d.M. getan sein, was ein Ding der Unmöglichkeit war. Auf meinen Einspruch ist mir gnädigst Fristverlängerung bis Ostern bewilligt worden. Auch das bedeutet für mich eine üble Schufterei, da ich auch nach Möglichkeit verhindern muß, daß gar zu viele Ordnung unter meinen Papieren zerstört wird.

<...>

Zu der Verpflegung wäre noch zu fragen, ob man auch in den von Ihnen vorgeschlagenen Gaststätten Kartoffelmarken abgeben muß und ob ich gelegentlich bei Ihnen von einer Kochgelegenheit Gebrauch machen dürfte. Da ich mit dem Brote früh nicht auskomme, backe ich mir gelegentlich stattdessen einige Kartoffelpuffer ohne Fett, jetzt mit etwas Steckrübe gestreckt. Würde dies bei Ihnen gehen?

Auf den übrigen Inhalt ihres Briefes will ich heute noch nicht eingehen und nur noch erwähnen, daß mir die „Tägliche Rundschau“[216] von Leipzig zugesandt worden ist, ich dagegen die „Zeit“ in München[217] nicht kenne. Der Aufbau-Verlag, bei dem auch Romane von Plivier („Stalingrad“) und Johannes R. Becher erschienen sind, verlegt die Zeitschrift „Der Aufbau“,[218] von der ich nach den ersten Heften des vorigen Jahres fahnde. Mitarbeiter: Hans Fallada, die Manns usw. Das mir zugegangene Heft ist sehr inhaltreich. Ich bringe es auf alle Fälle mit. Die „Gegenwart“ erfreut sich hier großer Schätzung.

<...>

Nehmen Sie für heute, zugleich im Namen meiner Frau, die herzlichsten Grüße für Sie und die Ihren

von Ihrem getreuen

Alfred Bergmann

29. März 1946, an Robert Warnecke

Dr. Alfred Bergmann
(21) Detmold
Alter Postweg 19
29. März 1946.

Lieber Freund Warnecke!

Anstatt bei Hauswedell, sitze ich in Detmold vor meiner Schreibmaschine und schreibe Ihnen, wie es mit dieser unglücklichen Dienstreise gegangen ist. Gestern früh bin ich 7.16 <Uhr> nach Bielefeld abgereist, nachdem ich am Nachmittage zuvor alles noch in Ordnung hatte bringen können. Die Dienstreise war in letzter Minute vom Landespräsidenten[219] genehmigt worden, ich sollte, wie ich Ihnen telegrafiert habe, 18.01 <Uhr> in Hamburg eintreffen und die Rückreise konnte frühestens am Mittwoch der kommenden Woche stattfinden,

---

216 Die *Tägliche Rundschau* war eine vom 15. Mai 1945 an in der sowjetischen Besatzungszone herausgegebene Zeitung https://de.wikipedia.org/wiki/T%C3%A4gliche_Rundschau.

217 Die Wochenzeitung *Die Zeit* erschien in Hamburg ab dem 21. Februar 1946 https://ld.zdb-services.de/resource/126030-3.

218 *Aufbau. Kulturpolitische Monatsschrift*, erschien seit September 1945 https://ld.zdb-services.de/resource/280222-3, vgl. King 1974, 76-78.

219 Das ist: Heinrich Drake.

da ich ja die ersteigerten Sachen am Montag persönlich in Empfang nehmen sollte und dann der erste D-Zug erst am Mittwoch ging. In Lage aber, wo ich umsteigen mußte, war es nicht möglich, in den viel zu kleinen Zug nach Bielefeld hineinzukommen, und es blieb mir nichts anderes übrig, als auf das Dach des einen Wagens zu klettern und dort die Fahrt nach Bielefeld fortzusetzen. Es war eine etwas kühle Angelegenheit, und es sollte mich wundern, wenn sie mir nicht zum mindesten einen steifen Hals eingebracht hätte. In Bielefeld stellte ich mich sofort beim Schalter für die Zulassungskarten an. Es war eine unendlich lange Schlange. Als ich endlich vorn war, wurde ich sofort von einer aufgeregten Frau angeschrieen, der Zug sei längst ausverkauft. Ich ging sofort zum Auskunftsschalter, wo ich feststellte, daß der Personenzug erst heute Mittag ankommt. Ich sagte mir, daß dann eine Fahrt nur noch wenig Zweck habe, da ja dann die Versteigerung schon zur Hälfte vorüber sei. Dr. Kittel, mit dem ich telefonierte, war derselben Meinung. Ich versuchte es auf seinen Rat noch bei dem Stationsvorsteher, aber an der Tatsache, daß ich keine Zulassungskarte bekommen konnte, war nichts zu ändern. Eigentlich hatte ich bereits am Dienstag fahren wollen. Jedoch hat unsere Sekretärin versehentlich den Antrag auf Genehmigung der Dienstreise nicht expediert, zu Beginn dieser Woche ist dann der Landespräsident abwesend gewesen, sodaß am Dienstag der Antrag noch nicht unterschrieben war. Fuhr ich aber an diesem Tage und bekam ich dann auch keine Zulassungskarte, so konnte ich mit dem Personenzuge weiterfahren und war immer noch rechtzeitig in Hamburg. Nachdem es feststand, daß die Fortsetzung der Reise zwecklos sei, habe ich wenigstens den Drobisch,[220] an dem uns sehr viel gelegen ist, weil das Grabbe-Archiv diesen Aufsatz nicht besitzt, telegraphisch bestellt, und hoffe, daß dieses Telgramm wenigstens noch rechtzeitig angekommen ist. Ich wäre sehr traurig, wenn dies nicht der Fall wäre. Noch viel trauriger bin ich aber darüber, daß Sie nun gestern Abend vergeblich auf mich gewartet haben. Es war aber unmöglich, Ihnen erneut zu telegraphieren. In Bielefeld ist das Hauptpostamt zerstört, und das Telegraphenamt sehr weit vom Bahnhofe entfernt. Ich hatte sehr schweres Gepäck mit, da ich zu den unentbehrlichen Kartoffeln von meiner Frau noch einiges andere Eßbare mitbekommen hatte. Dazu kamen nun die Bettwäsche, ohne die meine Frau es nicht tat, wollene Decke, Umhang, einige Bücher, so daß es eine entsetzliche Schlepperei war. Im Grunde läßt sich eine solche Reise eben

---

[220] Drobisch, Th.: *Der Wintergarten. Ein humoristisches Weihnachtsalbum für Deklamation u. heitere Unterhaltung*. Jahrg. I Leipzig 1850. Im Katalog angezeigt: https://digi.ub.uni-heidelberg.de/diglit/hauswedell1946_03_29/0015. Die Erwerbung ist Bergmann geglückt, das Werk unter Signatur A 811a.3.1-1 Literaturarchiv im Bestand des Grabbe-Archivs. Das Werk enthält den Aufsatz „Erinnerung aus dem Leben eines deutschen Dichters", der zuerst im 1847 in *Der Komet* 18 (1847) erschienen war.

heute nur noch mit dem Auto machen. Am Montag ist der Präsident in Hamburg gewesen, da hätte ich vielleicht mitfahren können, aber wir haben es nicht gewußt, und Dr. Kittel überdies die Benutzung des Regierungswagens von vornherein außer Betracht gesetzt. Leider! Wenn man mir schon 5000 Mark für Ankäufe bewilligte, dann hätte man auch B sagen und mit dem Auto großzügig sein sollen. Nun hat man eine so kläglich verpfuschte Dienstreise zu beklagen, und vielleicht einige sehr schöne Ankäufe sich verscherzt.[221]

<...> Es ist nur gut, daß ich meine Frau zu Hause gelassen habe. Frauen sollen sich jetzt nicht der Bahn anvertrauen. Die meine schon der vielen niederdrückenden Eindrücke wegen nicht. Wie unsäglich verwahrlost sind diese Waggons! Heute nach fast einem Jahre! Dazu die an Verzweiflung grenzende Stimmung der Leute, die um ein paar kärglicher Lebensmittel willen die Mühseligkeiten tage- und nächtelanger Reisen auf sich nehmen!

<...>

Meine Frau hatte mir noch aufgetragen, sie bei der Ihrigen zu entschuldigen, daß sie ihr keinen Brief als Dank für den erhaltenen mitgeben konnte. Ihre Beanspruchung durch den Haushalt ist zu groß. Auch ist sie rührend bemüht gewesen, mir für die Reise als Brotersatz etwas zu backen, ist vierzehn Tage lang in die Stadt gelaufen, um Hefe zu bekommen, hat sich dann mit unserem schlechten Kochherde herumgeplagt, der übrigens in den nächsten Tagen wieder abgeholt wird, und schließlich in letzter Minute noch etwas zustande gebracht. Aber zu dem Schreiben kam es nun nicht mehr.

Seien Sie mit den Ihrigen aufs herzlichste gegrüßt von meiner Frau und Ihrem sehr, sehr traurigen

Alfred Bergmann

19. April 1946, an Rudi Göhre

Karfreitag 1946.

Sehr geehrter Herr Göhre!

Sie werden wahrscheinlich finden, daß Sie auf Ihren ausführlichen Brief vom 26. Januar sowie auf den Nachzügler vom 26. Februar eine raschere Antwort und einen rascheren Dank verdient hätten. Jedoch bin ich durch die leidige

---

221 Der Katalog der Hauswedell-Auktion XXVIII vom Freitag, den 29. und Sonnabend, den 30. März 1946 ist online: https://digi.ub.uni-heidelberg.de/diglit/hauswedell1946_03_29.

Notwendigkeit, das Zimmer in unserer Bibliothek, das ich für die Zukunft als mein Dienstzimmer in Aussicht genommen hatte und in dem ich auch mit Genehmigung der Landesregierung meine Privatbibliothek aufgestellt hatte, wieder zu räumen, aus aller meiner Ordnung geworfen worden und gezwungen gewesen, meine persönlichen Angelegenheiten stark zu vernachlässigen.

<...> Ich will auch nicht weiter darüber klagen, gehe nur – oder auch deswegen – so sorgsam mit diesen Büchern um, weil sie ja das einzige sind, was ich meiner Frau einmal werde hinterlassen können, und weil sie deswegen nicht mehr als unvermeidlichen Schaden erleiden sollen. Übrigens war ein weiterer Grund zu meinem völligen Mangel an Zeit auch der, daß ich einen Verleger immer auf die Wiederkehr der wärmeren Jahreszeit vertröstet hatte, wenn er mich an meine vertraglichen Verpflichtungen erinnerte, und daß er mich, nun man in der Tat den ersten Versuch machen konnte, im ungeheizten Zimmer zu sitzen, beim Worte nahm. Leider ist es mir in Zukunft nicht mehr möglich, die Arbeiten, auch soweit sie Grabbe betreffen, als eine dienstliche Angelegenheit zu betrachten, was unter der früheren Regierung selbstverständlich gewesen war, bin damit vielmehr auf meine Mußestunden verwiesen. Nun wissen Sie aber selbst, daß der Ehemann sich nicht mehr auf den Standpunkt stellen kann, daß die Hausarbeit Sache der Hausfrau sei. Die schwereren Verrichtungen, als da sind Holz holen, Holz sägen und hacken und dergl. muß er ihr doch abnehmen, und damit wird auch der Eintritt der Müdigkeit in eine frühere Stunde verlegt.

Was nun Ihre Bücherwünsche angeht, so habe ich leider meine Sachen auch mit einpacken müssen. Sie könnten aber an sich ein Exemplar meiner Sammler-Erinnerungen haben, weil ich von dem Vorrate, über den die Landesbibliothek verfügt, eines kaufen kann. Jedoch besteht keine Möglichkeit, es Ihnen zuzusenden, da es über ein Pfund wiegt. Sie werden sich also damit noch gedulden müssen, bis schwerere Sendungen in die russische Zone zugelassen sind. Als Tauschobjekt schlage ich Ihnen die Nrn. 1 und 2 des e r s t e n Jahrgangs der im Berliner Aufbau-Verlage erscheinenden Zeitschrift „Der Aufbau" vom Jahre 1945 vor.[222] Ich lege Wert darauf, sie zu bekommen, habe nur Heft 3 von 1945 und Heft 1 von 46.

<...> Die Liste, die ich Ihnen verdanke, war mir sehr wertvoll, wenn wir auch praktisch noch nichts davon haben. Denn in die britische Zone sind beim besten Willen keine Bücher von außerhalb hineinzubekommen, nicht einmal aus der amerikanischen, wo schon sehr viel erschienen sein soll. Friedrich Korn hat mir aus der Gefangenschaft geschrieben. <...>

---

[222] Siehe oben Brief vom 17.3.1946.

Kurz vor Weihnachten bin ich von der Militärregierung bestätigt worden, und damit sind meine Befürchtungen, meine Stellung zu verlieren, freilich hinfällig geworden. Anfang Januars ist dann meine Stellung als kommissarischer Leiter der Landesbibliothek zu Ende gegangen, und ich bin damit meinem eigentlichen Aufgabenbereiche zurückgegeben. Der neue Chef ist nach alter Tradition zugleich Leiter des Landesarchivs.

Zu der Versteigerung bei Dr. Hauswedell in Hamburg habe ich fahren wollen, bin aber nur bis Bielefeld gekommen. Der D-Zug war ausverkauft, <...>.

Wie Sie meinen Berichten entnehmen können, ist für eine etwaige Anstellung an unserer Bibliothek deren Leiter zuständig. Vorerst bin ich im Grabbe-Archiv ein Abteilungsleiter ohne Abteilung, d.h. ich muß mich ohne Sekretärin oder Bibliothekarin behelfen. Da das kleine Land zu der äußersten Sparsamkeit gezwungen ist, so geben Sie sich am besten nicht der Täuschung hin, als werde ich in absehbarer Zeit in der Lage sein, hier einen Mitarbeiter oder eine Mitarbeiterin begrüßen zu können.

<...> Ich habe nicht in dem Maße für den Haushalt sorgen können, wie die vielen abgebauten Beamten, die den ganzen Tag Zeit hatten, da ich in der ganzen Zeit meiner Leiterschaft sehr intensiv habe arbeiten müssen und nicht einen halben Tag Urlaub bekommen konnte. Die andern konnten mittlerweile Holz über Holz einfahren. So hat meine Frau vieles ausstehen müssen. Augenblicklich sind wir wieder ohne Kochherd, da uns nur einer geliehen war, der aber vor einigen Wochen zurückgegeben werden mußte. Ich muß nun den Umstand, daß ich in der wärmeren Jahreszeit nicht auf ein geheiztes Zimmer angewiesen bin, sehr für meine Arbeit ausnutzen, habe auch durch den leidigen Umzug sehr viel Zeit verloren, und darum muß ich Sie, was die Korrespondenz oder die Länge meiner Briefe angeht, schon jetzt um eine generelle Nachsicht bitten.

Herzlich grüßt Sie und die Ihrigen
Ihr <Alfred Bergmann>

19. April 1946, an Robert Warnecke

Alfred Bergmann
(21) Detmold
Alter Postweg 19
Karfreitag 1946.

Lieber Freund Warnecke!

Haben Sie herzlichsten Dank für Ihren in mancher Hinsicht sehr aufschlußreichen Brief vom 30. v. M., <...>.

Im übrigen sind die Preise <der Versteigerung> recht interessant. Sehr verschiedenartig. Manchmal nur um einiges über dem Schätzungspreise, manchmal das zehnfache von ihm! Einmal sogar etwas weniger. Warum nur die Weilsche Übersetzung von „Tausendundeiner Nacht“ mit den für meinen Geschmack gänzlich altmodischen Bildern immer so hoch bezahlt werden. Sie sind doch wahrhaftig keine Seltenheit! Wie mir scheint, liegen alle Nachschlagewerke besonders hoch. Wie die ADB [223] oder das Werk der Lanckoronska,[224] das wir gern für das Grabbe-Archiv erworben hätten. Die Preise derjenigen Nummern, auf die ich hätte bieten sollen, waren zumeist unter ihrer Aufstellung. Ob wir außer dem Drobisch noch viel bekommen hätten, erscheint mir danach fraglich. Auf jeden Fall gehen die Preise, die erzielt worden sind, insgesamt weit über den Betrag von RM 5.000,- hinaus, der mir bewilligt worden war. Künftig wird es mit solchen Ankäufen noch weit schlechter bestellt sein, da unser hoher Etat der Vergangenheit angehört. Er ist fürchterlich beschnitten worden. Viele Preise muß ich als ganz normal bezeichnen, wenn ich die Knappheit des Materials und den großen Bedarf der Bibliotheken bedenke. So finden ich z.B. RM 1.300,- für Nr. 31 nicht zu viel, da eine vollständige Brentano-Ausgabe schon seit Jahren zu den Seltenheiten

---

[223] *Allgemeine Deutsche Biographie*, biographisches Nachschlagewerk, das 1875-1912 in 56 Bänden erschien. Schätzpreis ist 750,- RM https://digi.ub.uni-heidelberg.de/diglit/hauswedell1946_03_29/0030.

[224] Maria Lanckorońska: *Die Buchillustration des XVIII. Jahrhunderts in Deutschland, Österreich und der Schweiz.* Berlin: Maximilian Gesellschaft, 1932-1934 (3 Bde.) https://digi.ub.uni-heidelberg.de/diglit/hauswedell1946_03_29/0039.

gehört.[225] Man sieht auch, daß manches, was man selbst besitzt (ADB, Schiller Nr. 192,[226] allerdings nur in Ganzleinen), einen hübschen Wert darstellt.

<...>

Es ist sehr schade, daß mich die Regierung den Zufälligkeiten der Bahnfahrt überlassen hat. Wenn sie mir schon 5.000,- RM zum Vermöbeln[227] gab, so konnte sie ruhig so großzügig sein und mir auch noch den Regierungswagen zur Verfügung stellen. Andere Leute bekommen ihn auch, aber mein Chef lehnte den Gedanken von vorn herein ab, ohne sich überhaupt dafür einzusetzen. Außerdem ist dann noch das Gesuch um Genehmigung der Dienstreise verbummelt worden.

<...> Und mit der Ernährung wird es ja auch immer schwieriger. Unsere Kartoffeln gehen auf die Neige, in den Gastwirtschaften bekommt man kaum noch welche und in den meisten wird Essen nur noch verabreicht, wenn man die Kartoffeln in natura mitbringt, und ich würde auch ein zweites Mal nicht mit so schwerem Gepäck reisen können, zumal ich ja dann keine D-Zug-Bescheinigung bekommen würde. Mein Chef kommt heute aus dem Lauenburgischen zurück und bringt seine Familie mit, von der er sechseinhalb Jahre getrennt gewesen ist. Ich bin neugierig, seine Erfahrungen zu hören. Er ist nicht über Hannover gefahren, weil dieser Zug einer der schlimmsten ist, sondern über Bremen. Ich fürchte aber, daß ich bei einem solchen Unternehmen die halbe Zeit meines Urlaubs für die Bahnfahrt brauche, und bitte Sie deshalb, so schwer es mir fällt, sich keine großen Hoffnungen auf mein Erscheinen zu machen. Etwas anderes wäre es, wenn ich zu Ihnen mit einem Auto kommen könnte. Aber dies wäre schon ein großer Zufall.

<...>

Soviel für heute. Hoffentlich können Sie das Osterfest mit all den Ihrigen, die ich mit Ihnen aufs herzlichste grüße, gesund und zuversichtlich verleben.

Stets Ihr getreuer <Alfred Bergmann>

---

225 Clemens Brentano: *Gesammelte Schriften*, 9 Bde. Frankfurt a. M. Sauerländer, 1852. Der Schätzpreis war 600,- RM https://digi.ub.uni-heidelberg.de/diglit/hauswedell1946_03_29/0013.

226 Friedrich von Schiller: *Sämtliche Werke*. Säkular-Ausgabe in 16 Bden. Stuttgart: Cotta 1905. Halbleder. Schätzpreis 300,- RM https://digi.ub.uni-heidelberg.de/diglit/hauswedell1946_03_29/0024.

227 „Vermöbeln“: das *Deutsche Wörterbuch* von Jacob und Wilhelm Grimm gibt die Bedeutung (im Unterschied zur gegenwärtigen Bedeutung „verhauen, verdreschen“) an mit „verkaufen, fortschaffen“ und dem Beispiel „wie du die 200 thaler vermöbelirt hast“ http://woerterbuchnetz.de/cgi-bin/WBNetz/wbgui_py?sigle=DWB&mode=Vernetzung&lemid=GV02798.

30. April 1946, an Robert Warnecke

Alfred Bergmann
(21) Detmold
Alter Postweg 19
30. April 1946.

Lieber Freund Warnecke!

Der Leiter der Landesbibliothek hat die an sich recht dankenswerte Anregung gegeben, daß die einzelnen Herren sich zu einer Reihe von Vorträgen zusammenfinden zu dem Thema: Wiedersehen mit alten Bekannten. Er selbst will über René Schickele sprechen. Ich habe zwei Themen vorgeschlagen: 1. Karl Emil Franzos[228] und Leopold von Sacher-Masoch,[229] zwei Schilderer östlichen Judentums, und 2. Stefan Zweig. [230] Dieses zweite Thema soll zuerst drankommen, und ich wiederhole dazu meine Bitte um leihweise Überlassung des erwähnten Aufsatzes über die letzten Tage. Sollten Sie sonstiges Material haben, einen biographischen Abriß, Besprechungen oder dergl., so fügen Sie es doch bitte bei. Mir ist die Sache ungeheuer erschwert durch das Chaos in meinem Material und den Umstand, daß ich die Insel-Sachen fast alle eingepackt habe. Auch die Insel-Schiffe, leider. Ich wäre Ihnen sehr dankbar dafür und es sollen natürlich die entstehenden Kosten nicht Ihnen zur Last fallen.

Gesundheitlich geht es mir leidlich. Das notgedrungene Holzhacken strengt mich freilich immer sehr an. Meine Frau kämpft sehr um eine wenigstens annähernd ausreichende Ernährung, was aber täglich schwieriger wird. Ich habe rasend viel zu tun, da ich die Sommermonate für die Arbeit ausnützen muß, wo ich einen warmen Platz habe. Im Winter werde ich wieder die Schwierigkeiten des vergangenen erleben. <...>

Zugleich im Namen meiner Frau grüße ich Sie und die Ihrigen aufs herzlichste und freundschaftlichste.

Ihr

Alfred Bergmann

---

[228] Karl Emil Franzos (1848-1904), österreichischer Autor https://de.wikipedia.org/wiki/Karl_Emil_Franzos.

[229] Leopold von Sacher-Masoch (1836-1895), österreichischer Autor https://de.wikipedia.org/wiki/Leopold_von_Sacher-Masoch.

[230] Stefan Zweig (1881-1942), österreichischer Autor und Autographensammler https://de.wikipedia.org/wiki/Stefan_Zweig. 1926-1928 hatte Bergmann an der Katalogisierung von Zweigs Autographensammlung gearbeitet.

20. Mai 1946, an Robert Warnecke

Alfred Bergmann
(21) Detmold
Alter Postweg 19
20. 5.46.

Lieber Freund Warnecke!

<...>

Mein Vortrag soll am 13. Juni stattfinden. Ich habe keine Zeit, ihn auszuarbeiten, werde deshalb frei sprechen müssen, was ich noch nie getan habe. Es ist also ein Wagnis, das mißlingen kann. Überdies bin ich überhaupt kein Sprecher, ich konnte mich aber dieser Verpflichtung nicht entziehen. Der erste Vortrag allgemeineren Charakters ist schon gewesen. Nun wird Dr. Kittel über René Schickele sprechen und dann ich. An sich ist es mir eine Freude, mich über Zweig äußern zu können, dessen Werk mit verhältnismäßig großer Vollständigkeit bei uns vertreten ist. An den Verlag in Stockholm[231] werde ich schreiben, um nach Möglichkeit Prospekte über die vielen dort verlegten Werke zu erhalten, aus denen ich Näheres über Inhalt und Charakter ersehen kann. Auch habe ich um eine markante Stelle gebeten, die sich zur Vorlesung eignet. Aus diesem Grunde bin ich Ihnen für diese letzte Mitteilung besonders dankbar, denn ich hatte die betr. Nummer des Börsenblattes noch nicht gelesen.

<...> Ich habe seit Mittwoch vergangener Woche Urlaub, spüre aber nicht viel davon. Meine Hoffnung, mit einem Auto einmal nach Hamburg mitgenommen zu werden, ist zerronnen. Auch eine Sommerfrische in der Nähe habe ich nicht finden können, und es würde dies ja auch in einer Zeit, da wir uns, was die Ernährung angeht, immer mehr einer Katastrophe nähern, auch mehr als ein Wagnis gewesen sein. <...>

Unserem nicht zu Stande gekommenen Wiedersehen traure ich nach wie vor sehr nach. Auf die Mitnahme des Bettzeuges hatte meine Frau bestanden, da sie es für unmöglich erklärte, dessen „Gestellung“ Ihnen zuzumuten. Ich kann Ihnen verraten, daß ich heimlich allerhand von dem, was sie mir eingepackt hatte, aus meinem Koffer wieder herausgenommen hatte, da er sonst noch schwerer gewesen wäre. <...>

Als Sie mir seinerzeit schrieben, daß Sie alle Hungerqualen gern auf sich nehmen würden im Bewußtsein, daß wir von der Tyrannei des Hitler-Regimes befreit seien, da hatte ich gleich das Bedenken, daß selbst der größte Idealismus nicht über eine in Permanenz erklärte Unterernährung werde

---

[231] Seit 1939 erschienen Zweigs Bücher bei Bermann-Fischers Exilverlag in Stockholm.

triumphieren können. Was Sie mir nun schreiben, bestätigt mir, daß meine Befürchtungen nicht grundlos gewesen sind. Noch sind Sie von einer bewunderswerten Arbeitsfähigkeit, wenn Sie jeden Tag bis nach Mitternacht arbeiten können. Wie lange aber noch? Auch ich kann bis jetzt nicht klagen, habe ich mich doch offenbar in den Jahren des Aufbaus meiner Sammlung in Enthaltsamkeit trainiert! Aber ungemütlich wird der Zustand des dauernden Hungergefühls auch für mich, wenn ich auch vorderhand noch von andern Männern beneidet werde wegen meiner Ausdauer im Arbeiten. Dagegen ist der Zustand meiner Frau bereits in ein sehr bedenkliches und kritisches Stadium eingetreten. Sie ist so schwach, daß sie selbst die einfacheren Hausarbeiten nur noch mit Mühe erledigen kann und die schwereren, wie Wäsche, nur unter Qualen. Sie leidet immer dann, wenn das Hungergefühl zu stark auftritt, unter den heftigsten Kopfschmerzen, ist viel müde und hat das dringende Bedürfnis, viel zu ruhen. Dabei drängt die Arbeit, insbes. auch das ewige Stopfen von Wäsche, und nun ist sie wieder unglücklich darüber, daß sie zu wenig fertig bringt. Mit dem Bewußtsein, daß wir selbst eine Mitschuld an den Verhältnissen tragen, ist da wenig geholfen. Meine Frau hat im Verlaufe des Krieges 36 Pfund an Gewicht verloren und jetzt wenigstens für einige Wochen etwas zusätzliche Ernährung verschrieben bekommen. Es ist aber für mich furchtbar, diesen Verfall mitansehen zu müssen, ohne ernsthaft helfen zu können. Denn mit Kohlrüben und dergl. ist ihr natürlich nicht geholfen. Was ihr fehlt, sind die wirklich kräftigenden Dinge, wie Fett und Fleisch, Öl, Nüsse, usw., an die sie gewöhnt war. Dabei kann man es ja als sicher annehmen, daß wir noch lange in diesen Schwierigkeiten stecken werden und daß auch der kommende Winter sich von dem letzten nicht unterscheiden wird.

Bei uns kommt die Sorge um die wirtschaftliche Zukunft hinzu. Was Sie mir von der Situation Ihres Verlages schreiben, ist der beste Beleg dafür. Unsere Zone ist, was das Papier angeht, sehr schlecht dran, und man beginnt sich allmählich zu fragen, ob die intensive Arbeit, die man den Verlagsdingen widmet, sich auch lohnen werde.

<...>

Zugleich im Namen meiner Frau grüße ich Sie alle herzlich.

Getreulich! Ihr

Alfred Bergmann

19. Juni 1946, an die Lippische Landesregierung

Detmold, den 19. Juni 1946.

An die Lippische Landesregierung.
Detmold.

Gestatten Sie mir, Ihnen die folgende Angelegenheit vorzutragen:

Unter den deutschen Dichtern von Rang ist der am 11. Dez. 1801 in Detmold geborene und am 12. September 1836 daselbst gestorbene Dramatiker Christian Dietrich Grabbe der einzige, dessen Werke noch nicht in einer Ausgabe wissenschaftlichen Charakters vorliegen.

Eine solche Ausgabe zu schaffen ist eine Ehrenpflicht der deutschen Wissenschaft.

Sie zu erfüllen habe ich mir seit Jahren zur Aufgabe gemacht. Daß ich dabei noch nicht zum Ziele gekommen bin, ist der Widrigkeit der Umstände zuzuschreiben.

Wenn sich bisher verschiedene Verleger ernsthaft für die Ausgabe interessiert hatten, so war dies zu einem Teile der Zusicherung einer bestimmten öffentlichen Stelle[232] zu danken, einen Zuschuß zu den Druckkosten zu leisten. Diese Zusicherung ist nach der im vergangenen Jahr eingetretenen geschichtlichen Wendung hinfällig geworden. Aus diesem Grunde wird es künftig schwieriger sein, für das verhältnismäßig bedeutende Objekt einen Verleger zu finden.

Da ich nun höre, daß die Grabbe-Gesellschaft ein so ansehnliches Vermögen hinterlassen hat, so liegt der Gedanke nahe, die etwa verbleibenden Zinsen aus diesem Vermögen zur Förderung solcher Unternehmungen zu verwenden, die mit dem Namen Grabbes verknüpft sind.

Darum bitte ich, bei etwaigen Beratungen oder Entschließungen über das künftige Schicksal der meines Wissens noch nicht aufgelösten Grabbe-Gesellschaft darauf Bedacht zu nehmen, daß ein aus den Zinsen ihres Vermögens zu gewährender Zuschuß zu den Druckkosten für das Zustandekommen oder Nichtzustandekommen der werdenden historisch-kritischen Ausgabe von entscheidender Bedeutung sein könnte.

Ergebenst!

---

[232] Die „Große Ausgabe" sollte ursprünglich bei der Meyerschen Buchhandlung erscheinen, mit finanzieller Unterstützung des Reichsministeriums für Volksaufklärung und Propaganda. Vgl. im Nachlass Bergmanns den Briefwechsel mit Georg Grabenhorst (Slg 12 Nr. 97).

24. Juni 1946, an Alfred Kloß

Detmold, den 24. Juni 46.

Liebster Kloß!

Aufs herzlichste danke ich Dir für Deinen Brief vom 25. Mai, der mir zu meiner Freude davon berichtete, daß Du mannigfach tätig sein kannst, und in dem diesmal nicht so viel von ungüngstigem Gesundheitszustande die Rede war wie leider sonst. Auch Deine Befürchtungen wegen des Winters sind glücklicherweise nicht in Erfüllung gegangen.

<...>

Die Ernährungslage hat sich bei uns weiterhin verschlechtert, wie vorauszusehen, Brot wechselweise ein oder zwei Pfund die Woche, Kartoffeln hat fast niemand mehr, auch bei uns langen sie nur noch für zwei Mahlzeiten. Aufzutreiben sind keine. Gestern wieder vergeblich unterwegs. Dabei ist kaum mit einer Frühkartoffelernte zu rechnen, da sie vorzeitig aus dem Boden geholt werden. (NB: diese Woche gibt es an Brot zwei Pfund und noch eines auf die kleinen Marken, also doch etwas mehr als ich eben schrieb.) Glücklicherweise gibt es öfters Fisch. Meine Frau hat aber in den letzten Jahren 36 Pf<und> abgenommen. Ich hoffe, für sie eine kleine Sommerfrische aufzutreiben. Ich selbst gehe in den Ferien auf ein Schloßgut, um eine Bibliothek zu katalogisieren, gegen freie Station.[233] Die Landesbibliothek ist an der Sache interessiert und hat es vermittelt. Ich würde, da ich auch meinen letzten Urlaub ziemlich gearbeitet habe, in diesem lieber mich ausgeruht haben, aber die freie Station ist mir doch auch sehr willkommen. Dazu kommt, daß sich hier vielleicht eine Verbindung zur Landwirtschaft bildet, die uns bis jetzt gefehlt hat, und daß die Sache endlich eine kleine finanzielle Entlastung bedeutet.

Unsere Bibliothek steht im Zeichen großer Aktivität. Dr. Kittel, über den ich Dir schrieb, hat eine Reihe von Vorträgen eingerichtet: Wiedersehen mit alten Bekannten. Es ist eine Einführung in bisher verpöntes Schrifttum. Ich habe am Freitag, den 14. d.M., auf meinen Vorschlag über Stefan Zweig gesprochen. Konnte mich nicht ausnehmen, wiewohl ich mir der Unzulänglichkeit meines Sprechens bewußt war und in dieser Hinsicht einen Mißerfolg voraussah. Ich spreche zu rasch und zu leise, und außerdem macht mein mitteldeutscher Akzent dem hiesigen Menschen Schwierigkeiten. Dr. K. hat über René Schickele gesprochen. Es folgt noch ein Vortrag über Romain Rolland. Als außerordentliche Veranstaltung haben wir gestern eine kleine,

---

[233] Bergmann schuf das *Verzeichnis der Bibliothek Iggenhausen*; der fast 300seitige Katalog liegt maschinenschriftlich vor. – Zu Gut Iggenhausen vgl. Meier 2003.

aber würdige Feier zum Gedächtnis Gerhart Hauptmanns veranstaltet, und zwar in der Aula des Lehrer-Seminars.[234] Du kannst Dir denken, wie erschüttert ich von diesem Tode gewesen bin, zumal wir uns ja über die Ursache klar sind.[235] Das ist kein Ruhmesblatt in der Kulturgeschichte dieses Volkes. Unbeschadet aller Erbitterung hätte es hier eine Grenze geben müssen. Nun erhebt sich die bange Frage: was wird mit dem Archiv, was mit der Reihe B der Alh?[236] Soll dieses alles auch mit dem Toten tot sein? Meine Frau hatte in fliegender Eile nach der Behl-Voigtschen Chronik[237] eine Büste Hauptmanns geschaffen, die ihr nach allgemeinem Urteil recht gut gelungen ist und sich vor den Lorbeerbäumen sehr fein ausnahm und vor allem aus der Ferne vorzüglich wirkte. Merkwürdig goethe-ähnlich, wiewohl meine Frau doch nur Hauptmannsche Bildnisse verwendet hat. Ich hatte eine Ausstellung zu Leben und Werk, fünf Vitrinen und ein Schrank mit den Gesamt-Ausgaben, aus dem Besitze der Landesbibliothek und meinem eigenen. Über den Vitrinen der Kollwitz „Weberaufstand".[238] Da die Ausstellung gestern nur in Eile hat besichtigt werden können, so planen wir, sie noch einmal einige Tage zu zeigen, und zwar in Verbindung mit einer Kollwitz-Ausstellung, die ich dem Landespräsidenten schon vor geraumer Zeit vorgeschlagen habe, die aber wegen des Mangels an einem geeigneten Lokal bis jetzt nicht hat stattfinden können. Den Grundstock würde auch hier meine eigene Sammlung bilden müssen, da von auswärts kaum etwas heranzubekommen.[239] Vermißt haben wir bei der Hauptmann-Ausstellung, die einen recht guten Überblick über die Fülle der Werke gab, eine Handschrift. Du hast wohl keine retten können, und wenn, so wirst Du diese Reliquie nicht der Post anvertrauen wollen? Ich habe übrigens gehört, daß ein Universitätsprofessor lange nach der Besetzung Breslaus mit Lastautos seine Bibliothek noch aus der Stadt herausbekommen hat. Ich nehme

---

[234] Das Lehrerseminar wurde bereits 1925 aufgelöst und im Gebäude (dem heutigen Grabbe-Gymnasium) am Küster-Meyer-Platz die „Aufbauschule" eingerichtet.

[235] Der 1862 in Schlesien geborene Schriftsteller lebte vor seinem Tod in Agnetendorf, heute Jagniątków im heutigen Polen. Nach Ende des zweiten Weltkrieges sollten auf Geheiß der polnischen Regierung alle Deutschen ausgesiedelt werden; Hauptmann starb vor der Umsetzung, im Juni 1946.

[236] Alh = Ausgabe letzter Hand. Die siebzehnbändige Ausgabe letzter Hand der Werke Hauptmanns wurde 1942 im S. Fischer-Verlag begonnen.

[237] Carl Behl, Felix Voigt, Felix: *Gerhart Hauptmanns Leben. Chronik und Bild*. Berlin: Suhrkamp, 1942.

[238] Käthe Kollwitz, Ein Weberaufstand, Zyklus 1893-1897 https://www.kollwitz.de/zyklus-ein-weberaufstand-uebersicht.

[239] Vgl. zur Kollwitz-Ausstellung 1946 http://www.llb-detmold.de/wir-ueber-uns/aus-unserer-arbeit/ausstellungen/2018-1.html.

an, daß Du selbst das erdenklichste versucht haben wirst. Oder weißt Du, daß die Wohnung vernichtet ist? Dann hat es natürlich keinen Zweck mehr. Ich kann es Dir nachfühlen, wie sehr Du Deinem schönen Besitze nachtrauerst. Ich habe bei diesen letzten Sachen nur das Ungemach gehabt, fast sämtliche Kisten wieder auspacken zu müssen, um die Zweig'schen und Hauptmann'schen Werke wieder herauszufinden. Ich wollte aber auf so manche Rarität (Erstdruck von „Atlantis" im BT[240] usw.) nicht verzichten.

Für Deine Ratschläge vielen Dank. Ich werde also mein „Privat-Archiv" zu bewahren suchen. Kürzlich hat eine hiesige Dame an die Landesbibliothek die nachgelassenen Materialien ihres Vaters, eines Heimatforschers, im wesentlichen aus unbezeichneten Zeitungsausschnitten bestehend, für 1500 Mark verkauft! Dr. K. bemerkte auch dazu: dann lohne es sich, derlei aufzuheben. Dr. K. hat den alten Naturwissenschaftlichen Verein[241] in einen Naturwissenschaftlichen und Geschichtsverein umtaufen lassen, weil der ursprüngliche Name ohnedies irreführend. Er selbst hat die Leitung des geschichtlichen Zweiges übernommen und sucht nun einen Verleger. Die Frage eines wirtschaftlich leistungsfähigen Verlegers ist hierzulande auch noch völlig ungeklärt. Und doch sind es auch andere Kreise, die dringend daran interessiert sind. Ich selbst habe, nachdem die Gesamtleitung aus den Händen eines Achtzigjährigen in jüngere übergegangen ist, allerhand Anregungen gegeben und hoffe, daß der frische Wind im Verein auch meinen Arbeiten eines Tages Früchte bringt. <...> Meine Mitarbeit an den „Menschen vom lippischen Boden" geht auch weiter.[242]

Von meinem Bruder habe ich seit Monaten nichts mehr gehört, so wenig wie von den in den westlichen Zonen lebenden Kindern. Keine meiner Zuschriften wird beantwortet. Mein Neffe hat die Zinsen aus dem brüderlichen Unternehmen bis jetzt anstandslos erhalten, er lebt in der Lausitz. Als ich das Gleiche erbat, intervenierte der Landrat und verbot die Auszahlung, wiewohl ich auch einen in derselben Zone lebenden Empfangsberechtigten benannte.

Meine Lebens- und Angestelltenversicherung bezahle ich übrigens weiter, wiewohl ich von mehreren Fällen weiß, in denen die Betreffenden wegen der Ungewißheit der Zukunft dieser Institute oder Institutionen die

---

240 Gerhart Haupmann: *Atlantis*. Buchausgabe. Berlin: Fischer, 1912. Erstdruck im Berliner Tageblatt.

241 Der *Naturwissenschaftliche Verein für das Fürstenthum Lippe* wurde 1835 in Detmold gegründet; die „Geschichte" erscheint erstmals im Vereinsnamen 1946 nach der Umbenennung zum *Naturwissenschaftlichen und Historischen Verein für das Land Lippe e.V.*

242 Siehe oben Fn. 66.

Zahlung ausgesetzt haben. Da ich nur Angestellter, so bekomme ich ja auch keine Pension.

Ich muß schließen, da ich nach dem Seminar gehen will, um die Ausstellung abzubrechen. Ich hoffe, daß es Dir und den Deinen gesundheitlich immer besser geht. Das Seelische wird ja auch beitragen. Leider haben wir hier gar keinen Sommer. Es ist kühl und übermäßg regnerisch.

Mit vielen herzlichen Grüßen, zugleich im Namen meiner Frau, für Dich und die Deinen

Dein getreuer

<Alfred Bergmann>

30. Juni 1946, an Annemarie und Richard Bergmann

30.6.46.

Liebe Annemarie, lieber Richard!

Zunächst möchte ich Dir, lieber Richard, recht herzlich für Deinen bevorstehenden Geburtstag Emmas und meine Glückwünsche übermitteln und Euch für die Euren danken. Euer Brief vom 20. Juni ist vor wenigen Tagen hier eingetroffen und hat uns aus großer Sorge befreit, die nach dem monatelangen Ausbleiben aller Nachrichten und Bestätigungen der unseren auch allzu berechtigt gewesen ist. <...>

Ferner meldet Hr. P<umplun>, daß unser Wäschekorb von seiner Frau sichergestellt worden ist. Dies befreit uns von einer Sorge, da wir nun hoffen dürfen, diese unersetzlichen Sachen eines Tages doch wiederzubekommen. Was wir noch haben, ist so schlecht, daß meine Frau eine übermäßige Arbeit leisten muß, um es vor völligem Zerfalle zu bewahren.

<...>

Es würde uns sehr interessieren, bei Gelegenheit zu hören, ob Ihr mittlerweile aus Chicago Nachricht von Euren amerikanischen Angehörigen erhalten habt und wie diese gelautet haben. Ich hoffe, daß Mutter Dircks noch am Leben ist und es ihr den Verhältnissen nach gut geht. Da nun wieder Lebensmittelpakete aus den USA zugelassen sind, so werden diese, wie nach dem ersten Weltkriege, fraglos dazu beitragen, Eure wie Eurer Kinder Lage zu erleichtern.

<...>

Hier geht es verhältnismäßig gut. Von der Ernährungslage darf ich freilich nicht sprechen, die in eine täglich ernster werdende Krise eintritt. Denn es gibt keine Kartoffeln mehr. Aber das ist allgemeines Schicksal, und muß getragen werden. Zu tun gibt es massenhaft. <...>

Emma hat für die Hauptmann-Feier in wenigen Tagen eine überlebensgroße Büste des Dichters geschaffen, die allgemeinen Beifall gefunden hat und sich in der Tat sehr repräsentativ ausnahm. Sie hat ihr sogleich einen weiteren Auftrag eingebracht, nämlich für eine Pestalozzi-Gedenkfeier im hiesigen Lehrerseminar eine Büste des großen Erziehers zu arbeiten. Dabei ist sie jetzt. Es ist nicht leicht für sie, dies neben aller Hausarbeit zu tun, zumal sie ja auch von den zu erstehenden (im doppelten Sinne) Lebensmitteln nichts einbüßen will. Sie freut sich aber immer, wenn sie einmal in ihrem Fache tätig sein kann.

Ganz besonders bekümmert sind wir darüber, daß Ihr beide so lange im Krankenhause habt zubringen müssen. Hat es sich bei Dir nur um die Augen gehandelt? Hoffentlich hat es sich wenigstens gelohnt.

Zugleich in Emmas Namen grüße ich Euch wie auch Viola herzlich.

Euer getr. Schwager und Bruder

<Alfred>

24. August 1946, an Jan Pepino

Den 24. Aug. 1946.

Mein lieber Pepino!

Du kannst Dir denken, mit welcher Freude ich Deinen Brief vom 31. Juli empfangen habe, nachdem ich mich bei Deinem langen Schweigen über dessen Ursachen den schwärzesten Befürchtungen hatte überlassen müssen. Auch meine Frau und Frl. Maria Lück, die gerade unser Gast war, haben ihn mit Freude und Interesse vorlesen hören. Frl. Lück hat in Bonn alles durch Bomben verloren und ist in Warburg bei einem Zahnarzt, ihre unverheiratete Schwester in der Nähe von Stuttgart. Auch sie ist total-geschädigt von München her. Die dritte Schwester, die ich nicht kenne, ist in Berlin verheiratet, u. Frl. Maria L. will zu ihr ziehen, hat aber noch keine Einreiseerlaubnis, wegen der Schwierigkeiten der Ernährung in Berlin. Sie lässt dich herzlich grüßen.

<...> Daß Ihr aber mit der Ernährung so große Schwierigkeiten habt, überrascht uns. Denn nach allem, was man in den Zeitungen Eurer Zone liest, von denen ich drei regelmäßig bekomme, seid Ihr doch um vieles besser dran als wir. Besonders seit der radikalen Kürzung unserer Rationen an Fett usw., was ja auch in Eurer Presse ausgiebig erörtert worden ist. Darin liegen

gewaltige Gefahren für die Gesundheit, u. die meiner Frau ist schon jetzt so, daß ich mir ernstliche Sorge machen muss, während es mir offenbar zu Gute kommt, daß ich in den Jahren des Aufbaus meiner Sammlung mich an eine bescheidene Lebensweise gewöhnt habe. <…> Aber ich habe natürlich kein Arbeitszimmer. Im vergangenen Winter waren wir auf ein unheizbares Schlafzimmer u. eine Küche angewiesen. Später haben wir einen zweiten Raum als Werkstatt für meine Frau hinzubekommen. Meine Bücher hatte ich in der Bibliothek aufstellen können, dann aber mußte ich sie in Kisten verpacken und auf einem Magazin unterbringen. Ich kann deshalb an die Restbestände nicht heran. Aber auch wenn ich es könnte, ließe sich das Buch jetzt nicht verschicken. Du musst Dich also gedulden, bis beide Hemmnisse beseitigt sind.

Deinen Bericht über Deine Tätigkeit habe ich mit Freude und Interesse gelesen, ich habe ihn auch unserem Frl. Dr. Schladebach zu lesen gegeben, die in unserer Staatlichen Volksbüchereistelle ist, übrigens Dresdnerin und Tochter eines meiner Lehrer vom Annenrealgymnasium. Wir beneiden Euch um das Tempo des Neuaufbaus. Bei uns wäre dies schon deswegen unmöglich, weil wir so gut wie keine neuen Bücher haben. Was die geschichtliche Darstellung angeht, so haben wir Deine Meinung nicht in allen Punkten teilen können. Ich denke daran, daß ich gerade in Dresden in der wundervollen Volksbücherei auf der Waisenhaus-Straße, eine Gründung einer Firma in Plauen <…>, meine ersten Kenntnisse über Grabbe mir angeeignet habe. In Lippe ist das gesamte dörfliche Büchereiwesen überhaupt erst nach 33 eingerichtet und ausgebaut worden, nur natürlich mit völliger Einseitigkeit. Aber vor 33 hat es auf diesem Gebiete hier so gut wie gar nichts gegeben.[243]

Daß die Zonengrenzen jeden persönlichen Verkehr unmöglich machen, ist sehr zu beklagen. Meine Frau leidet seelisch unsagbar darunter, dass sie ihre fünfundachtzigjährige Mutter nicht sehen kann, die bei Erfurt lebt. Aber selbst dann, wenn sie fallen, würden die Aussichten, daß wir uns sehen, auch nicht besser sein, da ich die weite und teure Reise nach Dresden gar nicht würde bezahlen können. Ich fürchtete mich auch sehr vor einem Wiedersehen der Stadt. Daß Frl. Bök noch in der Depositenkasse wirkt, hat mich geradezu gerührt. Ich wage nicht, sie mir vorzustellen. Der Chef ist also auch nicht mehr der alte. <…> Und was hast Du Armer in den letzten Jahren des Krieges ausstehen müssen! Du hast eine Entschädigung für das, was Du hast ausstehen müssen, reichlich verdient.

Nachdem im vorigen Jahr mein Chef hat weichen müssen – er ist bald nachher in ein Lager gekommen – habe ich die kommissarische Leitung der

---

[243] Die „Lippische Wanderbibliothek“ wurde von LLB-Direktor Ernst Anemüller bereits 1911 eingerichtet.

Bibliothek gehabt, u. ich habe sie bis zum Eintreffen des neuen Chefs am 5. Jan. d. J. behalten. Archiv u. Bibliothek werden seit langem von einer Persönlichkeit geleitet! Ich hatte zwei große Aufgaben: Rückführung der in einem Bergwerke untergebrachten Bibliotheksbestände und Wiederauffüllung der Magazine, 2) Säuberung der Bestände von NS-Schrifttum. Dieses habe ich ohne fremde Hilfe durchgeführt, jenes mit dem stark zusammengeschmolzenen Personal, so daß am 22. Dezember die engl. Militärregierung die Wiedereröffnung der Bibliothek gestattete und zugleich mich in meiner Stellung bestätigen konnten. Freilich habe ich noch sehr viele Bücher zu lesen, bei denen eine Entscheidung nicht auf der Hand lag. Daß wir uns dabei nicht nach Euren Richtlinien richten konnten, zeigt z.B. der Fall Traven,[244] der jetzt bei Euch stark in den Vordergrund gestellt wird, und mit vollem Rechte. Zwei Werke von den vieren, die ich mit Begeisterung gelesen, mußte ich beanstanden, und zwar war eines die „Weisse Rose“.[245] Denn diese enthält so starke Spitzen gegen Verhältnisse in den USA, daß sie nach den uns gegebenen Richtlinien im Augenblicke für uns untragbar ist. Im ganzen war der englische Herr, mit dem wir diese Dinge besprochen haben, sehr großzügig.

Mit der Freihandbibliothek haben wir wenig gute Erfahrungen gemacht. Es ist bei uns daraus so viel gestohlen worden, daß wir diese Einrichtung wieder haben abschaffen müssen. Freilich sind diese Diebstähle auch durch den Mangel an Personal begünstigt worden.

<...> Dazu habe ich eine kleine Ausstellung gemacht, die wir dann mit einer der Werke der Käthe Kollwitz verbunden haben, die ich beim Landespräsidenten angeregt hatte. Sie hatte einen so guten Erfolg, daß sie hat verlängert werden müssen. Die Jugend hat sie allerdings abgelehnt, was beinahe vorauszusehen war.

Auch literarisch habe ich mancherlei zu tun. Jedoch sind diese Dinge noch nicht im Zustande der Reife. Deshalb über sie später.

Heute verbleibe ich mit den herzlichsten Grüßen für Dich und Deine Frau, zugleich im Namen der meinen,

Dein getreuer

<Alfred Bergmann>

---

244 Fall Traven: nicht ermittelt.

245 B. Traven: *Die weiße Rose*. Roman, Erstdruck 1929 http://d-nb.info/gnd/4517383-7.

11. Januar 1947, an Annemarie und Richard Bergmann

Detmold, den 11. Januar 1947.

Liebe Annemarie, lieber Richard!

<...>

Auch ich habe Sorge um Emmas Befinden. Sie kränkelte seit November, mußte sich Mitte Dezembers legen, so daß ich neben meinem Dienst den ganzen Haushalt einschließlich Flurreinigung (alle vierzehn Tage) hatte, und das Schlimme war, daß diese Sache gerade in die Zeit der ersten Kältewelle fiel. Unser Schlafzimmer ist unheizbar. Alles gefror darin. Wenn ich früh vor Antritt des Dienstes Emma das Frühstück hineingesetzt hatte, war nach kurzer Zeit der Thee bereits gefroren. Konnte ich nicht über Mittag auf eine halbe Stunde nach Hause eilen, so lag sie bis nach 4 ohne Pflege und Wartung. Jedoch sträubte sie sich aus naheliegenden Gründen gegen eine Aufnahme im Krankenhause, in dem so schmerzliche Erinnerungen von neuem wachgerufen werden mußten. Schon befand sie sich auf dem Wege der Besserung, das Fieber war verschwunden, sie stellte sich dem Arzte in der Sprechstunde vor, da erkannte dieser schon von weitem eine heraufziehende Gelbsucht, und nun blieb nur das Krankenhaus übrig, in das ich Emma am Neujahrsabend gebracht habe. Dort hat sie das, was sie nun braucht, Wärme, Ruhe, und vor allem Diät. Es ging ihr anfangs ganz gut. Es handelt sich um einen leichteren Fall jener infektiösen Gelbsucht, wie sie aus Rußland oder Norwegen eingeschleppt ist. Leider fand ich aber bei meinem gestrigen Besuche das Befinden verschlechtert, und ich will nun morgen hören, welches die Ursachen sind. Ich versorge mich in der Zwischenzeit selbst, da die Verpflegung in den hiesigen Gasthäusern mehr als kümmerlich ist. Es geht auch ganz gut.

Die Ernährung läßt aber bei uns immer noch sehr zu wünschen übrig. Zwar haben wir nicht im entferntesten die Nöte rheinischer Großstädte, aber der Mangel an Fett macht sich doch darin sehr bemerkbar, daß die Menschen kränker werden, ansteckende Krankheiten sich ausbreiten, die Kälte, die uns in zwei Wellen sehr zugesetzt hat, weit peinlicher empfunden wird als zu normalen Zeiten, wodurch auch wieder die Arbeitsfähigkeit sich vermindert. Die Heizschwierigkeiten sind sehr groß, und nicht einmal das Regierungsgebäude ist im Augenblicke zu erwärmen. Die fatale Kalorientheorie spielt bei alledem eine bedenkliche Rolle. Ich habe mich leidlich gehalten, aber Emma ist im Gefolge ihrer Krankheit erschreckend abgemagert.

Ihre berufliche Tätigkeit hat unter ihrer Krankheit und der Kälte – das Atelier konnte natürlich nicht fortwährend geheizt werden, so daß ihr mehrere Tonmodelle völlig zerstört sind – sehr gelitten. Die Büste Pestalozzis war auch stark gefährdet, konnte aber gerettet werden, da sie am meisten ausgetrocknet war, nur war es Emma nicht möglich, wiewohl sie den ganzen Neujahrstag bis zu ihrer Einlieferung ins Krankenhaus noch daran gearbeitet, die letzten Feinheiten wiederherzustellen, so daß sie in einem Zustande zur Feier, für die sie bestimmt, gezeigt werden mußte, der sie recht bekümmerte. Nun muß sie erst völlig gesundet sein, ehe sie wieder an ihre Arbeit denken kann. Auch ihre Hände waren durch den Frost in Mitleidenschaft gezogen.

Was meine Unzulänglichkeit als öffentlicher Sprecher angeht, so will ich sie auf sich beruhen lassen, zumal keine Notwendigkeit besteht, mich darin aufs Neue zu betätigen. Bei meiner angeborenen nervösen Konstitution wäre es verlorne Liebesmüh. Ein auf eine bestimmte Tourenzahl eingestellter Motor kann auch nicht künstlich gedrosselt werden. Das geht nicht gut. Ich bleibe lieber an meinem Schreibtische und überlasse das Sprechen anderen.

Die Waldheimer Zinsen habe ich nicht mehr bekommen. Die erste Rate für 1945 war auf mein Postscheckkonto überwiesen, ist aber infolge der Wirren des Zusammenbruchs nicht angekommen. Das Postscheckamt Hannover verwies mich an den Absender. Die Firma erklärte sich zur Zahlung der weiteren, noch nicht angewiesenen Raten bereit, wurde aber schließlich durch ein Verbot des Landrats in Döbeln Amt für Wirtschaft, daran gehindert. Dies war im April 46. <...> Ich fragte beim Landrat in Döbeln an und erfuhr, daß die Firma Ende Juni von der russischen Besatzungsmacht beschlagnahmt worden sei und daß es völlig ausgeschlossen sei, irgendwelche Eingriffe in das Finanzgebaren vorzunehmen. Wie lange diese Beschlagnahme dauern werde, sei völlig ungewiß. Bei diesem Stande der Dinge will ich mich beruhigen, da ich in der Tat es für ganz unwahrscheinlich halte, daß sich daran jetzt etwas ändern läßt. Überdies kann mir nichts an Einnahmen gelegen sein, über die ich nicht verfüge, da dies nur meine steuerliche Belastung weiterhin ungünstig beeinflußt. Ohnedies muß ich mein gesamtes Vermögen weiter in alter Höhe versteuern, wiewohl ich keinen Pfennig Einnahmen daraus habe.

Wegen des Dresdner Hauses habe ich mit den Herren Walther und Rumpel korrespondiert, und es hat sich herausgestellt, daß auf die mit einem Neuntel beteiligten Erben ein Gewinn von rund 26 Mark für 1945 kommt, der auf neue Rechnung vorgetragen worden ist. Ob ich mich dabei beruhige, steht dahin, da ich für diesen Betrag auch innerhalb der russischen Zone Verwendung habe.

<...> Den fraglichen Wäschekorb hat Hr. Pumplun sichergestellt. Wenn wir auch den Inhalt z.T. dringend benötigen würden, so wollen wir das mit einem Transport hierher noch immer verbundene Risiko jetzt nicht eingehen und uns lieber noch eine Weile mit der immer mehr in Fetzen gehenden Bettwäsche behelfen.

<...>

Nun erwidern wir Eure Neujahrswünsche auf das Herzlichste und verbleiben mit vielen Grüßen,

Eure getreuen

<Emma und Alfred>

29. Juni 1947, an Richard Bergmann

Den 29. Juni 1947.

Lieber Richard!

<...>

Mit meiner Gesundheit muß ich zufrieden sein. Dagegen leidet Emma noch immer unter den Nachwehen der Gelbsucht. Sie war im Mai reichlich drei Wochen in der sowjetischen Zone, zum Teil aus geschäftlichen Gründen, zum Teil, um ihre nun sechsundachtzigjährige Mutter nach zweijähriger Pause wieder zu sehen. Leider ist der Kampf um die äußeren Dinge des Lebens noch immer so hart, daß sie nicht dazu kommen kann, ihre berufliche Arbeit wiederaufzunehmen. Dazu kommt viel Verdruß im Hause, wie er bei Zwangseinquartierungen nicht zu vermeiden ist. Wir betreiben einen Tausch, auch um uns zu verkleinern, aber gerade die Wohnungen, wie wir eine suchen, sind am knappsten.

Ich bin seit Ende Mai wieder auf dem Schloßgute,[246] auf dem ich schon im vorigen Jahre gewesen bin. Ich führe die damals begonnenen bibliothekarischen Arbeiten zu Ende. In drei Wochen muß mir dies gelungen sein, weil ich dann zur Vertretung des Chefs nach Detmold zurückmuß. Ich habe mich hier schon so eingelebt, daß ich wünschen könnte, einmal für immer in dieser ländlichen Abgeschiedenheit ansässig zu werden. Zumal ich mich auch von den allzu vielen kulturellen Veranstaltungen in Detmold mehr und mehr zurückziehe. Einmal aus finanziellen Gründen, sodann weil man, je älter man wird und je öfter man das, was man noch zu Stande bringen möchte, mit der Zeit vergleicht, die einem wohl noch zugemessen sein könnte, mit dieser Zeit immer sparsamer umgeht. Leider ist, wenn die Papierknappheit anhält, zu befürchten, daß man mehr an Ungedrucktem hinterläßt, als einem lieb ist.

Mit den herzlichsten Grüßen für Annemarie, Dich und Eure Kinder bin ich

Dein getreuer Bruder <Alfred>

---

[246] Iggenhausen, siehe Brief vom 24.6.1946 und Kommentar.

4. August 1947, an Richard Bergman

Lieber Richard!

<...> Ich bin am 23. Juli mit meiner dörflichen Arbeit fertig geworden. Da ich der Schloßherrin andeutete, daß ich im vorigen Jahre meine Arbeit an meinem Geburtstage begonnen habe und in diesem Jahre an diesem Tage beenden würde, so hatte sie die Freundlichkeit, Emma und mich zu dieser Doppelfeier zum Kaffee einzuladen. Emma brachte mir Euren Brief mit. Nachher habe ich die Vertretung des Chefs übernommen, der aber hier geblieben ist, da er keine Sommerfrische gefunden hat. Da habe ich sehr viel mit laufenden Arbeiten zu tun, u.a. Prüfungen von Ansichtssendungen, die jetzt in erfreulicher Menge und auch Fülle eingehen. Ich bin in dem betr. Schlosse nun fertig geworden, mit Ausnahme der Karten, die ich mitgebracht habe und an denen ich noch sitze. Da außerdem die Säuberungsaktion nicht zu Ende kommen will, so befindet sich Grabbe noch immer im Hintergrunde. Daß er in Paris keinen Beifall gefunden, habe auch ich gelesen.[247] Welche Kateridee aber auch, ihn auf ein so gänzlich unvorbereitetes Publikum loszulassen, zumal in einer Bearbeitung, die, wie ich las, nichts von dem eigentümlichen Aroma des Originals übrig gelassen hatte.

<...>

Das Land Lippe ist vorläufig für 5 Jahre Nordrhein-Westfalen angegliedert.[248]

<...> Emmas Gesundheitszustand ist in dieser warmen Jahreszeit auch befriedigender geworden, wenn auch schwankend. Sie hat eine Arbeit unter den Händen, die aber unter sehr erschwerenden Umständen vor sich geht. Seit 1. Juli ist nämlich ihre Werkstatt auch noch beschlagnahmt, so daß wir jetzt auf ein unheizbares Zimmer (Schlafzimmer) und die Küche angewiesen sind. In dem beschlagnahmten Zimmer wohnt eine Studienrätin aus Leipzig, glücklicherweise sympathisch, hat auch E. gestattet, die Arbeit in ihrem Zimmer fertig zu machen. Sie ist jetzt nach Leipzig verreist, kommt aber in den nächsten Tagen zurück.

Wie es aber im Winter werden soll, ahnen wir nicht. Diesem Winter müssen wir überhaupt mit den schlimmsten Befürchtungen entgegen sehen, da auch die Verhältnisse in der Bibliothek denkbar primitiv sein werden. Während meiner Abwesenheit auf dem Dorfe haben wir mancherlei kleine Vorteile auf dem Gebiete der Ernährung gehabt, aber jetzt macht sich der Fettmangel

---

[247] In Paris wurde 1947 von der Compagnie du Thyaze *Scherz, Satire, Ironie und tiefere Bedeutung* gegeben http://www.llb-detmold.de/?id=345.

[248] Vgl. Niebuhr, Scholz 1984 und Niebuhr 2019.

insbes. bei meiner Frau sehr übel bemerkbar, und Talent, ihm auf bestimmten Wegen abzuhelfen, haben wir beide nicht.

Meine Arbeit in der Bibliothek befriedigt mich natürlich nach wie vor sehr. Das Verhältnis zum Chef ist dagegen nicht erfreulich. Er ist nicht umsonst so lange Offizier im Felde gewesen, steckt gelegentlich ein recht herrisches und autokratisches Wesen heraus und verwechselt dann die Bibliothek mit dem Kasernenhof auf eine etwas peinliche Weise. In unserem Alter verfügt man glücklicherweise in solchen Fällen über das erforderliche Maß von Gelassenheit.

Zugleich im Namen meiner Frau grüße ich Annemarie, Dich und Eure Kinder herzlich als

Dein getr. Bruder

<Alfred>

Literatur

Adressbuch der Regierungshauptstadt Detmold und der Gemeinde Hiddesen 1949. Detmold-Hiddesen: Maximilian, 1949.

Adreßbuch für die Alte Hansestadt Lemgo 1949. Detmold-Hiddesen: Maximilian, 1949.

Adressbuch der Stadt Bad Salzuflen 1951. Detmold: Maximilian, 1951.

Branchen-Adressbuch mit Behördenverzeichnis für den Handelskammerbezirk Detmold (ehemaliges Land Lippe). Ausgabe 1948. Detmold-Hiddesen: Maximilian, 1948.

Einwohnerbuch der Stadt Detmold 1940/41. Detmold: Meyersche Hofbuchhandlung, 1940 https://digitale-sammlungen.llb-detmold.de/periodical/titleinfo/907321.

Allischewski 1986: Helmut Allischewski: *Bibliographienkunde. Ein Lehrbuch mit Beschreibungen ...* 2. neubearb. und erw. Auflage. Wiesbaden: Reichert, 1986.

Becker 1985: Waldemar Becker: Die Kämpfe zwischen Eggegebirge und Weser im Frühjahr 1945. In: *Westfälische Zeitschrift* 135 (1985), 293-366 http://www.westfaelische-geschichte.de/lit9329.

Becker 1995: Waldemar Becker: Die Besetzung Lippes im Frühjahr 1945. In: *Lippische Mitteilungen* 64 (1995), 213-270 https://digitale-sammlungen.llb-detmold.de/periodical/pageview/5824399.

Benz 1999: *Deutschland unter alliierter Besatzung 1945-1949/55. Ein Handbuch*. Hg. von Wolfgang Benz. Berlin: Akademie-Verlag, 1999.

Bergmann 1942: Alfred Bergmann: *Meine Grabbe-Sammlung. Erinnerungen und Bekenntnisse*. Hg. im Auftrage des Oberbürgermeisteres der Gauhauptstadt Bochum. Detmold: Ernst Schnelle, 1942 https://digitale-sammlungen.llb-detmold.de/content/titleinfo/5805456.

— 1957: Alfred Bergmann: *Pero, Wilhelm: Christian Dietrich Grabbe. Zeichnung aus dem Jahre 1836*. Detmold: Grabbe-Gesellschaft, 1957 (Jahresgabe der Grabbe-Gesellschaft, 8).

— 1970: Alfred Bergmann: Das Jahr 1945 in der Geschichte der Lippischen Landesbibliothek nach eigenen Erlebnissen. in: *Aus Vergangenheit und Gegenwart der Lippischen Landesbibliothek.* Hg. von Karl-Alexander Hellfaier. Detmold: Selbstverlag der Lippischen Landesbibliothek, 1970, 88-101 http://www.llb-detmold.de/wir-ueber-uns/aus-unserer-arbeit/texte/1970-1/1970-1-5.html.

Brauchle 1935: Alfred Brauchle: *Handbuch der Naturheilkunde auf wissenschaftlicher Grundlage.* Leipzig: Reclam, [3]1935.

Broer 1998: Werner Broer: Die Grabbe-Gesellschaft in der Zeit der nationalsozialistischen Herrschaft. In: Niebuhr, Ruppert 1998, 589-610.

Dahl 2016: Michael Dahl: Die Hofbuchdruckerei schließt ihre Pforten. 250 Jahre LZ (13). In: *Lippische Landes-Zeitung*, 19.12.2016, S. 24.

Drake 1965: Heinrich Drake: 121 Military Governement Detmold. In: *Heimatland Lippe* 58 (1965) 3, 87-98 https://digitale-sammlungen.llb-detmold.de/periodical/pageview/5798892.

— 1981: Heinrich Drake: *Aufzeichnungen von Heinrich Drake aus den letzten Tagen des Dritten Reiches.* Hg. von Karl Alexander Hellfaier. Detmold: Lippische Landesbibliothek, 1981 (Kleine Faksimiles aus der Lippischen Landesbibliothek Detmold, 5) https://digitale-sammlungen.llb-detmold.de/content/titleinfo/7501289.

Eberhardt, Hellfaier 2014: *1614-2014. 400 Jahre Lippische Landesbibliothek.* Detmold: Lippische Landesbibliothek, 2014 https://digitale-sammlungen.llb-detmold.de/content/titleinfo/7344129.

Eisenhardt 1994: Georg Eisenhardt: Der 4. April 1945 – die 'Stunde Null' in Detmold? In: Müller, Niebuhr, Wiersing 1994, 43-66.

Enactments I, II, III: *Enactments and approved papers of the control council and coordinating committee.* Bd. I, https://www.loc.gov/rr/frd/Military_Law/Enactments/Volume-I.pdf; Bd. II https://www.loc.gov/rr/frd/Military_Law/Enactments/Volume-II.pdf; Bd. III https://www.loc.gov/rr/frd/Military_Law/Enactments/Volume-III.pdf.

Engelbert 1972: Günther Engelbert: Bibliographie Erich Kittel. In: *Lippische Mitteilungen* 41 (1972), 331-342 https://digitale-sammlungen.llb-detmold.de/llb/periodical/pageview/5707088?.

Fäßler u.a. 2019: *Briten in Westfalen. Besatzer, Verbündete, Freunde?* Hg. von Peter E. Fäßler, Andreas Neuwöhner, Florian Staffel. Paderborn: Schöningh, 2019.

Fleischhack 1967: Ernst Fleischhack: Alfred Bergmann. *Bibliographie 1907-1967.* Detmold: Lippische Landesbibliothek, 1967 http://www.llb-detmold.de/wir-ueber-uns/aus-unserer-arbeit/texte/1967-1.html. – Fortsetzung derselben bis 2011 http://www.llb-detmold.de/fileadmin/user_upload/redaktion/dokumente/sonstiges/Bergmann-Bibliographie-Erg%C3%A4nzung__bis_2011_.pdf.

Flemming, Fink 1991, 1992: Karl Flemming und Hans-Peter Fink: Die Clostermeier-Stiftung; in: Lippische Mitteilungen 60 (1991), 75–121 https://digitale-sammlungen.llb-detmold.de/periodical/pageview/5770274 und 61 (1992), 175-227 https://digitale-sammlungen.llb-detmold.de/periodical/pageview/5776236.

Gahde 2006: Robert Gahde: Im Dienst der nationalsozialistischen Rassenpolitik. Das Lippische Landesarchiv in Detmold 1933-1945. In: *Lippische Mitteilungen* 75 (2006), 37-71 https://digitale-sammlungen.llb-detmold.de/periodical/pageview/7301303.

Gerking 2018: Willy Gerking: Die Burg Schwalenberg im 20. Jahrhundert. In: Arnold Beuke, Stefan Wiesekopsieker (Hg.): *Der Geschichte eine Stimme geben. Franz Meyer zum Abschied aus Bad Salzuflen*. Bielefeld: Verlag für Regionalgeschichte, 2018 (Beiträge zur Geschichte der Stadt Bad Salzuflen, 9; Sonderveröffentlichungen des Naturwissenschaftlichen und Historischen Vereins für das Land Lippe, 93).

Gilhaus u.a. 2017: *Briten in Westfalen*. Hg. von Ulrike Gilhaus, Andreas Neuwöhner. Paderborn : Schöningh, 2017 (Studien und Quellen zur westfälischen Geschichte, 84).

Habermann u.a. 1985: Alexandra Habermann, Rainer Klemmt, Frauke Siefkes: *Lexikon deutscher wissenschaftlicher Bibliothekare 1925-1980*. Frankfurt am Main: Klostermann, 1985 (Zeitschrift für Bibliothekswesen und Bibliographie Sonderheft, 42).

Hansen 1971: Wilhelm Hansen: Heinrich Haxel zum Gedenken. In: *Heimatland Lippe 64* (1971), 112-114 https://digitale-sammlungen.llb-detmold.de/periodical/pageview/5868794.

Hartmann 1998 A: Jürgen Hartmann: „Die durchgeführte Aktion hat hier wahre Befriedigung hervorgerufen". Der November-Pogrom in Detmold 1938. In: Niebuhr, Ruppert 1998, 645-659.

— 1998 B: Die Deportation der Detmolder Juden 1941-1945. In: Niebuhr, Ruppert 1998, 660-678.

Hartmann 2007: Uwe Hartmann (Bearb.): *Kulturgüter im Zweiten Weltkrieg. Verlagerung – Auffindung – Rückführung*. Hg. von der Koordinierungsstelle für Kulturgutverluste Magdeburg. Magdeburg 2007 (Veröffentlichungen der Koordinierungsstelle für Kulturgutverluste, 4).

Heinemann 1974: Gerd Heinemann: *Die Beziehungen des jungen Heine zu Zeitschriften im Rheinland und in Westfalen*. Münster: Aschendorff, 1974 (Veröffentlichungen der Historischen Kommission Westfalens, 34; Geschichtliche Arbeiten zur Meinungsbildung und zu den Kommunikationsmitteln in Westfalen, 1) https://www.lwl.org/hiko-download/HiKo-Reihe_034_Band_001_(2013).pdf.

Heinrich 2017: Anselm Heinrich: Theater im Ruhgebiet 1871-1945. In: *LiTheS* 10 (2017), Sonderband 5: *Musiktheater in Deutschland in der ersten Hälfte des 20. Jahrhunderts* http://lithes.uni-graz.at/lithes/17_sonderbd_5.html.

Hellfaier 1977: Karl Alexander Hellfaier: Alfred Bergmann und das Grabbe-Archiv der Lippischen Landesbibliothek. In: *Heimatland Lippe* 70 (1977) 1, 40-46 https://digitale-sammlungen.llb-detmold.de/periodical/pageview/5887210.

—1986: Karl-Alexander Hellfaier: Alfred Bergmann – Grabbe-Sammler und Grabbe-Forscher. In: *Grabbe-Jahrbuch* 5 (1986), 59-72 https://digitale-sammlungen.llb-detmold.de/periodical/pageview/7583816.

Hellfaier 1992: Detlev Hellfaier: Detmold: Lippische Landesbibliothek. In: *Handbuch der historischen Buchbestände in Deutschland*. Hg. von Bernhard Fabian. Bd. 3. Nordrhein-Westfalen A-I. Hildesheim: Olms 1992, 210-217 http://fabian.sub.uni-goettingen.de/fabian?Lippische_Landesbibliothek.

Hüppauf 2009: Bernd Hüppauf: Frühe Experimente am Frosch. Zur Frage der Ursprünge des Tierbilds der Moderne. In: Wolfgang Klein, Walter Fähnders, Andrea Grewe (Hg.): *Dazwischen. Reisen – Metropolen – Avantgarden*. Bielefeld: Aisthesis, 2009, 569-586.

Hufschmidt 1998: Anke Hufschmidt: Detmolder Sozialdemokraten zwischen Widerstand und Anpassung. In: Niebuhr, Ruppert 1998, 753-772.

Jendreck 2000: Frank Jendreck: Ferdinand Düstersiek und Wilhelm Pecher – Zwei Detmolder Fotografen der Jahrhundertwende. In: *Heimatland Lippe* 93 (2000) 2, 49-53 http://s2w.hbz-nrw.de/llb/periodical/pageview/6143994.

Junker, Leimbach, Schmelter 2011: *Der Skandal um Wilhelm Gräfer im Wandel von Zeit und Gesellschaft*. [Beitrag zum Geschichtswettbewerb der Körber-Stiftung] 2011 https://www.stadtarchiv-lemgo.de/fileadmin/image/Ver%C3%B6ffentlichung_Gr%C3%A4fer/Skandal_Wilhelm_Graefer_Junker_Leimbach_Schmelter.pdf.

Kathe 2006: Steffen Kathe: Die Detmolder Grabbe-Gesellschaft. Vorgeschichte und Gründung. In: *Rosenland. Zeitschrift für lippische Geschichte* Nr. 3, 2006, 2–14 https://digitale-sammlungen.llb-detmold.de/periodical/pageview/7336183.

King 1974: Janet K. King: *Literarische Zeitschriften 1945-1970*. Stuttgart: Metzler 1974 (Sammlung Metzler, 129).

Kittel 1978: Erich Kittel: *Heimatchronik des Kreises Lippe*. 2. verb. und erg. Auflage. Köln: Archiv für deutsche Heimatpflege, 1978 (Sonderveröffentlichungen des Naturwissenschaftlichen und Historischen Vereins für das Land Lippe, 28).

Kleinmanns 2019: Joachim Kleinmanns: *Das Detmolder Landestheater*. Detmold: Lippischer Heimatbund, 2019 (Lippische Kulturlandschaften, 42).

Kuhlmann 1994: Diether Kuhlmann: Alter Stamm und neue Köpfe im Detmolder Rathaus. In: Müller, Niebuhr, Wiersing 1994, 67-94.

Lange 1976: Irmgard Lange: *Entnazifizierung in Nordrhein-Westfalen. Richtlinien, Anweisungen, Organisation*. Siegburg: Respublica, 1976 (Veröffentlichung der Staatlichen Archive des Landes Nordrhein-Westfalen, Reihe C, 2).

Laurien 2002: Ingrid Laurien: Zeitschriftenlandschaft Nachkriegszeit. Zu Struktur und Funktion politisch-kultureller Zeitschriften 1945-1949. In: *Publizistik* 47 (2002) 1, 57-82.

zur Lippe 2004: Prinz zur Lippe, Armin: *Lopshorn: eine Chronik*. Detmold: Topp + Möller, 2004.

Meier 2003: Burkhard Meier: Schloss und Gut Iggenhausen. Über einen wichtigen Teil der lippischen Kulturlandschaft. In: *Heimatland Lippe* 96 (2003), 203-206 http://s2w.hbz-nrw.de/llb/periodical/pageview/6375215.

Müller, Niebuhr, Wiersing 1994: *Detmold in der Nachkriegszeit. Dokumentation eines stadtgeschichtlichen Projekts*. Hg. von der Stadt Detmold ... Bearb. von Wolfgang Müller, Hermann Niebuhr und Erhard Wiersing. Bielefeld: Aisthesis, 1994 (Sonderveröffentlichungen

Nellner 1998: Der Ankauf von Alfred Bergmanns Grabbe-Sammlung für die Lippische Landesbibliothek im Jahre 1938. In: Niebuhr, Ruppert 1998, 123-150 http://www.llb-detmold.de/wir-ueber-uns/aus-unserer-arbeit/texte/1998-3.html.

Niebuhr 2019: Hermann Niebuhr: Lippe in NRW. In: Heide Barmeyer, Hermann Niebuhr, Michael Zelle (Hg.): *Lippische Geschichte*. 2 Bde. Petersberg: Imhof, 2019 (Lippische Studien, 24; Sonderveröffentlichungen des Naturwissenschaftlichen und historischen Vereins für das Land Lippe e.V., 90). Bd. I, 248-285.

Niebuhr, Ruppert 1998: *Nationalsozialismus in Detmold. Dokumentation eines stadtgeschichtlichen Projekts*. Hg. von der Stadt Detmold ... bearb. von Hermann Niebuhr und Andreas Ruppert. Bielefeld: Aisthesis, 1998 (Sonderveröffentlichungen des Naturwissenschaftlichen und Historischen Vereins für das Land Lippe, 50).

Niebuhr, Scholz 1984: *Der Anschluß Lippes an Nordrhein-Westfalen. Behauptung und Ende staatlicher Selbständigkeit 1802/3–1947. Eine Dokumentation*. Bearb. von Hermann Niebuhr und Klaus Scholz. Detmold: NRW Staatsarchiv, 1984 (Veröffentlichungen der staatlichen Archive des Landes Nordrhein-Westfalen, Reihe C: Quellen und Forschungen, 20).

Oeben 2017: Marcel Oeben: Was tun mit unliebsamen Ehrungen? Das Beispiel Bürgermeister Wilhelm Gräfer in Lemgo. In: *Verhandelte Erinnerungen. Der Umgang mit Ehrungen, Denkmälern und Gedenkorten nach 1945*. Hg. von Matthias Frese und Marcus Weidner. Schöningh 2017, 159-187.

Patze 1975: Hans Patze: Erich Kittel zum Gedächtnis. In: *Blätter für deutsche Landesgeschichte* 111 (1975), S. 241-244 https://periodika.digitale-sammlungen.de//bdlg/Blatt_bsb00000315,00254.html.

Pilzer 1998: Harald Pilzer: Die Lippische Landesbibliothek als nationalsozialistische Weltanschauungsbücherei. In: Niebuhr, Ruppert 1998, 503-527 http://www.llb-detmold.de/wir-ueber-uns/aus-unserer-arbeit/texte/1998-4.html.

Priamus 1998: Heinz-Jürgen Priamus: Alfred Meyer. Biographische Skizze eines NS-Täters. In: Niebuhr, Ruppert 1998, 42-79.

— 2011: Heinz-Jürgen Priamus: Meyer. Zwischen Kaisertreue und NS-Täterschaft: Biographische Konturen eines deutschen Bürgers. Klartext Verlag, Essen 2011.

Rabe 2009: Rabe, Roman: Pepino, Jan Josef Angelo. In: *Sächsische Biographie*, hg. vom Institut für Sächsische Geschichte und Volkskunde e.V. Der Artikel ist online seit 20.11.2009 https://saebi.isgv.de/biografie/Jan_Pepino_(1898-1975).

Respondek 1998: Peter Respondek: Die Engländer und die Entnazifizierung in Detmold. In: Niebuhr, Ruppert 1998, 374-391.

Ruppert 1991: Andreas Ruppert: Der Kreisleiter in Lippe. Zur Funktion einer Mittelinstanz der NSDAP zwischen Ortsgruppen und Gau. In: *Lippische Mitteilungen* 60 (1991), 199-229 https://digitale-sammlungen.llb-detmold.de/periodical/pageview/5770409.

— 2011 A: Andreas Ruppert: Adolf Wedderwille, einst Lippes mächtigster Mann. In: *Historisches Jahrbuch Lage* (2011), 74-94.

— 2011 B: Max Staercke (1880-1959) – Publizist und Politiker in Lippe. In: *Rosenland* Nr. 12, (September 2011), 35-52 https://digitale-sammlungen.llb-detmold.de/periodical/pageview/7336731.

— 2019: Andreas Ruppert: Zwölf Jahre Nationalsozialismus. Lippe 1933-1945. In: Heide Barmeyer, Hermann Niebuhr, Michael Zelle (Hg.): *Lippische Geschichte*. 2 Bde. Petersberg: Imhof, 2019 (Lippische Studien, 24; Sonderveröffentlichungen des Naturwissenschaftlichen und historischen Vereins für das Land Lippe e.V., 90). Bd. 1, 233-247.

Ruppert, Riechert 1998: Andreas Ruppert, Hansjörg Riechert: *Herrschaft und Akzeptanz. Der Nationalsozialismus in Lippe während der Kriegsjahre, Analyse und Dokumentation.* Opladen: Leske + Budrich, 1998 (Veröffentlichungen der Staatlichen Archive des Landes Nordrhein-Westfalen, Reihe C: Quellen und Forschungen, 41).

Seewald 2013: Berthold Seewald: Die vielen Fehler auf dem Weg nach Kursk. In: www.welt.de. Veröffentlicht 21.5.2013 https://www.welt.de/geschichte/zweiter-weltkrieg/article116368580/Die-vielen-Fehler-auf-dem-Weg-nach-Kursk.html.

Scheffler 2009: Jürgen Scheffler: Lokale Erinnerung im Schatten der Vergangenheit. Die Gedenkfeier für die lippischen Juden in Lemgo 1948. Eine Ausstellung zu Geschichtspolitik und Erinnerungskultur in den frühen Nachkriegsjahren. In: *Rosenland* Nr. 9 (September 2009), 39-44 https://digitale-sammlungen.llb-detmold.de/periodical/pageview/7336553.

Schochow 2003: Werner Schochow: *Bücherschicksale. Die Verlagerungsgeschichte der Preußischen Staatsbibliothek. Auslagerung. Zerstörung. Entfremdung. Rückführung.* Dargestellt aus den Quellen. Berlin, New York: de Gruyter, 2003.

Schwarz 2008: Hans-Peter Schwarz: *Axel Springer. Die Biographie.* Berlin: Propyläen, ^{2}2008.

Stark 2003: John Robert Stark: *The overlooked majority: german women in the four zones of occupied Germany, 1945-1949. A comparative study.* Diss. Ohio State University, 2003 http://rave.ohiolink.edu/etdc/view?acc_num=osu1045174197.

Stelbrink 2003: Wolfgang Stelbrink: *Die Kreisleiter der NSDAP in Westfalen und Lippe. Versuch einer Kollektivbiographie.* Münster: Nordrhein-Westfälisches Staatsarchiv, 2003.

Thiel 2013: Jens Thiel: Leibniz-Tag, Leibniz-Medaille, Leibniz-Kommission, Leibniz-Ausgabe – die Preußische Akademie der Wissenschaften und ihr Ahnherr im „Dritten Reich“. In: Wenchao Li, Hartmut Rudolph (Hg.): *„Leibniz“ in der Zeit des Nationalsozialismus.* Stuttgart: Steiner, 2013 (Studia Leibnitiana - Sonderhefte, 42), 41-73.

Thies 1988: Dirk Thies: Zum Erbe des Nationalsozialismus in Bibliotheken Nordrhein-Westfalens. In: *Mitteilungsblatt des Verbandes der Bibliotheken in Nordrhein-Westfalen* 38 (1988) 3, 190-204.

Teppe 1983: Karl Teppe: Zwischen Besatzungsregiment und politischer Neuordnung (1945-1949). Verwaltung, Politik, Verfassung. In: *Westfälische Geschichte.* Hg. von Wilhelm Kohl. 5 Bde. Düssseldorf, Schwann. Bd. 2, 1983, 269-339.

Trappmann 1993: Thomas Trappmann: Lippische Landes-Zeitung. In: *Zeitungsland Nordrhein-Westfalen: Geschichte - Profile - Struktur.* Hg. von Bernhard Boll, Volker Schulze, Hans Süssmuth. Bonn: Zeitungsverlag-Service, 1993, 319-329.

Vogt 1998: Michael Vogt: „Durchbruchsschlacht für Grabbe“. Die Grabbe-Woche 1936 als Beispiel nationalsozialistischer Kulturpolitik in der Region. In: Niebuhr, Ruppert 1998, 571-588.

Wehrmann 1981: *Heinrich Drake 1881-1970. Sein Leben in Bildern und Dokumenten*. Hg. von Volker Wehrmann. Landesverband Lippe 1981.

— 1987: Volker Wehrmann: *Zusammenbruch und Wiederaufbau. Lippe zwischen 1945 und 1949. Eine Dokumentation*. Hg. vom Kreis Lippe. Detmold 1987.